JN411100

비정규 노동과 법

조 경 배

SCH 순천향대학교 출판부

서 문

지난 30여 년 간 신자유주의 세계화가 한국 사회에 끼친 영향은 가히 충격적이다. 사회양극화와 불평등의 골은 날로 깊어 가고 있지만 이를 개선하려는 사회적인 합의나 노력은 찾아보기 힘들다. 개인, 기업, 국가를 막론하고 사회 전체가 끊임없는 경쟁력의 광풍에 휩쓸려서 인간의 존엄성을 지킬 수 있는 안정적인 삶에 대한 요구는 무시되기 일쑤이다. 그러는 동안 전체 민중의 대다수를 차지하는 노동자의 절반이 비정규직이 되었다. 비정규직의 임금 수준 또한 정규직의 절반에 지나지 않고 시간당 4천여 원밖에 되지 않는 법정 최저임금조차 받지 못하는 노동자가 무려 2백만 가까이 되며 이들 중 거의 대부분이 비정규직이다. 청년 실업을 제외하고 전체적으로 실업률은 낮은 수준을 유지하고 있지만 비정규직은 좀처럼 줄어들지 않고 있다. 오히려 생활 현장에서 차별이 당연시되는 비인간적인 사회구조가 점점 굳어져 가고 있는 것이 현실이다. 지금의 노동시장의 문제가 일자리의 부족이 아니라 '좋은' 일자리가 없다는 것이고 '일해도 빈곤하다'는 사실에 있음을 보여주고 있는 것이다.

민중의 빈곤화의 직접적인 원인은 질 낮은 고용과 저성장 탓이라고 할 수 있지만 그 이면에는 신자유주의 경제 흐름이 자리 잡고 있다. 신자유주의의 표어가 된 '구조조정'과 '노동유연화'는 기실 고용불안정, 저임금, 근로빈민의 증가 등 민중의 총체적인 빈곤화를 초래한 주된 요인이 되었다. 일상적인 구조조정과 노동시장의 유연화를 통한 자본축적이 신자유주의의 두드러진 특징이 되었고 이는 부와 소득의 적극적인 창출보다 분배구조의 재구성, 즉 탈취에 의한 축적의 성격을 띠었다. 새로운 부를 창출할 자본의 능력이 퇴화하고 그 대신 탈취에 의한 축적을 통해 부를 불균등하게 재분배함으로써 기득 계층의 권력을 강화하거나 새롭게 형성하고 있는 것이다. 그 결과 대기업의 CEO나 대주주, 법률 · 금융전문가 등 경제엘리트 계층은 더욱더 부유해진 반면 노동자들은 정규직에서 비정규직인 단기 계약직 노동자나 파견 · 용역 등 간접노동자로, 다시 특수고용 노동자 또는 영세 빈곤 자영업자로 점차 전락해 가고 있다. 신자유주의가 휩쓰는 동안 일자리의 상실에 대한 두려움이 일상화되었고 고용 및 노동조건은 지속적으로 악화되었다. 자본의 힘에 대항할 수 있는 노동자들의 마지막 보루인 노동조합도 그 조직률이 거의 역대 최저 수준으로 떨어진 뒤 전혀 회복될 기미를 보이지 않고 있다.

자본주의 경제체제에서 노동법은 노동자의 인간다운 삶을 지키고 실질적인 자유를 확보할 수 있는 필수적인 장치이다. 고용안정과 최저 근로조건의 법정화 그리고 노동조합을 주축으로 한 노동3권의 보장은 노동법의 핵심적인 내용이며 고전적 자유주의에 기초한 시민법 원리에 대한 반성과 성찰의 산물이다. 그런데 신자유주의의 시장 근본주의는 이러한 노동법의 원리와 현대적인 의의를 그 바탕부터 부정한다. 신자유주의의 자유는 재산가의 자유, 자본축적의 자유만을 의미하고 대다수 민중의 인간다운 삶을 누릴 자유, 직접적인 참여와 표현의 자유는 외면하거나 도리어 억압한다. 재산가의 경제적 자유는 계약자유의 원칙 또는 사적 자치의 원칙이라는 법의 이름으로 비정규직 고용을 정당화 한다. 비정규직 고용의 특징이 노동법 및 사회보장법적 보호로부터의 배제라는 점에서 신자유주의의 반역사적이고 비인간적인 성격을 짐작케 한다.

한국 사회에서 신자유주의적 흐름이 이토록 거침없이 전개된 데에는 과거 수십 년 동안 구축되어 온 억압적인 노동법 질서가 기여한 바가 크다. 노동유연성을 세계적인 대세라고 주장하면서 고용의 경직성과 노동조합운동의 과격성을 비판하는 정부나 기업가들은 지금까지 거의 50여 년 간 왜곡되어 온 억압적인 노동법 구조에 대해서는 애써 외면하거나 감추려든다. 노동3권의 보장이 노동법의 핵심적인 내용이라는 사실에 비추어보면 한국에서 노동법은 거의 존재하지 않는다고 해도 결코 지나친 말이 아니다. 노동법이라는 외형은 갖추고 있지만 노동자의 단결활동을 방해하고 간섭하며 억압하는 내용이 대부분을 차지한다. 노동3권의 구체적인 실현을 보장하기 위하여 제정되었다는 노동조합법은 그야말로 허울 좋은 치장일 뿐이고 그 실질적인 내용을 들여다보면 노동자의 단결활동을 총체적으로 규제하는 치안경찰 형법에 가깝다. 노동조합의 조직과 운영, 단체교섭 및 단체협약의 체결은 철저하게 행정관청의 감시와 통제 아래 놓여 있다. 또한 노동쟁의의 발생과 진행과정에서 노동자나 노동조합이 지켜야 할 규칙이나 처벌 조항은 가득한 반면 사용자가 준수해야 할 규칙은 거의 없다. 이 때문에 국제연합의 사회권위원회나 국제노동기구의 결사의 자유위원회 등 국제기구로부터도 계속하여 노동인권의 침해라는 지적을 받아 오고 있다. 이런 사정을 감안할 때 한국의 노동관계 법령을 두고 차마 노동법이라 부르기에는 너무나 낯 뜨겁고 민망한 일임에 틀림없다.

한국 노동법의 실정이 이러한 탓에 비정규직 노동자의 생존은 그 어떤 나라보다도 위기에 처할 수밖에 없었던 것이다. 사회복지 시스템이나 노동법적인 버팀목이 전혀 결여되어 있는 상황에서 신자유주의 구조조정과 노동유연화는 비정규직 노동자를 벼랑으로 내모는 결과를 초래하였다. 신자유주의의 탐욕성에 대한 노동자들의 정당한 항의는 물리적인 힘과 합법성 판단을 독점하고 있는 국가권력에 의하여 번번이 저지되었다. 노동자들의 생존에 직접적인 타격을 가하는 집단적인 해고에 반대하는 평화적인 저항조차도 직장에서 쫓겨나거나 범죄행위로 취급되어 형벌에 처해지는 일이 빈번하다. 국가는 과거 군사독재 정권 때부터 이어져 온 노동인권에 대한 억압적인 질서를 개선하기는커녕 지속적으로 유지함으로써 신자유주의적인 착취과정을 정당화하는 도구로서 이용해왔다. 여기에 한국의 법률가들도 기여한 바가 크다. 특히 법원은 노사 갈등의 중요한 국면에서 종종 노동권과 사회정의보다는 재산권과 사적 자치의 원칙을 우선함으로써 자본의 권리를 옹호하고 노동의 권리를 무시하였다. 2003년에 있었던 대법원의 경영권 관련 판결(2003.11.13, 2003도687)은 그 결정판이라고 할 수 있다. 이 판결에서 대법원은 헌법뿐만 아니라 법률 조항 어디에도 없는 '경영권'을 헌법적인 지위로 높이고 노동3

권의 가치를 깎아내렸다. 이는 1987년 이후 지난 20여 년 간 한국 사회의 정치적 민주화의 진전이 사법부의 태도 변화에는 거의 영향을 미치지 못했음을 보여주는 것이다. 대법원이 이 판결에서 강조한 기업의 경쟁력, 국가경제 등의 수사는 과거 사회 전체의 이익이란 미명하에 개인의 희생을 강요해왔던 과도한 국가주의 논리가 다시 사회적 약자인 노동자, 그 가운데 보다 열악한 지위에 있는 비정규직 노동자에게 고통을 전가하는 논리로 사용되었다. 노동자들이 반대한 기업의 구조조정이 장기적으로 모두의 이익이 될 것이라는 대법원의 근거 없는 전망은 소수 지배계층의 이익과 다수 근로대중의 빈곤화라는 상반된 현실을 외면하는 것이다. 오늘날 많은 국가에서 구조조정과 관련된 사항이 노사 갈등의 가장 큰 원인이 되고 있지만 구조조정에 반대하는 파업 자체를 이유로 조합원을 체포하거나 구금하는 예는 거의 없다. 기업의 일방적인 구조조정에 맞서 자기방어적인 최후 수단으로서 행하는 파업 자체에 대한 형벌의 적용은 자신이 가진 노동력을 제공하지 않겠다는 최소한의 자유조차 부정하는 것이다. 그런데도 생존의 위협에 항의하는 평화적인 파업조차 형벌로 처벌하는 사법부의 태도는 결국 경제 권력을 독점한 소수를 위하여 다수 대중의 집단적 권리와 저항의 자유를 무력화 한 것에 다름이 아니다. 나아가 민주적으로 선출되지 않은 권력으로서 특권적 지위를 누려왔던 사법 권력은 여전히 사회 전반에 걸친 불평등의 심화에 대하여 별반 관심을 기울이지 않고 있다. 과거 억압적인 통치체제 하에서 형성된 반민주적이고 위헌적인 경향의 노동판결들이 선례로서 버젓이 영향을 미치고 있다는 사실만 보더라도 더 이상의 설명이 필요 없을 것이다. 이들의 극복이 비정규직 고용 문제의 자주적인 해결에 있어서도 역시 중요한 선결과제가 될 수밖에 없다.

신자유주의의 시장 근본주의는 노동법 원리와는 양립하기 어렵다. 또한 경제적 자유의 확대가 저절로 노동자의 삶의 질을 높여주는 것도 아니라는 점도 명확하다. 경제적 권력에 대한 적절한 사회적 규제 없이는 비정규직 노동자의 생존도, 아울러 균형 잡힌 사회도 유지될 수 없는 것이다. 그럼에도 비정규직의 양산과 사회양극화의 심화에 대하여 정부는 별다른 대책을 내놓지 못하고 있다. 비정규직 문제에 대한 정부의 접근방식은 원인에 대한 근본적인 처방보다 자본축적에 장해가 되지는 않는 범위 내에서 실효성 없는 생색내기의 소극적인 대응으로 일관하고 있다. 특수고용 노동자의 노동권 보장과 관련해서 노동자의 헌법적인 권리인 노동3권의 실질적인 보장은 제쳐두고 본인의 보험료 부담을 전제로 한 보험설계사, 학습지교사 등 4개 직종의 산재보험 적용이 보호방안의 전부인 게 그 대표적인 예이다. 반면에 생존 위기에 처한 비정규직 노동자들의 정당한 항의와 저항은 법치주의 확립 차원에서 공권력에 의한 물리적인 억압으로 일관하고 있다는 점은 그 진실성이 의심되는 대목이다.

서민층의 이해를 대변하겠다던 국민의 정부나 참여정부도 이러한 비판으로부터 결코 자유롭지 못하다. 그들도 과거 군사독재 정부나 지금의 정부와 거의 차이가 없었다. 겉으로 보기에는 2006년 비정규직 법이 제정 또는 개정되어 비정규직 노동자의 보호가 강화된 것처럼 보이지만 실제 미친 영향은 미미하였다. 비정규직의 남용과 차별을 시정하겠다던 정부의 노동정책과 노동입법은 비정규직의 이용을 확대하기 위한 구실에 불과했음이 나날이 확인되고 있다. 비정규직 노동자의 보호가 아니라 도리어 비정규직을 양산하고 있다는 비난을 받고 있는 비정규직 법은 노동인권을 더욱 악화시키는 방향으로 전개되고 있다. 정부의 대책이란 것이 현재 비정상적인 상태로 확산된 비정규직 고용형태를 정상적인 고용형태로 인정하고 노동시장의 분할과 차별을 고착화하겠다는 것으로밖에 보이지 않는다. 과거 비정규직 확대의 당위성을 뒷받침하기 위한 그럴듯한 논거로서 실업의 해소와 정규직으로의 징검다리 효과를 강변하던 주장들은 요즈음은 거의 보이지 않는다. 비정규직 사용의 확산은 극히 비인간적인 노동환경의 조성과 열악한 근로조건을 초래했을 뿐이라는 것이 점점 더 분명해지고 있는 것이다. 이러한 상황을 타개하기 위해서는 결국 사회양극화의 해소를 통한 경제민주화의 실현과 이를 실질적으로 떠받칠 수 있는 노동인권의 혁신적인 신장이 현재 최대의 과제임을 보여주고 있다고 하겠다.

자본에 대한 노동의 종속성을 완화하여 노동자의 실질적인 자유와 평등을 확보하고자 하는 노동법의 이념은 자유주의 경제체제와는 지속적인 긴장관계를 가질 수밖에 없다. 그런데도 최근 노동법 이론 가운데에는 새로운 패러다임의 모색이란 이름으로 신자유주의에 친숙한 계약자유의 이념을 복원하길 주창하는 경향이 있다. 이러한 사고는 노동법과 경제적 자유 사이의 변증법적 긴장관계를 제대로 이해하지 못한 것이라고 말할 수 있다. 자본의 무절제한 욕망을 제어함으로써 껍데기로 변질될 수 있는 노동자의 자유를 실질적으로 구현한다는 노동법의 역사적 기능은 여전히 유효하다. 그렇기에 필요한 것은 노동법 영역에 시민법상의 계약론적 사고를 복원하여 과거로 돌아가는 것이 아니다. 바뀌어야 하는 것은 변화된 자본의 전략에 일방적으로 유리하게 작용하고 있는 기존의 법리이다. 전통적인 인적 종속론 및 일면적인 근로관계에 입각한 근로자 개념과 사용자 개념의 판단기준은 변화된 상황에서 본래의 가치와 의의를 유지할 수 없다. 그러한 법리는 자본에게 유리한 조건을 제공할 뿐이다. 노동법의 새로운 패러다임은 자본의 끊임없는 이윤추구 욕구에 따라 다양한 형태로 변신을 거듭하면서 노동자의 자유를 더욱더 구속시키고 있는 새로운 종속형태에 대한 법적 규율의 혁신과 이를 통한 자유의 보편적인 확대여야 한다.

비정규직 고용은 전통적인 노동법 질서를 뿌리 채 흔드는 현대적인 종속형태이다. 이러한 변화된 상황에서 노동법의 가치를 제대로 구현하기 위해서는 무엇보다도 노동유연성이란 이름으로 치장한 자본의 논리를 맹목적으로 추종하는 것이어서는 안 된다. 노동법을 무력화하는 고용형태의 변화에 따라 그에 대응하는 노동법리도 변화 발전할 경우에만 노동법의 이념은 제대로 실현될 수 있다. 노동법을 탄생시켰지만 과거의 노사관계 형태에 집착한 법리로서는 노동법의 본래적인 기능과 사명을 다하지 못할 것이다.

신자유주의가 활개를 치는 동안 노동법령과 이론, 노동정책, 이데올로기 등에 있어서 자본권력은 더욱 강화되고 노동인권은 위기상황에 놓여 있다. 경제적 신자유주의가 한국 사회에 뿌리 깊은 정치적 국가주의와 결합함으로써 사회경제적 인권으로서의 노동권은 정상적인 상태를 전혀 회복하지 못하고 있다. 앞서 말했듯이 정치적 민주화의 진전에도 불구하고 노동 분야에서의 법과 이데올로기는 과거 군사독재정부 시기에 형성된 기본적인 틀이 거의 변하지 않았다. 과도한 국가주의적 사고에서 비롯된 노동3권의 행사에 대한 형벌의 적용은 여전하며 수억대의 손해배상청구와 가압류가 법의 이름으로 자행되고 있다. 여기에 더하여 노동유연성의 강화를 이유로 노동법의 역사적 의의가 무시되고 재산권을 숭배하는 시장주의적인 계약법 논리로 다시금 퇴행하는 모습을 보여주고 있다.

비정규직 문제의 해결에 있어서 노동3권의 중요성은 아무리 강조해도 지나치지 않을 것이다. 노동3권은 노동법에서 핵심적인 지위를 갖고 있기 때문에 노동3권의 완전한 보장이 빠진 비정규직 대책이란 유명무실한 것일 수밖에 없다. 그런데 노동3권의 실질적인 보장을 위해서는 과도한 국가주의적 경향성의 극복과 사회적 연대의식의 고양이 필요하다. 이는 비정규직 고용의 문제가 결국 비정규직뿐만 아니라 정규직을 포함한 전체 노동자, 나아가 사회 전체의 것임을 의미한다. 노동3권의 신장을 방해하고 억압하는 법령과 이를 정당화하는 법리와 판례의 개혁이 시급히 이루어져야 한다. 단결권을 침해하는 행정관청의 과도한 간섭, 형벌 조항들로 가득 찬 노동조합법, 파업에 대한 업무방해죄 적용, 영업권 침해를 이유로 한 터무니없는 금액의 손해배상, 간접고용에서 사용사업주의 노동법적 책임 회피, 특수고용의 노동자의 노동자성 부정 등 노동 억압적인 법과 정책의 근본적인 전환이 필요하다.

이 책은 지난 15여 년 간 비정규직 고용의 법적 문제에 고심하면서 발표하였던 논문, 보고서, 판례평석 등 다양한 형식의 글들을 정리하여 하나로 묶은 것이다. 체계적인 기술을 위하여 새로 쓴 부분도 있지만 대부분의 글들을 고쳐 썼고 구성도 대폭 바꾸었다. 또한 그간에 비정규직 법령들이 새로이 제정되거나 개정되기도 하였고 새로운 판례도 몇 건 나왔다. 이 때문에 과거에 연구하였던 글들을 이러한 변화에 맞게 수정 가필한 부분도 적지 않았다. 비정규직 문제에 관심을 갖기 시작한지도 적지 않은 시간이 흘렀지만 그간에 별로 나아진 게 없다는 생각이 이 책을 쓰게 된 직접적인 계기이지만 나 스스로도 다시 생각을 정리하고 앞으로의 연구방향을 설정하고 싶은 뜻도 있었다.

2010년에는 대법원이 이제까지와는 약간 달리 비정규직 노동자의 열악한 처지를 고려한 듯 보이는 판결들을 내놓아 주목을 받고 있다. 특히 비정규직 고용 가운데 사내하도급과 관련하여 지난 3월에는 사내하청 소속 근로자로 구성된 노동조합과의 관계에서 원청회사를 노동조합법상 지배개입의 부당노동행위 주체로 인정하는 판결(현대중공업사건, 대판 2010.3.25. 2007두8881)을 하였고, 7월에는 원청회사와 사내하청 근로자 간의 법률관계를 불법파견으로 인정하여 직접근로관계가 성립한다는 판결(현대자동차사건, 대판 2010.7.22. 2008두4367)을 내렸다. 전자는 집단적 노동관계의 측면에서, 후자는 개별적 노동관계의 측면에서 원청회사가 실질적인 사용자임을 인정한 것이다. 하지만 이러한 긍정적인 측면에도 불구하고 대법원 판결은 아쉬운 점도 역시 적잖이 남겼다. 이 책에서는 후자의 판결에 대한 비평을 실었다. 또 근로자파견법의 중대한 결함으로 빚어진 파견근로자의 교체 사용에 관한 하급심 판결에 대한 평석을 함께 실었다. 이 책에 실린 평석들은 각각 민주주의법학연구회가 출간한 「민주법학」과 서울대노동법연구회가 발간한 「노동법연구」에 발표한 글들을 이 책의 편제에 맞게 부분적으로 수정한 것들이다.

이 책은 고용안정, 인간의 존엄성을 보장하는 근로조건, 차별금지, 노동3권의 보장 등 노동인권의 관점을 기본으로 하여 썼다. 특히 세계인권선언, 국제인권규약, ILO 기본협약 등 국제문서와 이를 비교적 충실히 이행하는 EU 국가의 법제들을 많이 고려하였다. 우선 제1부에서는 비정규고용이 노동기본권 전반에 미치는 영향을 다루었다. 제2부에서는 타인을 위하여 자신 의 노동력을 제공하면서도 노동자성을 인정받지 못하여 법적 보호로부터 배제된 특수고용 노동자 문제를 다루었다. 제3부에서는 타인의 노동력을 자기를 위하여 사용하면서도 타인의 노동의 이용에 따르는 노동법 및 사회보장법상의 책임을 면탈하고자 하는 고용형태인 간접고용을 다루었다. 제4부에서는 법원에서 다투어진 대표적인 비정규직 관련 소송에 대한 판결의 평석을 실었다. 비정규직 노동자의 보호를 위해 만들어졌다는 실정법의 내용이 극히 부실하고 흠결이 많은 상황에서 법원의 판결이 노사관계 당사자들에게 심대한 영향을 미치고 있다는 점에서 실정법령 못지않은 중요한 의미를 가지고 있다고 보기 때문이다.

마지막으로 이 책이 출간되기까지 재정적 지원과 편집 · 출판을 위하여 애써준 순천향대학교 출판부 관계자 여러분에게 감사드린다. 또한 비정규직 노동자의 노동인권을 위하여 헌신하고 있는 전국불안정노동철폐연대 활동가들과 노동조합 관계자들에게도 역시 깊은 감사의 인사를 드리고 싶다. 이들과의 정기적인 모임과 열띤 토론 및 연대가 없었다면 아마 처음부터 이 책을 낼 생각도 하지 못했을 것이다.

2010. 12

조경배

목 차

제1부 비정규직 근로자의 노동기본권

제2부 특수고용 노동

제3부 간접고용 노동

제4부 판례연구

제1부 비정규직 근로자의 노동기본권

제1장
비정규직 근로자 보호입법의 형성과 과제

Ⅰ. 비정규직 근로자의 개념과 유형

비정규직 근로자(non-standard worker) 또는 비전형 근로자(atypical worker)라는 용어는 널리 사용되고 있지만 법령상의 용어도 아니고 법적으로 명확한 개념도 아니다. 또한 사회경제적인 용법으로도 확립된 하나의 통일적인 개념이 아니라 노사관계의 고전적 모델에 준거하여 전통적인 근로자가 가지고 있는 공통적인 요소들 가운데 어느 요소가 결여된 근로자를 일반적으로 지칭하고 있다.[1] 이리하여 비정규직 근로자의 유형도 그 결여된 요소에 따라 다양하게 구분된다. 그런데 법적 지위라는 측면에서는 그 결여 요소의 사회경제적 의미보다 규범적인 의미 내용과 비중이 중요한 판단기준이 되고 이에 따라 비정규직 근로자의 유형도 달라진다. 비정규직 근로라는 고용형태의 이용은 시장 논리상 합리성이 있든 없든 간에 법적으로는 노동법의 보호적 규제를 벗어나거나 이를 회피할 목적으로 이용되고 있다는 것이 문제가 된다. 결국 노동법의 관점에서는 비정규직 근로의 다양성을 규정짓는 요

1) 예를 들어 김성환은 정규 노동의 전형적인 요소를 ① 사용자에 대한 종속관계, ② 특별한 사유가 없는 한 기간을 정하지 않는 상용 고용, ③ 전일제 근로, ④ 통상 노동일의 근로일수, ⑤ 월급제 임금, ⑥ 법과 단체협약에 의한 임금지급의 보장과 해고 등으로부터의 고용보장, ⑦ 기술과 기업 내 근속년수에 따른 임금수준, ⑧ 대표체제에 의한 집단적인 이해관계의 보호로 구분하여 이러한 요소 중의 일부를 결한 근로를 비정규 근로라고 규정하고 있다. 김성환, 「非正規勞動에 관한 硏究」(한국노동연구원, 1992), 15-16쪽.

소가 무엇이며 그러한 요소는 어떠한 내용의 법적 규제를 회피하기 위하여 이용되는가 하는 점이 중요한 관심사가 된다. 이러한 점에서 보면 비정규직 근로관계를 정규직과 구별하는 핵심적인 법적 표지로서는 사용종속관계의 정도, 계약기간의 설정 유무, 고용의 직접성 여부를 들 수 있다. 이러한 법적 표지 외에도 비전형적인 근로조건의 다양한 형태가 있을 수 있는데 그중 근로시간의 다양화와 탄력화에 따른 비전형적인 근로로서 시간제근로, 교대제 근로, 변형근로, 재량근로 등이 있고 근로장소의 비전형적인 형태로서 재택 근로, 가내근로, 출향 등이 있다. 후자의 비정규직 근로들은 근로시간이나 장소와 같은 기능적인 측면에서의 비전형인 요소를 가지고 있다는 점에서 근로계약의 상대방이나 계약의 성격 자체에서 차이가 나는 전자의 구조적인 비전형성과는 구별된다.[2] 이 책에서는 주로 구조적인 비전형성을 갖고 있는 비정규직 근로에 초점을 맞추고 있다.

우선 사용종속관계의 정도에 따라 비정규직은 정규직과 구분된다. 전통적으로 근로자와 비근로자를 가르는 기준은 사용종속관계의 유무이다. 사용종속관계가 있다고 판단되면 노동법이 전면적으로 적용되는 근로자로 인정되고 그렇지 않으면 비근로자가 되어 노동법적 보호를 전혀 받지 못하게 된다. 이와 같이 법적 지위가 완전히 달라지는 상황인데도 사용종속관계의 유무라는 근로자성의 판단기준이 그리 명확하지 않다는 데 문제의 심각성이 있다. 더구나 위장자영인과 같이 실질적으로는 근로자임에도 불구하고 외형상 자영인으로 가장한 고용형태도 널리 확산되고 있다는 점에서 혼란을 더욱 부채질하고 있다. 한국에서는 이를 특수고용 노동이라고도 부르는데 이 책에서는 보다 넓은 의미를 가진 독립노동이라는 용어를 같이 사용한다. 독립노동의 증가는 노동법상 여러 가지 문제를 제기하고 있다. 우리나라에서 특수고용관계에 대한 기존의 접근방식은 주로 근로자성 여부의 판단기준에 집중되어 독립노동의 다양한 측면에 대한 이해와 노동법적 보호의 필요성에 대한 검토가

2) Javillier, "フランスの非典型的勞働契約", 日本勞働研究雜誌(1993), 4쪽.

충분치 못하였다. 비록 전통적인 의미의 근로자성 판단기준을 충족하지 못하더라도 노동법적 보호가 필요한 경우는 얼마든지 있을 수 있는 것이다.

다음으로 근로계약 체결 시 계약기간의 사전 설정 유무에 따라 비정규직은 정규직과 구분된다. 일용직, 계약직, 촉탁직, 계절근로, 파견근로 등 비정규직 근로의 대부분이 여기에 속하는데 기간제근로, 유기근로 등으로 불리고 보다 넓은 의미에서의 임시직(temporary work)이라고 부를 수 있는 근로자 집단을 말한다.[3] 이러한 유형의 비정규직은 근로계약의 개별적인 내용에 따라 차이가 있지만 계약기간이 처음부터 정해져 있기 때문에 지속적인 고용불안정 상태에 놓이게 된다는 점에서 공통점을 가지고 있다. 이는 본래 노동법이 해고사유나 절차 등의 규제를 통하여 근로자를 해고로부터 보호하게 된 까닭이 기간을 정하지 않는 정규직 근로자를 염두에 두었다는 데서 비롯된 것이다. 보다 구체적으로 말하자면 기간제근로는 계약기간이 미리 정해져 있기 때문에 근로계약은 기간의 만료로 당연히 종료되고 사용자는 해고제한의 부담을 받지 않는다. 그 결과 근로자는 계약기간 이외에는 고용안정을 보장받지 못하게 된다. 이와 같은 기간제근로는 계약기간을 1월 미만(일용근로자) 또는 1월 이상 1년 미만(좁은 의미에서의 임시직 근로자)으로 하거나 특정한 계절에 한정(계절근로자)하는 등 1년 미만인 경우가 보통이지만 1년 이상이 되는 경우도 적지 않다.[4] 특히 기업 외부의 노동력을 신규로 채용하여 일정기간만 채용하는 계약직이나 기업 내부의 기존 인력을 재고용 하는 촉탁직과

---

3) 영미문헌에서 temporary work은 주로 파견근로만을 의미하는 경우가 많은데 이는 파견근로가 일시적·간헐적 수요에 대응하여 사용되는 고용형태라는 것을 의미한다.

4) 기간제근로는 계절적 요인이나 직무의 다양성으로 인해 불가피하게 존재하기도 하지만 기업이 인건비부담 경감과 노무관리를 이유로 정규직 근로자를 고용하여야 할 경우에도 임시직을 사용하는 경우가 많다. 갈수록 이러한 경향이 더욱 확산되고 있으며 특히 생산직보다는 사무직 부분에서 임시직이 빠른 속도로 확산되고 있다. 이러한 임시직은 계약기간을 1년 미만으로 하는 경우가 대부분이며 계속 고용이 필요한 경우에도 1개월 정도 고용계약을 해지한 후 다시 임시직으로 채용함으로써 근로기준법상의 해고제한 규정을 탈법적인 형태로 피해가기도 한다.

같은 경우에는 그 기간이 보다 장기로 설정되는 것이 보통이다.

한편 비정규직 근로는 고용의 직접성 여부에 따라 정규직과 구분된다. 비정규직은 직접고용 비정규직과 간접고용 비정규직으로 분류할 수 있는데 직접고용 비정규직은 근로자와 직접 근로계약을 체결한 자가 지휘명령권을 행사하는 고용형태를 말하는데 반하여 간접고용 비정규직은 근로자가 자신과 직접 근로계약을 체결한 자가 아닌 제3자를 위하여 근로하는 이중적인 근로관계 또는 다면적 근로관계가 형성되는 고용형태를 말한다. 간접고용 비정규직의 유형으로는 대표적으로 파견근로가 있고 이와 유사하거나 위장된 형태의 도급, 용역, 사내하청, 소사장 등이 있다. 간접고용 비정규직의 경우에 사용사업주는 형식적으로는 직접적인 고용주가 아니기 때문에 해고제한의 규제를 받지 않고 용이하게 고용조정을 행할 수 있다. 또한 이러한 근로자를 고용한 사용자도 고용수요가 있는 기간만 임시직으로 채용하는 방법을 통하여 역시 고용조정을 용이하게 할 수 있다. 따라서 이러한 유형의 비정규직 근로자는 간접고용이라는 고용방식과 계약기간의 설정이라는 사용기간에 의하여 이중으로 고용불안의 위험을 안고 있다고 할 수 있다.

Ⅱ. 비정규직 법의 논의 배경과 전개과정

1. 고용구조의 양극화와 사회경제적 불평등의 심화

한국 사회의 고용구조는 이미 1990년대 초반부터 정규직과 비정규직의 양극화 현상이 뚜렷하게 나타나기 시작하였다. 기간제근로, 단시간근로, 계약직 · 촉탁직, 파견근로, 사내하청, 특수고용 등으로 불리는 다양한 유형의 비정규직 고용은 1997년 IMF 경제위기 이후 급격히 확산되었다. 기존에 정규직이 하던 일자리가 지속적으로 비정규직으로 대체되면서 고용구조의 양극화라는 구조적인 변화가 나타났고 지금은 거의 절반가량의 노동자가 비정규직 형태로 일하고 있으며 일상적인 고용형태로 자리 잡고 있다.[5] 이러한 흐름은 기업의 노무관리 전략, 즉 기업의 핵심적인 노동력에 대해서는 교육이나 훈련기회의 확대를 통하여 기능적 유연성을 높이고 주변적 업무나 주변적 노동력에 대해서는 아웃소싱이나 고용형태의 다양화를 통하여 노동비용 절약과 경기변동에 따른 고용조정의 탄력성을 도모한다는 '노동유연화' 전략에 의하여 주도되고 있다.

노동시장은 고용구조의 양극화로 인하여 비정규직 근로자에 대한 극심한 차별과 함께 전통적인 노동법 질서를 파괴하는 불법·탈법의 남용행위가 기승을 부리는 등 극도로 무질서한 모습을 보이고 있다. 정규직이 아니라는 의미에서 비정규직이라는 용어 자체가 시사 하듯이 비정규직 근로자는 정규직 근로자가 누릴 수 있는 노동법상 또는 사회보장법상의 권리들이 배제되고 저임금과 지속적인 고용불안정 상태에 놓이게 된다. 비정규직 근로자의 평균적인 임금수준은 정규직의 절반에 지나지 않고 여기에 각종 수당이나 복지, 사회보험의 혜택을 받지 못하고 있다.[6] 그럼에도 비정규직 근로자의 실근로시

5) 전체 노동자 가운데 비정규직이 차지하는 비율의 변화 추이를 살펴보면 1990년대 초반의 30%대 수준에서 1995년 41.9%, 1996년 43.4%, 1997년 46%, 1998년 49%로 해마다 2~3% 정도씩 지속적으로 늘어나서 2001년에는 56%까지 치솟았다. 이후로 2007년까지 55~56% 수준을 유지하다가 2007년 54.2%, 2008년 52.1%로 감소한데 이어, 2010년 3월에는 49.8%로 줄어들었다. 최근 정규직이 조금씩 증가하고 비정규직이 감소한 것은 2007년 7월부터 시행된 기간제법의 정규직 전환 효과와 경기침체 효과가 맞물린 결과로 풀이되고 있다. 2007년 3월 이후 2010년 3월까지 최근 3년 간 다른 비정규직 고용형태는 모두 감소하고, 시간제근로와 파견근로만 증가했다. 시간제근로는 2007년 3월 123만명(7.8%)에서 152만명(9.2%)으로 29만명(1.4%) 증가했고, 파견근로는 17만 5천 명(1.1%)에서 21만 2천 명(1.3%)으로 3만 7천 명(0.2%) 증가했다. 김유선, "[동향과 쟁점] 2010 비정규직 규모와 실태", 월간 노동사회 7-8월호(한국노동사회연구소, 2010) 참조.

6) 2010년 3월 기준으로 정규직(월 266만원) 대비 비정규직(월 123만원)의 월평균 임금은 46.2%이고, 시간당 임금은 47.5%이다. 하위 10%와 상위 10% 임금격차는 5.25배로, OECD 국가 중 임금불평등이 가장 심한 것으로 알려진 미국보다 심하며 해마다 확대되고 있다. 저임금 계층은 432만명(26.8%)으로, 정규직은 49만명(6.4%)이고 비정규직은 383만명(45.6%)이다. 법정 최저임금 미달자는 175만

간은 고용유형에 따라 다르긴 하지만 대개 정규직에 비하여 길거나 차이가 거의 없다. 업무내용에서도 비정규직 근로자를 정규직 근로자에 대체하여 사용하는 일이 많고 상시근로자와 다름없이 일정한 업무에 상시적으로 사용되고 있다. 또한 근로자 사이에서도 소외되어 정규직 중심의 노동조합으로부터 배척될 뿐만 아니라 고용불안 때문에 스스로 단결하여 자신의 권리를 방어하기도 매우 어려운 것이 현실이다.[7]

이제 비정규직 고용은 특정한 소외집단의 특수한 문제가 아니라 사회의 전반적인 불평등을 심화하고 건강한 노동시장 질서의 형성과 유지를 파괴하는 심각한 사회적인 문제로 대두되었다. 기업 이윤의 극대화와 노동의 효율적인 통제를 위하여 고용 및 근로조건에 있어서 현저하게 불이익을 받는 비정규직 집단을 창출하여 집단적으로 배제하거나 차별을 고착화하는 것은 개인의 존엄성과 자율성을 파괴하는 행위이다. 또한 비정규직 고용의 무정부적인 확산은 사회적 덤핑, 즉 사회 전체 수준에서의 경쟁의 왜곡이라는 심각한 문제를 야기하게 된다. 이 때문에 국가나 사회 차원의 특별한 대책이 필요하다는 데 일정한 공감대가 형성되었고 이를 위한 법제화 논의가 2000년대에 들어서서 시작되었다. 하지만 그 해법에서는 노동계와 경영계가 현격한 인식의 차이를

명(10.8%)으로, 정규직은 9만명(1.2%)이고 비정규직은 165만명(19.7%)이다. 남자 정규직 임금을 100이라 할 때 여자 정규직 임금은 67.3%, 남자 비정규직 임금은 47.9%, 여자 비정규직 임금은 38.3%로, 격차가 매우 클 뿐 아니라 확대되고 있다. 이는 비정규직 보호법이시행된 뒤에도 비정규직 차별은 개선되지 않은 채 갈수록 고용의 질이 악화되고 있음을 말해준다. 김유선, 앞의 글, 참조.

7) 2010년 3월 현재 한국의 전체 조합원수는 199만명으로 조직률은 12.0%이며 이 가운데 정규직은 183만명으로 21.9%가 조직되어 있는 반면 비정규직은 16만명으로 1.9%만이 조직되어 있다. 전체 조합원 가운데 정규직은 91.9%고 비정규직은 8.1%다. 정규직은 2006년 8월 150만명(11.3%)을 저점으로 증가하다가 2009년 이후 정체 상태인 데 비해, 비정규직은 2007년 8월 28만명(3.3%)을 정점으로 계속 감소하고 있다. 세부 고용형태별로는 파견근로(5.4%), 기간제근로(4.3%), 용역근로(3.7%), 특수고용형태(0.7%), 장기 임시근로(0.7%), 가내근로(0.6%), 시간제근로(0.4%), 호출근로(0.2%) 순으로, 모든 고용형태에서 조직률이 매우 낮다. 김유선, 앞의 글, 참조.

보이고 있다. 경영계는 현행 노동법제가 지나치게 경직되어 있어서 비정규직이 늘어났다고 주장하면서 '노동유연화'를 위해서는 정규직의 보호 완화 및 비정규직의 규제완화를 요구하였다. 반면에 노동계는 우리나라의 노동시장이 어느 나라보다도 유연화 되어 있으므로 근로자들에게만 고통을 전가시키고 있는 정부의 '노동유연화' 정책기조를 중단하고 비정규직 근로자의 보호를 위한 법적 · 제도적 장치를 적극적으로 마련해야 한다고 주장하였다.

2. 법제화 논의의 전개과정

(1) 입법청원과 정부안의 형성과정

비정규직 근로자의 보호를 위한 법 규정의 미비와 제도상의 허점이 드러나고 이들의 근로조건이 지속적으로 악화되면서 개선의 기미가 전혀 없자 2000년 이후 다양한 입법청원이 있었다. 한국노총과 민주노총이 각각 2000년 7월과 10월에, 그리고 여성단체연합과 비정규직 공동대책위원회가 각각 9월과 10월에 비정규직 보호를 위한 입법청원을 국회에 제출하였다. 이어 정부도 독자적으로 대책마련을 검토하고 2000년 10월 5일에 '비전형노동자 대책방안'을 발표하였다. 하지만 이 방안은 노사 양측으로부터 많은 비판을 받고 더 이상 정책안으로 추진되지 못하였다. 이후 비정규직 보호를 위한 법제화 논의는 1998년 IMF 외환위기 당시 국가경쟁력 강화와 사회통합의 실현을 목적으로 설치된 노사정위원회로 옮겨갔다.

노사정위원회는 비정규직 근로자에 대한 법 · 제도 개선방안을 마련하기 위하여 2001년 7월 '비정규직근로자대책특별위원회'를 구성하였다. 이 특위는 당시 노사정위원회에 참여하고 있는 한국노총이 특위구성을 제안하여 발족되었는데 민주노총과 비정규공대위는 불참하였다. 이 비정규특위에서는 고용형태별로 기간제근로, 파견근로, 단시간근로, 특수형태근로 등으로 나누어 그 대책방안을 논의하였다. 먼저 기간제근로, 파견근로, 단시간근로에 대한 2년여에 걸친 논의가 있었고 2003년 5월 23일 본회의를 열어 공익위원안을 공식적으로 확정하였다. 이어 노사정위원회는 2003년 7월 25일 노사입장과 공익위원안을 함께 정부로 이송하기로 결정하였다. 한편 특수고용직에 대한 논의는 함께 다루지 못하였고 국내외의 입법례가 드물다는 이유로 별도의 후속 기구를 설치하여 심도 있는 논의를 통해 대책방안을 마련하기로 하였다. 따라서 2003년 9월에 '특수형태근로종사자특별위원회'가 구성되었고 2년여를 활동하다가 논의를 종결하였으나 구체적인 입법안을 마련하지 못했다.

노동부는 노사정위원회의 공익위원안을 중심으로 2003년 11월 법률안을 마련하고, 2004년 9월 8일 국정현안정책조정회의에서 비정규직 법률안을 확정하였으며 9월 10일에 비정규직 법률안을 입법예고 하였다. 이어 정부입법으로 2004년 11월「기간제 및 단시간근로자 보호 등에 관한 법률안」과「파견근로자 보호 등에 관한 법률 중 개정 법률안」의 두 비정규직 법률안이 국회에 제출되었다.

(2) 비정규직 법률안에 대한 비판 여론의 비등

2004년 정부의 비정규직 법률안의 내용이 발표되자 사용자단체뿐만 아니라 매우 적극적으로 비정규직 입법청원을 하였던 노동계조차도 강력하게 반대 입장을 표명하였다. 일부 비정규직 근로자들이 여당의 당사를 점거하고 강력하게 항의하는 일도 있었다. 전국 104개 노동, 시민, 사회단체로 구성된「비정규노동법 공동대책위원회」는 2005년 4월 비정규직 법률안에 대한 국민여론조사와 발표로 이에 대응하였다. 이 여론조사는 대부분의 국민들이 정부안보다는 국가인권위원회의 의견을 중심으로 하여 노사정 당사자 간의 합의를 통한 입법화 방식을 압도적으로 지지하고 있다고 발표하였다.

2005년 4월과 5월 사이 국회에서는 노사정 대표자회의가 열리고 합의 형성을 위한 의견교환이 활발히 이루어졌으나 결국 합의점을 찾지 못하고 결렬되고 말았다. 이후 2005년 6월 임시국회에서 정부와 여당의 주도로 법안의 통과를 시도하였으나 민주노동당 의원들의 국회환경노동위원회 소회의실의 점거농성으로 통과가 저지되기도 하였다.

(3) 비정규직 법률안에 대한 국가인권위원회의 의견 제시

2005년 4월 14일 국가인권위원회가 이례적으로 정부의 비정규직 법률안에 대한 의견을 제시하였다. 국가인권위원회는 비정규직 근로자의 노동인권의 근본 가치가 훼손되고 형해화 되는 위기상황에 처해 있다고 진단하고 비정규직 근로자의 노동인권의 보호와 차별의 해소가 우리 사회의 중요한 사회적 과제임을 강조하였다. 국가인권위원회는 정부의 비정규직 법률안에 대하여 비정규직 근로자의 인권 개선을 위한 긍정적인 움직임이라고 평가하면서도 그것만으로는 노동인권을 보호하기에 충분하지 못하다고 지적하였다. 나아가 헌법과 세계인권선언, 사회권 규약, ILO헌장, ILO협약 등 국제인권규범에서 인정하고 있는 노동인권의 가치와 차별금지 및 동일가치 노동 동일임금 원칙의 이념을 실현하기 위해서는 비정규직의 사용을 합리적인 이유가 있는 경우에 한하여 제한적으로 허용하고, 근로조건의 차별적 처우의 판단기준으로서 동일가치 노동 동일임금의 원칙이 정립될 수 있도록 해야 한다고 강조하였다. 이어서 비정규직 법률안의 개선방향을 매우 구체적으로 제시하였다.

우선 기간제 법안에 대해서는 필요한 합리적인 사유가 있는 경우에 한하여 제한적으로 허용하고, 남용을 방지하기 위한 기간의 설정, 계약체결 시 서면을 요건으로 하고 사용사유 및 기간제한 규정, 서면요건주의를 위반한 경우 기간의 정함이 없는 것으로 간주하도록 해야 한다는 의견을 제시하였다. 또한 기간제근로자에 대한 차별적 처우를 금지하는 규정 외에 추가적으로 동일가치 노동 동일임금 규정을 명문화 할 것을 요구하였다

파견법 개정안에 대해서는 허용대상 업무를 일정한 업종으로 제한하고, 파견기간 상한의 유지와 휴지기간의 확장, 불법파견의 사용은 사용 시점부터 직접고용을 의제하고 파견근로자의 임금을 직접고용 근로자 임금의 일정 비율 이상으로 보장하거나 근로자파견의 대가를 일정 비율로 제한하고, 사용사

업주를 상대로 단결권 및 단체교섭권을 실질적으로 행사할 수 있도록 사용사업주의 파견근로자에 대한 책임 부분을 확대하거나 사용사업주의 사업장 노사협의회에 참여할 수 있는 방안을 마련할 것 등의 의견을 제시하였다.

III. 비정규직 법률안의 주요 내용

1. 기간제 법안

정부의 비정규직 법률안은 고용상의 차별을 해소하고 비정규직의 남용을 규제하되 노동시장의 유연성과 조화를 도모한다는 것을 기본취지로 하고 있었다. 이에 따라 정부는 기간제 법안은 기간제근로자에 대한 불합리한 차별을 시정하고 근로조건 보호를 강화하는 데 그 목적을 두고 있다고 밝혔다.[8] 기간제 법안의 주요내용은 다음과 같다.

첫째, 기존의 근기법상 1년으로 되어 있던 사용기간의 상한을 3년으로 확대하였다. 기간제 사용의 사유는 제한하지 않고 자유롭게 사용하되 상한기간만을 제한하였다. 또한 3년을 초과하여 계속 사용한 경우에도 정규직 근로자로 간주하거나 고용할 의무를 부과하지 않고, 단지 정당한 이유 없이 계약기간의 만료만을 이유로 해고할 수 없도록 하였다.

둘째, 기간제근로자에 대한 차별금지 및 노동위원회를 통한 차별시정절차를 신설하였다. 기간제 법안은 '동일가치 노동 동일임금 원칙'을 명시하지 않고 "기간제근로자임을 이유로 당해 사업 또는 사업장에서 동종 또는 유사한 업무에 종사하는 기간의 정함이 없는 근로자에 비하여 차별적 처우를 하여서는 아니 된다"고 규정하였다. 차별적 처우의 경우에는 시정을 위한 신청과 노동위원회에서의 시정절차를 거쳐 시정명령을 내릴 수 있도록 하고 시정

8) 노동부, "비정규직 입법 관련 Q & A"(2004.9.10).

명령 위반에 대하여는 1억 원 이하의 과태료에 처할 수 있도록 하였다.

셋째, 기간제근로자와 근로계약 체결 시에 계약기간, 근로시간 · 휴게, 임금의 구성항목, 계산방법 및 지불방법, 휴일 · 휴가, 취업의 장소와 종사하여야 할 업무 등 중요한 근로조건에 대한 서면명시의무를 규정하였다.

2. 파견법 개정안

파견법 개정안의 주요 내용은 다음과 같다.

첫째, 기존의 파견법은 일정한 사유가 없이도 근로자를 파견할 수 있는 업무를 26개로 제한하고 있지만 파견법 개정안은 업무제한을 없애 파견금지업무가 아닌 모든 업무에 자유로이 근로자를 파견하고 사용할 수 있도록 하였다.[9] 다만, 제조업의 직접생산공정 업무를 비롯한 현행법상의 파견금지 업무에 대해서는 종전과 같이 일시적 파견만 허용하였다.

둘째, 파견기간은 종전과 마찬가지로 원칙적으로 1년으로 하되 당사자 간의 합의를 요건으로 연장할 수 있고 그 상한을 2년에서 3년으로 늘렸다. 그리고 고령자(55세 이상) · 준고령자(50세 이상)에 대해서는 파견기간의 제한을 없앴다.

셋째, 파견근로자를 사용하기 시작한 날부터 3년이 경과한 경우에는 그 다음날부터 3월 이내에 파견근로자를 사용할 수 없도록 휴지기간 제도를 신설하였다.

넷째, 파견근로자의 사용기간의 상한을 2년에서 3년으로 연장하면서 2년을 초과하여 사용할 경우에 사용사업주가 파견근로자를 고용한 것으로 본다는 고용의제 조항을 없애고 3년 이상 파견근로자를 사용할 경우에는 그 파견

---

9) 개정 전 파견법에서는 파견근로자를 사용할 수 있는 업무의 범위를 ① 전문지식 · 기술 또는 경험 등을 필요로 하는 업무, ② 출산 · 질병 · 부상 등으로 결원이 생긴 경우, ③ 일시적 · 간헐적으로 인력을 확보하여야 할 필요가 있는 경우의 세 가지로 열거하고 있었다.

근로자를 직접 고용해야 한다는 고용의무 조항으로 바꾸었다. 또한 기간초과 사용 외에 무허가 파견업자로부터 근로자파견을 받은 경우와 파견사용금지 업무에 파견근로자를 사용한 경우에도 파견근로자를 직접 고용해야 할 의무를 부과하는 규정을 신설하였다. 반면에 금지대상인 제조업의 직접생산공정 업무에 불법적으로 파견근로자를 상시 사용할 경우에는 직접고용의무규정을 두지 않았다. 직접고용의무 위반에 대하여는 3,000만 원 이하의 과태료에 처하도록 하였다.

다섯째, 파견법 개정안은 기간제 법안과 마찬가지로 파견근로자에 대한 차별금지와 노동위원회를 통한 차별시정절차, 파견사업주의 파견근로자에 대한 파견료 등의 서면고지의무 등을 신설하였다.

Ⅳ. 비정규직 법률의 제정과 문제점

우여곡절 끝에 결국 2006년 12월에 「기간제 및 단시간근로자 보호 등에 관한 법률」이 처음으로 제정되었고 파견법이 개정되었다. 이들 개정 법률은 국회의 논의과정에서 노사 양당사자의 반발에 부딪쳐 정부안이 일부 수정되기도 하였지만 그 기본 골격은 유지되었고 2007년 7월부터 기업의 규모별로 연차적으로 시행되도록 하였다.

정부의 초안과 달라진 것은 기간제근로자와 파견근로자의 사용기간의 한도를 3년에서 2년으로 줄인 것과 파견허용업무를 종전대로 대통령령으로 정한 업무로 한정하도록 한 반면 파견근로자의 반복·교체 사용을 실질적으로 예방할 수 있는 장치인 휴지기간의 도입을 제외하였다.

1. 현행 비정규직 법률의 기본구조

현행 비정규직 법률이 취하고 있는 기본적인 틀은 비정규직 고용의 이용은 폭넓게 허용하되 그 남용을 방지하고 차별을 규제한다는 것이다. 하지만 정부가 공식적으로 밝힌 이러한 입법취지와는 달리 실질적으로는 남용을 용인하고 차별을 방치하는 방식으로 운영될 위험성이 매우 크게 설계되었다. 비정규 고용의 남용을 방지할 수 있는 효과적인 장치들이 빠져 있고 차별시정제도도 법리적인 측면에서나 실효성의 측면에서 심각한 문제점을 안고 있다. 적어도 현행법의 구조로서는 남용과 차별의 금지라는 입법목적을 달성하기 어렵다고 보는 것이 제대로 된 평가일 것이다. 이런 점을 간과한 채 비정규직의 사용에 대한 규제는 풀고 차별은 금지하는 것이 세계적인 추세라고 운운하는 것은 문제의 본질을 왜곡하는 것이라고 할 수 밖에 없다.[10] 최근 유럽연합을 비롯하여 독일이나 일본에서도 파견근로를 비롯한 비정규직 고용의 폐해를 심각하게 인식하고 규제를 강화하는 방향으로 다시 선회한 것도 타산지석으로 삼아야 할 대목이 아닌가 한다.

노동법의 규제완화가 노동시장을 유연화 하여 고용창출의 계기가 될 수 있기 때문에 그 남용과 차별만 규제하면 된다는 비정규직 법률의 전제는 결코 타당하지 않다. 고용안정은 근로자 보호의 핵심을 이루는 것이다. 고용조정을 쉽게 하면서도 근로조건의 악화를 가져오지 않을 수 있다는 가설은 법 논리적으로나 현실적으로도 전혀 가능하지 않다.[11] 근로조건 악화와 차별의 심

10) 정부의 비정규직 법률은 근로자파견에 대한 규제완화의 점에서는 상당부분 1999년과 2003년에 개정된 일본의 근로자파견법을 모방하였고, 차별규제에 관하여는 독일의 일부 제도를 받아들인 것으로 보인다. 하지만 일본의 경우에는 파견근로자의 수가 법 개정 이후 3년 만에 70만명에서 210만명으로 폭발적으로 증가하는 부정적인 결과를 가져왔다. 반면에 독일은 만성적인 실업난의 해결이라는 우리와는 다른 특별한 사정이 있었다. 일본과 독일의 파견법 동향에 관한 글로는 최홍엽, “독일 근로자파견법의 개정 배경과 내용”, 노동법연구 제15호(서울대노동법연구회, 2003); 강성태, “일본과 독일의 신근로자파견법”, 노동법연구 제17호(서울대노동법연구회, 2004); 김기선, “독일 내 파견근로의 실태와 최근의 논의”, 노동법연구 제29호(서울대노동법연구회, 2010) 참조.

11) 독일의 경우도 2002년 이른바 하르츠 개혁으로 파견근로자의 사용에 대한 규제를 완화하였으나 고용불안정과 차별의 확산으로 최근 다시 규제를 강화하는 방향으로 입법적 개선논의가 진행 중에 있다(김기선, 앞의 글 참조).

화는 비정규직 고용의 부수적이고 간접적인 효과가 아니라 본질적인 이유이고 직접적인 결과이다. 차별시정제도가 사후대책으로서 전혀 의미 없는 것은 아닐 것이나 그 전에 사전적인 예방조치를 강화하는 것이 더 현실성이 있는 것이다. 즉, 차별규제라는 사후적 조치 보다 사전적 예방적 조치라고 할 수 있는 사용사유 및 기간의 엄격한 제한이 바람직한 대책이다.

정부의 잘못된 비정규직 대책은 한국의 노동시장의 문제가 고실업의 해소에 있지 않음에도 불구하고 고실업의 해소에 바탕을 둔 유럽의 입법정책들을 모방 답습함으로써 나타난 결과로 보인다. 유럽 국가들은 1970년대까지만 해도 비정규직 고용에 대하여 사용 자체를 처음부터 엄격하게 금지하는 태도를 일반적으로 견지하고 있었다. 하지만 경제의 지속적인 저성장과 고실업, 특히 청년실업이 심각한 사회적 문제가 되었고 한편으론 학업이나 가사 등의 이유로 단시간근로를 자발적인 선택에 의하여 원하는 근로자층이 증가하여 1990년대 초반까지 고용형태에 대한 규제완화가 조심스럽게 이루어져 왔다. 그런데 1990년대 중반 이후에는 비정규직의 확산이 고용창출과 실업해소에는 별다른 효과를 가져 오지 못하고 오히려 고용불안정과 차별의 심화, 사회보장의 회피수단으로 이용되는 부정적인 효과가 훨씬 크게 나타남에 따라 다시 비정규직 고용을 엄격하게 규제하는 방향으로 전환되고 있다. 다만 비정규직 가운데 단시간근로의 경우에는 근로자 측의 선택을 존중하여 노사 당사자가 이를 적극적으로 활용할 수 있는 여건을 조성하되 그 부정적인 효과를 최소화하기 위하여 차별금지 및 노동권의 보호를 강화하고 있다. 또한 일부 국가의 경우에는 실업해소와 고용창출의 효과를 기대하여 노동시장에 처음 참여하는 근로자나 기업에 대하여 비정규직 고용을 제한적으로 허용하면서도 고용 및 근로조건의 차별에 대하여는 엄격하게 규제하는 태도를 취하고 있다.

한국은 고실업이 아니라 근로 빈민의 지속적인 증가와 노동시장의 양극화가 중요한 고용현안이라는 점에서, 또 비정규직 차별의 견제장치가 될 수 있는 전국단위의 산별 단체협약과 이를 가능케 하는 노조의 힘과 조직률이 전혀 뒷받침되지 못하고 있다는 점에서 유럽 국가들과는 다른 차원의 대책이 필요하다. 이런 점들을 고려하여 현재의 비정규직 정책을 전반적으로 수정하고 입법적인 개선과 구체적인 프로그램이 마련되지 않으면 안 된다.

2. 기간제법과 파견법의 공통적인 문제점

(1) 사용사유 제한의 결여

비정규직 법률은 종전과 마찬가지로 비정규직의 사용사유에 대한 제한을 하지 않았다. 비정규직 자체가 가지는 고용불안의 비인간적인 성격을 고려한다면 그러한 고용을 허용할 때는 그 이상의 합리적인 사유가 있어야 한다. 그러한 사유란 업무의 성격이 일시적이거나 정규직 근로자의 일시적인 결원에 대한 대체, 기업업무량의 일시적인 증가 등 정규직을 고용하기가 곤란한 객관적인 합리성이 있는 경우를 말한다. 기업의 통상적이고 영속적인 업무에 비정규직을 이용하는 것은 정당한 사유가 될 수 없다. 비정규직 문제의 올바른 해결책은 사회경제적으로 객관적인 합리성이 있는 경우에 한하여 비정규직을 이용할 수 있도록 하고 그 경우 정규직과 비교하여 차별 없이 그에 따른 정당한 대가를 지불하게 하는 것이다.[12] 사용사유의 제한이 없는 비정규직 규율이란 정규직을 비정규직으로 대체하는 효과만을 초래할 뿐이다. 더구나 사용기간의 확대와 맞물릴 때는 사용자책임의 회피 통로를 무한정으로 열어주는 것이나 다름이 없게 되어 노동법은 있으나마나 한 결과가 된다.

(2) 차별금지 및 차별시정절차의 실효성 의문

차별금지제도의 실효성과 관련하여 중요한 것은 규제의 실질적인 효과이다. 비정규직 법률의 차별금지원칙과 그 시정절차가 실제로 차별해소에 얼마나 기여할 수 있는지가 중요한 관건이 되는 것이다. 우리나라에서 차별금지

12) 조임영, "기간제 고용에 대한 입법적 개입의 근거와 그 방향", 비정규직 근로자 노동기본권연구(전국민주노동조합총연맹, 2004), 95쪽.

제도는 현재 남녀고용평등법의 경험을 비추어 볼 때 그 실효성에 근본적으로 의문이 있으며 비록 효과가 전혀 없는 것은 아니겠지만 의미 있는 변화를 기대하긴 어렵다.

그 이유는 첫째, 모든 차별을 금지하는 것이 아니라 불합리적인 차별만 제한적으로 금지하기 때문에 그 판단기준이 불투명하여 불필요한 소송만 야기하고 현실에서는 별로 도움이 되지 못할 것이라는 점이다.

둘째, 정규직 근로자의 업무와 비정규직 근로자의 업무 자체를 분리하여 각각 고용할 경우에는 그로 인하여 생겨나는 차별을 전혀 제어할 수 없다. 즉, 동종 내지 유사업무에 종사하는 비교대상이 되는 정규직 근로자가 아예 존재하지 않는 경우에는 차별금지효과의 사각지대가 될 수 있다.

셋째, 그나마 법리적으로 노동위원회의 구제절차나 법원의 소송으로 구제받을 수 있는 가능성이 있다고 하더라도 비정규직의 공통적인 속성인 기간제 고용의 특성상 갱신거절의 위험을 무릅쓰고까지 법적 절차를 이용할 것 같지는 않다는 점이다. 즉, 근로자가 차별을 이유로 법원에 제소하거나 노동위원회에 시정신청을 한 후에 사용자가 이를 빌미로 재계약을 하지 않을 경우에는 전혀 대책이 없다. 과연 승소의 가능성도 자신할 수 없는 상태에서 직장상실의 위험을 무릅쓰고 시정절차를 적극적으로 활용할 수 있겠는가 하는 의문이 생기지 않을 수 없다. 더구나 지방노동위원회에서부터 대법원에 이르는 5심 구조의 장기적인 구제절차는 이 제도를 이용하려는 비정규직 근로자를 좌절시키기에 충분하다. 노동분쟁에 대한 신속하고 간소한 절차가 마련되지 않은 상황에서 시간적, 경제적 여유가 없는 비정규직 근로자에게 차별시정절차는 그만큼 실효성이 떨어질 수밖에 없는 것이다. 실제로도 차별시정절차가 도입된 지 벌써 몇 년이 지났지만 이용 건수는 극소수에 불과하다는 사실이 이를 대변해준다.

3. 기간제법의 문제점

기간제 고용의 핵심적인 문제는 재계약의 보장이 없다는 점에서의 주기적인 고용불안과 함께 이로 인한 사용자에 대한 종속의 심화이다. 기간제법이 사용사유에 대한 제한을 두지 않고 단지 상한기간만을 제한하는 것은 사용자가 자유롭게 신규 근로자를 선별적으로 정규직화 할 수 있도록 보장함으로써 노동통제를 한층 강화하고 노동3권을 유명무실하게 만들 가능성이 크다.

기간제 고용의 사용기간 상한의 연장과 관련하여 한때 법원이나 학계의 일각에서는 고용보장의 관점에서 기존의 1년보다 3년이 더 유리할 수 있다는 주장이 있었다.[13] 그러나 객관적이고 합리적인 '사유'에 의한 제한이 보다 고용보장에 유리하다는 것은 말할 필요도 없다. 또한 그러한 견해는 사실을 착각하고 있거나 아니면 의도적으로 왜곡하는 부분도 있다. 왜냐하면 비정규직 법률이 상한기간을 2년으로 정했다고 하여 2년간은 반드시 보장된다는 뜻이 아니기 때문이다. 현행법 하에서는 6개월이든 1년이든 얼마든지 단기로 정할 수 있고 이는 오로지 사용자의 일방적인 결정에 맡겨져 있다. 오히려 비정규직 법률은 기존의 판례와 학설의 일반적인 경향에도 반하는 내용을 담고 있다. 즉, 계약의 반복적인 갱신으로 기간의 설정이 형식에 지나지 않을 경우나 갱신의 기대가능성이 있는 경우에는 기간의 정함이 없는 것으로 보는 것이 일반적이기 때문이다.[14] 결국 고용불안만 장기화 될 것이고 이로 인하여 근로자의 종속성이 극도로 심화될 것임은 불을 보듯 명확하다. 일부에서 비정규직이 정규직으로 옮겨가는 하나의 과도기적 단계로서 '징검다리 효과' 운운하는 견해도 있으나 단지 '수습기간'의 연장에 지나지 않는다고 보는 것이 진실에 가까울 것이다. 따라서 기업의 상시적이고 통상적인 업무에는 기간제 사용을 금지하고 기업의 사정상 정규직만의 고용이 어려운 부득이한 경

13) 대법원 전원합의체 1996.8.29. 선고, 95다5783 판결.

14) 대법원 1998.1.23. 선고, 97다42489 판결; 대법원 2007.9.7, 2005두16901 판결 등.

우에 한하여 예외적으로 기간제 사용을 허용하는 '상시고용의 원칙' 을 노동법의 기본원리로 정립할 필요가 있다.

입법적인 대안으로서는 첫째, 근로기준법상 '기간을 정하지 않은 근로계약' 이 원칙임을 명문화하고, 기간을 정한 근로계약은 일시적 · 임시적 고용의 필요성이 객관적으로 인정되는 경우에 한하여 허용됨을 분명히 할 필요가 있다. 2007년 7월 기간제법 시행과 함께 효력이 상실된 (구)근로기준법 제16조(계약기간)를 새로 정비하는 방안이 가능하다.

둘째, 기간을 정한 근로계약을 반복하여 체결함으로써 사실상 기간제 고용을 상시적으로 활용하거나, 기간제근로자를 교체 사용함으로써 사실상 기간제 고용을 계속 사용하면서도 기간제근로자의 고용불안만 야기하는 현재의 남용 관행을 바로잡기 위한 입법이 필요하다. 이를 위해 반복적인 계약 갱신이 이루어지거나 동일한 업무에 기간제근로자를 교체하여 계속 사용하는 경우에 이를 정당화해줄 수 있는 객관적인 사유가 없다고 인정된다면, 기간을 정하지 않은 계약으로 의제하는 조항을 둘 필요가 있다.

셋째, 기간을 정한 근로계약이 기간 만료로 종료되고 재계약이 이루어지지 않은 경우를 근로기준법상 해고의 개념에 포섭하여 그 정당성 여부를 따지도록 하는 입법 조치가 필요하다. 이는 기간제 고용의 사용을 일시적 · 임시적 고용의 필요성이 객관적으로 인정되는 경우로 제한함과 동시에, 이러한 객관적 사유가 없거나 소멸한 경우 그 기간제근로자의 고용을 보장하기 위해 필요한 조치이다. 영국의 입법례와 같이 해고의 개념 속에 계약의 갱신 거절도 포함하여 기간제근로자도 일정한 기간 이상 근속한 경우에는 정당성 없는 갱신거절에 대하여 부당해고 여부를 다툴 수 있도록 하는 입법적 조치가 필요하다.

4. 파견법의 문제점

(1) 직접 고용할 의무의 법적 성격

개정된 파견법은 기간초과 사용의 법적 효과와 관련하여 사용사업주가 파견근로자를 고용한 것으로 본다는 종전의 고용의제 조항을 없애고 단지 그 파견근로자를 직접 고용해야 한다는 직접고용의무 조항, 보다 정확하게는 채용의무 조항으로 바꾸었다. 다만 사용자에게 직접고용의무를 강제하기 위하여 행정질서벌인 과태료의 부과라는 제재수단으로 대체하였다. 반면에 채용의무 조항을 다른 형태의 불법파견의 경우에도 확대 적용하였다. 따라서 사용사업주가 파견근로자를 직접 채용하지 않을 경우 사용사업주는 이러한 행정법상의 의무를 부담할 뿐 당사자 간의 사법상의 효력에는 아무런 영향을 미칠 수 없게 되었다. 파견근로자는 사용사업주를 상대로 의무위반에 따른 정신적인 손해배상 외에 어떠한 권리도 주장할 수 없을 것이다. 이 점이 직접고용간주 조항과 결정적으로 차이가 나는 부분이다. 과거와 같이 직접고용간주 조항이 있는 경우에는 파견근로자는 사용사업주를 상대로 근로자로서의 지위확인과 함께 직접 고용되었더라면 받을 수 있었던 임금의 소급지급을 청구할 수 있는 것과는 확연히 다른 것이다. 이 때문에 개정 법률은 근로권의 보장이라는 측면에서는 오히려 입법상 명백히 후퇴한 것으로 보인다.

이 점에 대하여 노동부는 고용의제는 외형상 강력한 제재방식이나 사용사업주가 직접고용 불이행 시 제재가 없어 실효성이 저하되고 근로자가 구제받기 위해서는 부당해고쟁송을 제기해야 하며 사용자는 법률소급효 및 쟁송과정에서 감정악화 등으로 직접고용 유인이 감소하며, 당사자의 의사합치 없이 근로관계가 강제되어 사적자치원칙, 특히 근로계약의 일신전속적 · 계속적 성질에 반하기 때문이라고 주장한다. 하지만 파견근로관계에서 중요한 것은 누가 근로계약의 진정한 당사자인 사용자로서 법적 책임을 부담하느냐 하는 점이다. 타인의 노동력을 이용하여 이익을 얻는 자가 그에 따르는 법적 책임도 부담하는 것이 노동법상의 사용자책임 원리이다. 파견근로관계와 같이 노동력 공급의 중간매개자에 지나지 않는다고도 볼 수 있는 형식상의 사용자가 아니라 실질적인 사용자인 사용사업주에게 불법파견 시의 고용책임을 지우는 것은 이러한 노동법적 원리에 합당한 것이다. 따라서 사용사업주가 불법으로 파견근로자를 사용할 경우의 근본적인 대책은 직접고용을 의제하는 것이다. 고용의제가 당사자의 의사합치 없는 근로관계를 강제하여 사적자치에 반한다거나 부당해고쟁송으로 인해 사용사업주의 직접고용유인이 감소될 것이라는 노동부의 주장은 사용자의 불법행위를 조장하는 것과 하등 다를 바가 없다. 프랑스나 독일과 같은 다른 나라의 입법례에서도 불법파견에 대하여 고용의제 조항을 두는 경우를 얼마든지 볼 수 있고 사적자치의 원칙 운운은 과연 노동부가 비정규직 근로자에 대한 보호 의지를 가지고 있는지 의심케 하는 대목이라고 할 것이다. 채용의무 조항은 파견근로자의 고용안정을 촉진하는 데 그 실효성이 훨씬 떨어질 것으로 판단되므로 다시 종전의 고용의제 조항으로 바꾸어야 한다.

(2) 불법파견의 직접고용의무의 효력발생 시기

개정된 파견법은 허용업무 외의 불법파견, 결원 등 일시적 사용의 허용기간 초과사용, 금지대상 업무의 파견 및 무허가파견에 대하여도 직접고용의무를 부과하는 규정을 추가로 신설하였다(제6조의2). 이 가운데 금지대상 업무의 파견에서는 파견근로자의 사용 자체가 처음부터 금지되므로 사용사업주에게 파견근로자를 사용한 날부터 직접고용의무가 발생한다고 규정한 것은 논란의 여지가 없다. 그런데 그 밖에 허용업무 외의 불법파견, 결원 등 일시적 사용의 허용기간 초과사용, 무허가 파견의 경우에도 합법적인 파견과 마찬가지로 2년이 지나야 직접고용의무가 발생한다고 규정하였다. 이는 불법파견과 합법파견을 법적으로 동일하게 취급하는 것으로 균형이 맞지 않으며 논리적인 일관성이 없다. 처음부터 불법파견이거나 또는 처음에는 합법이었으나 기간초과로 불법이 되었던지 간에 불법이 되는 바로 그 순간부터는 법적으로 동일하게 취급해야 할 것이다. 따라서 허용업무 외의 파견이나 무허가 파견의 경우에는 최초의 파견 시부터, 결원 등 일시적 사용의 경우에는 그 사유의 해소 시부터 직접 고용관계가 성립하는 것으로 규정해야 할 것이다.[15] 이런 점에서 개정 법률은 파견대상업종의 확대, 직접고용간주 조항의 삭제와 함께 도급으로 위장한 무허가의 불법파견을 더욱더 부추길 가능성이 높을 것으로 우려된다.

(3) 동일한 업무에 다른 파견근로자를 교체 사용할 경우

개정된 파견법은 사용사업주가 동일한 업무에 파견근로자를 2년 사용한 후 다른 파견근로자로 교체하여 사용할 경우를 대비한 규정을 두지 않았다. 처음 제시된 법률안에서는 3개월의 휴지기간을 두도록 하였으나 입법과정에서 빠져버린 것이다. 다른 나라의 입법례에서는 기업의 상시적인 업무에는 비정규직을 남용하지 못하도록 하기 위하여 이러한 휴지기간을 두고 있다. 따라서 파견근로자의 지속적인 사용을 방지할 수 있을 정도의 휴지기간을 설정하고 이를 위반할 경우 직접고용간주 조항을 확대 적용하는 방향으로 개선할 필요가 있다.

15) 한국방송공사사건에서 보듯이 직접고용간주 조항을 탈법적으로 회피하기 위하여 2년이 되기 전에 다른 파견근로자로 대체하는 일이 빈번하게 일어나고 있다. 서울지방법원 남부지원은 파견근로자의 '동일성' 요건 외에 별다른 설명 없이 '제한된 파견기간을 초과하면서까지 계속 사용해야만 하는 특별한 사정이 있는 경우에 한해서 사용사업주가 파견근로자를 고용한 것으로 간주해야 한다'는 판결을 내린 바 있다(제4민사부 2001.9.14. 선고, 2000가합9001 판결). 대법원도 최근 현대자동차 사내하청 불법파견 사건에서 2년이 경과되지 않은 불법파견의 경우에는 직접고용간주 조항의 적용을 부인한 바 있다(대법원 2010.7.22. 선고, 2008두4367 판결). 이 두 사례는 제4부「판례 연구」편에서 상세히 소개하고 있다.

Ⅴ. 향후 과제

1. 고용안정의 보장

비정규직 고용의 법적규율에 있어 기본방향은 고용안정의 본질적인 가치를 해치지 않는 범위 내에서 인력운영의 유연성을 도모하는 것이어야 한다. 기업의 진실한 고용수요와 비정규직 근로자의 노동권이 조화를 이룰 수 있도록 해야 한다는 것이다. 고용안정은 근로자가 노동법상의 제 권리를 행사하는 데 절대적인 전제 조건이다. 비정규직 고용은 고용안정의 법적 장치인 해고제한 법규의 탈법적인 회피수단으로 사용되기 때문에 이를 방지할 수 있는 입법을 마련하고 동일가치 노동 동일임금 원칙을 엄격히 적용함으로써 비정규직 고용의 유인요인을 줄여나가야 한다. 비정규직 근로자의 고용안정을 위해서 필요한 기본적인 법적 기제는 기간제와 간접고용의 규제이다. 계약기간의 설정과 간접고용이 정규직과 비정규직의 주된 법적 구별표지이고 이것이 노동법의 핵심적인 보호규정들을 회피하는 수단이 되는 것이다. 따라서 이러한 고용형태의 규제가 비정규직 고용을 규율하는 요체가 된다. 이를 위해서는 먼저 고용법의 기본원리로서 '상시고용의 원칙'과 '직접고용 원칙'의 두 법 원리를 정립할 필요가 있다.

(1) 상시고용의 원칙

상시고용의 원칙은 근로계약은 기간을 정하지 않는 것이 원칙이고 기간제 고용은 특별한 사정이 있는 경우에만 예외적으로 허용한다는 것이다(=기간설정 금지의 원칙).[16] 여기서 특별한 사정이란 기간설정을 금지할 경우 기간

16) 프랑스는 기간제 및 파견제의 사용과 관련하여 법률에서 명시적으로 기업의 통상적이고 영속적인 업무(l'activité normal et permanent)를 위한 고용을 지속적으로 공급하기 위하여 또는 그러한 효과를 달성하기 위한 목적으로 기간을 정한 근로계약을 체결하거나 파견근로를 이용하는 것을 금지하고 있다(노동법전 제1242-1조 제1항, 제1251-5조). 독일도 판례에 의하여 객관적이고 합리적인 사유가

을 정하지 않는 근로계약에 의하여 생겨나는 부담을 사용자에게 지우는 것이 적절하지 않다고 생각되는 사정을 말한다. 반면에 이러한 특별한 사정이 아닌 통상적이고 영속적인 업무에 비정규직 근로자를 사용해서는 안 된다. 이러한 원칙의 정립은 여러 가지 면에서 의미 있는 효과를 가지고 있다. 우선 무엇보다 중요한 것은 기업의 통상적인 업무에 비정규직을 채용함으로써 해고제한법의 규제를 회피하려는 것을 예방하여 고용안정을 도모할 수 있다. 둘째, 동일한 기업 내에서 정규직과 비정규직의 분열을 이용한 노동지배를 억제할 수 있고 비정규직이 비노조화 되는 부작용을 줄일 수 있다. 셋째, 정규직 근로자에게 정리해고대신 비정규직의 선택을 강요하는 불법적인 정리해고를 억제할 수 있다. 마지막으로 이 원칙은 사용자가 비정규직 고용을 이용하고자 할 때 지켜야 할 중요한 지침이 될 뿐만 아니라 비정규직 사용의 위법성 판단 및 그 법률관계를 확정할 때 법원의 일반적인 해석 규준이 될 수 있다.

(2) 직접고용 원칙

직접고용 원칙(=간접고용 금지의 원칙)은 사용자가 기업의 통상적이고 영속적인 업무에 근로자를 사용하고자 하는 경우에는 직접 고용해야 한다는 것이다. 근로자는 사용종속관계에 있는 상대방에게 직접 고용됨으로써 안정적인 고용을 확보할 수 있기 때문에 직접고용은 고용보장을 유지하는 전제조건이 된다. 이러한 직접고용 원칙은 파견노동이나 용역, 하청, 소사장 등의 간접적인 고용형태의 비정규직 고용을 억제하고, 특히 위법한 비정규직 고용의 법률관계를 명확히 할 수 있다는 데 중요한 의미가 있다. 왜냐하면 간접고용 비정규직의 경우에는 직접고용 비정규직과는 달리 법률관계가 다면적으로 형성되기 때문에 그 법률관계의 성립 근거가 되는 근로자파견계약이 강행법규 위반으로 무효가 될 경우 당사자들 간의 법률관계를 어떻게 정할 것인가가 모호해지기 때문

없는 기간제 고용을 규제함으로써 이러한 원칙을 간접적으로 유지해왔다. 또한 ILO 협약 및 EU지침과 같은 국제규범에서도 이러한 상시고용의 원칙을 명시하고 있다.

이다. 따라서 직접고용 원칙을 명시할 경우 위법한 간접고용의 경우에는 사용사업주와 비정규직 근로자 간에 직접적으로 근로관계가 형성된 것으로 의제되고 그만큼 비정규직 근로자는 안정적인 고용을 보장받게 된다.[17]

(3) 구체적인 개선방안

1) 비정규직 고용의 사용사유를 제한해야 한다. 이를 위하여 근로계약은 기간을 정하지 않는 것을 원칙으로 하며 기업의 통상적이고 영속적인 업무에는 기간제근로자 및 파견근로자의 사용을 금지한다는 규정을 명시한다. 다만, 일시적, 임시적 수요에 대하여는 현행 파견법에서 규정하고 있는 허용대상 업무에 준하여 허용하되 전문적 기술이나 경험, 지식을 요하는 업무는 제외한다.[18]

2) 비정규직 고용이 허용되는 경우에도 그 사용기간을 제한한다. 사용기간의 상한은 실질적으로 정규직을 대체할 수 있는 효과가 생기지 않는 범위 내에서 법정기한으로 정하면 될 것이다.

3) 형식적인 요건으로서 비정규직 계약은 반드시 서면방식에 의하도록 한다. 서면계약 방식은 사용자에게는 사용사유를 명확하게 하고 근로자에게는 고용조건 및 근로조건을 명확하게 알 수 있도록 함으로써 비정규직 고용의 남용과 정규직 근로자와의 부당한 차별이 생겨나지 않도록 할 수 있다. 또한 국가는 효율적으로 근로감독을 행할 수 있고 분쟁 시 법원의 판단을 용이하게 할 수 있다.

---

17) 직접고용 원칙에 대하여 상세한 것은 제3부 제2장 「직접고용원칙과 파견근로」 참조.

18) 현행법상 전문지식이나 기술 또는 경험을 필요로 하는 업무에 대해서 굳이 정규직 근로자를 사용하지 않고 파견근로자를 사용해야만 되는지 그 근거가 불분명하다. 일본을 제외한 다른 나라의 경우에도 이런 예가 없다. 이는 파견법의 제정 당시 일본의 파견법을 그대로 모방한 것으로 파견법의 부정적인 성격을 희석시키기 위한 구실로 이용된 것으로 보인다. 전문성이나 경험이 요구되는 업무가 일시적 수요 때문이 아니라 기업의 통상적인 업무로서 필요하다면 이러한 업무에는 정규직 근로자를 사용하도록 해야 할 것이다.

4) 비정규직 사용의 절차적 제한으로서 근로자의 참여권을 보장한다. 근로자의 참여형태와 범위는 구체적인 사정에 따라 개별적으로 정해야 하겠지만 적어도 노동조합 또는 근로자대표와의 사전합의 내지 협의를 거치도록 한다.

5) 비정규직 고용의 반복적 · 계속적인 사용을 규제하기 위한 법적 장치를 마련한다.[19] 우선 동일한 직무를 위하여 동일한 근로자와 기간제 계약 또는 파견근로계약을 반복적으로 갱신하는 경우에는 법정기간 내에서 1회에 한하여 허용하고 그 이상의 경우에는 기간의 정함이 없는 근로계약 또는 직접 고용한 것으로 본다는 의제조항을 둔다. 다음으로 동일한 직무를 위하여 다른 근로자와 기간제 계약 또는 파견계약을 계속하여 이용하는 경우(반복적인 교체 사용)는 원칙적으로 이를 금지하며 이를 위반하면 기간의 정함이 없는 근로계약 또는 직접 고용한 것으로 본다는 의제조항을 둔다. 다만 기존의 기간제근로자 또는 파견근로자와의 근로관계가 기간만료 전에 종료된 경우에는 잔여기간에 대하여 이를 이용할 수 있게 한다. 또한 다른 직무를 위하여 동일한 근로자와 기간제 계약 또는 파견계약을 반복하여 이용하는 것을 금지하고 이를 위반한 경우에는 기간의 정함이 없는 근로계약 또는 직접 고용한 것으로 본다는 의제조항을 둔다.

6) 비정규직 규제입법의 실효성을 보장하기 위한 조치를 강구한다. 법규위반에 대하여는 우선적으로 형사적 제재를 가하고 비정규직의 사용사유, 계약기간, 서면계약 등 기본적인 요건들을 위반한 경우에는 계약 자체가 무효가 되는 것이 아니라 기간을 정하지 않은 근로계약 또는 직접적인 근로계약으로 전환된다는 의제조항을 둠으로써 당사자 간의 법률관계를 명확하게 한다.

---

19) 판례와 학설은 거의 일관되게 반복 갱신된 계약에서 갱신거절은 해고에 해당한다고 보아 기간의 정함이 없는 근로계약으로 취급하지만 어느 정도의 반복이 있어야 그 기간설정이 없는 것으로 되는지 불분명하다. 또한 묵시적 갱신의 경우에는 판례는 민법 제622조를 원용하여 동일한 기간을 설정한 기간을 정한 계약으로 보는 반면(대법원 1986.2.25. 선고, 85다카2096 판결), 학설은 통일된 견해가 없다.

2. 동일가치 노동 동일임금 원칙의 정립과 차별구제절차의 실효성 제고

비정규직의 확산과 남용의 핵심적인 유인요인은 고용불안정을 악용한 저임금 노동이다. 비정규직 근로자들의 상당수는 정규직 근로자들과 동일한 직무를 수행하고도 근로조건에서 심각한 차별대우를 받고 있다. 따라서 차별금지는 비정규직 근로자의 처우개선 효과와 함께 근로조건의 차별이 비정규직 고용의 유인요인으로 작용하는 것을 막는 데 필요불가결하다. 이를 위해서는 우선적으로 동일가치 노동 동일임금 원칙을 법률로 명시하고 차별적인 처우에 대한 실효성 있는 구제절차가 마련되어야 한다. 앞서 보았듯이 노동위원회와 같은 행정기구를 통한 간접적인 구제절차만으로는 기간제 고용의 특성상 그 실효성이 전혀 없을 가능성도 있다. 차별의 구체적인 기준을 마련하고 부당한 차별에 대한 직접적인 형사제재와 함께 사법상의 청구권을 보장해야 한다.

3. 불법파견의 규제 강화

불법파견의 피해자인 간접고용 근로자가 고용안정을 비롯한 노동법상의 보호를 정규직 근로자와 차별 없이 받을 수 있도록 하기 위해서는 관계법령의 전반적인 손질이 불가피하다. 특히 노동행정기관의 감독기능의 강화가 무엇보다도 요구된다. 불법파견이 만연하게 된 것은 감독기관인 노동부의 안이한 문제의식과 태도에 기인한 바가 크다. 불법파견이 근로자들의 고용상의 불안을 약점으로 삼아 음성적으로 행해지고 있고 소송을 통한 권리구제가 입법상의 불비로 극히 취약할 수밖에 없다는 점을 고려하면 노동행정기관의 적극적인 실태조사와 감독이 지속적으로 요구된다. 또한 불법파견으로 확인될 경우 적극적인 행정지도, 사업장폐쇄 등 행정조치와 형사고발 조치가 뒤따라야 할 것이다. 다음으로 필요한 것은 불법 파견근로를 이용한 사용사업주에 대한 형사처벌의 강화이다. 현행법상 불법파견은 파견법뿐만 아니라 직업안정법에 의하여 형사처벌을 받게 된다. 그러나 이러한 형사처벌의 위협은 불법파견을 억제하는 데 별로 효력을 발휘하지 못했다. 그 이유는 감독행정기관 및 검찰의 의지나 능력 부족에도 있겠지만 입법적인 결함의 탓도 크다. 우선적으로 지적되어야 할 것은 직업안정법과 근로자파견법에 의한 규제가 사용사업주보다 파견사업주를 중심으로 하고 있다는 점이다. 불법파견이 주로 사용사업주가 사용자책임 회피수단으로서 이용하는 것이 보통이고 또한 파견·용역업체가 사용사업주에게 종속되어 있는 영세업자인 경우가 대부분임을 감안한다면 오히려 일차적인 책임주체는 사용사업주가 되어야 한다. 하지만 직업안정법은 사용사업주에 대하여는 전혀 처벌규정을 두지 않고 있고 개정 전의 파견법에서도 파견사업주는 무겁게 처벌하는 반면 사용사업주는 그 처벌이 가볍게 규정되어 있었다. 사용사업주와 파견사업주의 형사책임을 최소한 균등하게 규정해야 한다. 마지막으로 불법파견을 근절하기 위해서는 불법파견 시 고용책임을 명확히 하는 입법적인 보완이 필요하다. 이 경우 대부분의 파견업체가 영세하여 사용자로서의 법적 책임을 부담할 능력이 부족하고 상대적으로 사용사업주의 강력한 영향력 하에 놓여 있는 현실을 고려하여 사용사업주와 직접 근로계약관계가 성립하는 것으로 간주하는 고용간주 조항의 적용범위를 폭넓게 규정하는 것이 불법파견을 방지하는 데 매우 효과적일 것이라고 생각한다. 따라서 현행법상의 직접고용의무 조항을 종전대로 고용의제 조항으로 바꾸어야 한다. 또한 고용의제의 효력발생시기를 불법파견의 내용에 따라 달리 규정할 필요가 있다. 현행법은 금지대상 업무의 파견을 제외하고 모두 파견근로자를 2년 이상 사용한 경우에만 직접 고용할 의무를 규정하고 있을 뿐이다.[20] 기간초과를 제외한 무허가파견이나 금지대상 업무

20) 과거 기간초과의 직접고용간주 조항이 합법적인 파견관계에만 적용되는지, 아니면 위법한 파견관계에도 적용되는지에 대한 논란이 적지 않았다. 인사이트코리아 사건에서 서울고등법원(2003.3.14. 선고, 2002누2521 판결)은 불법파견의 경우에도 2년을 초과하여 사용된 경우에는 직접고용간주 조항이 적용된다고 본 반면, 이 사건의 하급심인 중앙노동위원회(20001.9.18.자 2001부노53 및 2001부해184 판정)와 서울행정법원(2002.1.25 선고, 2001구43492 판결)은 적법한

의 파견 등 파견근로자의 사용 자체가 처음부터 위법인 불법파견은 최초로 사용된 날부터 직접 근로관계가 성립하는 것으로 보도록 해야 한다. 그리고 직접고용간주 후의 근로계약기간에 대한 법해석상의 혼란을 없애기 위하여 기간의 정함이 없는 근로계약임을 명시하여야 한다.

4. 간접고용 근로자의 노동3권의 실질적인 보장

비정규직 근로자는 집단적인 권리의 행사에서도 정규직에 비하여 차별을 받아 왔지만 정부의 법제화 논의에서는 완전히 배제되었다. 특히 간접고용 근로자의 경우에는 근로관계의 이중성이 노동3권 행사의 장애로 작용하였다. 간접고용에서 근로관계의 이중성은 근로자를 실제 사용하여 이윤을 챙기는 사용사업주가 노동법이나 사회보장법상의 사용자책임은 고용사업주에게 떠넘기는 탈법적인 수단으로 쉽게 변질될 수 있다. 근로계약의 당사자인 고용사업주는 상당수가 폐업을 반복하면서 근로자의 모집과 임금지급의 관리 업무를 행하는 외에 사실상 사회적 생명력이 없는 기업이다. 이러한 고용사업주를 상대로 한 노동3권의 행사란 허수아비를 상대로 하는 것과 별반 다름이 없다. 결국 간접고용 근로자의 노동3권을 제대로 보장하기 위해서는 실질적이고 결정적인 영향력을 행사하는 사용사업주가 노동조합법상의 사용자로 인정되어야 한다. 실정법상으로도 명시적으로 이를 부정하는 어떤 규정도 존재하지 않는다. 오히려 노동조합법은 사용자 개념에 대하여 근로계약을 전제로 하지 않는 포괄적인 정의규정을 두고 있을 뿐이다. 그럼에도 불구하고 대

근로자파견사업의 경우에만 한정되어 적용되고 불법파견의 경우에는 적용될 수 없다고 하였다. 하지만 이 사건은 대법원이 사용사업주와 근로자 간에 파견관계가 아니라 직접 근로계약관계가 존재한다고 판결함으로써 결론을 내지 않았다(대법원 2003.9.23. 선고, 2003두3402 판결) 그 후 예스코 사건에서 이 논쟁이 다시 일어났고 대법원은 전원합의체의 결정으로 불법파견의 경우에도 직접고용간주 조항이 적용된다고 판결하였다(전원합의체 2008.9.18. 선고, 2007두22320 판결). 또한 현대자동차 의장공정 사내하청 사건에서도 이 점을 다시 확인하였다(대법원 2010.7.22. 선고, 2008두4367 판결).

법원은 최근 현대중공업사건에 대한 판결[21]이 있기 전까지만 해도 원청업체를 노동3권 행사의 상대방으로서 인정하지 않았다. 또 현대중공업사건 판결의 경우에도 부당노동행위의 주체로서 사용자 개념을 엄격하게 제한적으로 인정하고 있기 때문에 노동조합법상의 사용자 개념을 노사관계의 실정에 맞게 재구성할 필요가 있다.

5. 특수고용 노동자의 노동권보장

비정규직 가운데서도 특수고용 노동자의 경우에는 '비정규직' 근로자가 아니라 아예 '근로자' 도 아니라는 생각이 정부나 법원 그리고 일부 학자들을 지배하고 있다. 정부는 특수고용 노동자의 권익보호를 위한 대책마련을 위해 노사정위원회에 특위까지 만들었으나 합의점을 찾지 못하였다. 이렇게 된 까닭은 우리나라 특수고용 노동자 문제의 본질을 제대로 깨닫지 못하고 있기 때문이라고 본다. 물론 산업조직의 변화 및 고용형태의 다양화로 근로자와 자본가적 기업이라는 전통적인 이분법에 의하여 명확히 구분하기 어려운 중간 영역의 노무제공형태, 이른바 '독립노동' 이 점차 확산되고 있는 것은 보편적인 현상이라고 할 수 있다. 하지만 이러한 일반적인 추세를 감안하더라도 우리나라에서 특수고용 노동의 문제는 문자 그대로 '특수한' 성격을 아울러 가지고 있다. 그것은 이러한 형태의 고용이 근로자들이 당연히 누려야 할 노동법 및 사회보장법의 여러 권리들을 박탈하는 방향으로 전개되고 있다는 점이다. 그 가운데 핵심적인 것이 위장자영인의 문제이다.

위장자영인은 실질적으로 근로자인데 사용자가 법의 허점을 악용하여 근로계약 대신 도급계약이나 위임계약 등을 체결함으로써 자영인인 것처럼 위장하는 것을 말한다. 위장자영인의 확산과 남용은 사용자의 그릇된 법의식에서 비롯된 것이지만 근로자인지 아닌지를 가늠하는 법원의 판단기준이 지극

21) 대법원 2010.3.25. 선고, 2007두8881 판결.

히 모호하고 기계적인 탓도 적지 않다. 더욱이 지금 대개의 특수고용 노동자가 일하고 있는 업무나 업종은 처음부터 이러한 고용형태에 의하여 수행되었던 것이 아니라 기존에는 정규직 근로자가 행하던 것이었다. 즉, 회사 측이 인건비절감이나 고용조정을 쉽게 하기 위한 구조조정의 일환으로서 강제 또는 반강제로 이러한 고용형식을 도입 또는 전환시킨 것이다. 근로자의 희생을 재물로 삼은 고용의 특수화, 바로 여기에 우리나라 특수고용 노동 문제의 본질이 있다. 또한 우리의 경우에는 사회보장, 사회복지 등 사회적 안정망이 매우 부실하기 때문에 노동법상 근로자로 인정받을 경우와 그렇지 못할 경우 근로자가 받게 될 법적, 경제적 불이익이 다른 나라와는 현저하게 차이가 난다. 따라서 그만큼 당사자에게는 절박한 문제가 될 수밖에 없다. 다른 나라에서는 보기 드문 특수고용 노동자의 잇단 격렬한 사회적 저항은 이런 맥락에서 이해해야 한다고 본다.

현재 우리나라에서 주로 문제가 되고 있는 특수고용 노동자의 유형, 즉 특정 사용자의 사업조직에 절대적으로 편입되어 있는 골프장 경기보조원이나 학습지교사, 레미콘지입차주, 특정 보험회사 전속보험모집인 등의 직업들은 다른 나라에서는 그 예를 찾아보기가 힘들다. 이러한 직업군은 자기의 계산으로 사업의 위험을 스스로 부담하고 고객을 자유롭게 선택할 수 있는 독립적인 자영업자로서의 성격이 거의 없다. 다만 일부 개인화물운송사업자 정도가 다른 국가에서도 비슷한 유형을 발견할 수 있지만 이들도 최소한 준근로자로 인정되어 파업권이 인정되는 등 전부 또는 부분적으로 노동법적 보호를 받고 있다. 그리고 우리나라의 특수고용 노동과는 그 성격이 똑같지는 않지만 대개의 서구 국가에서도 독립노동자에게 노동법 규정이나 원리를 전부 또는 부분적으로 적용하고 있다.

특수고용 노동 문제의 해법은 두 가지로 정리할 수 있다고 본다. 한편에서는 독립노동의 증가에 따르는 허위, 가장의 위장자영인화를 방지하는 것이고, 다른 한편에서는 법적으로는 적어도 진정한 의미의 자영인이라고 할 수 있지만 사회경제적 조건이 근로자와 거의 다를 바 없어 노동법적인 보호가 필요한 사람에게 적절한 보호를 하는 것이다. 비록 전통적인 의미에서의 근로자가 아니더라도 노동법적 보호가 필요한 경우는 얼마든지 있을 수 있는 것이다.

제2장

비정규직 근로자의 노동단체권 보장

Ⅰ. 서 론

한국에서 비정규직 고용은 이제 일시적으로 결원이 생긴 근로자를 대체하거나 업무의 예외적인 증가와 같은 기업의 임시적인 수요에 대처하기 위하여 이용되지만은 않는다. 비정규직 고용은 이미 양적으로 전체 고용인원의 절반을 차지하고 있다. 비정규직 고용이 자발적인 선택의 결과가 아니라 선택의 여지가 없는 경제적 강요에 의한 것임에도 비정규직 근로자들은 '근로계약 기간설정' 또는 '고용과 사용의 분리' 라는 법적, 현실적 제약으로 인하여 지속적인 고용불안정 상태에 놓여 있다. 자본에 철저하게 종속되어 저임금 · 장시간 노동 등 열악한 근로조건을 감수해야 할 뿐만 아니라 정규직에 비하여 극심한 차별을 당하고 있지만 계약의 자유 또는 사적자치의 원칙이라는 법의 이름으로 이러한 현실은 합리화되고 또 정당화되고 있는 것이다. 나아가 무엇보다도 심각한 것은 이러한 열악한 현실을 개선하는 데 중요한 법적 수단이 될 수 있는 단결권, 단체교섭권, 단체행동권의 헌법상의 노동단체권이 이들에게는 법전 속의 권리로 전락되어 가고 있다는 사실이다.

비정규직 근로자는 취업과 실업을 반복하면서 여러 사업장을 옮겨 다니거나 같은 사업장에서 계속 일하면서도 사업주가 자주 변경되는 일이 많다. 이 과정에서 노조 결성이나 가입을 둘러싸고 정규직과 갈등하는 사례도 드물지 않게 일어난다. 고용불안정에서 야기되는 노사 간의 힘의 불균형, 시간적 · 공간적 제약, 노동자연대의 결여 등으로 인하여 사실상 권리행사가 거의 불가능해지는 것이다. 여기에 지난 수십 년 동안 단결활동을 방해해 온 복수노조금지 조항(2011.6.30. 폐지 예정)과 이를 대체한 교섭창구단일화제도에 의한 끊임없는 단결권과 단체교섭권의 제약, 근로자성을 부인하는 위장자영인화, 파견근로의 합법화, 위장도급 등에 따른 탈법 · 불법 형태의 각종 업무처리도급계약의 증가가 중층적으로 작용하여 비정규직 근로자의 노동단체권은 거의 유명무실한 껍데기로 전락한다. 이러한 현실을 감안할 때 현재 한국이나 일본에 특유한 기업별 노조의 틀이나 이에 터 잡은 실정법 및 법해석 이론의 법체계로서는 노동단체권을 실질적으로 보장하기보다는 오히려 방해한다. 더구나 노사 각 개인의 의사의 대등성과 자율성을 전제로 한 도식적이고 형식논리적인 법해석 이론의 전개는 법과 현실의 간극을 더욱 넓히고 있다.

비정규직 근로자도 노동조합법상 당연한 근로자이기 때문에 단결권을 비롯한 단체교섭권 및 단체행동권을 완전하게 누릴 권리가 있음은 두말할 나위도 없다. 노동정책적인 측면에서 보더라도 노동단체권의 실질적인 구현을 통한 근로자의 자주적인 노력의 조성 · 촉진은 비정규직 고용의 무분별한 확산을 막고 근로조건의 차별을 개선하는 데 매우 효과적일 수가 있다. 실제 비정규직 고용의 경우에는 고용형태 및 근로환경의 다양성으로 인하여 입법에 의한 정형화된 보호가 기술적으로 곤란한 일이 자주 발생한다. 그리고 비정규직의 차별처우를 개선하기 위한 균등대우 또는 비례대우의 원칙도 그 판단기준의 추상성과 애매함으로 말미암아 제대로 적용되기 어려운 경우가 많다.

이와 같이 비정규직 근로자의 경우에는 정규직에 비하여 노동단체권의 보장이 더욱 절실하지만 사회 · 경제적인 조건 및 법리적 제약 때문에 제대로 실현되지 못하고 있는 것이다. 따라서 이 장에서는 비정규직 근로자의 노동3권의 실효성을 보장할 수 있도록 비정규직 고용의 집단적 노동관계에서 발생하는 법적인 여러 가지 문제들을 검토하고 이에 대한 새로운 해석론을 모색해보고자 한다.

비정규직 고용의 법적 문제에 관한 그간의 논의는 주로 고용보장과 근로조건보호 영역에 집중되었고 노동단체권 영역에 관련된 관심과 연구는 상대적으로 적었다. 우리나라와 법과 제도의 면에서 유사한 일본에서도 수년 전부터 간접고용에서의 부당노동행위를 중심으로 그 문제의 심각성을 깊이 인식하고 여러 가지 해석론이 제시되고 있다. 그렇지만 형식적인 근로계약관계가 없는 사용사업주가 노동3권을 침해하는 행위를 하였을 때 이를 부당노동행위로 볼 수 있는지에 대하여는 학설이나 판례가 여러 갈래로 나누어져 대립하고 있으며 여전히 논란을 거듭하고 있다. 우리나라의 법원이나 노동위원회의 실무에서는 비정규직 고용의 집단적 노동관계에서 발생한 분쟁에 대하여 직접고용과 기업별 노조를 전제로 한 종래의 법해석 방법을 주의 깊은 검토 없이 그대로 간접고용관계에 적용하는 경향이 강하다. 이 때문에 노동단체권 보장에 관한 헌법 정신 및 관계 법률의 입법취지가 왜곡되는 바람직하지 못한 결과마저 초래되고 있는 실정이다.

다양한 비정규직 근로자의 유형 가운데 정규직 근로자와 차별되는 비정규직 특유의 고유한 법적 문제들이 두드러지게 나타나는 것은 주로 파견이나 용역 등 간접고용 근로자들이다. 하지만 직접고용 비정규직 근로자들의 경우에도 정규직에 비하여 노동단체권 행사를 가로막는 여러 가지 법적 문제들이 발생한다. 그 중에서 특수고용형태 근로자와 관련된 근로자개념의 문제와 복수노조금지 조항이 대표적인 것들이다. 그런데 이 장에서는 비정규직 고용의 집단적 노사관계에 특유한 법적 쟁점에 초점을 맞추고 근로자성 자체가 논란이 되고 있는 특수고용 노동은 제2부에서 다룬다. 여기서는 복수노조금지 조항이 비정규직 근로자에게 미치는 영향과 관련된 법적 쟁점을 첫 번째 과제로서 검토한다.

간접고용 근로자들에게 단결활동의 상대방은 고용사업주와 사용사업주 양자이다. 이 중에서 특히 사용사업주가 근로자의 고용과 근로조건을 실질적으로 좌우하기 때문에 사용사업주를 상대로 한 노동단체권의 보장이 무엇보다 중요한 의미를 갖는다. 또한 사용사업주는 간접고용 근로자의 고용이나 근로조건 외에도 노동단체권 행사를 노골적으로 방해하기도 한다. 사용사업주는 자신의 사업장에서 실질적으로 근로자를 지휘명령하여 자신을 위하여 사용하고 또한 채용 및 근로조건의 결정에도 직간접적으로 영향을 미치고 있다. 그렇지만 법적 형식에 있어서 근로계약의 당사자가 아니라는 이유로 노동조합과의 단체교섭을 거부하고 조합활동을 보장하지 않으려 한다. 더구나 노동조합의 설립이나 가입을 이유로 파견 · 용역계약을 해지하거나 근로자의 교체를 요구하는 등 단결활동에 직접 지배개입하는 부당노동행위까지 발생하고 있다.[1] 사용사업주의 이 같은 위법행위를 막고 노동단체권의 행사를 구체적으로 보장하는 가장 유효한 법적 장치가 노동조합법상의 부당노동행위제도이다. 그런데 여기에는 사용사업주가 노동조합법 제81조에서 말하는 부당노동행위의 주체인 사용자로 볼 수 있는지, 즉 사용자 개념의 획정문제가 걸려있다. 따라서 집단적 노사관계에서 사용자 개념을 어떻게 볼 것인가 하는 것이 두 번째 과제이다. 세 번째는 보다 구체적으로 사용사업주에 의한 여러 유형의 노동단체권 침해행위에 대하여 부당노동행위의 성립여부를 살펴보고, 마지막으로 간접고용에서 단체행동권과 조합활동에 관한 몇 가지 법적 쟁점을 검토해보기로 한다.

Ⅱ. 복수노조금지와 비정규직 근로자의 단결권

1. 직접고용 비정규직 근로자의 단결권

1963년 군부독재 정권의 강압적인 노동정책의 일환으로 처음 입법된 복수노조금지 조항은 그 동안 몇 차례의 개정에도 불구하고 거의 50여 년 간이나 근로자의 자주적인 단결을 침해하는 독소조항으로 기능하고 있다. 1997년 노동관련 법률의 개정 시 복수노조의 설립을 허용하는 방향으로 바뀌었으나 그 부칙(1997.3.13. 시행) 제5조 제1항에서 「하나의 사업 또는 사업장에 노동

1) 파견 · 용역노동자 노동권쟁취와 간접고용 철폐를 위한 공동대책위원회, 「2001년 비정규노동자 투쟁실태보고서」(2001) 참조.

조합이 조직되어 있는 경우에는 제5조의 규정에도 불구하고 2001.12.31.까지는 그 노동조합과 조직대상을 같이하는 새로운 노동조합을 설립할 수 없다」는 유보조항을 두었다. 그 후 다시 2011.6.30.까지 반복적으로 유보되었다. 이러한 유보조항을 둔 것은 기업별 단위노동조합이 주축이 된 우리나라 산업현장에서 복수노조의 설립을 즉시 허용할 경우 야기될 수 있는 단체교섭상의 혼란, 노노간의 갈등 등의 문제를 예상하여 교섭창구의 단일화를 위한 방법과 절차 등 필요한 사항이 강구될 때까지 한시적으로 이를 금지하려는 취지라고 한다.[2] 하지만 이러한 인식은 현실과 매우 동떨어진 것이다. 복수노조금지 조항은 어용노조(심지어 유령노조)를 통하여 사용자가 근로자들을 쉽게 통제할 수 있도록 만들고 근로자들에게는 침묵과 자본에 대한 철저한 복종을 강요하는 제도로서 기능해왔다는 것은 누구도 부인하기 어렵다. 1963년 민주노조의 해체와 새로운 출현을 억압하기 위하여 군사독재정부가 처음으로 만든 이 조항은 노사관계의 안정이라는 명목으로 근로자의 헌법적인 권리를 무참히 유린한 것이었다.

복수노조금지 조항은 노동조합법 제5조에서 규정하고 있는 단결자유의 원칙, 즉 근로자는 자유로이 노동조합을 조직하거나 이에 가입할 수 있다는 원칙에 모순되는 규정이다. 그런데 복수노조금지 조항은 계약직, 임시직 등 직접고용 비정규직 근로자의 노동단체권 행사에 특별히 심각한 제약사유가 될 수 있다. 만약 기존의 정규직 노동조합이 조합규약에서 비정규직 근로자에게 조합원 자격을 부여하지 않고 있는 경우에는 조직대상의 동일성 문제가 처음부터 발생하지 않는다. 따라서 이 경우에는 비정규직 근로자는 별도의 노동조합을 설립하거나 초기업적 단위노조에 가입할 수 있다. 문제가 되는 것은 기존의 정규직 노동조합이 조합규약상 조합원 자격을 부여하고 있음에도 불구하고 가입을 받아주지 않는 경우에 별도의 노동조합을 조직하거나 초기업적 단위노조에 가입할 수 있는가 하는 점이다. 여기에는 해결해야 할 두 가지

2) 대법원 2002.7.26. 선고, 2001두5361 판결.

법적 쟁점이 있다. 하나는 '하나의 사업 또는 사업장에 조직되어 있는 노동조합' 의 의미이고 다른 하나는 '조직대상의 동일성' 의 판단기준이다.

첫 번째 논점은 복수노조성 판단의 비교대상이 되는 노동조합에 초기업적 단위노조의 지부가 포함되는지 여부에 관한 것이다. 이점에 대하여 '하나의 사업 또는 사업장에 조직되어 있는 노동조합' 의 의미를 '기업 또는 사업장' 을 대상으로 조직되는 기업별 단위노동조합을 가리키는 것으로 보아야 한다는 견해가 다수이다.[3] 하지만 판례는 초기업적 단위노조라고 하더라도 독립한 근로조건의 결정권이 있는 지부 또는 분회의 경우에는 기업별 단위노조와 동일하게 본다.[4] 그러나 이러한 견해는 타당하지 않다. 산별노조라는 헌법 및 노동조합법상의 노동조합 내부에 지부나 분회라는 이름으로 단체협약체결권을 가진 독자적인 '노동조합' 을 인정하는 것 자체가 산별노조의 자살행위를 법적으로 용인하는 것이어서 헌법과 노동조합법이 전제로 하는 근본 질서를 침해하는 것이다.[5] 지역별 또는 산업별 조직의 지부나 분회가 가진 단체교섭 및 단체협약체결 능력은 지역단위 노동조합이나 산업별 노동조합으로부터 위임받은 범위 내에서 또는 이와 저촉하지 않은 범위 내에서 가질 뿐이다. 판례가 지적한대로 지부나 분회는 그 조직이나 그 조합원에 고유한 사항에 대하여만 독자적인 단체교섭 및 단체협약체결 능력을 가지고 있고 임금이나 근로시간 등의 중요한 사항에 대한 단체교섭권 및 단체협약체결 능력은 원칙적으로 초기업적 단위노조가 가지며 노동조합의 통제에 따라야 한다. 비록 노동조합 본부가 기업 내의 지부나 분회에 일부 근로조건의 결정권을 부

---

3) 김유성, 노동법Ⅱ(법문사, 2001), 67쪽; 임종률, 노동법(박영사, 1999), 45쪽.

4) 대법원은 독립한 근로조건의 결정권이 있는 하나의 사업 또는 사업장 소속 근로자를 조직대상으로 한 초기업적인 산업별 · 직종별 · 지역별 단위노동조합의 지부 또는 분회로서 독자적인 규약 및 집행기관을 가지고 독립한 단체로서 활동을 하면서 당해 조직이나 그 조합원에 고유한 사항에 대하여는 독자적으로 단체교섭 및 단체협약체결 능력을 가지고 있어 기업별 단위노동조합에 준하여 볼 수 있는 경우도 포함된다고 본다(대법원 2002.7.26. 선고, 2001두5361 판결).

5) 이승욱, "산별노동조합의 노동법상 쟁점과 과제", 노동법연구 제12호(서울대노동법연구회, 2002), 216-217쪽.

여할 수 있지만 그것은 조합내부의 문제이다. 결국 기존 노동조합 내부에서 임의로 정해지는 근로조건 결정권의 범위에 따라 비조합원인 다른 근로자의 단결권이 제한될 수 있다는 것은 어불성설이다. 복수노조금지 조항 자체가 근로자의 일부를 선점한 특정 노동조합에 의하여 다른 근로자의 헌법상의 기본권이 제한될 수 있도록 한 것이어서 이러한 문제점을 최소화하기 위해서라도 비교대상인 노동조합을 기업별 단위노조로 한정해야 할 것이다.[6] 따라서 초기업적 단위노조의 지부나 분회가 조직되어 있는 경우에도 비정규직 근로자는 기업별 단위노동조합이나 초기업적 단위노동조합을 설립할 수 있다고 보아야 한다. 또한 역으로 기업별 단위노동조합이 조직되어 있는 경우에도 초기업 단위의 노동조합을 설립하거나 이에 가입할 수 있다고 보아야 한다.

두 번째 사안에 관하여는 학설이나 판례가 복수노조성의 판단에 실질적 관점을 도입함으로써 어느 정도 해결되었다고 할 수 있다. 판례와 학설은 조직대상의 동일성을 판단하는 기준으로서 조합규약 · 단체협약상의 문언 또는 조합명칭과 같은 형식적인 기준에 따를 것이 아니라 규약이 정하는 조직형태와 노동조합 구성원들의 실체와 구성범위 등의 실질적인 기준에 따라 판단하여야 한다고 보고 있다.[7] 이러한 점에서 정규직과 비정규직은 그 고용형태가 다르므로 실제로 조직되어 있는 기존 노조의 구성원이 정규직으로 되어 있는 경우에는 비정규직 근로자는 새로운 노동조합을 설립할 수 있다.

2. 간접고용 비정규직 근로자의 단결권

복수노조금지가 미치는 단결권 제약은 간접고용의 경우에도 마찬가지로

6) 어떤 노동조합이 단지 시간적으로 먼저 설립되었다는 이유로 다른 노동조합의 단결권을 부정하는 것은 어떠한 논리로도 합리적으로 설명할 수 없다. 단결권의 세계, 단결자치의 세계는 '선점의 논리'에 의해 지배되는 것이 아니라 '중첩적 분점의 논리'에 의해 지배된다. 이승욱, 위의 글, 181-182쪽.

7) 김유성, 앞의 책, 67-68쪽; 김형배, 노동법(박영사, 2002), 555쪽; 대법원 1993.5.25. 선고, 92누14007 판결.

나타나는데 간접고용의 경우에는 근로관계가 고용관계와 사용관계로 분리되어 있는 탓에 좀 더 특수하고 복잡한 양상을 띤다. 간접고용에서 예상할 수 있는 노동조합의 조직을 유형별로 보면 보통 세 가지로 나누어 볼 수 있다. 이는 ① 동일한 고용사업주 소속의 근로자만으로 노동조합을 조직하는 경우, ② 간접고용 근로자가 사용사업주의 기존 노동조합에 가입하는 경우, ③ 동일한 사용사업주에서 일하고 있는 서로 다른 소속의 간접고용 근로자들이 함께 노동조합을 결성하는 경우이다.

복수노조금지와 관련하여 ①의 경우에는 법리적으로는 아무런 문제가 없지만 대부분의 근로자들 사이에 근로제공의 장소가 서로 달라 조직화의 어려움이 따르고 사용사업주의 조합 혐오에 따른 공격(여러 용역업체에 대한 분산 도급이나 일방적인 파견 · 용역계약의 해지 및 업체변경)에 매우 취약하기 때문에 이렇게 조직된 예가 드물다. 또한 ②의 경우에도 노조설립 및 가입의 자유라는 원칙 하에서 기업별 노조를 명시적으로 강제하고 있지 않는 우리의 법체계상 역시 법리적으로는 아무런 문제가 없다.[8] 다만 사용사업체의 노동조합이 규약을 통해 이를 보장해야 하는데 기업별 노동조합이 지배적인 우리 사회에서 종업원 신분일 것이 조합원자격인 경우가 대다수라 현실적으로 그

8) 그런데 직접고용 근로자만을 가입대상으로 하고 있는 기존의 기업별 노동조합이 조합규약의 변경을 통하여 파견근로자를 조합원으로 받아들이려 했는데 사용사업체와 노동부가 위법이라고 주장하여 유보된 사례가 있다. 노동부는 "특정 사업(장) 소속 근로자를 조직대상으로 하는 노동조합이 일방적으로 조합규약을 변경하여 다른 사업(장) 소속 근로자를 조직대상으로 포함한다면 그 규약 변경의 효력을 인정받기 어려울 것이며 다른 사업(장) 소속 근로자는 당해 노동조합에 가입할 수도 없는 것"이라고 질의회시 하였다(노조 01254-131. 2000.2.17). 그런데 기업별 단위노동조합이 해산 후 신설이나 합병과정을 거치지 않고 규약변경의 절차만으로 아무런 관련이 없는 다른 기업의 근로자를 기업별단위노조의 조합원으로 받아들이는 것은 동일성여부의 문제가 발생할 수 있지만 기업별 노조가 조직대상 범위를 협력업체 · 파견업체 등에까지 확대하는 경우에는 노동조합의 목적이나 기관구성에서 기본체계의 동일성을 유지하고 있는가 여부에 따라 판단해야 한다(김유성, 앞의 책, 122쪽). 같은 기업에서 일하는 간접고용 근로자를 받아들이는 규약변경은 단순히 조합원의 범위만을 확대한 경우와는 다르나 실질적 동일성을 유지한 조직형태의 변경으로 보아도 무방할 것이다.

가능성이 제한되어 있을 뿐이다.[9]

다음으로 가장 일반적인 조직형태라고 할 수 있는 ③의 경우에는 복수노조 금지 조항과 관련하여 법리상 살펴보아야 할 점이 있다. 이는 동일한 사용사업체에서 일하는 간접고용 근로자를 조직대상으로 하는 노동조합이 존재하고 있는 상황에서 용역업체의 변경으로 다른 기업별 노동조합이나 초기업적 노동조합의 조합원이 사용되는 경우 또는 용역업체의 변경으로 새로운 용역업체에 고용승계가 되고 노동조합을 설립하였으나 그 새로운 용역업체에 이미 노동조합이 있는 경우 등이다. 그런데 간접고용에서는 근로계약의 당사자인 고용사업주와 사용사업주가 각각 별개로 존재하고 기업별 노조의 관행이 뿌리박힌 노동시장의 특성상 노동조합의 조직형태 또한 중복될 수밖에 없다. 간접고용 근로자의 소속기업은 동일하지만 근로장소인 사용사업체가 각기 다르기 때문에 사용사업체별로 같은 기업소속의 복수노조가 조직되거나 같은 사용사업체에서 일하지만 소속기업이 서로 다른 복수노조가 조직될 수도 있는 것이다. 조직대상의 동일성에 대한 판단을 실제로 조직되어 있는 근로자를 기준으로 조직형태, 조직대상, 직무의 성질 등을 고려하여 결정해야 된다는 학설과 판례의 입장에 따를 때 소속 기업 또는 근로장소가 다른 노동조합은 그 조직대상이 동일하다고 볼 수 없다. 복수노조금지의 입법취지가 "단체교섭상의 혼란 및 노노간의 갈등 등의 문제를 예상하여 교섭창구의 단일화를 위한 방법과 절차 등 필요한 사항이 강구될 때까지 한시적으로 이를 금지하려는 것"[10]이라는 점에 비추어 볼 때 그러한 혼란을 초래한 직접적인 책임이 있는 사용사업체는 부득이 이러한 상황을 감수할 수밖에 없을 것이다.

---

9) 윤애림, "집단적 노사관계법과 사용자", 서울대노동법연구회 세미나 발표자료(2002년 12월), 10쪽.

10) 대법원 2002.7.26. 선고, 2001두5361 판결.

Ⅲ. 집단적 노사관계와 사용자 개념

1. 논의의 과제

근로기준법을 비롯한 근로조건보호법에 의하여 직접적인 법적 책임이 발생하는 개별적 근로관계와는 달리 단결자치를 중시하는 집단적 노사관계에서는 권리의무의 주체가 되는 당사자의 문제가 전통적으로 크게 문제되지 않았다. 하지만 위장자영인이나 위장도급과 같이 사용자책임을 회피하려는 기업의 노무관리 전략에 편승하여 집단적 노사관계에서도 사용자 또는 근로자의 정의 문제가 논란거리가 되었다. 특히 국가의 노골적인 개입을 통하여 노동단체권을 극도로 제한하는 한국의 실정법령과 노동정책은 이러한 불필요한 논란을 더욱 부채질하는 요인이 되고 있다. 왜냐하면 현행법의 구조 하에서는 법령으로 정한 틀을 조금이라도 벗어나면 곧바로 민형사상 책임을 져야 하는 상황이 항상 벌어지기 때문이다. 이는 단결자치의 원칙을 근간으로 하는 다른 나라에서는 거의 보기 어려운 현상이다.

노동조합법 제2조 제2호에서는 사용자를 "사업주, 사업의 경영담당자 또는 그 사업의 근로자에 관한 사항에 대하여 사업주를 위하여 행동하는 자"로 정의하고 있다. 이러한 집단적 노사관계에 있어서 사용자 개념은 별로 주목을 받지 못했고, 다만 단체교섭의무와 관련된 부당노동행위의 주체로서 그 금지의무자의 범위를 정하는 문제로서 다루어져 왔을 뿐이다.[11] 그러나 최근에는 노동조합법상의 사용자 개념이 단체교섭거부의 부당노동행위뿐만이 아니라 조합활동이나 쟁의행위를 포함한 노동단체권 행사의 전반에 걸쳐 해결해야 할 과제로서 광범위하게 제기되고 있다.

근로관계가 근로계약만을 매개로 한 단일한 사용자와 근로자의 관계에서 노무처리도급이나 근로자파견과 같이 보다 복잡한 형태로 변해가고 있지만

---

11) 상세한 것은 김유성, 앞의 책, 316-322쪽 참조.

이에 대한 법리나 법령은 과거의 수준에 머물러 있다. 개별적 노사관계에서도 마찬가지지만 집단적 노사관계에 관한 입법이나 판례법리가 이러한 변화를 따라가지 못하고 있는 것이다. 그 두드러진 예로서 대법원이 도급과 관련된 단체교섭거부사건에서 노동조합법상의 사용자 개념을 '명시적이거나 묵시적인 근로계약관계를 맺고 있는 자'라고 정의하였고,[12] 하급심 법원이나 노동위원회가 이 논리를 맹목적으로 따르고 있다는 점을 들 수 있다. 근래 파견 · 용역사업에서 일어나고 있는 사용사업주의 노조파괴 활동이나 단체교섭거부 또는 노조의 단체행동에 대한 업무방해금지 가처분신청 등의 일련의 사건에서 법원이나 노동위원회는 위 대법원판결을 염두에 둔 듯 보이는 결정들을 내리고 있다. 하지만 위 대법원 판결은 간접고용의 사회적 · 법리적 문제점들이 드러나기 전의 진정한 의미의 도급관계에 관한 것이다. 그 법적 성격이 무엇이냐에 대하여는 약간의 논란이 있지만 적어도 대법원은 그렇게 보았다. 따라서 이와는 성격이 확연히 다른 간접고용 전반에 걸쳐 선례로서 확대 적용될 수는 있는가는 의문의 여지가 많다. 구체적인 사실관계가 명백히 다르기 때문에 변화된 사회 · 경제적 상황에 맞는 이론적 고찰이 필요한 것이다.

이와 같이 현실에 적합한 구체적 타당성 있는 판례 법리의 형성이 미진한 가운데 새로운 법리의 창조를 위한 노력이 학계에서 점점 증가하고 있지만 그 역시 여러 가지 점에서 문제를 안고 있다. 특히 노사관계 및 실정법의 구조가 비슷한 일본의 이론들이 깊은 영향을 미치고 있는데 일본의 법리가 우리에게 얼마나 유용하고 또 그 내재적인 한계가 무엇인지에 대해서도 보다 엄밀한 검토와 주의가 필요하다. 다음에는 이러한 점들에 대하여 검토해 보고자 한다.

---

12) 대법원 1986.12.23. 선고, 85누856 판결; 대법원 1993.11.23. 선고, 92누13011 판결; 대법원 1995.12.22. 선고, 95누3565 판결; 대법원 1997.9.5. 선고, 97누3644 판결; 대법원 1999.11.12 선고, 97누19946 판결 등.

2. 일본의 판례 · 학설과 이론적 한계

우리나라에서 노동조합법상의 사용자 개념에 관한 논의는 대부분 일본의 판례와 학설을 답습하고 있다. 하지만 일본의 판례와 학설의 법적 추론 방식으로부터 유용한 시사점을 얻을 수도 있지만 유의해야 할 점도 적지 않다. 이 점은 종래 주목을 받지 못했지만 매우 중요한 함의를 갖고 있다고 생각한다.

일본의 부당노동행위제도는 우리의 것과 매우 유사하지만 몇 가지 점에서 차이를 가지고 있다. 그 차이는 세 가지 정도로 요약할 수 있는데, 우선 첫 번째는 일본의 노동조합법에는 사용자 개념에 대한 정의규정이 없다는 점이다. 두 번째는 부당노동행위의 유형 가운데 단체교섭거부행위의 성립요건이 우리 법조항과는 사뭇 다르다는 점이다. 즉, 우리 노동조합법 제81조 제3호에 해당하는 일본의 노동조합법 제7조 제2호는 "사용자가 고용한 근로자의 대표자와 단체교섭을 정당한 이유 없이 거절하는 것"으로 되어 있다. 세 번째는 우리나라의 부당노동행위 구제제도는 처벌주의와 원상회복주의를 병행하고 있는 반면 일본의 경우는 원상회복주의만을 채택하고 있다는 점이다. 이러한 일본 노동조합법의 입법구조상의 특징은 노동조합법상의 사용자 개념을 '근로계약의 당사자'에 초점을 맞추도록 한계를 설정하는 요인이 되는 것이다. 다시 말하면 단체교섭거부의 상대방이 고용사업주에게 한정되고 불이익 취급 및 지배개입에 대한 구제명령도 원상회복을 목적으로 하므로 법적 처분권을 가진 근로계약의 당사자인 고용사업주만을 사용자로 보는 경향이 강해질 수밖에 없는 게 아닌가 한다. 일본의 판례와 학설 중 '법인격 부인의 법리'나 '근로계약관계의 유사성론'은 바로 이러한 일본의 노동조합법의 문리적 해석에 충실한 것이라고 할 수 있을 것이다. 한편 일본의 경우에는 부당노동행위가 근로계약의 당사자가 아닌 제3자(기업의 임원이나 종업원 등)에 의하여 행해진 경우와 같이 현실의 행위자와 사용자가 다를 경우 이를 사용자의 책임으로 할 수 있느냐 하는 특수한 상황도 발생한다.[13] 그러나 사용자 개념을 사업주에 한정하지 않고 사업의 경영담당자나 사용자를 위하여 행동하는 자까지 넓게 보고 있는 우리의 경우에는 이러한 특수한 문제가 발생하지 않는다. 또한 우리 법은 형사처벌에 있어서도 부당노동행위의 현실적 행위자와 사업주가 다를 경우 행위자를 처벌하는 외에 사업주인 법인이나 개인도 처벌하도록 양벌규정을 두고 있다(노동조합법 제94조). 이러한 규정방식의 차이는 우리 법의 해석에 있어서는 일본처럼 부당노동행위의 주체 문제를 다룸에 있어서 근로계약의 틀에 얽매여서는 안 되며 그럴 필요도 없다는 점을 보여주는 것이라 하겠다.

근로계약의 당사자라는 틀을 쉽게 벗어나지 못하던 일본의 판례와 학설도 근래에 들어서는 '근로계약의 유무와 관계없이 근로자의 근로관계상의 제 이익에 대하여 실질적인 영향력 내지 지배력을 미칠 수 있는 지위에 있는 자' 라는 포괄적인 정의를 사용자의 기준으로 보는 견해가 다수를 점하고 있다.[14] 이러한 견해는 근로관계의 구체적인 실태에 따라 차이를 보이긴 하지만 파견 · 도급 형식의 간접고용에 대하여는 계약형식에 구애되지 않고 그 실태에 따라 사용자성을 인정하는 등 보다 유연한 태도를 취하고 있다. 예를 들어 사내하청 근로자가 소속된 노동조합이 사용사업주에게 단체교섭을 신청했으나 거부된 油研工業사건에서 横浜地裁는 근로계약상의 사용자가 아니더라도 "노동관계상의 제 이익에 대하여 동일한 지배력을 현실적이고 구체적으로 가지고 있기 때문에 노동조합법상으로는 양자 간에 직접 고용에 준하는 고용관계가 실질적으로 성립한다"고 사용자성을 인정하였다.

> 사용자란 피용자를 사용하여 그 노동력을 처분하는 자, 즉 스스로의 권한에 기하여 노무를 적정하게 배치, 안배하여 일정한 목적을 달성하고자 하는 자이기 때문에 고용계약상의 고용주 외에도 피용자의 인사 기타 근로조건 등 노동관계상의 제 이익에 대하여 동일한 지배력을 현실적이고 구체적으로 가지고 있는 자를 포함한다.…… 이른바 사외공으로서 형식적인 근로계약 측면에서는

---

13) 菅野和夫, 勞働法(弘文堂, 1999), 652-653쪽 참조.
14) 菅野和夫, 위의 책, 652쪽.

자회사에 소속하고 있어도 현실적으로 노무를 제공하는 상대방인 모회사 간에 직접 어떠한 계약관계가 없는 경우에도 모회사의 피용자와 같이 모회사의 공장에서 일하고 나아가 모회사가 결정하는 직장질서 및 모회사의 직접적인 지휘감독 하에 두고 자회사가 여기에 대하여 어떠한 지배력도 가지고 있지 않는 경우에는 모회사 자체가 노동조합법상의 사용자이고 자회사는 사용자가 아니다(油研工業사건, 横浜地判 1972.10.24)

최고재판소에 의하여 지지된 이 판결은 사용자 개념의 확장을 보여준 획기적인 판결이라는 평가를 받았다.[15] 하지만 이 사건의 근로관계의 실태를 보면 근로계약상의 사용자인 하청기업이 독립적인 기업으로서 실체가 거의 없는 경우로서 일반화하기에는 무리가 있다. 이후 파견(용역)업체가 사업체로서의 실질을 갖춘 전형적인 간접고용 사건이라고 할 수 있는 朝日放送사건 판결에서 최고재판소는 노동조합법상의 사용자성의 판단기준을 명시적으로 밝혔다. 이 사건에서 방송사에 파견된 용역업체 근로자로 구성된 노동조합은 사용사업주인 방송사에게 단체교섭을 요구하였으나 근로계약상의 고용주가 아니라는 이유로 거부당하였다.[16] 이에 최고재판소는 노동조합법상의 사용자 개념에 대하여 "일반적으로 근로계약상의 고용주를 가리키지만 고용주 외의 사업주라 하더라도 고용주로부터 근로자의 파견을 받아서 자기의 업무에 종사시키고, 그의 근로조건에 대해서 고용주와 부분적이긴 하지만 동일시 할 수 있을 정도로 현실적이고 구체적으로 지배 · 결정할 수 있는 지위에 있는 경우에는 그에 한하여 위 사업주는 동조의 사용자에 해당한다"[17]고 보았다.

이 판결은 '근로조건에 대하여 고용주와 부분적이긴 하지만 동일시 할 수 있을 정도로 현실적이고 구체적으로 지배 · 결정할 수 있는 지위' 를 사용자성

15) 大和哲夫, "使用者の行爲", 現代勞働法講座 제7권(日本勞働法學會, 1982), 187쪽.

16) 朝日放送사건의 사실관계에 관하여 상세한 것은 최홍엽, "근로자파견과 집단적 노사관계", 노동법학 제10호(한국노동법학회, 2000), 234-235쪽 참조.

17) 最高裁三小判 1995.2.28.

의 판단기준으로 삼고 있는 점에서 앞의 '동일한 지배력을 현실적이고 구체적으로 가지고 있는 자' 보다는 다소 완화된 태도를 보여주었다. 특히 '부분적' 사용자성을 처음으로 인정한 것은 근로관계의 다면적 성격을 법적으로 의미 있는 사실로 받아들인 것이라고 할 수 있다. 즉, 간접고용에서 사용사업주는 근로계약관계의 외부에 존재하는 제3자가 아니라 사용관계(또는 지휘명령관계)라는 근로관계의 본질적인 한 축을 구성하는 것이다. 판례의 변화는 이러한 객관적인 현실을 종래의 일원론적인 근로계약관계론만으로 포섭하는 데는 한계가 있다는 점을 인정한 것이라고 볼 수 있다.

그런데 이러한 일본 판례의 입장도 노동조합법상의 사용자 개념을 집단적 노사관계의 고유한 성격에 기초하여 독립적으로 구성한 것이 아니라 '형식적인' 근로계약관계에서 '실질적인' 근로계약관계로 매우 조심스럽게 약간 확장한 것에 지나지 않는 것이라고 평가할 수밖에 없다. 이는 '직접고용에 준하는 고용관계' 라든가 '고용주와 동일시 할 수 있을 정도' 라는 표현에서 알 수 있다. 따라서 판례의 입장은 근로계약론의 부분적인 확장이론이라고 보는 것이 보다 정확할 것이다. 이러한 점에서 근로계약관계의 존재 유무와는 관계없이 근로자의 자주적인 단결목적과 관련하여 대향관계에 있는 자를 사용자로 보는 대향관계설과는 뚜렷하게 구분된다. 이 견해는 '해당 노동관계상의 노동조합 내지 조합원의 제 이익을 좌우할만한 지배력 · 영향력을 가진 자' 를 부당노동행위의 주체로 봄으로써 노동조합법상의 사용자 개념을 근로계약과는 완전히 별개로 취급하고 있다. 하지만 이러한 견해는 앞서 본바와 같이 일본의 실정법 테두리 내에서의 해석론으로서는 받아들이기 어려운 것으로 보인다.

3. 우리나라의 사용자 개념 판단기준

(1) 노동위원회

노동위원회가 간접고용과 관련하여 사용사업주가 노동조합법상 사용자인지 여부를 판단한 몇 건의 사례가 있었다. 근로관계의 유형과 사건의 내용에 따라 살펴보면, 업무도급계약 형식의 사내하청 근로자에 대한 사용사업체의 불이익취급 · 단체교섭거부사건,[18] 업무도급계약 형식을 취한 불법파견에서 사용사업체의 지배개입사건,[19] 업무도급계약 형식의 소사장제에서 불이익취급 · 단체교섭거부 · 지배개입의 부당노동행위사건,[20] 근로자파견에서 사용사업주의 단체교섭거부에 따른 노동쟁의조정신청사건[21] 등이다. 이들 사건

---

18) 대상식품(주) 부당노동행위 및 해고 구제신청사건, 경기지방노동위원회 2000. 10.4. 2000부노102, 부해379 결정. 이 사건의 내용을 구체적으로 살펴보면, 대상식품(주)과 도급계약을 체결한 성호산업 소속의 사내하청 근로자들이 도급회사인 대상식품의 관리사원으로부터 작업지시를 받고 정규직 사원들과 동일하게 피신청인 회사(사용사업주)의 작업을 수행하였고 고용주인 수급회사는 작업과정에는 아무런 역할이 없는 형식적인 근로계약서상의 사용자에 불과하다며 도급회사가 실질적인 사용자라고 주장하였다. 또한 도급회사의 인사과장이 노조활동을 직간접적으로 지배개입(도급계약해지 위협)을 하였고 도급회사가 노조활동을 이유로 도급계약을 일방적으로 해지하여 신청인들을 사실상 해고하였다면서 불이익취급과 단체교섭거부를 이유로 한 부당노동행위 구제신청을 하였다. 이 사건에서 경기지방노동위원회는 근로자 측의 주장에 대하여는 아무런 판단을 하지 않았고 다만 신청인들이 피신청인 회사와 도급계약을 체결한 성호산업과 근로계약을 체결하였고, 또한 성호산업 대표로부터 해고처분 통보를 받았으며 노동조합의 명칭도 대상식품 사내하청 노동조합으로 되어 있는 점을 지적하여 구제신청에 대한 당사자 적격요건을 갖추지 않았다고 신청을 각하하였다.

19) SK(주) 부당노동행위 구제신청사건, 서울지방노동위원회 2000.6.8. 2000부노58 명령. 이 사건에서는 업무도급계약의 형식으로 파견업체 소속의 근로자들이 사용사업체에 파견되어 사용사업체로부터 작업지시와 감독 등 전적인 노무관리를 받으면서 근무하던 중 일부 조합원이 탈퇴하자 노조원의 탈퇴가 사용사업체 관리자들의 회유와 협박에 의한 것이었다면서 노동조합의 운영에 개입한 부당노동행위에 해당한다고 구제신청을 하였다.

20) 대성산소는 회사의 관리직 간부출신을 소사장으로 전환하여 별도로 대성용역이라는 용역회사를 설립하고 이 용역업체와 가스운송도급계약을 체결하여 가스배달업무에 대성용역 소속 운전사를 사용해왔다. 이후 대성산소는 대성산소용역기사노동조합에서 단체교섭을 요구하자 이를 거절하고 용역계약을 해지하였으며 바로 소사장들은 폐업절차를 밟았다. 이에 근로자들은 대성산소를 상대로 부당해고 및 부당노동행위구제신청을 하였으나 대성산소가 사용자가 아니라는 이유로 각하되었다(서울지방노동위원회 2002.3.19. 2001부해1066 부노262, 부해1130 부노277(병합) 결정).

당사자 간의 법적관계는 도급계약이나 근로자파견계약의 형식을 취하고 있지만 실태는 간접고용의 전형적인 형태인 사내하청, 불법파견, 소사장제 등이다. 이러한 다양한 형태의 간접고용에서 노동위원회는 노동조합법상의 사용자 개념을 어떻게 보고 있는가.

우선 사내하청의 업무도급계약에서 경기지방노동위원회는 노동조합법상의 사용자 개념을 명시적으로 밝히지 않았다. 또한 신청인이 주장한 "수급인이 근로계약서상의 형식적인 사용자에 불과하고 도급회사가 실질적인 사용자"라는 근로관계의 실태에 대하여도 판단하지 않았다. 다만 경기지노위가 사용자 개념의 판단기준으로 삼은 것은 '도급계약'과 '근로계약'이라는 계약의 문언, '해고처분의 통보자', 그리고 '노동조합의 명칭'과 같은 형식적인 외양이었다. 그러나 이러한 경우에는 구체적인 실태여하에 따라 도급계약은 형식일 뿐이고 고용사업주가 독립한 기업으로서 실체가 없는 중간관리자에 불과하거나 도급을 가장한 위법한 근로자공급에 해당할 수도 있다. 따라서 당사자의 외견상의 의사표시에 의존하기보다 근로관계의 실질적인 법적 성격을 먼저 밝히는 것이 선결과제가 아니었나 생각된다.

두 번째, 도급계약을 가장한 불법파견에서 서울지방노동위원회는 신청인이 도급계약에 의하여 파견되어 근무하고 있을 뿐 피신청인 소속 근로자가 아니기 때문에 노동조합법 제2조 제2호에서 규정하고 있는 사용자에 해당하

---

21) 방송사의 파견근로자들로 조직된 방송사비정규노동조합이 한국방송공사를 상대로 수차례 단체교섭을 요구하였으나 거부되어 노동위원회에 쟁의조정을 신청한 사례에서 서울지방노동위원회는 "근로계약관계에 있는 근로자파견사업주를 상대로 한 단체교섭요구가 아닌 파견근로자 보호 등에 관한 법률에 따른 사용사업주인 피신청인만을 상대로 조정신청을 한 것은 노동조합법상 '노동쟁의'가 발생하였다고 인정할 수 없다"는 이유로 조정대상이 아니라고 결정하였다(서울지방노동위원회 2000.7.3. 2000조정94결정). 노동조합이 그 후에 사용사업주를 한국방송공사로 하고 파견사업주를 (주)백산주택종합관리외 5로 한 노동쟁의조정신청에 대하여 서울지방노동위원회는 "사용사업주인 한국방송공사는 파견업체에서 파견된 근로자에게 직접 임금을 지급할 책임이 없으므로 임금에 대한 조정대상사업장이 아니다"라고 결정하였다(서울지방노동위원회 2000.11.2. 2000조정150결정).

지 않는다면서 역시 당사자적격을 부인하고 노사관계의 실태나 노동조합법상의 사용자 개념의 판단기준에 대하여는 언급이 없었다. 반면에 이 사건의 재심판정에서 중앙노동위원회는 노동조합법상의 사용자 개념에 대하여 보다 적극적으로 정의하고 있다. 즉, "노동조합 및 노동관계조정법상의 사용자의 개념은 노동조합의 상대방, 단체교섭의 상대방 및 부당노동행위 금지규범의 수규자로서의 의미를 가진다고 할 것이고, 같은 법 제81조 제4호는 사용자가 근로자들이 노동조합을 조직 또는 운영하는 것을 지배하거나 이에 개입하는 행위를 부당노동행위의 하나로 규정하고 있는 바, 위 법규정 소정의 사용자라 함은 근로자와의 사이에 사용종속관계가 있는 자, 즉 근로자와의 사이에 그를 지휘감독하면서 그로부터 근로를 제공받고 그 대가로서 임금을 지급하는 것을 목적으로 하는 명시적이거나 묵시적인 근로계약관계를 맺고 있는 자를 말한다"[22]고 설명하고 있다. 이처럼 중노위 결정에서는 지노위와는 달리 노동조합법상의 사용자 개념에 대한 정의와 아울러 근로관계의 실태에 대하여 비교적 상세히 검토하고 있다. 하지만 중노위의 사용자 개념의 정의는 약간 혼란스러워 보인다. 그것은 노동조합법상의 사용자 개념을 개별 근로자의 상대방이 아니라 '노동조합의 상대방', '단체교섭의 상대방', '부당노동행위 금지규범의 수규자'로서의 의미를 가진다고 하여 근로계약 당사자로서의 사용자 개념보다 넓게 이해하고 있는 것처럼 설명하면서도 결론에서는 다시 협소한 근로계약상의 사용자 개념으로 돌아가고 있는 것이다. 중노위는 "파견업체가 인력을 파견하는 외에 달리 작업지시 등의 업무를 수행한 사실이 없는 등 가사 도급을 위장한 불법적인 근로자파견사업을 하였다 하더라도 이를 가지고…… 명시적이거나 묵시적인 근로계약관계를 맺고 있다고 할 수 없고 달리 사용종속관계가 존재한다고 볼 아무런 근거가 없다"[23]고 결정하였다. 이는 사용사업주가 근로자파견법을 위반하여 불법목적으로 근로자를 사용했다고 하더라도 사용사업주와 근로자 간에 근로계약관계가 없어 노동조합법

22) 중앙노동위원회 2000.12.21. 2000부노95 재심판정.
23) 중앙노동위원회, 앞의 판결.

상의 사용자로 볼 수 없다는 것이다.

그 다음 도급계약형식을 취한 소사장제의 경우에도 서울지노위는 부당노동행위의 주체로서 사용자 개념을 "근로자의 자주적 단결활동에 영향을 미침으로써 근로3권의 보장 질서를 침해할 수 있는 지위에 있는 자"라고 정의하여 독자적인 노동조합법상의 사용자 개념을 인정하는 듯한 태도를 취하고 있다. 하지만 구체적인 판단에 있어서는 사용사업체가 직접적으로 업무지시를 한 사실을 인정하면서도 이는 업무지시권을 일부 공유하였다는 정도에 지나지 않고 고용업체를 배제하여 인사노무관리권한 또는 업무수행상 지휘명령권을 직접 행사한 것은 아니라면서 사용자성을 인정하지 않았다. 역시 소사장제의 이원적인 근로관계의 법적 의미를 인정하지 않고 일원론적인 근로계약상의 사용자 개념으로 돌아가고 있다.[24)]

노동위원회는 표현상의 차이는 있지만 노동조합법상 사용자의 판단기준에 대하여 다음과 같은 특징을 가지고 있다고 정리할 수 있다. 첫째는 노동조합법상 사용자 개념에 대한 일반적인 정의와 그 구체적인 판단기준이 서로 맞지 않는다는 점이다. 일반적인 정의를 내릴 때는 노동조합법상의 사용자 개념의 독자적인 의의를 인정하는 듯한 표현을 사용하면서도 구체적인 판단에 이르러서는 묵시적이거나 명시적인 근로계약관계의 존재 여부를 기준으로 삼고 있다. 둘째, 근로계약관계의 존재 여부를 판단할 때 구체적인 판단기준에 있어서 사용종속관계의 실질적인 징표보다도 형식적인 징표인 사용사업주와 공급사업주 간의 의사표시의 외양(형식적인 계약의 당사자 및 임금의 지급자)에 주로 의존하고 있어 노사관계의 실태에 즉응한 법적 성격의 규명과 그에 따른 규범적 평가가 미흡하다. 셋째, 도급을 가장한 위법한 근로자공급에서 도급과 근로자공급 간의 차이를 파악하지 못하고 불법파견의 위법성과 그에 대한 사법상의 평가를 도외시 한다. 마지막으로 무엇보다 중요한 것으로 생각되지만 간접고용이 가진 근로관계의 3당사자적 성격을 무시하고

24) 대성산소용역기사노동조합사건, 서울지방노동위원회 2002.3.19. 2001부해1066 부노262, 부해1130 부노277(병합).

하나의 사용자와 하나의 근로자라는 일원론적인 관점을 취하고 있다. 즉, 간접고용에서는 본질적으로 사용관계와 고용관계가 분리되고 사용종속관계가 이중으로 구성되어 있다는 구조적인 특징에 대하여 전혀 주목하지 못하고 있는 것이다.

이와 같이 노동위원회 결정은 앞에서 본 일본의 판례나 학설과 비교해보더라도 상당히 문제가 많으며 법 논리적으로나 현실적합성의 측면에서도 전혀 맞지 않다는 것을 알 수 있다. 이러한 문제점은 아마도 짐작이긴 하지만 항운노조 부당노동행위사건에 대한 일련의 대법원 판례를 충분한 검토 없이 수용한 결과가 아닌가 생각된다. 다음에는 논의의 연장선상에서 이들 대법원의 판결들을 살펴보도록 한다.

(2) 대법원

대법원은 2010년 3월 현대중공업 사내하청 부당노동행위 사건의 판결[25]이 있기 전까지만 해도 간접고용에서 노동조합법상의 사용자 개념을 명시적으로 밝히지 않았다. 다만 간접고용과 사실관계가 일부 비슷한 항만운송노동조합에 관련된 일련의 판결들이 있다. 이들 판결에서는 부당노동행위 유형 가운데 단체교섭거부의 주체가 될 수 있는 사용자를 "근로자와의 사이에 사용종속관계에 있는 자, 즉 근로자와의 사이에 그를 지휘감독하면서 그로부터 근로를 제공받고 그 대가로서 임금을 지급하는 것을 목적으로 하는 명시적이거나 묵시적인 근로계약관계를 맺고 있는 자"로 보고 있다.[26] 또한 간접고용에서 사용사업주와 근로계약관계의 존재를 인정하기 위한 요건에 대하여는 "원고용주에게 고용되어 제3자의 사업장에서 제3자의 업무에 종사하는 자를 제3자의 근로자라고 할 수 있으려면 원고용주는 사업주로서의 독자성이 없거나 독립성을 결하여 제3자의 노무대행기관과 동일시 할 수 있는 등 그 존재가 형식적, 명목적인 것에 지나지 아니하고, 사실상 당해 피고용인은 제3

25) 대법원 2010.3.25. 선고, 2007두8881 판결.
26) 대법원 1995.12.22. 선고, 95누3565 판결.

자와 종속적인 관계에 있으며, 실질적으로 임금을 지급하는 자도 제3자이고, 또 근로제공의 상대방도 제3자이어서 당해 피고용인과 제3자 간에 묵시적 근로계약관계가 성립되어 있다고 평가될 수 있어야 한다"[27]고 보고 있다.

이 판결의 문제점에 대하여는 두 가지를 지적할 수 있다. 하나는 집단적인 노사관계를 규율하는 노동조합법상의 사용자 개념은 근로계약관계와는 다른 독자적인 의의를 가지고 있다는 점을 간과하고 있다는 것이다. 다른 하나는 본질적으로 사용관계와 고용관계가 분리되고 사용종속관계가 이중으로 나타나는 간접고용에 확대 적용하기에는 무리가 따르는 부적절한 논리라는 것이다. 전자에 대하여는 대부분의 학설이 지적하고 있기 때문에 논의를 피하고,[28] 다만 다른 관점에서 지적하고 싶은 몇 가지를 다음 항에서 후술한다. 두 번째 문제점인 '묵시적 근로계약관계설' 의 간접고용 일반에 대한 확대적용 가능성에 대하여 살펴보기 위하여 먼저 그러한 법적 판단의 전제가 된 사실관계를 검토해보기로 한다.

대법원 판례는 단체교섭응락의무자로서의 사용자 개념을 위와 같이 일반적인 형식으로 표현하고 있지만 그보다는 근로관계의 실태에 더 주목할 필요가 있다. 이 사건의 항운노조의 조합원과 사용사업체 간의 법적관계는 간접고용에서 사용사업주와 근로자 간의 법적관계와는 본질적인 차이가 있다. 판례도 사실관계의 인정에 있어서는 이 점에 비중을 두고 있다. 즉, 항운노조사건의 경우에는 사용사업체(하역회사, 냉동창고회사, 비료공장, 농수산물시장 등)와 근로자 간에 사용관계(지휘명령관계)가 전혀 존재하지 않는다고 보는 것이다. 판례 가운데에는 근로계약관계가 항운노조와 근로자 간에 직접 존재한다고 본 사례조차 있다.[29] 그런데 간접고용의 경우에는 사용사업주와 근로

27) 대법원 1999.11.12. 선고, 97누19946 판결.

28) 이 점에 관하여는 윤애림의 "파견 · 용역 근로자의 노동3권", 노동법연구 제9호(서울대노동법연구회, 2000), 110-111쪽 참조.

29) 대법원은 "피고 조합의 조합원은 피고 조합에 가입하거나 등록함으로써 피고 조합과 사이에 조합의 지시 · 감독 아래 각 하역업체에게 노무를 제공하고 그에 따른 대가를 지급받기로 하는 내용의 근로계약관계를 맺은 근로자에 해당한다"(대

자 간에 실질적인 사용종속관계가 존재하지만 형식상 근로계약의 사용자가 별도로 있는 경우이다. 따라서 항운노조의 법적관계는 근로자공급이 아니라 도급이라고 할 수 있다. 물론 구체적인 사실관계의 판단에 있어서 사용사업체와 근로자 간에 근로계약상의 사용종속관계가 있다는 주장도 가능하지만 여기서 중요한 논리적 핵심은 묵시적 근로계약관계설이 도급관계의 존재 유무를 판단하는 문제를 넘어서 일반적으로 적용될 수 있는가 하는 점이다.

판례가 취하고 있는 '묵시적 근로계약관계설'의 논거는 사용사업주와 근로자 간이든 혹은 고용사업주와 근로자 간이든 하나의 근로계약관계만이 존재할 수 있다는 사고에 기초한 것이다. 이는 근로계약관계의 3당사자적 성격을 인정하지 않을 수 없는 간접고용에서 사용자 개념을 판단하는 일반적인 기준으로서는 부적절한 논리이다. 그러한 기준은 위장 근로계약관계(그림 1 참조)[30]와 근로자공급을 구별하기 위한 것이라면 모르되 위장 근로계약과 도급 간의 구별 또는 근로자공급과 도급을 구별하는 논거로서는 적절하지 않다. 왜냐하면 근로자공급에 있어서는 고용사업주가 독립한 기업으로서의 실체를 가지고 있어서 사용자성이 인정된다고 하더라고 동시에 사용사업주도 사용자가 될 수 있기 때문이다(부분적 사용자성).[31] 즉, 사용사업주만 사용자로 인정될 수 있는 위장 근로계약관계와 고용사업주만 사용자로 인정될 수 있는 도급 사이에 사용사업주와 고용사업주 양자가 이원적으로 사용자로 인정될 수 있는 근로자공급이 존재하는 것이다(제3부 제1장 Ⅱ.「간접고용의 개념」그림 2, 3 참조). 근로자파견법은 바로 이러한 복합적인 성격을 가진 근로관계를 엄격한 규제와 함께 제한적으로 승인한 것이다.

법원 1997.1.20. 선고, 96다56313 판결)고 하여 항운노조와 근로자 간에 근로계약관계가 성립한다고 보았다.

30) '위장 근로계약'란 용어는 사용사업주가 노동법상 또는 사회보장법상의 책임을 회피하기 위하여 자신이 사용하는 근로자와의 사이에 제3자를 개입시켜 마치 그 제3자와 그 근로자 간에 근로계약이 존재하는 것처럼 근로계약의 형식을 가장한 관계라는 의미이다.

31) 앞의 朝日放送사건에 대한 일본 최고재판소 판결이 바로 이러한 취지에서 사용사업주의 부분적인 사용자성을 인정하였다.

어쨌든 대법원 판결이 이러한 문제점을 갖고 있지만 부당노동행위의 주체로서 사용자 개념에 대한 구체적인 판단기준에 있어서는 노동위원회의 결정과는 차이가 크다. 판례는 사용종속관계가 존재하지 않는다는 판단의 근거로서 도급이라는 계약의 형식 외에 '노동조합이 구체적인 작업권을 갖고 공급근로자의 채용, 선정, 교체 등의 권한을 갖는다'[32]거나, '회사에게 독자적이고 구체적인 지휘감독권을 주었다고 볼 자료가 없다'[33]거나 또는 '인사권의 행사 및 작업수행과정상의 구체적 · 개별적인 지휘감독을 하였다고 할 수 없다'[34]고 하는 점들을 들고 있다. 이는 항운노조사건의 경우에는 실질적으로나 형식적으로도 사용종속관계가 존재하지 않기 때문에 단체교섭의무자로서의 사용자성을 부정하였던 것이다. 따라서 판례가 노동위원회처럼 단지 형식적인 근로계약의 존재만으로 부당노동행위의 주체로서 사용자성 여부를 판단한 것은 아니라고 할 것이다.

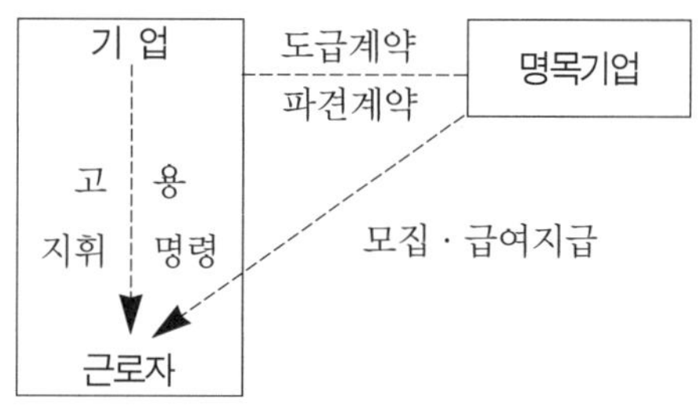

[그림 1] 위장 근로계약관계

결론적으로 말하자면 항운노조관련 대법원판결은 최초의 판결 당시에는 예상하지 하지 못했던 간접고용의 확산과 사회적 · 법리적 문제점들이 드러나기 전의 진정한 의미의 도급에 관한 법적 판단이고 이제 더 이상 유지되기 어렵다. 이와 같은 현실의 변화를 감안하였는지 대법원은 최근 사내하도급과 관련하여 원청의 사용자성 여부를 가리는 사건에서 처음으로 학설상 다수설인 '지배력설'을 이론적인 근거로 하여 원청의 사용자성을 인정하였다.[35] 하

32) 대법원 1995.12.22. 선고, 95누3565 판결.
33) 대법원 1987.2.10. 선고, 86다카1949 판결.
34) 대법원 1997.9.5. 선고, 97누3644 판결.
35) 이 사건에서는 현대중공업의 여러 사내하청 기업들의 종업원들이 독자적으로 노동조합을 결성한 직후에 현대중공업측이 집중적으로 조합원들이 소속해 있던 하청기업들과의 도급계약을 해지하였고 이에 하청기업들은 폐업하고 조합원들

지만 이 판결에 대해서는 상당히 높이 평가하는 견해도 있지만 앞서 보았듯이 일본의 지배력설과 거의 유사한 입장을 취한 것이어서 동일한 한계를 가지고 있다.

> 부당노동행위의 예방, 제거는 노동위원회의 구제명령을 통해서 이루어지는 것이므로 구제명령을 이행할 수 있는 법률적 또는 사실적인 권한이나 능력을 가지는 지위에 있는 한 그 한도 내에서는 부당노동행위의 주체로서 구제명령의 대상자인 사용자에 해당한다…… 지배개입의 주체로서의 사용자인지 여부도 당해 구제신청의 내용, 그 사용자가 근로관계에 관여하고 있는 구체적인 형태, 근로관계에 미치는 실질적인 영향력 내지 지배력의 유무 및 행사의 정도 등을 종합하여 결정해야 할 것이다. 따라서 근로자의 기본적인 노동조건 등에 관하여 그 근로자를 고용한 사업주로서의 권한과 책임을 일정 부분 담당하고 있다고 볼 정도로 실질적이고 구체적인 지배, 결정할 수 있는 지위에 있는 자가, 노동조합을 조직 또는 운영하는 것을 지배하거나 이에 개입하는 등으로 법 제81조 제4호 소정의 행위를 하였다면 그 시정을 명하는 구제명령을 이행하여야 할 사용자에 해당한다.[36]

(3) 학설

학설의 대체적인 흐름은 일본의 지배력설과 마찬가지로 사용자 개념을 확대하여 형식적인 근로계약관계가 없더라도 '근로관계상의 제 이익' 또는 '집단적 취업조건' 에 대해 실질적 영향력 내지 지배력을 가질 수 있는 지위에 있는 자도 부당노동행위제도의 목적에 비추어 사용자가 될 수 있다고 본다.[37] 다만 이 지배력설이 가지는 있는 난점, 즉 지배력 내지 영향력의 존재를 무엇

은 해고되었는데 해고된 조합원들은 고용주가 아닌 현대중공업을 상대로 부당해고구제 및 부당노동행위구제신청을 하였다. 하급심에서는 직접적인 고용관계의 성립 및 불이익처분의 부당노동행위는 인정하지 않았으나 부분적인 사용자성을 들어 지배개입의 부당노동행위는 인정하였다(서울행정법원 2006.5.18. 선고, 2005구합11951 판결, 서울고등법원 2007.4.11. 선고, 2006누13499 판결).

36) 대법원 2010.3.25. 선고, 2007두8881 판결.

37) 김유성, 앞의 책, 320쪽; 김형배, 앞의 책, 759쪽.

으로 인정할 것인가 하는 문제를 둘러싸고 약간의 견해 차이가 존재한다. 특히 노무도급이나 근로자파견과 같은 간접고용과 관련하여 '실질적 지휘감독관계의 존재' 또는 '업무지시권'이나 집단적 노무공급계약에 있어서 그 계약이 가지는 근로조건으로서의 '기준'적 성격 등을 '영향력' 또는 '지배력'의 징표로 보기도 한다.

그런데 이러한 지배력설도 역시 문제가 없는 것은 아니다. 그것은 간접고용의 근로관계가 가진 특수성을 제대로 반영하지 못하고 있다고 보기 때문이다. 말하자면 위장해산, 모자회사 등 사용자 개념의 외부적 획정문제가 제기된 다른 유형의 근로관계의 경우에는 '근로관계상의 제 이익에 대한 실질적인 영향력 내지 지배력'이 근로계약 자체 내에서 생겨난 것이라기보다는 제3자와 근로계약상의 사용자 간에 형성된 소유 또는 경영상의 동일성이나 사실상의 지배관계 등 특수한 관련성에서 연유한 것이다. 따라서 이들의 경우에서 나타나는 사실관계는 유일한 '독점적인' 사용자라는 일원론적인 근로관계이다. 반면에 근로자파견과 같은 간접고용의 경우에는 근로자와 제3자 간(여기서는 사용사업주)의 사용종속관계가 파견근로계약의 본질적인 구성요소로 되어 있다. 이와 같이 간접고용의 사용사업주는 근로계약관계의 본질 자체로부터 고용사업주와 나란히 사용자성이 인정되는 것이다.

4. 노동조합법상 사용자 개념의 재구성

집단적 노사관계에서 사용자란 용어는 매우 폭넓게 사용되고 있다. 예를 들면 근로계약의 당사자로서의 사용자는 물론이고 단체협약 및 단체교섭의 당사자와 같은 집단적 권리의무의 주체로서 사용자, 부당노동행위의 금지의무자로서의 사용자, 노동위원회의 구제명령의 이행의무자로서의 사용자, 근로자파견에서의 파견사업주 및 사용사업주 등. 이는 사용자란 용어가 집단적 노사관계에서 통일적인 하나의 의미로 규정될 수 없다는 것을 의미한다. 실제로 노동조합법 제2조 제2호의 정의도 그렇게 되어 있다. 이 조항에서는 사용자의 범주를 세 부류, 즉 사업주, 사업의 경영담당자와 그 사업의 근로자에 관한 사항에 대하여 사업주를 위하여 행동하는 자로 들고 있다. 여기서 말하는 사업주란 사업의 경영주체를 뜻하고 만약 개인 기업이라면 자연인인 기업주 개인이 되고, 법인기업이라면 법인을 말한다. 또한 사업의 경영담당자란 법인의 이사, 임원, 지배인 등을 말하고 사업주를 위하여 행동하는 자란 노동조합법의 각 조항에서 정한 근로자에 관한 사항에 대하여 지휘감독이나 결정권한 등의 실질적인 권한을 가진 책임자를 말한다. 이와 같이 노동조합법상의 사용자 정의규정은 반드시 근로계약의 당사자만을 의미하는 것은 아니다.[38] 이러한 개념규정은 노동조합법이 규율하는 사항에 관하여 현실적인 행위자 또는 실질적인 권한과 책임을 가진 자를 사용자로 파악함으로써 법의 실효성을 구체적으로 확보하고자 하는 취지일 것이다. 결국 집단적 노사관계에서도 개별적 노사관계에서와 마찬가지로 사용자 개념은 근로계약의 당사자, 집단적인 권리의무의 주체, 노동조합법 위반의 책임주체 등을 모두 포함하는 보다 넓은 개념이라는 것을 알 수 있다.

한편 집단적 노사관계에서 사용자의 상대방은 개별 근로자뿐만이 아니라 노동조합을 포함한다. 기업별조직의 노동조합과 기업별 단체교섭에서 사용자는 근로계약을 매개로 하여 집단적 노사관계의 당사자로서 나타나지만 초기업적 노조조직과의 단체교섭 및 단체행동에 있어서는 근로계약관계를 매개로 하지 않는 노동조합의 상대방으로서 나타난다. 특정한 사용자를 전제로 하지 않는 초기업적 노동조합의 조직이나 단체교섭 또는 단체협약의 체결도 얼마든지 가능하다. 바꾸어 말하면 근로계약상의 당사자가 아닌 사용자도 얼마든지 있을 수 있다는 것이다. 그럼에도 불구하고 부당노동행위를 규제하고 있는 여타 국가들과는 달리 유독 한국과 일본에서 부당노동행위의 주체로서 사용자 개념의 외부적 획정이란 문제가 논란이 되고 있는 까닭은 무엇일까. 아마도 이는 노동조합의 조직 및 단체교섭과 단결활동이 주로 기업별 중심으

38) 임종률, 앞의 책, 29쪽.

로 이루어져 온 관행 탓이 아닌가 한다. 하지만 앞서 보았듯이 우리 노동조합법은 일본과는 달리 단체교섭의무를 고용사업주에만 지우고 있지도 않을뿐더러 집단적 노사관계의 형성은 근로계약을 매개하고 하고 있지도 않다. 이러한 점에서도 노동조합법상의 사용자를 명시적이거나 묵시적인 근로계약관계를 맺고 있는 자인 근로계약의 당사자라고 보는 개념정의는 적어도 집단적 노사관계 전반에 적용할 수 없는 매우 협소한 개념이라는 점은 명확하다.

그리고 노동조합법상의 사용자 개념에 대한 종래의 논의가 주로 노동단체권의 행사 중 단체교섭거부에 대한 부당노동행위의 주체 문제에 한정되어 있다는 점도 역시 한계로 작용한다. 이는 단결권 및 단체행동권의 행사에 대한 침해의 주체를 논할 때 지배력설의 한계로 드러나는 부분이다. 그 까닭은 사용자 개념의 판단기준을 노동단체권의 행사를 통해서 얻고자 하는 목적, 즉 근로자의 제 이익에 초점을 맞추고 있기 때문이다. 이는 의식하든 의식하지 않든지 간에 단결권, 단체교섭권, 단체행동권의 각 노동단체권이 가진 독자적인 가치를 고려하지 못하고 단체협약의 체결을 통하여 얻을 수 있는 근로자의 제 이익만이 중요하다고 보기 때문이다. 이리하여 단결권, 단체교섭권, 단체행동권은 모두 단지 수단적인 권리로 전락하고 만다. 하지만 부당노동행위제도의 핵심은 각각의 노동단체권의 행사 그 자체에 대한 침해를 규제하고 구체적인 권리실현을 도모하는 것이지 노동단체권의 행사를 통하여 궁극적으로 얻고자 하는 이익을 직접적인 목적으로 하는 것은 아니다. 실제 노동단체권이 완전히 보장된다고 해서 자동적으로 그러한 이익이 실현되는 것도 아니다. 바로 이 점을 간과해서는 안 된다. 이는 노동조합법상 사용자의 정의규정이나 단결권, 단체교섭권, 단체행동권의 각각의 침해유형을 부당노동행위의 종류로서 열거하고 있는 법문의 구조를 보아도 알 수 있다. 결론적으로 말하자면 집단적 노사관계에서의 사용자 개념은 노동조합법 제2조 제2호의 정의규정을 바탕으로 적용 법조항의 취지에 맞추어 개별적으로 판단되어야 한다.

간접고용에서도 마찬가지로 노동조합법상의 사용자는 개별적인 법규 적용의 사안에 따라 달라질 수 있지만 여기서는 사용사업주가 고용사업주와는 별도로 사용자로서 인정될 수 있느냐가 핵심적인 문제이다. 그런데 사용사업주가 노동조합법상 사용자에 해당하는지 여부를 판단함에 있어서는 근로관계의 구체적 실태에 따라 관련 노사관계의 법적 실체를 명확히 밝히는 것이 우선적인 과제가 된다. 왜냐하면 간접고용의 현실적인 모습은 근로계약상의 사용자가 전혀 실체가 없는 명목상의 존재에 지나지 않는 사례에서부터 원칙적으로 고용사업주만 사용자성이 인정되는 진정한 도급에 이르기까지 다양한 스펙트럼이 존재하고 있기 때문이다. 이 점에 대하여는 제3부 간접고용에서 다시 살펴보기로 한다.

Ⅳ. 간접고용과 부당노동행위제도

1. 사용사업주의 단결권 침해행위와 부당노동행위

단결권은 개인 근로자가 단체를 형성하거나 그에 가입하여 활동할 수 있는 권리와 근로자단체가 자주적으로 활동할 수 있는 권리를 말한다.[39] 간접고용 근로자도 당연히 이러한 권리를 누릴 수 있다. 하지만 간접고용 근로자의 단결권은 직접고용 근로자와 달리 여러 가지 제약을 받게 되는데 그들이 처한 현실적인 조건은 제쳐두더라도 기존의 법령과 법이론이 그러한 제약의 메커니즘이 되고 있다는 점에 문제의 심각성이 있다. 단결권 행사가 방해받거나 침해되는 결과가 실제 발생하고 그러한 행위가 부당노동행위로 충분히 인정될 수 있는 데도 지나치게 관념적인 법적 추론으로 오히려 이를 정당화함으로써 부당노동행위를 조장하는 역기능을 보이고 있는 것이다.

노동위원회에서 다투어진 사건들 가운데 대표적인 사례는 사용사업주가 노동조합의 조직이나 가입을 이유로 파견 · 용역계약을 해지하거나 조합탈퇴

39) 김유성, 앞의 책, 320쪽.

를 강요하는 것이다.[40] 근로자파견법에서는 정당한 조합활동을 이유로 한 근로자파견계약의 해지를 금지하고 있지만(제22조) 별로 소용이 없다. 왜냐하면 이러한 유형의 단결권 침해행위는 사용사업주와 파견사업주의 공조 속에서 행해지거나 사용사업주가 자신에게 사실상 종속된 고용사업주를 강압하는 간접적인 방식으로 이루어지기 때문이다. 그러면 이러한 행위는 노동조합법 제81조 제1호(불이익취급) 및 제4호(지배개입)의 부당노동행위에 해당하는가. 본래 합법적인 파견이나 도급계약 해지의 법적 효력은 계약당사자인 사용사업주와 고용사업주 간에만 생기고 근로자와 고용사업주 간의 근로계약에 직접 효력을 미치는 것은 아니다. 하지만 실제로 파견 · 용역계약의 대부분이 불법적인 형태로 행해지고 근로관계 또한 모집형이나 등록형의 임시적인 근로계약의 형태를 취하고 있기 때문에 사용사업주의 계약해지 위협 및 해지권의 행사는 곧바로 해고와 노동조합의 와해로 이어지게 된다. 즉, 반조합적 의사에 기한 파견 및 용역계약의 해지로 인하여 파견업체나 용역업체가 폐업하고 파견근로자는 일자리를 잃게 되는 것이다. 따라서 파견 · 용역계약의 해지는 결과적으로 개별 근로자에게 단결권행사를 이유로 한 불이익취급이 되고 그 근로자가 속한 노동조합에 대하여는 지배개입이 될 수 있다. 그런데 이러한 행위 자체는 객관적으로 부당노동행위가 분명하지만 사용사업주에게 노동조합법상의 책임을 묻기 위해서는 사용사업주가 노동조합법 제81조 본문에서 말하는 부당노동행위의 주체인 사용자라는 것이 전제되어야 하는 것이다.

이 점에 대하여 일부 하급심의 입장은 부당노동행위의 주체인 사용자를 "근로계약에 의하여 근로자를 채용하는 계약상의 당사자, 즉 근로조건에 대한 결정권이 있고 단체교섭 및 단체협약의 권리 · 의무의 주체"라고 정의하여 사용사업주는 부당노동행위가 될 수 없다고 판단하였다.[41] 하지만 이러한 견

40) 이하 윤애림의 앞의 글(2000) 및 "파견 · 용역근로자 노동권쟁취와 간접고용 철폐를 위한 공동대책위원회", 「2001년 비정규근로자 투쟁실태보고서」(2001) 참조.

41) 앞의 광주지방법원 목포지원 2001.6.22. 선고, 2000가합732 판결.

해는 두 가지 점에서 오류를 범하고 있다. 하나는 단결권 및 단체행동권의 침해주체와 단체교섭거부의 침해주체를 혼동하고 있다는 점이고, 다른 하나는 당해 근로관계의 법적 성격을 충분히 검토하지 않았다는 것이다. 전자에 관해서 말하자면 단체교섭거부의 침해주체는 단체교섭의 대상사항이 무엇이냐에 따라 정해질 수밖에 없겠지만 단결권의 침해주체는 여기에 한정될 필요가 없다는 점을 간과하고 있다고 할 수 있다. 후자에 관해서는 간접고용과 같이 복잡 다양한 형태로 이루어진 근로관계에 있어서는 법으로 보호할 가치가 있는 적법한 관계인지 아니면 단지 합법의 외양만 갖춘 불법적인 관계인지를 가려 그 실태에 조응하는 구체적 타당성 있는 판단을 해야 한다는 것이다. 근로관계의 실태에 따라 사용사업주가 독립적인 법적 주체로서의 실체가 없는 위장 근로계약인 경우이거나 일정한 실체를 갖추었지만 위법한 근로자공급에 해당하는 경우에는 사용사업주가 근로계약의 당사자인 동시에 노동조합법상의 당사자로서 당연히 부당노동행위책임을 져야 한다. 합법적인 파견의 경우에는 사용사업주는 근로계약의 당사자는 아니지만 파견근로관계의 당사자로서 사용자가 된다. 또한 진정도급의 경우에도 도급인은 수급인과 근로자간의 근로관계와 독립된 단순한 제3자가 아니라 도급계약을 매개로 하여 그 근로관계에 실질적인 영향력을 미칠 수 있는 지위에 있기 때문에 단결권침해의 주체가 될 수 있을 것이다.

2. 사용사업주의 단체교섭거부와 부당노동행위

간접고용 근로자도 정규직 근로자와 마찬가지로 그 대표자를 통하여 근로조건 기타 노사관계상의 룰에 관하여 사용자 또는 사용자단체와 집단적으로 교섭할 수 있다. 사용자는 정당한 이유 없이 이를 거부하거나 해태해서는 안된다. 단체교섭거부와 관련된 주된 법적 쟁점도 역시 사용사업주에게 단체교섭의무가 있는지 여부이다. 간접고용 근로자들이 단체교섭을 원하는 상대방은 실질적으로 인사 및 근로조건에 영향력을 행사하는 사용사업주이다. 하지만 형식상 근로계약의 직접적인 당사자가 고용사업주이기 때문에 사용사업주는 노동조합법상의 교섭의무가 없다고 주장하면서 단체교섭에 응하지 않는 경우가 대부분이다. 이 경우 사용사업주가 단체교섭에 응할 의무를 지는지, 나아가서는 부당노동행위책임을 지울 수 있는지가 문제가 된다. 여기서도 단결권행사에 따른 불이익취급이나 지배개입의 경우와 마찬가지로 사용사업주가 노동조합법상의 사용자 개념에 포함되는지 여부가 선결과제가 된다.

앞서 보았던 것처럼 현대중공업 사내하청 부당노동행위 사건의 판결이 있기 전까지의 노동위원회의 결정이나 법원의 판결은 대부분 사용사업주를 부당노동행위의 주체로 보지 않았다. 학설의 경우에는 노무제공을 받은 사용사업주는 근로계약의 당사자가 아니라고 하더라도 파견근로자의 노무공급을 중심으로 취업에 관한 근로조건에 관하여 지배력과 영향력을 행사하고 있으며 그러한 한도에서 제2의 사용자라고 보는 견해[42]와 간접고용 근로자들의 열악한 근로조건의 원인이 다중 착취구조와 고용불안정성으로 인해 열악한 근로조건을 감수할 수밖에 없는 조건에 있다는 이유로 통상의 근로자의 해고, 전적의 문제까지도 근로조건에 속하는 것으로 의무적 교섭사항이 된다면 간접고용근로자들의 계약해지, 용역업체변경 시의 고용의 문제도 교섭사항이 된다고 보는 견해가 있다.[43] 전자의 견해가 사용사업주의 사용자성을 제한적으로 인정하고 있는 반면 후자의 견해는 고용사업주와 거의 동일하게 폭넓게 인정하고 있다.

그런데 단체교섭거부의 경우에는 특별히 유의해야 할 점이 있다고 본다. 즉, 같은 노동단체권의 행사라도 사용자에게 부과되는 의무의 성질이 다르다는 점이다. 단결권과 단체행동권의 보장을 위해서 사용자에게 요구되는 주된

42) 김형배는 "노동조합은 고용사업주에 대해서는 임금 기타 대우에 관하여 단체교섭을 요구하고 단체협약을 체결할 수 있으나 사용사업주에 대해서는 실제로 노무를 제공함으로써 발생되는 작업조건, 즉 근무시간의 배정 · 휴식, 작업환경 등 취업과 관련되는 제반조건에 관하여 단체교섭을 요구할 수 있다"고 본다(김형배, 앞의 책, 532쪽).

43) 윤애림, 앞의 세미나 발표자료(2002), 28쪽.

의무는 부작위의무이므로 금지된 행위가 무엇인지를 비교적 쉽게 알 수 있어 사용자 개념을 넓게 이해해도 무리가 적다. 하지만 단체교섭거부의 경우에는 성실교섭의무라고 하는 적극적인 작위의무를 요하기 때문에 누가 그러한 의무를 부담하는지 책임주체가 보다 명확해야 된다. 이는 처벌주의를 병행하고 있는 우리의 법제에서 단체교섭거부에 대하여는 형사처벌이 따르기 때문에 죄형법정주의 원리의 요청상 그러하다. 이와 같이 단체교섭권의 특성을 고려할 때 입법론적으로는 부당노동행위책임을 부담하는 단체교섭의무의 주체를 별도로 명시할 필요가 있다고 본다.[44)]

현행법의 해석에 있어서는 노동조합법 제81조 본문의 부당노동행위의 주체인 사용자와 부당노동행위의 한 유형인 단체교섭의무위반의 책임자인 사용자는 반드시 동일한 개념이라고는 할 수 없다. 단체교섭의무의 주체로서 사용자성 여부는 일률적으로 정할 것이 아니라 관련된 사항의 구체적인 사정에 따라 실질적으로 판단해야 된다. 이 때 단체교섭의무의 주체는 단체협약의 대상사항과 분리해서 별도로 논해서는 안 된다고 본다. 그 이유는 관련된 단체교섭의 대상사항에 관하여 실질적인 권한과 책임을 가진 자가 단체교섭의무를 부담하는 것이 마땅하기 때문이다. 그리고 그러한 자는 법률상 권한과 책임을 가진 사항뿐만 아니라 사실상 실질적인 권한이나 책임을 가지고 있는 사항에 대하여도 단체교섭의무가 있다고 보아야 한다. 따라서 이를 구분해 본다면 사용사업주가 법률상 명시적인 권한과 책임을 가지고 있는 사항과 사실상 처분권한을 가진 사항으로 나눌 수 있을 것이다. 우선 전자와 관련

44) 예를 들어 산별교섭이 기본인 프랑스의 경우에는 사용자는 원칙적으로 단체교섭의무를 부담하지 않지만 특정한 사항에 대하여는 단체교섭의무를 부과하고 있고 특히 기업별교섭의 경우에는 법률에 의하여 매년 임금 · 근로시간에 관하여 교섭할 의무를 지우고 이 경우에만 별도로 형사책임을 부담시키고 있다. 즉, 사용자가 최종 교섭이후 12개월이 지났음에도 교섭을 개최하지 않는 경우 각 대표적 노조는 교섭을 요구할 수 있다. 이러한 교섭요구가 있으면 사용자는 8일 내에 다른 대표적 노조들에게 그 사실을 통지하고, 교섭요구일로부터 15일내에 교섭을 개최하여야 한다(노동법전 L.2242-1조). 이러한 교섭개시의무의 위반은 형사처벌의 대상이 된다(노동법전 L.2243-1조. 징역 1년에 3,750유로의 벌금).

해서는 근로자파견법에서 명시적으로 사용사업주의 책임으로 정하고 있는 사항이 될 것이다.[45] 후자로서는 사용사업주의 사업장 내에서의 조합활동에 관한 사항, 위법한 근로자공급에 있어서 '직접고용', '정규직화' 요구, 노조가입이나 조직, 조합활동 등 노동단체권 행사를 이유로 한 용역·파견계약의 해지나 반조합적 계약의 체결 등 위법행위의 시정요구 등을 들 수 있다. 그런데 사용사업주에게 처분권한이 있는 사항 가운데 '직접고용', '정규직화' 요구나 용역·파견계약의 해지에 따른 해고 등의 단체교섭요구에 대한 거절의 정당성여부를 판단할 때는 근로관계의 실태에 대한 검토가 역시 전제되어야 한다. 중요한 점은 사용사업주에게 영향력이나 지배력이 있다고 해서 바로 단체교섭의 당사자가 될 수 있는 것이 아니라 그 영향력이나 지배력의 근원이 된 법률관계의 실질이다. 즉, 근로계약관계의 당사자인 고용사업주가 근로자의 채용, 해고 등 인사에 관하여 실질적인 권한이나 책임이 없는 형식적인 근로계약의 당사자에 불과한 경우(위장 근로계약관계)나 고용사업주가 근로계약관계의 당사자로서의 객관적인 실체를 가지고 있더라도 사용사업주에게 직접고용의무가 있는 경우(불법파견)에는 당연히 근로계약의 당사자로서 단체교섭의무를 부담한다. 하지만 진정도급의 경우에는 단체교섭의무가 당연히 발생하는 것이 아니라 사용사업주의 반조합적 의사에 의한 위법한 행위로 근로자에게 해고라는 중대한 불이익이 초래하였고 그러한 결과의 시정과 원상회복에 사용사업주가 실질적인 권한이나 책임이 있는 경우에는 단체교섭의무를 부담해야 한다고 보는 것이 적절할 것이다.

---

45) 근로자파견법은 사용사업주에게 근로기준법, 산업안전보건법상의 일정한 책임을 지우고 있다. 근로시간에 관한 제반 규정(1일 8시간, 1주 44시간제 원칙, 탄력적 근로시간제, 선택적 근로시간제, 연장근로의 제한 등), 휴게, 주휴일, 월차유급휴가, 생리휴가, 출산보호휴가 등에 관하여는 사용사업주만이 사용자가 되며, 균등처우조항, 공민권해사의 보장 등의 적용과 관련해서는 사용사업주와 파견사업주가 공동으로 사용자로서의 책임을 지게 된다.

3. 간접고용과 부당노동행위 구제절차

비정규직 근로자도 정규직과 마찬가지로 노동단체권의 침해를 받은 경우 노동조합법상의 부당노동행위 구제절차를 통하여 구제받을 수 있다. 부당노동행위 구제절차에서 간접고용에 특유한 법적 쟁점은 구제신청의 피신청인 적격과 구제명령의 내용이다.

부당노동행위 구제신청의 피신청인은 부당노동행위의 주체인 노동조합법상의 사용자이다. 따라서 형식적인 근로계약관계가 존재하지 않더라도 피신청인이 될 수 있다. 그런데 피신청인의 범위에 관한 일반론으로서 학설의 경우에는 현실의 행위자와 법률상 권리의무의 귀속주체인 법적 당사자를 구별하여 피신청인은 사업주로서의 사용자에 한정된다고 보는 견해[46]와 지점장 · 영업소장 · 공장장 등도 당해 사업장의 소관사항을 처리할 권한이 있는 경우에는 피신청인이 될 수 있다는 견해[47]로 나누어져 있다. 물론 부당노동행위의 피신청인은 노동위원회의 구제명령의 이행의무자이기 때문에 부당노동행위의 금지의무자와 반드시 동일인일 필요는 없다고 본다. 왜냐하면 부당노동행위 구제절차의 목적은 신청인이 받은 불이익을 실질적으로 구제하려는 것이기 때문이다. 하지만 그렇다고 하여 반드시 사업주로 한정해야 한다는 견해도 옳지 않다고 본다. 다수설인 이 견해의 논거는 현실의 행위자와 법률상 권리의무의 귀속주체인 법적 당사자를 구별해야 한다는 것이지만 이는 앞서 보았듯이 사용자 개념을 별도로 법률로 규정하고 있지 않은 일본 학설의 영향을 받은 듯하다. 그러나 우리의 경우에는 이러한 논의가 불필요하고 노동조합법도 사용자를 사업주에 한정하고 있지 않으며 경영담당자나 이익대표자도 포함하고 있다. 그리고 구제명령은 법적 권리의무의 존부를 판단하기 위해서가 아니라 원상회복을 목적으로 하기 때문에 노동위원회는 진정한

46) 김형배, 앞의 책, 795쪽; 임종률, 앞의 책, 255쪽; 박홍규, 노동단체법(삼영사, 2002), 479쪽.
47) 김유성, 앞의 책, 365쪽.

원상회복을 위하여 가장 유효적절한 내용의 구제명령을 내릴 수 있다. 따라서 구제명령의 피신청인은 노동조합법 제2조 제2항의 범위 내에서 근로3권에 대한 침해를 배제하고 부당노동행위가 없었던 상태로 회복하는 데 필요한 조치에 대하여 사실상이든 법률상이든 실질적인 권한과 책임이 있는 자이면 되는 것이다.

간접고용에 있어서는 고용사업주와 사용사업주 중 누구를 피신청인으로 할 수 있느냐 하는 것이 관건이다. 이 경우에도 마찬가지로 원상회복을 위한 구제명령의 구체적인 내용에 따라 법률행위와 사실행위로 나누어 판단하는 것이 바람직하지 않나 생각한다. 따라서 원칙적으로 해고나 반조합계약의 체결과 같이 법률행위에 기초한 부당노동행위를 대상으로 하는 구제명령(원직복귀 명령, 소급임금지급 명령 또는 반조합계약서의 파기 명령)의 경우에는 그 법률행위의 당사자인 파견사업주가 피신청인이 될 것이다. 반면에 사실행위인 부당노동행위를 대상으로 하는 구제명령(공고문게시 명령, 단체교섭 명령, 부작위 명령 등)의 경우에는 파견사업주나 사용사업주 가운데 실질적인 권한과 책임을 가진 자가 피신청인이 될 것이다.

그런데 간접고용의 경우에는 근로관계의 구체적인 실태에 따라서 피신청인이나 구제명령의 내용이 달라질 수도 있다는 점에 유의하지 않으면 안 된다. 예컨대 불법파견이나 위장 근로계약의 경우에는 파견사업주가 아니라 사용사업주가 직접적인 근로계약관계의 당사자의 자격으로 피신청인이 되고 구제명령의 내용도 직접고용 및 원직복귀, 임금소급지급, 단체교섭명령 등을 포함하게 될 것이다. 그리고 합법적인 파견이나 진정도급의 경우에는 만약 파견·도급계약 해지가 반조합적 의사에 기한 부당노동행위로 인정되면 사용사업주(또는 도급인)에게는 파견·도급계약 해지의 취소 및 파견·도급 대가의 지급을, 파견사업주(또는 수급인)에게는 원직복귀와 임금소급지급을 포함하는 구제명령이 적절한 구제수단이 될 수 있을 것이다.

Ⅴ. 단체행동권 및 조합활동

단체행동권은 헌법상의 권리이므로 간접고용 근로자도 근로조건 등에 관한 자신의 주장을 관철하기 위하여 집단적으로 실력행사를 할 수 있다. 따라서 단체행동권에 관한 일반적인 법리가 그대로 통용되겠지만 간접고용이라는 고용형태의 특수성 때문에 직접고용과는 다른 여러 가지 법 적용상의 문제가 발생한다. 여기서는 다음 몇 가지 점에 대하여만 살펴보기로 한다. 첫째, 쟁의행위를 이유로 한 용역계약의 해지와 용역업체의 폐업으로 실업한 근로자들이 집단적으로 사용사업주에게 '부당해고 철회 및 직접고용'을 요구하는 집회나 시위의 성격을 무엇으로 볼 것인가. 둘째, 사용사업주도 이러한 단체행동의 상대방이 될 수 있는가. 셋째, 고용사업주를 대상으로 한 쟁의행위 시 사용사업주에 대한 근로제공의 거절이 정당한 쟁의행위인가. 넷째, 이 경우 쟁의행위로 인한 사용사업주의 손해에 대한 배상책임은 어떻게 되는가. 마지막으로 단체행동권의 행사는 아니지만 이와 유사한 성격을 지닌 간접고용 근로자의 사용사업체 내에서의 조합활동에 대하여 살펴보기로 한다.

1. 용역업체 근로자의 집단행동의 법적 성격

통상적인 법적 추론에 따른다면 사용사업체의 도급계약의 해지는 사용사업체와 도급업체 간의 법적관계를 종료시키는 법률행위이고 용역근로자와는 아무런 관련이 없다. 따라서 용역업체의 폐업으로 근로계약이 종료되어도 이를 항의하는 근로자들의 집단적 의사표시는 쟁의행위로 볼 수 없고 집회와 시위의 자유권의 행사에 지나지 않는다. 하지만 이러한 추론은 그야말로 진정한 도급의 경우에 타당할 수 있는 논리이다. 만약 당사자의 근로관계의 실질이 진정한 의미의 도급이 아니고 위장 근로계약관계이거나 위법한 근로자공급 또는 합법적인 파견인 경우에는 사정이 달라진다. 위장 근로계약관계나 위법한 근로자공급의 경우에는 사용사업주를 근로계약의 당사자로 볼 수 있으므로 비록 도급계약해지라는 형식에 의하여 실업이란 결과가 발생하였지만 그 실체는 해고이다. 따라서 '부당해고 철회 및 직접고용'을 요구하는 용역근로자의 집단행동은 단체행동권의 행사로 볼 수 있고 업무저해성 유무에 따라 노동조합법상의 쟁의행위 여부가 결정된다. 한편 합법적인 파견의 경우에는 근로자파견법 제22조에서 "사용사업주는…… 파견근로자의 정당한 노동조합의 활동 등을 이유로 근로자파견계약을 해지하여서는 아니 된다"고 규정하고 있으므로 파견계약의 해지 자체가 강행법규 위반이 되고 이러한 위법한 행위가 직접적인 원인이 되어 해고된 경우에는 이에 대한 항의표시로서의 집단행동도 단체행동권의 행사로 보아야 할 것이다. 그리고 진정한 도급과 같이 용역근로자의 집단행동이 단체행동권의 행사로 인정받지 못하는 경우에는 일반적인 집회와 시위의 자유권의 행사 문제로 다루어지게 될 것이다.

2. 단체행동권 행사의 상대방으로서 사용사업주

단체행동권의 행사는 근로계약관계의 당사자인 고용사업주에게만 할 수 있고 사용사업주를 상대방으로 해서는 안 되는가. 하급심 법원은 일련의 간접고용 근로자의 단체행동권 행사에 대하여 사용자가 신청한 업무방해금지가처분 사건이나 시위금지가처분 사건에서 사용사업주가 '노사계약상의 사용자'로서 책임이 없다는 이유로 단체행동을 금지시키는 결정을 내린 바 있다.[48] 그러나 단체행동의 상대방은 반드시 근로계약의 상대방임을 전제로 하는 것은 아니다. 그리고 간접고용 근로자의 단체행동권은 근로자공급관계라는 법률관계의 본질과 관련이 있다. 왜냐하면 간접고용에서는 고용사업주가 별도로 존재하긴 하지만 근로자의 단체행동의 이유나 요구의 근원이 대부분

48) 수원지방법원 20022.1.29자 2001카합3550 결정; 서울지방법원 2002.8.27자 2002카합2168 결정; 서울지방법원 2002.8.27자 2002카합1831 결정. 이 판결들의 내용과 문제점에 대한 비판으로서는 권두섭, "파견 · 용역노동자의 노동3권", 질라라비 제2호(전국불안정노동철폐연대, 2002), 108쪽 이하 참조.

사용사업체와 관련이 있기 때문이다.[49] 단체행동의 상대방을 근로계약의 당사자인 상대방으로만 이해하는 것은 기업별 노조에 익숙한 잘못된 정신적 관성 탓이다. 단체행동권은 근로자의 집단적인 권리로서 근로계약의 내용인 구체적인 근로조건뿐만 아니라 사회적 · 경제적 지위와 관련된 '경제적 정치파업' 도 목적이 될 수 있다.[50] 단체행동의 상대방은 근로계약의 당사자가 아니라 단체행동의 요구사항에 대하여 사실상 또는 법률상 권한을 가진 자이면 되는 것이다. 문제는 단체행동권의 상대방이 누구인가가 아니라 단체행동의 수단과 방법이 상대방의 권리 및 이익과 충돌하는 경우 권리조화의 측면에서 이익형량이다. 단체행동의 상대방이 근로계약의 당사자인 사용자이거나 지휘명령권을 가진 사용사업주인 경우에는 파업에 대하여 당연히 수인의무가 발생한다. 기타 파업에 수반한 피케팅이나 직장점거 등의 단체행동은 직접고용의 경우와 동일한 차원에서 그 정당성여부를 판단하면 된다. 하지만 그 근로관계와 관련이 없는 제3자인 경우에는 단체행동의 수단과 방법이 제3자의 권리 · 이익과 조화를 이루어야 할 것이다. 따라서 단순한 제3자가 아니라 근로관계의 한 당사자인 사용사업주는 실질적으로 권한과 책임을 가진 범위 내에서 고용사업주와 마찬가지로 수인의무가 있다고 보아야 할 것이다.

3. 사용사업주에 대한 파업의 정당성

간접고용 근로자는 고용사업주를 상대로 한 쟁의행위에 있어서 사용사업주의 사업시설 내에서 또는 파업의 형태로 행할 수 있는가. 간접고용 근로자의 경우에는 사용사업주에게 노무를 제공하지 않는 것이 본질상 쟁의행위이며 이것은 현재 노사관계에 있는 사용자에 대한 파업이므로 사용사업주 · 파견사업주 어느 면에 대해서도 정당한 쟁의행위이다.[51] 또한 파견근로자가 노

---

49) Bruno Siau, *Le Travail Temporaire en Droit Comparé Européen et International* (L.G.D.J, 1995), 430쪽.

50) 김유성, 앞의 책, 231쪽.

동조합의 결정에 의하여 근로조건의 향상 등 요구를 관철하기 위해 사용사업장에서 파업 등의 쟁의행위를 한 경우에도 노동조합의 정당한 쟁의행위는 헌법상의 기본권의 하나로서 보장되는 동시에 민 · 형사상으로도 면책되기 때문에 파견사업주만이 아니라 사용사업주에 대하여도 민 · 형사상 책임이 면제되는 것으로 보아야 한다.[52] 따라서 단체행동권 행사에 있어서 직접고용 근로자와 간접고용 근로자를 차별해야 할 이유가 전혀 없으므로 직접고용 근로자의 쟁의행위의 정당성에 관한 판단기준이 그대로 간접고용 근로자에게도 적용된다.

4. 쟁의행위로 인한 손해의 부담

쟁의행위로 인한 민사책임과 관련하여 간접고용에 특유한 문제는 파견근로자가 파견사업주를 상대로 한 쟁의행위 시에 사용사업주가 입은 손해에 대하여는 파견사업주가 배상책임을 지는가 하는 점이다. 이를 긍정하는 입장에서는 쟁의행위는 기본적으로 기업의 내부에서 발생한 현상이며 그것으로 인한 손해를 제3자가 감수하도록 하는 것은 적절치 않다고 보고 사용사업주도 제3자이므로 파견사업주에게 배상책임이 있다고 주장한다.[53] 반대로 쟁의행위로 인한 제3자에 대한 손해배상책임을 부정하는 입장에 서서 근로자파견의 경우에는 사용사업주가 순수한 제3자가 아니고 파견근로자의 지휘명령자이며 근로기준법과 산업안전보건법에서 사용자로 간주된다는 점 등을 들어 파견사업주의 배상책임이 없다고 주장한다.[54]

그런데 '쟁의행위로 인한 제3자의 손해'에 대하여 사용자책임을 긍정하거나 부정하는 종래의 견해는 일원론적인 근로관계를 바탕으로 둔 것이다. 따

51) 최홍엽, 앞의 글, 240쪽.
52) 윤애림, 앞의 발표자료, 34쪽.
53) 최홍엽, 앞의 글, 240-243쪽.
54) 安西愈, 労働者派遣法の法律實務(總合勞働硏究所, 1997), 508쪽.

라서 파견사업주와 사용사업주 그리고 노동조합 간의 3당사자적 근로관계가 형성된 근로자파견의 집단적 노사관계에서는 사용사업주나 파견사업주를 순수한 제3자로 볼 수 없는 것이다. 이는 쟁의행위에 의하여 간접적인 손해를 입게 되는 통상의 제3자와는 달리 집단적인 노무제공의 거절이 간접고용 근로자의 쟁의행위의 본질적인 내용을 이루고 있기 때문에 그러하다. 또한 간접고용 근로자의 사용은 사용사업주의 경영방침에 따른 선택의 결과로서 쟁의행위의 주된 원인인 근로조건과도 직접적인 관련이 있기 때문에 자신이 직접 고용한 근로자의 쟁의행위와 마찬가지로 그 책임을 스스로 부담해야 한다고 보아야 한다. 그러나 반면에 사용사업주 소속 노동조합의 쟁의행위로 인한 노무제공불능의 경우에는 이와는 달리 보아야 할 것이다. 왜냐하면 이 경우에는 '쟁의행위로 인한 제3자의 손해배상' 문제라기보다는 '쟁의불참자의 임금지급' 의 성격을 띠고 있기 때문이다. 일반적으로 쟁의행위가 개시되었음에도 불구하고 쟁의행위에 참가하지 않고 취로한 근로자는 임금 전액에 대한 청구권을 갖게 된다.[55] 그런데 간접고용에서 임금지급의무는 고용사업주에게 있다. 따라서 사용사업주는 쟁의에 불참한 자신의 근로자에 대한 임금지급의무와 동일한 차원에서 파견사업주에게 쟁의로 인한 손해를 배상해야 한다. 만약 그렇게 보지 않는다면 사용사업주는 직접고용 대신 파견근로자를 사용함으로써 부당한 이득을 얻게 되는 그릇된 결과를 낳게 될 것이다.

5. 조합활동

조합활동이란 노동조합이 조합원의 단결력을 유지·강화하기 위하기 행하는 일상적인 제반활동을 말한다.[56] 노동조합법은 '노동조합의 근로조건 유지·개선을 위한 단체교섭 기타의 행위' 에 대하여는 민·형사책임 면제조항을 두고 있고(제3조, 제4조), '노동조합의 업무를 위한 정당한 행위' 를 이유

55) 김유성, 앞의 책, 307쪽.
56) 김유성, 위의 책, 97쪽.

로 한 사용자의 불이익 취급을 부당노동행위로 규정함으로써 조합활동을 적극적으로 보호하고 있다(제81조 제1호). 그런데 간접고용의 경우에는 근로자가 노무를 제공하는 상대방이 사용사업주이고 노동생활의 대부분이 사용사업체에서 이루어지기 때문에 노동조합의 통상적인 사무나 조합활동을 사용사업체에서 행하는 경우가 많다. 그런데 이러한 조합활동이 기업시설 내에서 또는 취업시간 중에 행해진 경우에는 사용자의 권리 · 이익과 자주 충돌하게 되고 당사자 간의 권리조정의 문제가 발생한다. 실제 사례에서 문제가 되는 것은 직접 근로계약관계가 있는 종업원으로 구성된 정규직 노동조합과 간접고용 근로자로 구성원 노동조합 간의 차별이다. 사용사업주가 자기와 근로계약을 맺고 있지 않는 '외주 근로자' 란 이유로 또는 조합활동을 이유로 한 일방적인 파견 · 용역계약의 해지와 함께 회사시설 내에서 총회나 조합집회 등 조합활동을 금지하거나 출입조차 못하게 하는 경우도 있다.[57] 같은 이유로 심지어는 사용사업주의 업무방해금지가처분신청이나 집회금지가처분신청이 법원에 의하여 받아들여진 경우도 있다. 그러나 간접고용 근로자들의 노동생활 자체가 사용사업체 내에서 이루어지고 있는 만큼 조합활동에 있어서도 사용사업체의 종업원과 파견 · 용역 근로자를 법적으로 달리 평가해야 할 이유는 없다. 따라서 이러한 경우에는 오히려 부당노동행위로 인정해야 할 것이다.

한편 정당한 조합활동을 이유로 사용사업주가 근로자파견계약을 해지하는 것은 근로자파견법 위반이 된다(제22조). 이 때 파견계약의 해지로 근로자가 해고되었다면 앞서 보았듯이 근로관계의 실질이 위장 근로계약이거나 위법한 근로자공급의 경우에는 사용사업주의 해고로 볼 수 있고 해고된 조합원은 노동조합법 제2조 제4조 라목 단서의 '해고된 자' 가 된다. 또한 합법적인 파견이거나 도급인 경우에도 파견 · 용역계약의 해지 자체가 강행법규 위반으로 무효가 되어 이에 터 잡은 해고 역시 효력이 없고 앞의 경우와 동일하게 판단하면 된다. 결국 해고의 효력을 다투는 근로자는 조합원으로서의 지위,

57) 윤애림, 앞의 세미나 발표자료(2002), 20쪽.

즉 사업장 출입 · 조합임원출마 · 단체교섭 또는 쟁의행위에의 참가 등을 행할 권리가 보장된다고 보아야 한다.

VI. 결론

비정규직 근로자는 집단적인 권리의 행사에서도 정규직에 비하여 차별을 받고 있다. 이 차별의 뿌리는 고용불안정에 있지만 현실에 맞지 않는 낡은 판례법리, 재판관의 논리 빈곤, 외국 판례나 학설의 맹목적 수용, 노동행정의 무능, 입법의 결함 등으로 오히려 그 차별이 정당화 · 합리화 되곤 한다. 비정규직 가운데 직접고용 비정규직 근로자의 노동단체권은 정규직과의 갈등, 복수노조금지 조항 등이 노동단체권 행사의 발목을 잡아왔고 간접고용 근로자의 경우에는 이에 더하여 근로관계의 이중성이 걸림돌로 작용하였다. 간접고용에서 근로관계의 이중성은 근로자를 실제 사용하여 이윤을 챙기는 사용사업주가 그에 따르는 노동법이나 사회보장법상의 책임은 고용사업주에게 떠넘기는 법 이데올로기적 장치이다. 간접고용 근로자의 노동단체권을 제대로 보장하기 위해서는 사용사업주가 노동조합법상의 사용자로 인정되어야 한다. 실정법상으로도 명시적으로 이를 부정하는 어떤 규정도 존재하지 않는다. 오히려 노동조합법은 사용자 개념에 대하여 근로계약을 전제로 하지 않는 포괄적인 정의규정을 두고 있을 뿐이다. 그럼에도 기존의 판례법리는 '의사' 물신주의와 일원론적인 근로관계론에 갇혀 현실감을 상실하고 노동조합법상의 사용자 개념의 범주를 극도로 왜소화시켰다. 또한 일본의 판례와 학설의 법리를 충분한 검토 없이 수용함으로써 집단적 노사관계에서의 사용자 개념을 단체교섭거부의 주체인 사용자와 동일시하는 오류를 범하였다. 이제는 그러한 일본에서조차 소수의견에 지나지 않는 협소한 개념 틀에서 벗어나야 한다.

사용자란 용어는 노동조합법에서 다양한 의미로 사용되고 있고 이를 포괄하는 것은 노동조합법 제2조 제2호의 사용자 정의규정이다. 이 정의규정은 사용자 개념을 노동조합법이 규율하는 사항에 관하여 현실적인 행위자 또는 실질적인 권한과 책임을 가진 자로 넓게 보고 있다. 그러므로 일의적이고 통일적인 사용자 개념의 정립보다는 관련된 집단적 노사관계의 구체적인 정황에 따라 개별적으로 파악함으로써 정의규정이 가진 사용자 개념의 함의를 풍부히 하는 것이 더 바람직할 것으로 생각한다. 특히 비정규직 근로자의 노동단체권 행사의 중요한 보호막인 부당노동행위제도에서 그 책임주체로서 사용자 개념을 파악할 때는 이 제도의 취지를 가장 잘 살릴 수 있는 개념구성이 필요하다. 헌법상의 다른 기본권과는 달리 노동기본권이 국가뿐만 아니라 사인인 사용자와의 관계에서도 직접적인 법적 효력을 갖는 이유는 사용자가 단결활동의 잠재적인 침해자이기 때문이다. 이러한 단결활동의 침해자에 대한 종속의 극복이 집단적 노사관계법의 규범적 근거가 된 것이다. 따라서 부당노동행위제도의 취지가 사용자의 단결권 침해행위로부터 근로자를 보호하기 위한 것이라면 단결권의 침해가능성이 높은 집단적 노사관계의 당사자(근로계약의 당사자가 아니다)는 당연히 이 사용자 개념에 포섭될 수 있을 것이다. 간접고용에서는 사용사업주가 바로 그러한 자에 해당한다.

간접고용의 집단적 노사관계에서 일원론적인 근로관계론의 논리적 한계를 극복하고 간접고용의 3당사자적 특성을 잘 포착한 견해가 대향관계설이다. 대향관계설은 집단적 노사관계법의 이념을 잘 살리면서 노동조합법상의 사용자 개념에 대한 보편적인 판단기준을 제시하였다고 평가할 수 있다. 반면에 대향관계설은 그 기준이 상당히 추상적이고 외연 또한 무한히 확대될 가능성이 있기 때문에 구체적인 법 적용에 있어서는 보다 세밀한 논리구성이 필요하다고 본다. 특히 우리나라의 부당노동행위제도가 처벌주의를 병행하고 있다는 특성을 고려할 때 형사책임의 주체를 판단하는 기준으로서 대향관계설은 위험부담이 클 수밖에 없다. 이 장에서 노동조합법상의 사용자 개념을 관련 적용법조에 따라 개별화해야 한다고 주장한 것도 이러한 맥락과 깊은 관련이 있다. 마지막으로 현재 우리사회에서 문제가 되고 있는 대부분의 간접고용에서는 간접고용에 관한 전체 법질서의 구조에 대한 충분한 인식과 관련 근로관계의 실질을 구체적으로 규명함으로써도 얼마든지 사용사업주의 사용자성을 논리적으로 입증할 수 있다는 점을 강조해 두고자 한다.

제3장 비정규직 고용과 차별

Ⅰ. 차별금지 및 동등대우의 원칙

비정규직 근로자는 정규직에 비하여 고용 및 근로조건에 있어서 현저하게 차별을 받고 있다. 비정규직 근로자의 불평등과 차별대우의 저변에는 노동권에 관한 우리 사회의 전반적인 인권의식의 결여라는 보다 근원적인 요인이 있다. 시민적 · 정치적 권리에 비해 상대적으로 경제적 · 사회적 권리로서 노동권은 인권으로서 제대로 자리를 잡지 못하고 있는 것이다.

1948년 제정된 세계인권선언은 제1조에서 "모든 사람은 자유롭게 태어났고 존엄과 권리에서 동등하다"고 선언하고 있다. 이 원리로부터 국제연합은 평등과 차별금지의 원칙을 국제인권법의 기본적인 요소로 발전시켜왔다. 세계인권선언은 평등의 보장을 다음과 같이 보다 명확하게 규정하고 있다.

> 모든 사람은 법 앞에 동등하며 아무런 차별 없이 동등한 법의 보호를 받을 자격을 가진다. 모든 사람은 이 선언에 위반되는 차별대우를 받지 않도록 동등한 보호를 받으며 이러한 차별대우에 선동되지 않도록 동등한 보호를 받을 자격을 가진다(제7조).

또한 세계인권선언은 노동권에 관한 여러 조항을 두고 있는데, 특히 제23조 제2항에서 차별 없는 동일노동 동일임금의 원칙을 규정하고 있다. 국제연합은 세계인권선언에서 명시한 보편적인 인권을 구체적으로 실현하기 위하여 1966년 두 개의 국제인권규약(경제적 · 사회적 · 문화적 권리에 관한 국제인권규약과 시민적 · 정치적 권리에 관한 국제인권규약)을 채택하였다. 우리나라도 1990년에 이들을 모두 비준하였고 1991년에는 국제연합 헌장을 비준하고 회원국이 되었다. 세계인권선언과 함께 이 문서들은 평등법의 발전에 중요한 역할을 해왔다. 국제인권규약은 평등과 차별금지 원칙의 보편성을 확인하고 이를 보다 구체화하여 보장하고 있다.

> 모든 사람은 법 앞에 동등하고 어떠한 차별도 없이 동등한 법의 보호를 받을 권리를 가진다. 이를 위하여 법은 모든 차별을 금지하고, 인종 · 피부색 · 성 · 언어 · 종교 · 정치적 기타 의견 · 민족적 또는 사회적 출신 · 재산 · 출생 또는 기타의 신분 등의 어떠한 이유에 의한 차별에 대해서도 동등하고 효과적인 보호를 모든 사람에게 보장한다(시민권 규약 제7조).

> 이 규약의 당사국은 …… 모든 근로자에게 최소한 공정한 임금과 어떠한 종류의 차별도 없는 동등한 가치의 노동에 대한 동등한 보수, 특히 여성에게 대하여는 동등한 노동에 대한 동등한 보수와 함께 남성이 향유하는 것보다 열등하지 아니한 근로조건의 보장을 제공하는 보수가…… 확보되는 공정하고 유리한 근로조건을 모든 사람이 향유할 권리를 가지는 것을 인정한다(사회권 규약 제7조).

국제노동기구(ILO)도 헌장 전문에서 '동일한 가치를 가진 노동에 대한 동일보수 원칙의 인정'을 규정하고 일찍부터 노동에 있어서 남녀의 성차별 금지와 동등대우의 원칙을 ILO의 주요 목표로서 설정하였다. 고용형태에 따른 근로조건의 차별을 비롯한 노동권의 사각지대에 대한 ILO의 관심은 1990년대부터 집중적으로 제기되었다. 1994년에는 단시간근로자의 급격한 증가와 이들에 대한 차별적 취급이 세계적으로 문제가 됨에 따라 1994년에 단시간근로에 관한 협약(Part-Time Work Convention, No. 175)이, 1996년에는 노동권의 사각지대에 있던 가내근로자의 보호를 목적으로 한 가내근로에 관한 협약(Home Work Convention, No. 177)이 채택되었다. 1997년에는 그동안 금지하여 왔던 유료 직업소개사업에 대하여 노동시장에서 민간고용기관의 역할을 인정하는 동시에 그 남용으로부터 근로자를 보호할 필요성에서 민간직업소개소 협약(Private Employment Agencies convention, No. 181)을 채택하였다.

ILO는 기본적인 노동권과 인권의 상호관련성 및 보편성에 대한 여러 의심들에 대응하여 1998년 6월 ILO총회에서 '노동에 있어서 기본적인 원칙과 권리에 관한 선언(Declaration on Fundamental Principles and Rights at Work)을 채택하였다. 보수에 있어서 남녀노동의 동등대우와 고용 및 직업에 있어서 차별의 금지를 주요 골자로 하는 2개 협약을 비롯하여 모두 8개 협약을 모든 회원국이 존중하고 촉진하고 실현해야 할 기본협약으로 선언하였다. 현재 한국은 8개 기본협약 가운데 차별과 아동노동의 폐지에 관한 4개 협약, 즉 '동등보수 협약' (제100호), '고용 및 직업상의 차별에 관한 협약' (제111호), '최저연령 협약' (제138호), '가혹한 형태의 아동노동 철폐 협약' (제182호)을 비준하였고 노동3권의 보장과 직접 관련된 '결사의 자유 및 단결권 보호 협약' (제87호), '단결권 및 단체교섭 협약' (제98호), '강제노동 협약' (제29호)과 '강제노동 철폐 협약' (제105호)의 4개를 비준하지 않았다.

비정규직 근로자의 보호와 관련하여 많은 국가가 취하고 있는 기본 원칙은 차별금지와 동등대우의 원칙이다. 차별, 동등, 동등대우를 개념적으로 구분하여 보호대상에 따라 보호의 정도를 달리하는 국가도 있지만 차별 사유가 고용형태에 따른 것인 경우에는 대부분 동등대우의 원칙에 입각하고 있다. 동등대우의 원칙에서 관건이 되는 것은 누구와 비교할 것인지 여부(비교대상자)와 불리한 처우의 합리성여부(객관적 정당화 사유)이다.

한국에서도 비정규직 근로자의 차별을 시정하기 위하여 2006년 비정규직 법률의 제 · 개정 시 차별시정제도를 도입하였다. 비정규직 법률은 기간제근로자, 단시간근로자, 파견근로자임을 이유로 동종 또는 유사한 업무에 종사하는 비교대상 근로자에 비하여 차별적 처우를 하지 못하도록 규정하였다(기간제법 제8조 제1항, 제2항, 파견법 제21조 제1항). 이와 함께 노동위원회를 통한 차별시정절차를 별도로 두어 차별시정의 효과를 기대하였으나 실제로는 거의 성과를 거두지 못하고 있는 것이 현실이다. 이 장에서는 비정규직 법률의 원칙, 제도, 구제절차 및 그 문제점들을 ILO의 협약이나 권고 및 다른 나라의 사례들과 비교하여 함께 살펴본다.

Ⅱ. 비교대상자

1. 일반적인 기준

현행 비정규직 법률에서는 다른 대부분의 국가와 마찬가지로 차별여부의 판단기준이 되는 비교대상자를 동종 또는 유사한 업무에 종사하는 정규직근로자로 명시하고 있다. 비교대상자인 정규직근로자는 동종 · 유사 업무에 종사하는 자로서, 기간제근로자는 그 사업 또는 사업장의 기간의 정함이 없는 근로계약을 체결한 자가, 단시간근로자는 그 사업 또는 사업장의 통상근로자가, 파견근로자의 경우에는 사용사업주의 사업 내의 근로자이다.

〈기간제근로에 관한 입법사례: 단시간근로 및 파견근로에 관한 규정도 거의 같은 내용이다〉

· 기간의 정함이 없는 근로계약을 체결한 근로자에게 적용되는 법령상의 규정과 단체협약상의 규정 및 관행상의 규정은 기간의 정함이 있는 근로계약을 체결한 근로자에게도 적용된다. 기간제근로자가 받는 보수는 동일한 사업에서 동등한 직업적 가격을 가지고 동종의 업무에 종사하는 기간의 정함이 없는 근로자가 시용기간을 마친 후에 받게 될 보수의 총액보다 적어서는 아니 된다(프랑스).

· 기간제근로자는 상이한 취급을 정당화하는 객관적인 사유가 존재하지 않는 한 기간제근로라는 이유 때문에 비교 가능한 기간의 정함이 없는 근로자에

비해 불리하게 취급되어서는 아니 된다(독일).
· 기간제근로자는 비교될 수 있는 상용근로자 보다 그 계약의 조건과 관련하여 또는 기타 사용자의 작위나 의도적인 부작위에 의한 어떤 불이익을 받는 방식으로 불리하게 취급을 당하지 않을 권리가 있다(영국).

그런데 비교대상자의 선정에서 핵심적인 기준이 되는 업무의 동종성 내지 유사성을 판단하는 구체적인 기준에 대하여는 현행법에서 별도로 규정하지 않고 해석에 맡겨두고 있다. 현재 비정규직 법률을 시행한지 얼마 되지 않아 참고할 만한 법원의 판례가 거의 없다. 다만, 한국철도공사가 정규직에게만 성과급을 지급하고 기간제근로자에게는 이를 지급하지 않은 사건에서 법원은 다음과 같이 판결하였다.

반드시 어떤 정규직 근로자와 기간제근로자가 수행하는 업무가 서로 완전히 일치하지는 않더라도, 만약 그 핵심요소(주된 업무의 내용, 작업조건 등)에 있어서 양 근로자 사이에 본질적인 차이가 없다면, 정규직 근로자는 해당 업무와 직접 관련된 자격을 소지하는 반면 비정규직 근로자는 그러한 자격을 소지하지 아니하는 경우와 같이 양 근로자 사이에 업무의 현저한 질적 차이를 인정할 만한 다른 특별한 사정이 없는 한, 설령 채용절차나 부수적인 업무의 내용 등에 있어서 양 근로자 사이에 차이가 있다 하더라도 이들은 동종 또는 유사한 업무에 종사한다고 해석하여야 한다.[1)]

이 판결에서는 비교대상자의 판단기준으로서 '주된 업무의 내용과 작업조건' 을 들고 있고, 업무에 직접 관련된 직업자격의 소지 여부나 통상적으로 정규직과 비정규직을 구분하여 채용하는 절차상의 차이는 업무의 질적 차이를 인정할 만한 특별한 사정이 없는 한 동종 · 유사 업무의 판단에 영향을 미치지 않는다고 보았다.

1) 서울행정법원 2008.10.24. 선고, 2008구합6622판결. 이 사건은 원고인 한국철도공사가 서울고등법원에서 승소하여 현재 대법원에 계류 중이다.

업무의 동종 · 유사성에 관한 판단기준을 가장 일반적으로 규정하고 있는 입법사례로서는 아일랜드를 들 수 있다. 아일랜드는 그 업무에 있어서 ① 각 근로자 집단의 상호 대체가능성, ② 업무 성격의 유사성, ③ 업무 가치의 유사성을 그 기준으로 제시하고 있다.

〈아일랜드의 비교대상자 판단기준〉

· 기간제 근로자집단과 비교대상 근로자집단이 동일하거나 유사한 상황에서 동일한 업무를 수행하고 그 업무에 관한 한 그들이 상호 교대하여도 업무 수행이 가능해야 한다.

· 양측 근로자 집단이 수행한 업무가 성격적으로 동일하거나 유사하며 수행한 업무와 업무조건의 차이가 불규칙하게 나타나거나 그리 중요하지 않은 정도여야 한다.

· 비교대상 근로자집단에 비해서 단시간/기간제근로자가 수행한 업무의 가치가 더 크거나 동일해야 한다. 그 가치를 결정할 때는 숙련도, 육체적 및 정신적 자격요건, 책임, 작업 조건 등을 고려한다.

다른 입법사례를 보면 프랑스는 동등한 직업자격과 동종의 업무를 비교기준으로 삼는다. 자격증 · 학위 · 직업적 관행에 의하여 승인되는 직업관련 지식과 기술, 경험에 의하여 취득하는 직업적 능력, 해당 근로자가 부담하고 있는 업무상 책임 및 신체적 · 정신적 부담을 전체적으로 보아, 근로자들에게 이것들을 상응하는 정도로 요구하는 노동은 동일가치 노동으로 간주된다. 프랑스에서는 많은 경우, 단체협약에서 직업자격과 직무를 분류하고 있으며(직무 분류에 대해서는 5년 마다 산업별 교섭이 의무화되어 있다), 각각의 직업자격과 직무에 대해서 임금지수를 정해 놓고 있다. 따라서 단체협약에서 정한 직업자격과 직무가 동일함에도 불구하고 보수 수준이 다르다면 일단 차별에 해당한다.

2. 비교대상자의 범위 확대 및 가상적 비교대상자 개념의 도입 필요성

「남녀고용평등과 일 · 가정 양립 지원에 관한 법률」이나 비정규직 법률에 따르면 차별금지의 법적 요건으로서 같은 사업장 또는 사업 내에 비교대상자가 존재할 것을 전제로 하고 있다. 만약 같은 사업 내지 사업장에 동등한 가치의 업무 또는 동종 · 유사 업무에 종사하는 비교대상자가 없을 경우에는 동등대우의 원칙이 적용될 여지가 거의 없어진다. 따라서 비교대상자의 범위를 초기업단위로 확장하여 넓게 해석하거나 그런 방향으로 입법적인 개선이 필요하다. 이는 기본적으로 산별단위의 단체협약이 체결되는 유럽과는 달리 기업별 단체협약이 대종을 이루는 우리의 경우에는 비교대상자가 기업 내로 한정되어 차별을 쉽게 용인하는 결과를 가져올 수 있다는 점에서도 유의해야 할 대목이다.

우선, 업무의 성격이나 가치와 관련이 없는 고용 및 근로조건의 영역에서는 처음부터 동종 · 유사 업무의 판단이 필요 없도록 하고, 이런 경우에는 근로자 개인 간의 비교가 아니라 집단 간의 비교를 전제로 한 가상적 비교대상자 개념을 도입할 필요가 있다. 즉, 수행하고 있는 직무에 대한 객관적인 평가나 가치와 관련 없이 적용되는 채용 및 근로조건으로서 만약 정규직이었다면 누릴 수 있었던 것은 당연히 비정규직에게도 동등하게 보장해야 한다. 특히 기간제근로자가 정규직 근로자의 일시 부재를 대체하기 위하여 고용된 경우에는 기간제근로자가 정규직 근로자와 동일한 업무를 담당하는 조건으로 대체 사용되는 것이므로 처음부터 그 정규직 근로자가 비교대상자가 되고 별도로 동종 · 유사업무의 종사자를 지정할 필요가 없다고 보아야 한다.

다음으로 같은 사업 또는 사업장 내에 동종 · 유사 업무종사자가 없을 경우에는 기업을 초월하여 비교대상자를 선정하거나 객관적인 직무평가를 통하여 동일가치 노동 동일대우의 원칙을 적용해야 한다. 전자와 관련하여 유용한 모델은 ILO의 단시간근로 협약(제175호)이다. 이 협약 제1조는 같은 사업장에 비교가능한 풀타임 근로자가 없는 경우에는 같은 기업, 같은 기업에도 비교가능한 풀타임 근로자가 없는 경우에는 그 단시간근로자와 같은 분야의 사업에 고용된 풀타임 근로자가 비교대상자가 된다고 규정하고 있다. 후자의 경우에는 남녀 동일가치 동일보수의 원칙에 관한 ILO 균등보수 협약(제100호)이 유용한 지침이 될 수 있다. 이 협약은 비준국에게 직무평가의 객관성을 촉진하기 위한 조치를 취하도록 의무화하고 있다. 협약 및 권고의 적용에 관한 전문가위원회는 동일가치 노동이 직무평가시스템을 통하여 보다 만족스럽게 입증될 수 있도록 몇 가지 기준을 제시하고 있다. 서로 다른 성격의 업무에 대하여 노동의 가치를 비교하는 공통적인 요소인 업무의 고유한 요건(inherent job requirement)을 판단함에 있어서 전문가위원회가 제시하고 있는 기준은 다음과 같다.[2)]

· 기술(또는 자격증이나 실무로서 증명된 지식 및 경험에 의하여 습득된 능력)
· 노력(육체적 · 정신적 노력, 업무수행에 관한 육체적 · 정신적 긴장도)
· 업무수행에 필요한 책임 또는 결정권(각각의 업무에 고유한 의무의 성격, 범위, 복잡성과 사용자가 그 업무를 수행하는 근로자에 대한 의존도 및 그 근로자가 다른 근로자의 작업 및 자원에 대하여 사용자에게 지는 책임을 고려한다)
· 업무를 수행하는 여건(소음, 열, 냉기, 격리, 육체적 위험, 건강위험 기타 근무환경이 만들어낸 조건을 포함한다)

〈입법사례〉

기간제근로자와 정규직 간의 처우의 비교가 이루어지는 공간적 범위는 통상 하나의 사업 또는 사업장이다. 하나의 사업에 복수의 사업장이 있는 때에는 각각의 사업장 내에서만 동일노동 동일임금 원칙이 지켜지는 것으로 충분하지 않고 사업 전체 차원에서 지켜져야 한다(프랑스). 그런데 사용자가 기간제근로자만을 고용하고 있어서 비교될 수 있는 상용근로자가 없는 경우에는 적용 가

2) ILO, *General Survey on Convention No.100 and Recommendation No.90*(1986), paragraph 60.

능한 단체협약을 기초로 비교대상자를 결정하고, 만약 적용가능한 단체협약이 없는 경우에는 동일한 산업 또는 고용부문에 고용되어 있는 근로자가 비교대상 근로자집단이 된다(독일, 아일랜드). 이보다 나아가서 동종 또는 유사한 업무에 실제로 종사하는 정규직 근로자가 없을 경우 그러한 정규직 근로자가 종사하고 있는 상황을 가정하여 비교대상으로 삼는 경우도 있다(프랑스). 이 경우 임금 차별 여부를 판단함에 있어서는 만약 기간제근로자와 동격의 정규직 근로자가 기간제근로자와 동종의 업무에 종사한다면 '받게 될' 임금을 기준으로 한다.

Ⅲ. 차별적 처우의 범위

현행 비정규직 법률은 금지되는 차별적 처우의 범위를 '임금 기타 근로조건' 으로 포괄적으로 규정하고 있고 그 구체적인 내용은 해석에 맡겨져 있다(기간제법 제2조 제3호, 파견법 제2조 제7호). 차별적 처우의 판단대상이 되는 임금 기타 근로조건은 사용자가 임의로 지급하는 복리후생적 성격의 급여를 포함하여 사업장 내에서 정규직근로자가 누릴 수 있는 모든 대우나 편의조치를 포함하는 것으로 넓게 해석 · 적용해야 한다. 따라서 임금, 근로시간, 휴게, 휴일, 연차휴가 등 전형적인 근로조건뿐만 아니라 직업안전 및 건강조치, 기업 내 복지급여, 배치전환, 개인에게 적합한 직업훈련, 채용, 개인적인 특성 · 경험 · 능력 · 성실도 등을 고려한 승진기회, 정년의 보장 등이 모두 포함된다.[3)]

비교법적으로 보면 영국은 임금 및 연금을 포함하여 계약상의 조건뿐만 아니라 계약과 직접 관련 없는 조건까지 확대하고 있다. 사용자로부터 받을 수 있는 다양한 급여의 지급조건이 되는 근속기간의 산정방법, 훈련을 받을 기회, 같은 사업장에서 상용직으로 채용될 기회 등이 모두 포함된다. 프랑스는

3) ILO의 고용 및 직업상의 차별에 관한 권고(제111호) 제2조 b 참조.

사용자가 근로자를 고용하고 있는 대가로 그 근로자에 대해서 지급하는 일체의 임금 또는 급여로서 기본급이든 부가급이든 묻지 않으며 직접적으로 지급되는 것이든 간접적으로 지급되는 것이든 묻지 않는다. 또한 그것이 현금으로 지급되는 것이든 현물로 지급되는 것이든 묻지 않는다. 그 밖에 통근차량의 이용, 작업복의 지급, 직원식당(구내와 구외를 막론)의 이용이나 식권의 지급, 샤워실이나 탈의실의 이용, 보육원이나 유치원 이용 등 복리후생적 급여도 차별금지의 대상에 포함된다고 해석하고 있다. 특히 기간제 고용의 특성상 배제되기 쉬운 연차휴가 사용에 대하여는 특별한 보호규정을 두고 있다.

〈입법사례〉

프랑스는 연차휴가 사용에 대한 기간제근로자의 특례를 규정하고 있다. ① 기간제근로자가 사업에 적용되는 휴가 규정에 의해서는 연차유급휴가를 실제로 사용할 수 없는 경우에는, 그 근로계약의 기간에 상관없이, 근로계약의 기간 동안 실제로 근로한 기간에 따라 발생하는 연차유급휴가에 대한 미사용보상금을 청구할 수 있다. ② 위 보상금의 총액은 해당 근로자의 보수총액의 10분의 1에 미달되어서는 아니 되며, 보상금은 근로관계가 기간을 정하지 않은 근로계약에 의하여 계속 이어지는 경우를 제외하고는 근로계약의 종료 시에 지급되어야 한다(노동법전 L. 1242-16조).

보수의 비교가 이루어지는 시간적 범위와 관련하여 보다 상세한 규정을 두고 있는 경우도 있다. 프랑스는 비교대상자인 정규직 근로자가 시용기간을 마친 시점을 기준으로 하고 있다.[4] 만약 비교대상자인 정규직의 시용기간이 6개월이라면, 기간의 정함이 없는 근로자가 6개월의 시용기간을 마치고 받

---

4) 시용기간은 새로 채용된 근로자의 직무 적격을 평가하기 위한 기간으로서, 기간을 정하지 않은 근로계약에 대해서는 근로자의 직업자격에 따라 2개월에서 4개월까지 시용기간의 제한을 두고 단체협약이 있는 경우 1회에 한하여 갱신할 수 있도록 하고 있다. 기간제 근로계약에서도 시용기간을 둘 수는 있지만 1개월 초과하지 못하도록 법으로 정하고 있다(노동법 L.1221-19조, L.1221-21조, L.1242-10조).

게 될 보수 총액과 기간제근로자가 최초로 받은 보수 총액을 비교하여 후자가 전자보다 더 적어서는 안 된다. 정규직 근로자의 일시적인 부재를 대체하기 위하여 기간제근로자를 사용할 경우에는 그 직업자격이 다른 경우를 제외하고 그 정규직 근로자의 임금이 비교 기준이 된다. 만약 대체된 정규직 근로자의 임금에 근속연수에 따른 보상이 포함되어 있는 경우에는 근속연수가 짧은 기간제근로자의 임금이 낮을 수 있다. 그러나 이 경우에도 단지 그러한 점만으로 차별의 의심에서 완전히 벗어나는 것이 아니라 해당 기업에서 동종의 업무에 종사하면서 근속년수가 기간제근로자에 상응하는 정도로 짧은 무기계약 근로자의 임금 수준과도 비교해 보아야 한다.[5]

Ⅳ. 차별의 정당화 사유

1. 의의

비정규직 법률은 합리적인 이유 없이 불리하게 처우하는 것만을 차별적 처우로 규정하고 있다(기간제법 제2조 제3호, 파견법 제2조 제7호). 따라서 합리적인 이유가 있는 상이한 처우는 차별에 해당하지 않는다. 이와 같이 차별을 정당화하는 합리적인 이유를 차별의 객관적인 정당화사유라고 한다. 현행법상 객관적인 정당화사유에 대하여는 아무런 규정이 없기 때문에 해석에 의존할 수밖에 없다.

그런데 단체협약에 의하여 정규직과 비정규직 간에 상이한 처우를 규정한 경우 정당화 사유가 되는지 문제가 될 수 있다. 특히 파견근로자가 별도로 차별의 의심이 있는 근로조건 등을 단체협약으로 체결하고 있는 경우이다. EU의 파견노동에 관한 지침이나 독일의 파견법과 같이 이를 허용하고 있는 입

5) 박제성, “프랑스의 차별시정 사례 연구”, 「외국의 차별시정 사례연구」(중앙노동위원회 학술연구용역사업, 2007), 64쪽.

법사례도 없는 것은 아니다. 물론 파견근로자가 스스로 단체협약에 의하여 차별적 처우를 정하는 것은 이를 허용하는 법령상의 근거가 존재하는 경우에는 그 법령이 위헌이 아닌 한 무효라고 단정하기에는 어려운 점이 있다. 하지만 그러한 입법적 조치에 대하여는 ILO의 전문가위원회가 단체교섭에 있어서 당사자의 자유와 독립성의 존중이 동등보수 협약(제100호)에 따른 당국의 평등촉진조치를 방해해서는 안 된다는 점을 밝히고 있다는 점에 유의해야 한다.[6] 한편 이와는 달리 정규직 근로자가 단체협약을 체결하면서 객관적인 정당한 이유 없이 비정규직 근로자만을 배제하거나 상이한 처우를 정하는 것은 효력이 없다. 단체협약은 강행법규에 위배될 수 없기 때문이다.

2. 차별의 정당화 근거

고용 및 근로조건의 격차를 정당화 하는 객관적 사유는 그 차이가 비정규직이라는 고용관계상 지위에 기초한 것이 아니어야 하고 합법적인 것이야 하며 사용자의 목적을 달성하기 위하여 필수적이고 적절한 것이어야 한다. 객관적인 정당화 사유에 해당하는지 여부에 대한 구체적인 판단기준은 ILO의 고용 및 직업상의 차별에 관한 협약(제111호)이 유용한 지침이 될 수 있다.

이 협약은 고유한 요건에 의한 특별한 업무에 관한 차별, 배제 또는 우대는 차별대우로 보아서는 아니 된다고 규정하고 있다(제1항 제2호). 이는 차별금지의 예외사유에 해당하기 위해서는 그 사유가 어느 직무 또는 직업의 필요성에 구체적이고 객관적으로 상응해야 한다는 것을 의미한다. 수행하는 업무 그 자체가 특정한 책임을 수행하는 것인 경우에만 차별은 정당화될 수 있다. 이러한 예외는 엄격하게 해석해야 하고, ① 특별한 업무(particular job)와 ② 고유한 요건(inherent requirement)라는 두 가지 측면에서 면밀히 검토해야 한다.

6) ILO, *General Report of the Committee of Experts on the Application of Conventions and Recommendations*(1984), 200쪽.

특별한 업무란 개념은 특수하고 한정할 수 있는 업무, 역할, 작업 등을 말한다. 그리고 고유한 요건은 특정한 업무의 성격과 고유한 필요성의 정도에 의하여 요구되는 것을 말한다. 일정한 자격요건은 기회 및 대우의 균등 원칙에 저촉되지 않고 고유한 필요성이 있는 것으로 될 수 있지만 같은 자격이라도 반드시 사업의 모든 분야에 필요한 것은 아닐 수도 있다. 또한 차별적 처우의 특정한 사유는 업무의 성격에 따라 고유한 요건으로 볼 수 있는 경우도 있지만 '공공분야'와 같이 일정한 직업이나 활동분야의 업무 전체를 대상으로 적용할 수 있는 것은 아니다.

다음과 같은 사유에 따른 상이한 처우는 업무에 고유한 요건으로 보기 어렵고 위법한 차별에 해당한다.

〈ILO의 사례〉

· 개인의 업적이나 능력이 아니라 그가 속한 범주나 집단의 형태에 따라 구분하여 부여된 작업에 대한 개인들의 능력의 평가
· 진정한 경우를 제외하고 근로자나 고객의 기호에 기초한 요건
· 동일한 작업을 수행하는 다른 합리적인 방법이 있는 데도 특정한 방식으로 수행할 것을 요구하는 것

3. 비례원칙

비정규직 근로자가 비교할 수 있는 정규직 근로자보다 불리한 대우를 받았는지를 판단함에 있어서는 그것이 부적절하지 않은 이상 비례원칙(pro rata principle)이 적용되어야 한다.[7] 비정규직 근로자와 정규직 간의 대우의 격차가 비례원칙에 따른 것이라면 객관적으로 정당한 것으로 간주된다. 비례원칙의 기준이 되는 것은 단시간근로의 경우에는 일반적으로 근로시간이 되고

7) 영국의 통상산업부 기간제 가이드에 따르면 불이익 취급이 진정한 사업상 목적과 같은 적법한 목적을 달성하기 위한 것이고 그러한 취급이 이 목적을 달성하기 위해 필요하고 적절한 방식이라면 객관적으로 정당화된다고 한다.

기간제근로의 경우에는 근속기간이 된다. 근속기간에 따라 급여액이 달라지는 것은 일반적으로 정당한 사유가 될 수 있지만, 여기서 주의해야 할 대목은 비례원칙에 입각한다고 하여 모든 고용 및 근로조건의 차이가 당연히 정당화되는 것은 아니라는 점이다. 즉, 차별이 문제된 고용 및 근로조건의 내용이 그 성격상 비례적 지급 내지 적용에 부합하는 것이어야 한다. 따라서 비례원칙은 비례적으로 평가하는 것이 정당하고 가능한 고용 및 근로조건에 한정된다.[8)]

〈사례〉

근로를 하기 위해 이동하는 데 필요한 시간과 비용에 대한 보수로 지급되는 교통수당과 관련하여 단시간근로자에게는 통상의 근로시간에 비례하여 정규직 근로자보다 적게 지급한 사건에서 아일랜드의 노동법원은 교통수당은 노동의 직접적인 대가인 임금의 일부가 될 수 없다는 이유로 근로시간에 비례하여 지급하는 것은 객관적인 정당한 사유가 없다고 보았다.[9)] 또한 프랑스의 파기원은 기업별 협약에 의하여 모든 종업원에게 지급하는 이동수당을 파견근로자에게만 지급하지 않은 것에 대하여 정액으로 지급하는 이동수당은 실비변상적 성격이 아니라 임금의 구성부분에 해당한다고 보고 부당한 차별로 인정하였다.[10)]

4. 단시간근로자의 간접차별

단시간근로는 통상 남성에 비해 여성근로자가 많이 이용하는 고용형태이다. 따라서 여성 단시간근로자의 경우에는 근로시간 비례의 원칙과 함께 성별에 의한 간접차별의 문제가 동시에 생겨날 수 있다. 단시간근로자에 대한

8) 박종희 외, 「비정규직의 차별금지에 관한 선진국 제도운용 연구」(노동부 용역보고서, 2005), 175쪽.

9) Determination No.PTD041 [2004].

10) Cass. soc., 2002-04-10, 00-41667.

균등대우의 원칙이 일반적으로 도입되기 전에는 여성 단시간근로자에 대한 간접차별의 금지 형태로 단시간근로자를 보호하고자 하는 사례들이 있었다. 다음의 사례들은 유럽법원에서 다투어진 간접차별에 관한 사건들이다. 특히 이들 사건에서 쟁점이 된 단시간근로자의 초과근로는 근로자의 일상생활에 미치는 영향이 정규직근로자 보다 훨씬 더 클 수 있기 때문에 초과근로수당을 지급함에 있어서 근로시간비례의 원칙의 적용에 보다 세심한 주의가 필요하다는 점을 잘 보여주고 있다.

〈사례 1〉

독일 노동법은 종업원평의회의 근로자대표로서 업무를 수행하는 데 필요한 훈련을 받고 있던 정규직 근로자와 단시간근로자는 각각의 통상의 근로시간에 한하여 임금을 보전받을 수 있도록 규정하고 있었다. 유럽법원은 이 조항이 단시간근로자 및 여성을 차별하는 것이라고 판결하였다. 그 이유는 정규직근로자와 단시간근로자가 같은 시간의 직업훈련에 참여하고 있는데도 단시간근로자는 자신의 통상적인 근로시간이 적기 때문에 불리한 임금을 보전받게 된다는 것이다. 또한 이러한 보상방식은 훈련의 참여와 더 많은 지식 및 기술을 습득하고자 하는 단시간근로자의 의욕을 떨어뜨리게 된다고 설명하고 있다.[11]

〈사례 2〉

중등학교 교사로 근무하는 단시간근로 여성이 특정 월에 2.5시간의 초과근로를 한데 대하여 시간외근로수당을 청구하였으나 월 3시간을 초과한 경우에 추가수당을 지급한다는 법령의 규정을 근거로 거절되었다. 이에 유럽법원은 시간외근로수당의 지급을 정규직과 단시간근로자의 구별없이 똑같이 3시간 초과를 요건으로 하고 있다는 점에서 외견상 평등하다고 볼 수도 있지만 3시간 초과근로의 요건은 정규직근로자에 비하여 단시간근로자에게 훨씬 부담이 될 수 있다고 보았다. 따라서 월 98시간을 근로하는 정규직근

11) Case C-360/90[1992] ECR I-3589.

로자와 60시간을 근로하는 단시간근로자의 시간외근로수당의 지급요건 자체도 이들 근로시간에 비례하여 정해야 한다고 판결하였다.[12]

Ⅴ. 차별시정절차

1. 노동위원회를 통한 행정적 시정절차

비정규직 근로자의 고용 및 직업상의 차별에 대해서는 일반적인 민사소송절차에 따른 손해배상청구의 길이 열려있다. 하지만 별도로 노동전문법원이 없는 우리나라에서는 소송비용이나 소송에 소요되는 기간 등을 고려할 때 실질적으로 도움이 되지 못한다. 그리하여 비정규직의 차별에 대한 신속하고 경제적인 차별구제절차를 마련하고자 노동위원회를 통한 행정적 구제절차를 도입하였다.

기간제법은 기간제근로자 및 단시간근로자의 차별적 처우의 시정절차 및 시정명령에 관한 사항을 규정하고 있으며 파견근로자에 대해서는 이를 준용하도록 하고 있다.

2. 시정신청

비정규직 근로자는 차별적 처우를 받은 경우 노동위원회에 그 시정을 신청할 수 있다. 시정신청은 차별적 처우가 있은 날(계속되는 차별적 처우는 그 종료일)부터 3개월 이내에 해야 한다. 시정신청을 하는 때에는 차별적 처우의 내용을 구체적으로 명시해야 한다.

그런데 차별시정의 구제절차와 관련하여 일반 법원이 아닌 행정기관에 의

12) Case C-285/02 Elsner-Lakeberg v. Nordrhein-Westfalen[2004] ECR I-000.

한 별도의 절차를 마련하고 있는 일부 국가의 경우에는 권리를 침해당한 근로자뿐만 아니라 근로자의 동의를 요건으로 소속 노동조합도 구제신청을 할 수 있도록 하고 있다(아일랜드). 노동조합에게 차별시정의 신청권을 인정하는 취지는 현실적으로 차별의 피해자들이 사용자의 보복조치, 특히 계약갱신의 거절을 두려워하여 해고의 위험을 무릅쓰기보다는 차별을 감내하려는 태도를 견지함으로서 차별금지의 입법취지를 제대로 살리지 못하게 되는 상황을 방지하기 위한 것이다.

3. 조사 · 심문

노동위원회는 시정신청을 받은 때에는 지체 없이 필요한 조사와 관계당사자에 대한 심문을 해야 하고 관계당사자의 신청 또는 직권으로 증인을 출석하게 하여 필요한 사항을 질문할 수 있다. 심문할 때는 관계당사자에게 증거의 제출과 증인에 대한 반대심문을 할 수 있는 충분한 기회를 주어야 한다. 조사 · 심문의 방법 및 절차 등에 관하여 필요한 사항은 중앙노동위원회가 따로 정한다. 또한 차별시정사무에 관한 전문적인 조사 · 연구업무를 수행하기 위하여 전문위원을 둘 수 있다(기간제법 제10조).

조사심문과정에서 중요한 것은 입증책임이다. 차별적 처우의 입증책임을 누가 부담하는지에 대해서도 입법사례에 따라 약간의 차이가 있다. 사용자가 불리한 대우 및 불리한 대우의 객관적인 정당성을 모두 입증해야 하는 경우(영국)가 있는 반면 원칙적으로 기간제근로자가 차별적 지위를 제시하고 이를 입증해야 하고 다만 예외적으로 근로자가 불리한 대우에 대항하기 위하여 유효한 수단을 전혀 가지지 못한 경우에는 입증책임부담이 전환될 수도 있다고 하는 경우(독일)도 있다. 또 다른 경우에는 2단계로 나누어 먼저 차별적 사실의 존재에 대해서는 차별의 희생자라고 주장하는 근로자가 부담하고, 차별적 처우의 객관적인 정당성에 대하여는 사용자가 부담한다(프랑스). 그런데 차별사실에 대한 대부분의 증거는 사용자가 가지고 있고 근로자는 가지고 있지 않기 때문에 차별의 주장에 있어서는 입증책임은 사용자가 부담하도록 해야 한다. 이러한 취지에서 비정규직 법률도 차별적 처우의 분쟁에 있어서는 사용자가 부담하도록 하고 있다(기간제법 제9조 제4항, 파견법 제21조 제3항).

ILO의 협약 및 권고의 적용에 관한 전문가위원회도 차별을 받은 자가 차별에 대한 대부분의 증거를 가지고 있지 않기 때문에 차별적 사유의 입증책임을 차별을 주장하는 자에게 부담시켜서는 안 되고 차별의 판정절차에서 판정기관이 노사당사자에 대한 조사, 전문기구의 의견수렴, 평등에 관한 전문가의 증언 청취 등 적극적인 역할을 할 것을 주문하고 있다.[13]

4. 조정 · 중재

노동위원회는 심문의 과정에서 관계당사자 쌍방 또는 일방의 신청 또는 직권에 의하여 조정절차를 개시할 수 있고, 관계당사자가 미리 노동위원회의 중재결정에 따르기로 합의하여 중재를 신청한 경우에는 중재를 할 수 있다. 조정 또는 중재의 신청은 차별적 처우의 시정신청을 한 날부터 14일 이내에 해야 하지만 노동위원회의 승낙이 있는 경우에는 14일 후에도 신청할 수 있다. 조정 또는 중재 절차에서 노동위원회는 관계당사자의 의견을 충분히 들어야 하고 특별한 사유가 없는 한 60일 이내에 조정안을 제시하거나 중재결정을 하여야 한다. 관계당사자 쌍방이 조정안을 수락한 경우에는 조정조서를 작성하고 중재결정을 한 경우에는 중재결정서를 작성하며 조정조서에는 관계당사자와 조정에 관여한 위원 전원이, 중재결정서에는 관여한 위원 전원이 서명 · 날인하여야 한다. 이러한 조정 또는 중재결정은 민사소송법의 재판상 화해와 동일한 효력을 갖는다(기간제법 제11조).

---

13) ILO, *General Survey of the Committee of Experts, Equality in Employment and Occupation*(1988), paragraph 225.

5. 시정명령

노동위원회는 조사 · 심문을 종료하고 차별적 처우에 해당된다고 판정한 때에는 사용자에게 시정명령을 발하여야 하고, 차별적 처우에 해당하지 아니한다고 판정한 때에는 그 시정신청을 기각하는 결정을 하여야 한다. 판정 · 시정명령 또는 기각결정은 서면으로 하되 그 이유를 구체적으로 명시하여 관계당사자에게 각각 교부하여야 한다. 만약 시정명령을 발하는 때에는 시정명령의 내용 및 이행기한 등을 구체적으로 기재하여야 한다(기간제법 제12조). 조정 · 중재 또는 시정명령의 내용에는 차별적 행위의 중지, 임금 등 근로조건의 개선 및 적절한 금전보상 등이 포함될 수 있다(제13조).

6. 재심 · 행정소송

지방노동위원회의 시정명령 또는 기각결정에 대하여 불복이 있는 관계당사자는 시정명령서 또는 기각결정서의 송달을 받은 날부터 10일 이내에 중앙노동위원회에 재심을 신청할 수 있다. 나아가 중앙노동위원회의 재심결정에 대하여 불복이 있는 관계당사자는 재심결정서의 송달을 받은 날부터 15일 이내에 행정소송을 제기할 수 있다. 정해진 기간 이내에 재심을 신청하지 아니하거나 행정소송을 제기하지 않으면 시정명령, 기각결정, 재심결정은 확정된다(기간제법 제14조).

7. 보복적 처우의 금지 및 제재

차별금지 원칙의 이행위반에 대한 제재에 있어서는 국가별로 차이가 있다. 독일과 같이 차별적 처우를 정한 근로계약 등의 무효, 손해배상청구권의 인정과 같이 법원에 의한 민사적 제재에 그치는 경우도 있고, 프랑스와 같이 임금의 동등원칙 조항을 위반한 경우에는 직접 형사처벌을 하는 경우도 있다

(초범은 3,750 유로의 벌금, 재범시에는 7,500 유로의 벌금과 6개월의 금고형). 아일랜드의 경우에는 노동법원의 이행명령 불이행에 대하여 처벌한다. 우리나라의 경우에는 차별행위 자체를 처벌하지 않고 노동위원회의 차별시정명령을 이행하지 않았을 경우에만 과태료를 부과하는 행정적 제재에 그치고 있다. 노동부장관은 확정된 시정명령에 대하여 사용자에게 이행상황을 제출할 것을 요구할 수 있고 이에 불응하면 500만원 이하의 과태료에 처할 수 있다. 확정된 시정명령을 정당한 이유 없이 이행하지 않으면 1억원 이하의 과태료에 처할 수 있다(기간제법 제24조제1항 및 제2항, 파견법 제46조 제1항 및 제3항). 이 점에서 남녀의 성별에 따른 차별행위 자체를 직접 처벌하는 남녀고용평등법과는 큰 차이가 있다.

또한 노동위원회에 의한 차별시정절차의 실효성을 확보하기 위하여 차별시정의 절차와 관련된 보복적인 불리한 처우를 금지하고 이를 위반한 사용자에 대해서는 형사처벌의 제재를 할 수 있다. 차별적 처우의 시정신청, 노동위원회에의 참석 및 진술, 재심신청 또는 행정소송의 제기, 시정명령 불이행의 신고를 이유로 근로자를 해고하거나 기타 불리한 처우를 하면 2년 이하의 징역 또는 1천만원 이하의 벌금형을 받게 된다(기간제법 제16조 및 제21조, 파견법 제43조의2).

VI. 차별시정제도의 과제와 전망

현행 비정규직 법률의 차별시정제도는 현실적인 효과라는 측면에서나 법이론적인 측면에서 문제가 많다. 우선 현실적인 효과라는 측면에서 노동분쟁의 법적 구제절차가 안고 있는 기본적인 문제는 지방노동위원회에서부터 대법원에 이르는 법적절차는 분쟁이 종료될 때까지 너무 시간이 많이 걸린다는 점이다. 노동분쟁을 신속하게 해결할 수 있는 간소한 절차가 마련되지 않은 상황에서 차별시정절차는 그만큼 실효성이 떨어질 수밖에 없다. 또한 비정규직 근로자는 거의 대부분이 계약기간이 짧은 기간제근로이기 때문에 근로자가 차별을 이유로 법원에 제소하거나 노동위원회에 시정신청을 한 후에 사용자가 이를 빌미를 재계약을 하지 않았을 때 근로자의 구제책이 없는 상황에서 과연 승소의 가능성도 자신할 수 없는 근로자가 직장상실의 위험을 무릅쓰고 시정절차를 적극적으로 활용할 수 있을지 의문이다. 이런 점에서 차별시정제도가 도입된 이래로 정규직과 비정규직의 임금격차는 오히려 확대되고 있지만 차별관련 쟁송은 극소수에 불과하다는 사실은 시사하는 바가 크다.[14)]

다음으로 법리적인 측면에서 차별시정제도는 남녀고용평등법의 경험을 비추어 볼 때 그 실효성에 근본적으로 의문이 있으며 비록 전혀 도움이 안 되는 것은 아니겠지만 의미 있는 변화를 기대하긴 어려울 것으로 보인다. 그 이유는 첫째, 모든 차별을 금지하는 것이 아니라 불합리적인 차별만 금지하기 때문에 그 판단기준이 불투명하여 불필요한 소송만 야기하고 현실에서는 별로 도움이 되지 못할 것이라는 점이다. 둘째, 정규직 업무와 비정규직업 자체를 구분하는 직무분리나 직군분리를 할 경우에는 그로 인하여 생겨나는 차별을 전혀 제어할 수 없다는 점이다. 차별시정제도는 기본적으로 사후대책적인 성격을 가지고 있기 때문에 비정규직 고용의 경우에는 그 남용을 차단할 수 있는 근원적인 조치가 보다 효율적이며, 이를 강화하는 입법적인 보완이 필요하다. 일반적으로 불평등이 만연한 사회에서는 고용 및 직업상의 평등이 제대로 실현될 수 없으며 사회적 지위의 불평등은 필연적으로 근로조건과 고용기회의 불평등을 야기할 수밖에 없는 것이다. 비정규직의 차별을 시정하기

14) 2008년 6월 현재 노동위원회에 제기된 차별시정신청사건은 총 13건이다. 실제 접수된 사건은 653건이나 동일 사업장의 사건으로 중복된 경우가 많아 정확하게 파악할 수 없는 상황이다. 사업장 기준으로 앞의 13건 중에서 중앙노동위원회 판정을 받았거나 진행 중인 사건은 5건이고, 나머지 8건은 모두 지방노동위원회 판정을 받기 전에 취하되거나 중노위에 진행 중에 취하되었다. 이 가운데 중앙노동위원회를 통해 최종적으로 차별로 인정되어 이를 시정하도록 한 사건은 오직 한 건에 불과하다. 박주영, “비정규직 차별사건의 쟁점과 과제”, 민주법학 제37호 (민주주의법학연구회, 2008), 208-210쪽.

위해서는 적어도 다음과 같은 시각과 조치가 필요하다고 본다.

1. 실질적인 평등과 재분배적 시각의 정립

비정규직 근로자에 대한 차별금지의 목적과 방향은 실질적인 평등을 실현할 수 있도록 설계되어야 한다. 실질적인 평등을 실현하기 위해서는 통상 기회의 평등이라고 말하는 절차나 형식 차원에서의 평등을 넘어서서 결과적인 평등을 구현할 수 있도록 재분배적 관점이 필요하다. 결과지향적인 평등은 간접차별의 개념에서 한걸음 더 나아가서 재분배의 관점에서 접근하는 방식이다. 이는 평등의 의미를 경제활동 전 과정에서 근로자 집단들 간에 차별을 두지 않는 공정한 참여로서 규정하는 것이다. 사업장 내에서의 비정규직 집단의 노동가치 자체가 부당하게 저평가되는 것을 막고 성과의 분배에 있어서 공정한 몫을 보장하며 장래를 향하여 현존하는 차별이 고착화 되지 않도록 해야 한다.

2. 동일가치 노동 동일임금 원칙의 한계

실질적인 평등의 실현이라는 관점에서 본다면 동일가치 노동 동일임금의 원칙은 차별철폐의 법리로서 한계를 가지고 있다. 왜냐하면 남녀고용평등법의 '동일가치 노동 동일임금의 원칙' 이나 기간제법과 근로자파견법의 '동종 · 유사 업무 종사자와의 차별금지 원칙' 은 법해석 및 법집행 과정에서 지나치게 엄격하게 운용될 여지가 많기 때문이다. 또한 동일가치 노동이라는 개념 자체가 매우 추상적이어서 보통의 노사당사자들이 이를 제대로 이해하기에는 매우 어려움이 많고 임금구조나 보수관행이 비정규직 근로자의 직무를 지속적으로 저평가하게 될 경우 차별개선의 실효성을 떨어뜨리게 되는 단점이 존재한다. 여기에다가 신뢰할 수 있는 고용형태별 고용 및 근로조건에 대한 자료의 은폐나 부족도 차별적 처우의 개선에 부정적인 영향을 미친다.

따라서 국가 차원에서의 비정규직의 고용 및 근로조건의 현황에 대한 지속적인 모니터링과 수집 및 분석이 필요하다. 또한 법원이나 노동위원회에서의 차별시정의 법적절차에서 직권에 의한 심문 · 조사 권한의 강화와 함께 합리적인 차별판단 기준의 개발 등도 중요한 과제라고 할 수 있다. 실제로 심문 · 조사과정에서 차별여부를 판단하는 데 필수불가결한 임금 등 근로조건에 관한 자료를 사용자는 물론이고 정규직 노동조합조차도 은폐하는 경우가 많다.

3. 근로자 집단의 차별과 가상적 비교대상자 개념의 도입

남녀고용평등법이나 비정규직 법률에 따르면 차별금지의 법적 요건으로 반드시 비교대상자가 존재할 것을 전제로 한다. 하지만 같은 사업 내지 사업장에 동종 또는 유사한 업무에 종사하는 비교대상자가 없는 경우 동등대우의 원칙이 적용될 여지가 거의 없어진다. 비교대상자의 범위를 법해석에 의하여 넓게 적용하는 방법도 불가능한 것은 아니지만 법해석자 및 적용자의 가치관이나 법률관에 따라 자의적으로 좌우될 수 있기 때문에 반드시 바람직한 것은 아니다. 또한 사용자의 의도에 따라 직군분리나 직무분리를 통하여 특정 근로자집단이 탈법적으로 배제될 소지도 적지 않기 때문에 입법적으로 명확히 할 필요가 있다. 따라서 업무의 성격이나 가치와 관련이 없는 대우영역에서는 처음부터 동종 · 유사 업무의 판단이 필요 없도록 하고 근로자 개인 간의 비교가 아니라 집단 간의 비교를 전제로 한 가상적 비교대상자 개념을 도입해야 한다. 예를 들어 근로의 가치와 관련이 없거나 관련이 적은 채용 및 근로조건으로서 비정규직이 아니라 정규직이었다면 누릴 수 있었던 것은 동등하게 보장해야 한다는 방식으로 규정하는 것이 바람직하다.

4. 차별적 처우 범위의 불명확성과 객관적인 정당화 사유

현행 기간제법은 근로자파견법과 함께 차별적 처우의 범위를 임금 기타 근로조건으로 명시하고 있고 그 구체적인 내용은 해석에 맡겨져 있다. 그러나 차별적 처우의 판단 대상이 되는 임금 기타 근로조건은 근로기준법상의 정의 조항에 얽매일 것이 아니라 법령에 의하여 규정된 것을 제외한 사회보장적 급여를 포함하여 사업장 내에서 기간을 정하지 않은 근로자가 누릴 수 있는 모든 대우나 편의조치를 포함하는 것으로 넓게 해석 · 적용해야 한다.

기간제법은 제2조에서 '합리적 이유' 없는 불리한 처우만을 '차별적 처우'로 정의하고 있는데 만약 기간제근로자가 정규직과 동종 또는 유사한 업무를 별다른 하자 없이 수행하고 있는 데도 최종 학력이나 직업경력 등 직업자격의 차이를 이유로 불리한 처우를 할 경우 그것이 차별을 정당화하는 합리적인 이유가 될 수 있는지가 문제이다. 직업자격의 차이를 이유로 처우를 달리한다고 하여 언제나 불합리한 처우라고 할 수는 없지만 그러한 직업자격이 업무의 수행에 반드시 필요한 요건이 아닌 경우에는 차별로 인정해야 한다. 따라서 차별적 처우의 합리성 여부는 기본적으로 업무를 중심으로 판단되어야 한다.

고용조건 격차를 정당화 하는 객관적 사유는 그 차이가 기간제근로자라는 고용관계상 지위에 기초한 것이 아니어야 하고 합법적인 것이야 하며 사용자의 목적을 달성하기 위하여 필수적이고 적절한 것이어야 한다. 기간제근로자가 비교될 수 있는 상용근로자보다 불리한 대우를 받았는지를 판단함에 있어서는 근속기간에 따른 비례원칙을 적용해야 한다. 다만, 고용조건의 비례성 원칙은 비례적으로 평가하는 것이 정당하고 가능한 것에 한정되고 그렇지 않은 경우에는 동일하게 보장해야 한다.

그 밖에 차별시정절차의 실효성을 제고시키기 위해 노동조합에게도 시정신청권을 인정하고, 무기계약직 근로자 또는 직접고용 근로자로 간주될 수 있는 근로자에게도 신청권을 인정하는 규정을 두어 당사자적격이 없다고 처음부터 배제되는 불합리한 사태가 발생하지 않도록 해야 한다. 또한 근로기준법상의 균등대우 원칙을 위반하는 경우에도 벌칙규정이 있는 것에 비추어 보면 비정규직에 대한 차별금지 위반에 대해 벌칙규정이 없는 것은 서로 균형이 맞지 않으므로 벌칙을 두어야 한다.

5. 평등실현을 위한 적극적인 조치

출발선이 다른 경주에서 형식적인 평등조치만으로는 진정한 의미의 평등이 달성될 수 없다. 실질적인 평등의 실현은 출발선을 균등화하는 것에 목표를 두어야 한다. 특히 합리성 없는 채용 및 승진장벽의 제거는 비정규직 근로자의 지위를 개선하는 데 중대한 영향을 미칠 수 있다. 기간제고용에 대한 법적 규제의 대응책으로 사용자들이 즐겨 이용하는 직군분리에 기한 무기계약직 근로자의 고용관행은 비합리적이고 불투명한 경우가 많아서 차별적 처우를 합리화하거나 정당화하는 데 이용되는 사례가 적지 않다. 예를 들어 업무수행에 특별히 필요하지 않거나 필요한 정도를 넘어서는 어학능력을 정규직 채용 또는 정규직으로의 승진의 주요 요건으로 하는 것 등은 실질적인 평등을 실현하는 데 장해가 된다. 따라서 업무수행능력과 관련없는 불합리한 채용 및 승진조건을 규제함으로써 채용과정의 합리성을 도모해야 한다.

차별금지와 동등대우의 원칙을 달성하기 위해서는 국가의 정책적인 노력이 필요하다. 특히 국가나 지방자치단체 및 국가에 의한 통제가 가능한 공기업 등 국가가 영향력을 미칠 수 있는 공공부문의 종사자에게 이 원칙이 충분히 실현될 수 있도록 선도적인 역할을 해야 한다. 공공부문에서 비정규직의 차별적 남용사례가 심각하다는 보고서의 지적도 자주 나오고 있는 만큼 평등실현을 위한 정부의 적극적인 의지와 책임있는 자세가 요구된다.

제4장

유럽연합(EU)과 비정규직 법

Ⅰ. 서론

비정규직 근로자의 확산은 비단 우리나라만의 문제가 아니다. 세계적으로도 경기불황으로 인하여 대규모의 실업사태와 함께 비정규직 근로자가 전례없이 늘어나고 있다. 이미 일부 국가들에서는 지난 70년대의 경기하강 때부터 이러한 현상에 적극적으로 대처하여 비정규직 근로자의 고용안정을 위한 각종 입법조치들을 취해 왔다. 물론 어떤 나라들(특히 영국)의 경우에는 단시간근로의 촉진 등 오히려 비정규직 근로의 촉진을 통하여 고실업사태에 대처하고자 하는 경우도 있었다. 하지만 이러한 정책방향은 국제여론과 학자들의 호된 비판을 받고 있으며 비정규직 고용의 촉진정책에 대하여는 비판적으로 보는 시각이 일반적이다.[1)]

---

1) ILO의 「협약 및 권고의 적용에 관한 전문가위원회」는 영국정부가 제출한 보고서(1995년)에 대한 소견에서 비록 영국정부가 적극적 고용정책을 통하여 실업률을 감소시킨 데 대하여는 긍정적인 평가를 내리고 있지만 그러한 정책이 근로자의 고용불안과 근로조건의 저하를 초래하는 임시직 또는 시간제근로자의 확대를 촉진하는 노동유동화의 일환으로서 이루어진 데 대하여 부정적으로 평가하고 있다. 여기에서 전문가위원회는 고용정책 협약에서 말하는 고용정책은 실업률의 감소라는 완전고용의 목적을 추구해야 할 뿐만 아니라 "근로자가 자신에게 적합한 직업을 얻을 기회 및 자신의 기술과 능력을 사용할 기회를 최대한 보장해야 한다"는 점을 상기시키고 있다. 또한 고용정책협약(No.122)에 대한 언급에서도 기간을 정하지 않은 계약에 의한 고용을 촉진하는 것이 정부의 임무라고 지적하고 있다. International Labour Office, *Report of the Committee of Experts on the Application of Conventions and Recommendations, Report* III(Part

유럽 국가들은 1970년대까지만 해도 비정규직 고용에 대하여 사용 자체를 처음부터 엄격하게 금지하는 태도를 일반적으로 견지하고 있었다. 하지만 경제의 지속적인 저성장과 고실업, 특히 청년실업이 심각한 사회적 문제로 떠오르고 한편으론 학업이나 가사 등의 이유로 단시간근로를 자발적인 선택에 의하여 원하는 근로자층이 많아져서 1990년대 초반까지 새로운 고용형태의 성장에 따른 노동법의 규제완화가 이루어졌다. 하지만 1990년대 중반 이후에는 비정규직의 확산이 고용창출과 실업해소에는 별다른 효과를 가져 오지 못하였고 오히려 고용불안정과 차별의 심화, 사회보장의 회피수단으로 이용되는 부정적인 효과가 더욱 크게 나타남에 따라 다시 비정규직의 사용을 규제하는 방향으로 전환되고 있다. 유연안정성(flexicurity)라는 신조어에서 나타나듯이 유연성과 안정성의 균형을 추구하는 방향으로 선회한 것이다. 다만 비정규직 가운데 단시간근로의 경우에는 근로자 측의 선택을 존중하여 차별금지 기타 노동권 보호의 강화와 함께 폭넓게 허용하고 있다. 또한 일부 국가의 경우에는 실업해소와 고용창출의 효과를 기대하여 노동시장에 처음 참여하는 근로자나 신설기업에 대하여 비정규직 고용의 이용을 부분적으로 허용하면서도 고용 및 근로조건의 차별에 대하여는 엄격하게 규제하는 태도를 취하고 있다.

비정규직 근로자의 고용안정에 관하여 이를 어떻게든 보장해야 된다는 점에 대하여는 유럽공동체 내의 대부분의 국가가 인식을 같이 하고 있지만 법적 규율의 방식과 보호의 범위는 나라마다 다르다. 이 장에서는 1990년대부터 도입되기 시작한 유럽연합의 비정규직 지침과 비정규직 근로자의 고용안정에 관하여 적극적인 보호입법을 갖추고 있는 프랑스를 비롯한 주요 국가의 비정규직 법을 중심으로 살펴보기로 한다.

4A)(1996), 354-388쪽

Ⅱ. 유럽연합의 비정규직 법

1. 개요

유럽연합(EU)은 1989년 공동체 사회헌장(Community Social Charter)에서 고용이 불안정한 단시간근로, 기간제근로, 파견근로, 계절근로 등 비정규직 근로자의 생활조건과 근로조건의 개선이 필요하다는 점을 확인하였다. 그리하여 EU의 행동 프로그램(Action Program)은 비정규직 고용이 노동시장의 중요한 구성부분이 되고 있음을 주목하고 비정규직 고용의 무정부적인 증가에 대한 방지장치를 마련하지 않으면 사회적 덤핑과 이로 인한 공동체 수준에서의 경쟁의 왜곡이라는 심각한 문제를 야기할 것임을 인식하고 이를 규제하려고 시도하였다. EU 집행위원회는 비정규직 근로자와 관련하여 내부노동시장의 개선과 노동시장의 투명성 확보, 근로자의 생활 및 근로조건의 향상, 작업장에서의 근로자의 건강과 안전을 보호하기 위하여 아래 3개 지침의 제정을 제안하였다.

- 비정규직 근로자의 건강과 안전에 관한 지침안(이후 비정규직 근로자의 건강과 안전에 관한 91/383/EEC 지침의 제정으로 발전)
- 비정규직 근로자에 대한 차별금지 원칙의 적용에 관한 지침안(이후 단시간근로에 관한 97/81/EEC 지침 및 기간제 고용에 관한 99/70/EEC 지침으로 발전)
- 주로 사회보장급여와 관련하여 비정규직 고용에 대한 간접비용의 평준화를 위한 지침안

이 초안들의 요지는 회원 국가에게 다음 3가지의 핵심적인 의무를 부과하는 것이다.

- 근속기간과 보수액을 고려하여 풀타임 근로자와 동일한 기준에 의하여 사회

보장 급여를 지급할 것. 즉, 일주일에 8시간 이상 일하는 비정규직 근로자에게는 임신·출산 보호, 부당해고 보호, 정리해고 수당, 직업연금, 질병급여, 유족급여를 지급할 것

· 단시간근로자에게 총 근로시간에 비례하여 연차휴가, 해고수당, 근속수당에 대한 수급자격을 풀타임 근로자와 동등하게 보장할 것
· 총 36개월을 넘지 않는 범위 내에서 12개월 이하의 기간제 고용의 갱신의 제한과 기간만료 전 부당해고의 경우 잔여기간에 상당하는 해고수당을 지급할 것

이 가운데 비정규직 근로자의 건강과 안전에 관한 지침안만 채택되었지만 새로운 고용형태에 대한 보호의 필요성에 대하여는 공감하였고 이에 반대하는 시도는 없었다. 이리하여 단시간근로와 기간제근로에 관한 두 개의 지침이 만들어졌는데 이는 한편으로 기업의 입장에게 고용인원을 조정할 수 있는 수량적 유연성을 높이는 수요 측면에서의 필요성과 가정친화적인 정책이라는 공급 측의 수요를 조화시키려고 시도하였다. 이것은 단시간근로자의 경우 가정과 일의 결합을 용이하게 하고 사용자에는 소비자의 수요변동에 대처할 수 있는 유연성을 제공하였다는 점에서 양자 간에 어느 정도 이해의 일치가 있었고 차별금지 원칙을 통하여 지침은 단시간근로자에게 상당 정도의 보호를 제공하였다.

그러나 기간제근로자의 경우에는 상황은 다르게 나타났다. 단시간근로자의 경우에는 단시간근로가 자발적인 선택의 가능성이라도 부여했지만 대부분의 기간제근로자는 고용불안정 때문에 기간의 정함이 없는 상시고용을 원했던 것이다. 이리하여 두 지침은 동등대우의 원칙을 핵심적인 내용으로 하여 일정한 범위 내에서 이를 반영하게 되었다. 특히 기간제고용에 관한 지침은 그 서문에서 기간을 정하지 않는 계약이 고용관계의 일반적 형태이고 지속적으로 그렇게 되어야 한다는 점을 명시하였다.

2. 기간제 고용관계 또는 파견 고용관계에 있는 근로자의 사업장에서의 안전과 건강의 증진 조치에 관한 지침(Directive 91/383, 1991.6.25)

이 지침은 기간제근로자 및 파견근로자의 건강과 안전을 개선하기 위하여 제정되었다. 사용사업주의 정규직 근로자와 동일한 수준의 건강과 안전에 대한 보호의 제공을 의무화함으로써 비정규직 근로자(단시간근로자 불포함)에 대한 동등대우의 원칙을 적용하였다(제2조 제1항). 건강과 안전, 특히 인적보호설비에 대한 접근과 관련하여 비정규직 근로관계의 존재가 차별대우를 정당화하지는 못한다고 규정하고 있다(제2조 제2항). 이리하여 건강과 안전에 관한 EU의 모든 관련 지침들이 비정규직 근로자에게도 적용되었다.

모든 비정규직 근로자에게는 발생할 수 있는 위험에 대하여 특정한 업무를 수행하기 전에 업무수행에 필요한 특별한 직업자격이나 기술 또는 요구되는 특별한 의학적 감독을 포함한 정보를 제공해야 한다(제3조). 근로자파견의 경우에 사용사업주는 근로자파견계약서에 필요한 직업자격, 수행해야 할 업무의 특징을 명시해야 하고 파견사업주는 그 상세한 내용을 파견근로자에게 주지시켜야 한다(제7조). 근로환경에 대한 책임은 국내법에 관계없이 사용사업주가 부담한다(제8조).

비정규직 근로자에게는 그의 직업자격과 경험을 고려하여 업무에 필요한 충분한 훈련을 받도록 해야 하고 작업의 성격상 필요한 경우에는 의료보호를 제공해야 한다. 다만 회원국은 근로관계의 종료 후에도 의료보호를 지속하거나 또는 건강과 안전에 특별히 위험한 작업으로부터 비정규직 근로자를 배제하는 문제에 대하여는 선택권을 가진다(제5조).

3. 기간제 고용 지침(Directive 99/70, 1999.6.28)

기간제 고용 지침은 기간제 고용의 질을 향상시키고 반복적인 사용에서 발생하는 악용을 방지하기 위한 틀을 정립하기 위하여 제정되었다. 이 지침은 단시간근로자의 보호와는 달리 노동유연성보다는 근로자 보호에 주안점을 두었다.

기간제근로자는 "고용계약 또는 근로관계가 특정일의 도달, 특정한 일의 완성 또는 특정 사건의 발생에 의하여 종료되는 경우로서 사용자와 고용계약을 체결하거나 근로관계에 있는 자"로 정의되었고 기간제로 고용된 파견근로자는 제외되었다. 또한 노사협의를 통해 최초의 직업훈련 및 시용기간, 특정한 공무 또는 공공지원 훈련, 직업재훈련 등에는 적용제외를 인정하였다.

이 지침은 기간제근로자에게 다음 3가지를 주된 권리로서 보장하였다.

(1) 차별금지의 원칙

· 기간제근로자란 이유로 객관적인 사유에 의하여 정당화 되지 않는 불리한 처우를 해서는 안 된다(제4조 제1항). 적절하다면 기간비례의 원칙이 적용된다.

· 비교대상인 상시근로자는 같은 사업장에서 직업자격과 기술을 고려한 동종 또는 유사한 업무에 종사하는 기간을 정하지 않은 고용계약을 체결하거나 근로관계에 있는 자이다. 만약 같은 사업장에 비교대상자가 없는 경우에는 적용 가능한 단체협약을, 단체협약도 없는 경우에는 국내법, 단체협약 기타 관행에 의하여 비교한다(제3조).

· 차별금지 원칙의 적용을 위한 조치는 노사당사자의 협의를 거쳐 정해야 한다.

· 특정한 근로조건에 관련된 근속기간은 달리 객관적인 사유에 의하여 정당화 되지 않는 한 상시근로자와 동일한 것이어야 한다(제4조 제4항).

(2) 남용의 금지

· 회원 국가는 사회적 파트너와 협의를 거쳐 국내법, 단체협약이나 관행에 따라 남용을 금지할 수 있는 적절한 법적 조치가 없는 경우, ① 반복적인 계약갱신에는 정당한 사유가 필요하다고 규정하거나, ② 반복적인 계약 갱신의 최대 허용기간을 설정하거나, ③ 계약갱신의 횟수를 제한하는 방식 가운데 하나 이상의 조치를 취해야 한다(제5조 제1항).

(3) 정보제공의무

· 사용자는 기간제근로자가 상시적 고용을 보장받을 수 있는 기회를 가질 수 있도록 사업 또는 사업장에서 지원할 수 있는 공석이 된 자리에 대하여 사업장 내의 적당한 장소에 공시하는 등의 방법으로 정보를 제공하여야 한다(제6조 제1항).
· 사용자는 기간제근로자가 자신의 기술, 직업 경력 개발 및 직업 유동성을 향상시킬 수 있는 적절한 훈련기회에 대한 접근이 용이하도록 편의를 제공해야 한다(제6조 제2항).
· 국내법 및 공동체 법에서 정한 노동자대표기구를 사업 내에서 구성하는 기준이 되는 근로자 수를 산정함에 있어서 기간제근로자를 포함시켜야 한다(제7조 제1항).
· 사용자는 사업 내의 기간제 고용에 관한 필요한 정보를 현존하는 노동자대표기구에게 제공해야 한다(제7조 제2항).

4. 파견노동에 관한 지침((Directive 2008/104, 2008.11.19)

비정규직 가운데 파견근로관계에 대한 지침의 필요성이 자주 제기되었고 노사 당사자들 간에 협상도 진행되었지만 고용과 사용의 분리라는 근로관계의 이중성 때문에 지침 제정의 합의가 쉽게 이루어지지 못하였다. 특히 동등대우의 비교대상자를 파견사업주 소속의 근로자로 하자는 사용자단체의 주장과 사용사업주의 근로자로 하자는 노동조합 측의 주장으로 협상이 결렬되기도 하였다.

2001년 10월 분야별 노사합의로 장차 유럽지침의 제정을 희망하면서 공동선언을 채택하였고 2002년 3월 EU 집행위원회는 이를 바탕으로 노사가 합의 가능한 영역을 중심으로 파견노동에 관한 지침안을 제시하였다. 이 지침안은 차별금지 원칙을 파견노동에 적용하여 파견노동의 질을 향상시키고 노동 및 고용시장의 작동을 원활하게 하기 위하여 파견노동에 필요한 적절한 틀의 형성을 목적으로 하고 있으며 EU 집행위원회는 노동자단체의 주장을 상당 정도 반영하였으나 동등대우의 원칙에 많은 예외를 두었다. 결국에는 균등대우의 원칙에 대하여 개별 국가의 노동시장의 특수성에 따라 5년간 유예규정을 두도록 하자는 문제에 대하여 EU 이사회가 동의를 거부함으로써 지침의 제정이 지체되었다.

파견노동에 관한 지침은 2008년에 이르러서야 비로소 제정되었다. 모든 유럽연합 회원국은 2011년 12월 5일까지 이를 국내법에 반영하지 않으면 안 된다(지침 제11조). 이 지침은 노동시장에서의 유연성과 안정성 간의 균형을 유지하는 유연안정성(flexicurity)의 원칙을 바탕으로 하였다. 즉, 동등대우의 원칙을 통하여 근로조건의 보호와 파견근로의 질적 향상을 도모하는 한편 유연한 인력운용에 대한 기업의 수요에 부합하도록 함으로써 고용창출 및 유연한 근로형태의 발전에 효과적으로 기여할 수 있도록 한다는 것이다. 주요 내용은 다음과 같다.

(1) 파견근로 사용의 제한 및 금지에 대한 검토

· 파견근로의 사용에 대한 금지나 제한은 일반적인 이익, 특히 파견근로자의 보호, 근로에서의 건강과 안전의 필요성, 노동시장의 적정한 작동과 남용의 금지를 위한 경우에만 정당화 될 수 있다(제4조 제1항).

(2) 동등대우의 원칙

· 파견기간 중 파견근로자의 고용 및 근로조건은 적어도 사용사업주가 만약 같은 업무를 위하여 직접 채용했더라면 적용하였을 수준을 하회해서는 안 된다. 지침의 제정에 장해가 되었던 동등대우의 원칙은 동종유사 업무에 종사하는 사용사업주의 정규직 근로자와 파견근로자를 직접 비교하는 방식이 아니라 이와 같은 가정적인 방식으로 규정되었다. 이 조의 적용에 있어서 사용사업주의 임산부 및 육아모의 보호와 아동 및 청소년의 보호에 관한 규칙,

남녀동등대우 및 성, 인종, 민족, 종교, 신앙, 장해, 연령, 성적 지향에 따른 차별의 규제에 관한 규칙 등은 법령이나 행정지침, 단체협약 기타 일반적인 규정에 부합해야 한다(제5조 제1항).

· 사회적 파트너와의 협의를 거쳐 파견사업주와 상시 근로계약을 체결한 파견근로자에게 파견 중단기간 동안 보수를 지불하는 경우에는 동등대우의 원칙에 예외를 둘 수 있다(제5조 제2항).

· 사회적 파트너와의 협의를 거쳐 파견근로자의 전반적인 보호를 존중하는 한 단체협약에 의하여 동등대우의 원칙과 다른 고용 및 근로조건을 정할 수 있다(제5조 제3항).

· 파견근로자에 대한 충분한 수준의 보호가 보장되는 경우에 단체협약의 전국적인 효력확장제도가 없거나 특정 분야 또는 특정 지역의 유사 사업장에 효력을 확장하는 제도나 관행이 없는 회원 국가는 전국 단위의 사회적 파트너 또는 협약당사자와의 협의를 거쳐 동등대우의 원칙에 하회하는 고용 및 근로조건의 기준을 정할 수 있다. 이 협약은 동등대우원칙을 적용받을 수 있는 자격기간을 정할 수 있다(제5조 제4항).

· 회원 국가는 이 조의 적용에 있어서 남용의 금지, 특히 이 지침의 적용을 회피하기 위한 계속적인 파견을 금지할 수 있는 필요한 조치를 취해야 한다(제5조 제5항).

(3) 직접고용 · 집단적 편의시설 · 직업훈련의 기회 보장

· 사용사업주는 다른 근로자와 마찬가지로 파견근로자에게도 사용사업주의 기업 내에 공석 중인 상시고용의 일자리에 대한 정보를 파견근로자에게 제공하여야 한다(제6조 제1항).

· 사용사업주에 의한 파견근로자의 직접고용을 용이하게 하기 위해 파견종료 후 파견근로자와 사용사업주 간에 근로계약의 체결 또는 고용관계의 성립을 금지하거나 방해하는 합의를 금지하고, 파견근로자가 파견종료 후 사용사업주와 근로계약을 체결하는 경우 파견사업주는 파견근로자에게 소개수수료를 요구할 수 없다(제6조 제2항, 제3항)

· 동등대우원칙과는 별도로 파견근로자는 사용사업주의 사업장 내에서 직접

채용된 근로자와 동일한 조건으로 복리후생 시설 및 제도, 특히 구내식당, 직장 내 보육시설 및 교통서비스를 이용할 수 있고, 다만 객관적으로 정당한 사유가 있는 경우에는 파견근로자를 달리 대우하는 것이 허용된다(제6조 제4항).

(4) 파견근로자의 대표성 보장 및 근로자대표에 대한 정보제공의무

· 파견기업에서 근로자대표기구를 구성할 수 있는 근로자수의 산정에 있어서는 파견근로자를 반드시 포함해야 하고, 사용기업에서 근로자대표기구를 구성할 수 있는 근로자수의 산정에 있어서는 파견근로자를 직접 고용한 근로자로서 포함시킬 수 있다(제7조 제1항, 제2항).
· 사용사업주는 국내법 및 공동체법령에 따라 구성되는 근로자대표기구에게 사용기업의 고용상황에 관한 정보를 제공할 때 파견근로자의 사용에 관한 적절한 정보를 제공해야 한다(제8조).

Ⅲ. 주요 유럽국가의 비정규직 법

기간제 등 비정규직 근로자의 고용안정을 보장하기 위한 규율의 강도와 범위는 비정규직이 노동시장에서 차지하는 구성 비율 및 차별심화의 정도에 따라 국가별로 차이가 있다. 특히 기간제의 비율이 높은 스페인과 프랑스의 경우에는 비정규직 고용의 사용사유부터 엄격하게 제한하고 있는 반면, 독일이나 스웨덴과 같이 청년실업률을 비롯하여 전체 실업률이 높은 국가에서는 실업률을 낮추고 고용을 촉진하기 위하여 사용사유의 제한은 완화하면서 그 남용의 방지와 차별규제에 보다 무게를 싣고 있다.

여기서는 규제내용이 비교적 구체적이고 상세한 프랑스와 스페인 중심으로 하여 하르츠 개혁(2002년) 이후 규제를 대폭 완화한 독일 기타 유럽 국가들을 참고하는 방식으로 살펴보기로 한다. 다만 독일의 경우에는 파견법에 대한 규제완화로 기대했던 고용창출의 효과는 나타나지 않고 오히려 정규직이 파견근로로 대체되면서 정규직과의 불평등의 심화라는 부정적인 결과가 나타나자 최근 다시 파견근로를 보다 규제하기 위한 방향으로 전환되고 있다는 점을 지적해두고자 한다.[2)]

1. 기간제근로의 규제

(1) 상시고용의 원칙과 사용사유의 제한

기간제 고용의 사용사유를 제한하는 국가는 기업의 상시적이고 통상적인 업무에 기간제 사용을 금지하는 상시고용의 원칙을 정하고 있다. 따라서 기업의 사정상 정규직만의 고용이 어려운 부득이한 경우에 한하여 예외적으로 기간제 고용을 허용한다.

· 스페인은 기간을 정한 고용계약은 정당한 사유가 있을 때만 허용한다. 정당한 사유로는 간헐적인 호출고용, 직업훈련을 위한 고용(16세 이상 21세 미만에 한정), 직업체험 고용(학업수료로부터 4년 이내), 기업의 활동 가운데 일정한 독립성을 가진 작업이나 서비스를 행하기 위한 고용, 수주의 변화 등 생산 상황에 따른 기간제 고용, 정규직의 일시적인 대체 등이다.

· 프랑스도 상시고용의 원칙을 고용법질서의 중요한 원칙으로 정하고 기간제 고용은 예외적인 사유가 있을 경우에만 허용된다. 허용되는 사유는 기업의 고용수요의 성격에 따라 근로자를 대체할 경우와 사업활동의 변경에 따른 경우 및 국가의 실업대책으로서 그 이용을 허용하는 경우 등 세 가지로 구분된다. ① 우연적이거나 일시적인 근로자 측의 사정으로 업무의 공백이 생겼을 때 그 근로자를 임시로 대체하기 위하여 허용되는 경우로서는 휴가로 인한 공백 기간, 질병이나 출산 등으로 인한 근로계약의 정지 기간, 기업위원회 위원이나 종업원대표가 행하던 업무의 확정적인 공백 기간, 기간의 정함

2) 최근 독일의 파견법 개정논의에 관하여는 김기선, "독일 내 파견근로의 실태와 최근의 논의", 노동법연구 제29호(서울대노동법연구회, 2010) 참조.

이 없는 근로계약으로 채용된 신규근로자의 업무개시 이전의 대기기간 등을 보충하기 위한 경우이다. 다만 근로자의 퇴직의 경우에는 그 자리가 기간을 정하지 않은 근로계약에 의한 근로자의 퇴직으로 공석이 되고 곧 폐지될 예정인 경우에만 기간을 정한 근로계약의 체결이 가능하다. ② 사업활동의 성격상 그 변경이 필연적으로 요구되는 경우로서는 사업활동의 일시적인 증가, 계절적 고용, 사업의 성격상 또는 고용의 임시적인 성격상 기간의 정함이 없는 근로계약을 체결하지 않는 것이 관행으로 되어 있는 사업분야로서 법령이나 집단적 합의로 정한 경우이다. 이 경우는 실제 훨씬 널리 허용되는 경향이 있다. 즉, 기업의 통상적인 활동에 속하지 않은 우연한 업무, 긴급한 사고를 예방하기 위하여 필요불가결한 업무, 예상 밖의 주문에 대처하기 위한 업무 등을 수행하기 위하여 허용된다. ③ 적극적 고용정책의 일환으로 직업훈련이나 직업교육과 연계하여 취업을 용이하게 하기 위하여 기간을 정한 근로계약이 허용되는 경우가 있다. 의회 및 행정부의 입법적 조치에 의하여 특정한 범주의 실업자(특히 청소년)의 취업을 용이하게 하기 위하여 기간을 정한 근로계약의 체결이 허용된다. 청소년을 대상으로 한 직업자격취득계약, 고용적응계약, 고용촉진연대계약 등이 이에 해당한다. 또한 법령으로 정한 특정한 범주의 근로자에게 직업교육을 시행하는 사용자는 그 근로자를 기간제로 고용할 수 있다. 여기에는 적응단계의 견습생, 직업교육을 받기 위하여 온 외국인, 구직을 위하여 재정적 지원을 받고 직업교육을 받는 자가 해당한다. 그밖에 노동쟁의로 인한 업무의 공백을 채우기 위해서나 경제적 이유로 한 해고이후 6월 이내에 일시적인 사업활동의 증가 및 우연한 작업량의 증대로 그 해고에 관련된 일자리를 채우기 위한 기간제고용의 이용은 금지된다.

· 독일은 원칙적으로 기간의 정함이 있는 근로계약은 정당한 사유가 있는 경우에 한하여 유효하다고 보고 있다. 다만, 2년 이내의 기간제 고용은 정당사유가 없어도 고용할 수 있다. 정당한 사유는 노동력에 대한 해당 사업의 수요가 일시적인 경우, 기간의 정함이 직업교육이나 학업과의 연결에서 연유되어 근로자의 장래활동을 보장하기 위한 경우, 다른 근로자의 업무를 대신하기 위한 경우, 업무의 특성이 기간의 정함을 정당화하는 경우(계절적 업무), 기간의 정함이 시용기간의 의미를 가지는 경우, 근로자의 개인적 사정

이 기간의 정함을 정당화하는 경우, 근로자가 예산법령에 의하여 지정된 예산에 의하여 급여를 지급받고 있거나 이에 상응하는 근로에 종사하고 있는 경우, 기간의 정함이 법원의 화해에 의한 경우이다.

(2) 사용기간의 제한

기간제 고용의 사용을 특별한 사유가 있는 경우로 한정하는 국가는 물론이고 사용사유에 대한 제한 없이 기간제 고용을 허용하는 경우에도 그 사용기간은 대부분 제한하고 있다.

· 독일은 정당사유가 필요 없는 기간제 고용의 상한선을 2년으로 정하고 갱신횟수도 3회로 제한한다. 다만, 동일한 사용자와 기간제 또는 기간을 정하지 않은 근로계약관계에 있었던 근로자를 다시 기간제로 사용하지 못한다. 따라서 신규채용의 경우에만 정당 사유없이 기간제 고용 및 연장이 가능하다. 또한 고용촉진을 위해 기업 설립 후 4년간에 대해서는 정당사유를 필요로 하지 않으며, 기한 설정의 상한인 4년까지 갱신횟수에 대한 제한 없이 기간제 고용계약을 체결할 수 있다. 고령근로자의 취업촉진을 위하여 58세 이상의 고령근로자는 정당한 사유가 없어도 기간제 고용계약을 체결할 수 있다.

· 영국은 객관적인 사유에 의해 정당화될 수 있는 경우를 제외하고 기간제 고용의 사용기간의 상한선을 4년으로 제한한다. 객관적인 정당성 여부의 판단시점은 기간제 계약이 갱신된 경우에는 갱신 시, 갱신된 적이 없는 경우에는 최초의 계약체결 시가 된다. 기간제 고용의 남용을 방지하기 위하여 단체협약이나 사업장협약을 통하여 전체 근로자 또는 특정 근로자에 대하여 사용기간의 상한선, 갱신횟수, 갱신의 객관적인 정당화 사유를 정할 수 있다. 그런데 여기서 유의해야 할 점은 상한선인 4년이 가지는 의미가 4년의 범위내에서 사용자가 횟수에 상관없이 자유로이 계약을 갱신하거나 또는 갱신을 거절할 수 있다는 뜻은 아니라는 것이다. 영국은 해고의 개념 속에 계약의 갱신거절도 당연히 포함하고 있으며 근속기간이 1년 이상이면 파견근로자를 제외하고 누구든지 부당해고로부터 보호받을 권리를 가진다.[3] 따라서 기간제근로자도 1년 이상 근속한 경우에는 정당성 없는 갱신거절에 대하여는

부당해고소송을 제기할 수 있다.

· 스페인은 직업훈련을 위한 고용계약과 직업체험을 위한 고용계약에 대하여도 그 계약기간(6개월 이상 2년 미만)을 제한하고 있다. 수주의 변화 등 생산상황에 따른 기간제 고용계약은 12개월간 내에 6개월을 넘어서는 안 된다.

· 프랑스에서 기간제 고용의 계약기간은 계약 체결 시에 명시해야 하고 1회에 한하여 갱신할 수 있으며 갱신기간을 포함하여 18개월을 초과할 수 없다. 다만, 기간의 정함이 없는 계약에 의하여 모집한 근로자가 업무개시전의 대기기간 동안 또는 안전상의 이유로 긴급한 노동력이 필요한 경우에는 9개월, 외국에서 업무를 수행하거나 폐업전의 근로자의 부분적인 퇴직, 원청기업 또는 하청기업과 관련하여 기업이 통상 사용하는 것보다 양적이나 질적으로 훨씬 많은 노동력을 필요로 하는 수출주문의 예기치 않은 발생의 경우에는 24개월이 된다. 이 경우에도 계약기간이 적어도 6개월 이상은 되어야 하고 사용자는 채용이전에 기업위원회 또는 종업원대표와 사전 협의를 해야 한다.

(3) 시용(수습)기간의 제한

기간제근로는 시용기간으로 남용되기 쉽다. 통상적으로 시용기간 중에는 본채용의 경우보다 근로조건이 낮은 경우가 많기 때문에 기간제근로가 마치 시용기간처럼 운영되기 쉬운 것이다. 기업에의 적응과 업무습득을 위한 기간으로 이용되는 시용기간과 기간제 고용과는 구별되어야 하는 것이다.

· 프랑스는 기간을 정한 근로자는 그 권리의 원천이 법령에 의한 것이든 단체협약에 의한 것이든 또는 관행상의 것이든 기간을 정함이 없는 근로자와 동등한 권리를 가진다고 명시하고 있다. 우선 기간을 정한 근로자는 시용기간에 관하여 특별한 보호를 받는다. 즉, 시용기간은 총 계약기간이 6개월을 초과하는 경우에는 1개월을 초과할 수 없고 6개월을 초과하지 않는 경우에는 2주를 초과할 수 없다. 또한 시용기간 중에는 사용자와 근로자는 명백한 남용의 경우를 제외하고 어떠한 배상의무도 지지 않고 자유롭게 계약을 해지

3) 1996년 고용권법 제94조 제1항, 제95조 제1항 제2호, 제108조 제1항, 제235조.

할 수 있다. 시용기간이 경과한 이후에는 당사자의 합의나 상대방의 중대한 귀책사유 그리고 불가항력 등 법으로 정한 특정한 경우를 제외하고 사용자나 근로자는 근로계약을 해지할 수 없다.[4)]

(4) 동일한 기간제근로자의 반복사용 제한

사용자가 상시 고용의 원칙을 회피하기 위한 편법으로 기간제 고용을 반복적으로 이용하는 것을 막기 위하여 휴지기간의 설정, 연쇄적인 근로계약의 체결을 금지하는 조치들이 도입되었다.

· 프랑스는 기간을 정한 근로계약이 계약기간의 만료로 종료된 때에는 그 법적 성질을 상실함이 없이 갱신될 수 있다. 근로계약의 갱신은 ① 1회에 한하여 허용되고, ② 처음 계약기간을 포함하여 법령으로 정한 기간을 초과하지 못하며, ③ 처음 계약 시 미리 갱신규정이 있어야 하는 것은 아니지만 처음 계약의 기한이 도래하기 전에 갱신에 관한 합의가 있어야 한다. 만약 이러한 조건들을 하나라도 결여하고 또한 기한만료 후 사용자와 근로자 간에 근로관계가 지속되고 있으면 기간을 정하지 않은 근로계약을 체결한 것으로 본다. 또한 기간을 정한 근로계약의 기간만료 후 곧바로 그 자리를 채우기 위하여 새로운 기간을 정한 근로계약이나 근로자파견계약을 체결할 수 없고 새로운 기간제 고용을 이용하기 위해서는 종전 계약기간이 종료된 시점으로부터 그 계약기간의 3분의 1에 해당하는 기간의 휴지기간을 두도록 하고 있다. 다만, 이 휴지기간은 종전 근로자와의 근로관계가 기간만료 전에 종료되거나 기간제근로자가 기간만료 시에 근로계약의 갱신을 거절한 경우 또는 결원으로 인한 근로자의 대체고용이 다시 결원이 된 경우에는 적용되지 않는다. 하지만 종료된 근로계약이 계절적 고용이거나 기간제 계약의 이용이 관행화된 사업분야에서의 임시적인 고용, 공석 근로자의 대체를 위한 고용의 경우에는 마찬가지로 적용된다.

---

4) Art. L. 1243-1 C. trav.; 여기서 경제적 이유는 기간을 정한 근로계약을 기간도래 전에 파기할 수 있는 불가항력이 되지 못한다. Javillier, “フランスの非典型的勞働契約”, 日本勞働研究雜誌(1993), 13쪽.

· 스페인은 계약 종료된 근로자를 그 후 12개월 동안 동일한 기업에 동일한 고용형태로 재 채용될 수 없도록 하고 있다.

(5) 교체 사용의 금지 등 남용방지 조치

기간제근로의 장기화 · 상용화를 막기 위한 조치로서는 동일한 업무를 위하여 원래의 기간제근로자 대신 다른 기간제근로자를 교체 사용하는 경우와 기간제로 채용된 근로자에게 다른 업무를 주고 다시 기간제 계약을 체결하는 경우로 구분하여 살펴 볼 수 있다.

· 프랑스는 위 둘의 경우를 모두 규제한다. 기간을 정한 근로계약이 종료된 업무를 위하여 다른 기간제근로자를 사용하는 것은 금지한다. 만약 사용자가 동일한 업무에 근로시키기 위하여 기간을 정한 또 다른 근로계약을 체결하기 위해서는 만기가 된 계약기간의 3분의 1에 해당하는 기간을 기다려야 한다. 또한 원칙적으로 사용자는 다른 업무를 제시하여 동일한 근로자와 기간을 정한 근로계약을 반복하여 체결할 수 없다. 이러한 반복된 계약이 체결되면 당사자는 기간을 정하지 않은 계약을 체결한 것으로 본다. 다만, 휴가, 부상, 질병 등으로 한시적으로 결근한 근로자의 대체고용, 계절근로, 법령이나 집단적 합의에 의하여 정한 사업분야에서 사업의 성격상 또는 고용의 임시적인 성격상 기간을 정한 근로계약의 체결이 관행으로 되어 있는 경우에는 연속적 근로계약의 체결이 허용된다. 따라서 이러한 경우에는 여러 해 동안 제한 없이 동일한 근로자를 계속 고용할 수 있다.

· 스페인은 기간제근로자가 일시 해고되거나 부당해고 당할 경우에는 해고 시점으로부터 1년 내에는 다른 기간제근로자로 그 근로자를 대체할 수 없도록 하고 있다. 또한 법정 최장기간을 채우고 종료된 기간제 계약의 일자리에 대해 12개월간은 다른 기간제근로자로 충원할 수 없다.

(6) 단절기간이 있는 연속적 근로계약의 규제

· 프랑스는 동일한 근로자가 한시적인 작업을 위하여 정지기간을 두고 반복적

으로 고용된 경우에는 언제나 기간을 정한 계약으로 본다.[5] 하지만 계절적 성격의 근로계약 내용에 이듬해 재고용하는 규정을 포함하고 있거나 단체협약에 의하여 사용자에게 한 계절을 근로시킨 계절근로자에게 다음 계절에도 같은 성격의 고용을 제의할 의무를 부과시킨 경우에는 기간의 정함이 없는 계약이 될 수 있다. 또한 동일한 근로자와 계속하여 수년 체결된 계절계약이 정지기간을 둔 기간을 정하지 않은 계약에 유사한 권리가 된 경우에는 역시 기간의 정함이 없는 계약이 될 수 있다.

(7) 기간제 근로계약의 중도 해지

· 프랑스의 경우 기간을 정한 근로계약의 위법한 해지에 대하여 사용자와 근로자 모두 법적 제재를 받게 되는데 그 내용은 차별적으로 적용된다는 점에 주목할 필요가 있다. 사용자는 기간만료 시까지의 잔여 임금에 해당하는 손해배상액과 계약종료보상금을 지급해야 하는 반면, 근로자는 사용자가 입은 것으로 입증한 실제의 손해액만 배상하면 된다. 이러한 위법행위의 주체에 따른 제재의 차별적 적용은 기간을 정하지 않은 계약의 파기 시와 동일한데 이는 계약당사자 간에 존재하는 지위의 불평등성을 고려한 것이다.[6]

5) 반복 갱신된 계절고용의 법적 성질에 관하여 파기원은 동일한 근로자가 22년 동안 동일한 식당에서 매해 여름 고용된 경우에 당사자 사이에 포괄적으로 기간을 정하지 않은 근로관계가 있었다고 판단하고 근로자가 매년 일정한 계절의 고정된 기간만 고용되고 그 중간기간에는 계약의 이행이 정지되었다는 것은 별로 중요하지 않다고 판단하였었다(Soc. 13 dec. 1978). 그러나 1982년의 법 개정으로 이러한 계약은 기간을 정한 계약으로 되었고 장기간의 정지기간을 가진 기간을 정하지 않은 계약으로 되지 못하였다. 즉, 연쇄적인 계절계약이나 대체계약은 법률에 의하여 기간을 정한 계약으로 되기 때문에 휴업기간에 의하여 서로 분리되는 계절계약이나 대체계약은 보다 큰 이유로 기간을 정한 계약으로 된다(Art. L. 1244-1). 1985년 1월 9일 법률과 1985년 7월 25일 법률 및 1986년 8월 11일 법률도 역시 동일한 태도를 견지하였다.

6) Gérard Lyon-Caen etc, *Droit du travail*(Dalloz, 1996), 251쪽.

(8) 서면계약 원칙

비정규직 고용을 위한 계약은 반드시 문서로 하도록 형식적 요건을 두고 있는 경우가 많다. 이는 사용사유의 투명성을 확보하고 고용의 법적성질 및 근로조건을 명확하게 한다는 의미를 가지고 있다.

· 프랑스의 경우 문서에 기재할 사항은 의무적 기재사항(사용사유, 근로조건 등)과 임의적 기재사항(기타 사항)으로 나누어진다. 의무적 기재사항을 기재하지 않은 경우에는 계약법리에 따라 자동적으로 기간을 정하지 않은 계약으로 되고 임의적 기재사항을 누락한 경우에는 재판소가 그 법적 성질에 관한 결정권을 가진다.[7)]

(9) 법위반의 효과 및 구제절차

기간제 고용계약 남용을 방지하기 위하여 많은 국가들에서 기간제 고용계약 기간이 법정 상한선을 넘는 경우에는 기간의 정함이 없는 근로계약으로 의제하거나(스페인, 아일랜드, 독일, 영국), 권한 있는 기관에게 근로계약의 법적 성격의 확인을 청구할 수 있는 권리를 부여하고 있다(프랑스). 영국의 경우에는 추가적으로 근로자는 사용자에게 자신의 계약이 더 이상 기간제계약이 아니라는 사실 또는 상시 근로자라는 사실의 확인을 요청할 수 있고 사용자는 21일 이내에 서면으로 확인해주어야 한다.

(10) 정보제공의무 및 우선고용의무

대부분의 국가에서 기간제 대신 정규직 고용을 장려하기 위하여 기업의 정규직 자리가 빌 경우 기존의 기간제근로자를 우선 고용할 의무를 부과하거나(스웨덴), 최소한 취업기회에 대한 정보를 제공해야 할 의무를 부과하고 있다(스페인, 독일, 영국).

---

7) Javlllier, 앞의 글, 12쪽.

(11) 고용불안정에 대한 보상 및 부담금의 의무화

노동비용의 절감을 통한 사회적 덤핑과 사용자 간의 부정한 경쟁을 방지하기 위하여 여러 국가에서 필요한 조치들을 마련하고 있다. 저렴한 노동비용에 대한 수요를 줄여 비정규직 고용의 유인요인을 감소시킬 수 있는 방안으로 고용종료보상금, 정리해고수당, 사회보험료의 차등화 등의 조치를 취하고 있다.

· 프랑스는 기간을 정한 계약에 의하여 고용된 근로자에게 계약기간 만료 시 계약종료보상권을 부여하고 있다. 다만 기간만료 후 곧바로 기간을 정하지 않은 근로계약이 체결된 경우에는 직전의 기간을 정한 근로계약에 수반되는 계약종료보상권은 발생하지 않는다.[8] 하지만 기간의 만료로 사용자와 근로관계가 종료되지 않고 기간을 정한 또 다른 계약이 동일한 사용자와 체결된 경우(계약의 갱신이 허용된 경우)에는 계약종료보상권이 발생한다. 그런데 이 계약종료보상권은 기간의 정함이 없는 계약으로 전환되지 않은 모든 기간제 근로계약에서 발생하는 것은 아니다. ① 계절근로자 또는 법령이나 집단적 합의에 의하여 정한 사업분야에서 사업의 성격상 또는 고용의 임시적인 성격상 기간을 정한 근로계약의 체결이 관행으로 되어 있는 근로자, ② 방학기간 중의 학생, ③ 기간만료 시 동일한 사업장에서 동일한 고용 또는 적어도 그에 상응하는 보수가 보장된 유사한 고용을 가질 수 있도록 기간을 정하지 않은 계약의 체결을 거절한 근로자, ④ 자신의 중대한 과실이나 불가항력에 의하여 근로계약이 파기되거나 근로자가 임의로 근로계약을 파기한 경우에는 계약종료보상권이 주어지지 않는다. 이러한 적용상의 차이는 차별적 성격을 지니고 있다는 이유로 종종 비판을 받고 있다. 계약종료보상금의 액수는 근로자의 임금과 계약기간을 기준으로 집단적 합의에 의하여 구체적으로 정하도록 하고 있으며 합의가 없는 경우에는 법령에 따른 최저액으로 하도록 규정하고 있다.

· 스페인은 임시 고용계약의 비중을 줄이기 위해 사용할 수 있는 기간제 고용의 수를 제한하고 해고수당의 지급과 함께 실업보험료의 사용자 부담금을

8) Soc. 5 févr. 1992, R.J.S. 1992, n° 256.

높게 부과하고 있다. 직업훈련, 직업체험 등으로 채용된 경우를 제외하고 기간제 고용기간이 만료되어 기간제 고용계약을 종료하는 경우 근속기간 1년에 대하여 8일분의 급여에 상당하는 해고수당을 지급해야 한다. 실업보험의 경우 고용계약의 형태에 따라 보험료가 다르다. 즉, 기간의 정함이 없는 고용의 경우 보험료는 7.55%(사용자 측 6%, 근로자 측 1.55%)이며, 기간제 고용의 경우 풀타임노동이면 8.3%(사용자 측 6.7%, 근로자 측 1.6%), 파트타임 노동이면 9.3%(사용자 측 7.7%, 근로자 측 1.6%), 기간제 파견근로자의 경우이면 9.3%(사용자 측 7.7%, 근로자 측 1.6%), 협동조합 근로자의 경우 7.55%(사용자 측 6%, 근로자 측 1.55%)로 되어 있어 비정규직을 고용할 때는 사용자의 보험료가 정규직에 비해 더 높게 설정되어 있다.[9]

· 영국은 기간제근로자라고 하더라도 정규직과 마찬가지로 부당하게 해고된 경우에는 연령, 근속기간, 보수수준을 고려하여 정한 해고기본수당(또는 정리해고수당)과 해고보상수당을 받을 권리를 부여하고 있다. 해고기본수당은 최고 20년까지 계속근로년수 1년에 대하여 1주일의 임금(40세를 초과한 연수는 1.5주일의 임금분, 상한액 270파운드)에 해당하는 금액이고 해고보상수당은 법원의 재량에 맡겨져 있다. 또한 1월 이상 근로한 근로자에게는 근속기간이 2년 이하인 경우에는 1주, 2년 이상인 경우에는 계속근로년수 1년에 1주일 이상의 해고예고기간을 두어야 한다.

(12) 단체협약 등 절차적인 규제

기간제 등 비정규직 고용의 이용은 반드시 기업위원회나 종업원대표, 기업의 노동조합대표 등의 사전승인을 받아야 하는 것은 아니다. 하지만 일부 국가에서는 비정규직의 사용과 관련하여 명시적인 절차적 제한을 두고 있는 경우가 있다.

· 프랑스는 기간제 고용의 허용사유와 관련하여 예상 밖의 주문에 대처하거나, 근로자의 퇴직으로 공석이 생기고 또한 곧 없어질 자리를 메우기 위하여

---

9) 윤진호 외, 「비정규직 차별시정 국가정책계획 수립을 위한 기초현황조사」(국가인권위원회 인권상황실태조사 연구용역보고서, 2004), 114쪽.

기간을 정한 계약을 체결할 경우에는 기업위원회(기업위원회가 없는 경우에는 근로자대표)와 사전 협의를 해야 한다. 또한 사용자의 예외적인 권한으로서 사업 활동이나 우연한 사정으로 인한 작업량의 증가에 대처하기 위하여 경제적인 이유로 인한 해고 후 6개월 이내에 기간을 정한 근로계약을 체결하고자 하는 경우에도 사전협의의무를 진다. 그밖에 간접적인 절차적 제한으로서 임금, 근로조건의 효력기간 및 조정에 관한 기업의 연례협상 시 사용자는 노동조합과 비정규직 고용의 인원 및 이러한 형태로 수행되는 대리인의 업무, 작업의 일당을 검토해야 할 의무를 진다. 이러한 의무는 지부협정의 연례조사보고서에 명시하도록 하고 있다.

· 스페인의 경우에는 단체협약에 기간제근로자가 평생 직업훈련에 효과적으로 접근할 수 있도록 촉진하는 수단을 제공하여야 한다. 부문 혹은 기업 수준의 단체협약에서는 기간제 노동계약이 사용될 수 있는 작업유형을 명시할 수 있도록 하고 있다.

(13) 법위반의 효과 및 제재

· 프랑스는 법률에 의하여 허용된 경우 외에 기간을 정한 근로계약을 체결하거나 기타 금지규정을 위반한 경우에는 기간을 정하지 않은 근로계약으로 간주한다.[10] 이 경우 관련 근로자는 노동재판소에 근로계약의 법적 성질(기간을 정한 근로계약인지 아닌지 여부)의 결정을 청구할 수 있다. 근로계약의 법적 성질에 대한 결정은 법위반에 대한 하나의 제재로서 내려지는 것이므로 사용자는 신청권이 없다. 결국 이러한 제재는 고용불안정의 위험에 대하여 근로자를 보호하기 위한 것이고 또한 보호적 성격을 가진 다른 제재와 마찬가지로 법률이 보호하고자 하는 자만이 신청할 수 있는 것이다. 그리고 법위반시에는 형벌이 적용된다.[11]

---

10) 기간을 정하지 않은 근로계약으로 간주되는 위법행위로는 통상적이고 영속적인 업무에의 사용(Art. L. 1242-1), 쟁의 중의 대체고용(Art. L. 1242-6), 서면계약 위반(Art. L. 1242-12), 계약기간 만료 후의 계속적 사용(Art. L. 1243-11), 기간만료 후 다른 기간제근로자의 사용 등이다(Art. L. 1244-3).

2. 파견근로의 규제

파견근로는 기간제 고용에 비하여 이중적인 고용불안정 상태에 놓이게 된다. 파견근로자의 대부분이 기간제 형태로 파견사업주에 고용되어 파견기간과 고용기간이 일치한다. 이 때문에 파견기간과 고용기간이 일치하는 등록형 또는 모집형 파견을 금지하고 상용형 파견만을 허용하는 입법례도 있다. 하지만 파견업체의 독립성이 약하고 사용사업주의 지배적인 영향력을 크게 받게 되는 고용시장의 경우에는 파견업체의 사정이 제대로 반영되지 않기 때문에 이러한 형태의 규제는 많은 한계를 가지게 된다. 따라서 이런 경우에는 사용사유의 제한이 보다 효과적인 규제가 될 수 있다.

유럽국가 가운데 파견근로에 대한 규제가 상대적으로 엄격한 국가가 스페인과 프랑스이다. 스페인의 경우에는 1994년에 파견근로를 처음으로 합법화하였는데 하르츠개혁 이전의 독일 법을 모델로 하여 1999년에 전면적인 개정이 이루어졌다. 프랑스의 경우에는 기간제근로자나 파견근로자의 지위가 사실상 유사하다는 인식을 바탕으로 그 이용조건을 통일하여 규제하고 있다. 스페인은 상용형을 중심으로 하고 있고 프랑스는 모집형을 중심으로 하고 있다는 점에서 상호 대조적이다. 이하에서는 이들 나라를 중심으로 파견법의 주요 규제 현황을 살펴보기로 한다.

(1) 직접고용 원칙과 사용사유의 제한

파견근로의 사용사유를 제한하는 대표적인 국가는 프랑스이다. 프랑스는 비정규직 고용의 규제에 관한 일반원칙으로서 기업의 통상적이고 영속적인 업무(l' activité normal et permanent)를 위한 고용을 지속적으로 공급하기 위하여 또는 그러한 효과를 달성하기 위한 목적으로 기간을 정한 근로계약을 체결하거나 파견근로를 이용하는 것을 금지하고 있다.[12] 이는 근로계약은 기

11) 초범의 경우에는 3,750유로의 벌금, 재범의 경우에는 7,500유로의 벌금과 6개월의 징역형을 병과할 수 있도록 하고 있다(Art. L. 1248-1)

간을 정하지 않는 것을 원칙으로 한다는 것과 파견근로를 원칙적으로 금지한다는 것을 선언한 것으로 비정규직 고용의 이용은 기업의 필요불가결한 사정이 있는 경우에만 허용한다. 이러한 원칙의 설정취지는 정규직근로자가 비정규직근로자로 무제한적으로 대체, 확산되는 것을 막기 위한 것이다.

· 프랑스는 파견근로를 사용할 수 있는 경우를 제한적으로 열거하고 있다. 즉, 기업의 고용수요의 성격에 따라 근로자를 일시적으로 대체할 경우와 사업활동의 변경에 따른 경우 및 국가의 실업대책으로서 그 이용을 허용한 경우 등 세 가지로 구분되는데 이는 기간제근로의 사용사유와 동일하다.
· 스페인도 파견근로는 사용사업주가 근로자를 직접 고용할 수 없는 사유가 있어야 한다. 사용사업주가 파견근로자를 사용할 수 있는 경우는 특정한 서비스나 업무 수행, 수주의 급증 등 생산 상황 변화, 일시적 대체고용 등의 사유에 한정된다.

(2) 사용기간의 제한

상용형 파견을 원칙으로 하는 국가는 파견근로와 기간제근로의 사용기간을 구분하여 다르게 규제하는 것이 보통이다.

· 스페인은 파견근로의 상한기간을 제공되는 서비스가 시장이나 생산상의 요구를 충족시키기 위한 것일 경우에는 6개월로 제한한다. 또 정규직 근로자의 선발이나 승진을 위한 일시적 결원을 대체하기 위해 파견근로를 이용하는 경우에는 그 상한선을 3개월로 제한한다.
· 프랑스는 기간제 고용과 동일하게 원칙적으로 사용기간은 계약 체결 시에 명시해야 하고 1회에 한하여 갱신할 수 있으며 갱신기간을 포함하여 18개월을 초과할 수 없도록 하고 있다. 사용기간의 예외에 관한 규정도 기간제와 동일하다.

---

12) 노동법전 제1242-1조 제1항, 제1251-5조.

(3) 기간제 파견고용의 금지

상용형 파견을 취하는 국가의 경우에는 일반적으로 파견사업주와 파견근로자의 근로계약은 기간의 정함이 없는 것을 원칙으로 한다. 이는 사용사업주 대신 파견사업주에게 고용유지의무를 부과하기 위한 것이다. 반면에 고용유지의무를 주로 사용사업주에게 지우는 법 구조를 취하는 국가는 반대로 기간제 고용만을 허용하는 경우가 보통이다.

· 스페인의 경우에는 파견근로계약을 기간제 고용으로 할 수 있지만 이 경우에는 일반적인 기간제 고용과 마찬가지로 정당한 사유가 있어야 한다. 나아가 파견사업주는 ① 파업 중인 근로자의 대체사용, ② 법률에 정한 고도로 위험한 업무의 수행을 위한 사용, ③ 부당해고, 정리해고, 혹은 사용자의 심각한 권익침해행동으로 인해 근로자가 자발적으로 사직한 경우 등으로 생긴 빈 일자리에의 충원, ④ 파견근로자를 다른 파견업체로 이전시키기 위한 채용, ⑤ 그 전 18개월의 기간 동안 13.5 개월 이상 파견근로자가 차지했던 일자리에의 충원, ⑥ 산업재해에 대한 평가가 없는 일자리에의 충원, ⑦ 공공행정부문에의 충원 등의 경우에는 기간제근로자를 고용하여 파견할 수 없으며 이를 위반한 기간제 고용은 기간의 정함이 없는 계약으로 간주된다. 그 밖에 파견업체는 매 1,000명의 충원 근로자마다 최소한 12명의 근로자를 기간의 정함이 없는 근로자로 고용해야 한다. 이는 법률상의 최저기준이며 근로자파견업의 노사 간에 2000년 체결된 단체협약에 따라 파견업체는 종사자의 50%를 기간의 정함이 없는 계약으로 고용하여야 한다. 이 요구조건을 충족시키지 못한 파견업체는 기간제 고용계약을 법정 최고한도인 12개월까지 연장할 권한이 없다.

(4) 파견기간 중의 고용 및 임금 보장

파견근로관계가 성립한 후 파견업무 수행 중인 파견근로자가 정규직과 마찬가지로 자신의 귀책사유 없이 일자리를 잃는 일이 발생하지 않도록 안정적인 고용을 보장할 수 있는 조치가 필요하다.

· 상용형 파견을 허용하지 않는 프랑스는 파견사업주가 근로자의 중대한 귀책 사유나 불가항력을 이유로 한 경우를 제외하고 정해진 기간 전에 파견계약을 파기한 때에는 파견사업주는 3일 이내에 실질적인 변경 없이 새로운 계약을 제시해야 한다. 그렇지 못한 경우에는 파견근로자에게 불안정보상금을 포함하여 정해진 기간까지의 임금을 지급해야 한다. 이 경우 근로자파견계약의 파기는 불가항력의 사유가 되지 못한다.

(5) 직접고용 방해금지

파견근로의 장기화, 상용화를 방지하기 위하여 이를 보완하는 장치로서 파견근로 종료 후 인력수요가 지속적으로 필요한 경우 사용사업주가 다른 근로자를 채용하는 대신 그 일을 해왔던 파견근로자를 직접 고용하도록 유도할 필요가 있다. EU 지침에서도 이러한 취지를 규정하고 있는데 파견근로를 통하여 일단 실업상태에서 벗어난 파견근로자가 파견근로에 수반되는 반복적인 고용불안정 상태에 빠지지 않고 정규직 근로자가 될 수 있게 함으로써 체계적인 고용정책의 효과적인 수단으로 기능할 수 있는 이점을 가지고 있다.

· 스웨덴과 프랑스는 파견사업주와 사용사업주 간의 파견계약에는 파견기간의 종료 후 사용사업주가 그 파견근로자를 직접 고용하는 것을 금지하는 조항을 둘 수 없도록 하고 있다. 또한 프랑스의 경우에는 사용사업주의 사업장에서 행한 근로기간 중 사용사업주가 직접 채용하기 직전의 3개월은 근로자의 근속기간에 포함시키도록 하고 있다.

(6) 직접고용간주 조항

파견기간 종료 후에도 사용사업주가 계속하여 파견근로자를 사용할 경우에는 직접 고용된 것으로 간주하는 조항을 둔 예가 많다. 이러한 규제는 사용사업주에게 파견근로의 이용을 제한하는 법규를 엄격히 준수하도록 하는 효과와 함께 파견근로의 확산을 방지하는 중요한 법적 수단이 된다.

· 프랑스는 사용사업주가 파견기간이 종료된 이후에 다시 파견사업주와 새로운 파견계약을 체결하지 않거나 또는 그 근로자와 직접 근로계약을 체결하지 않고 계속하여 근로시키면 그 파견근로자는 종전 파견계약상의 최초의 파견 일부터 사용사업주에게 기간을 정하지 않은 근로계약에 의하여 고용된 것으로 간주한다. 또한 사용사업주가 허가된 업무 외에 파견근로자를 이용할 때에는 파견근로자는 업무개시 일부터 기간을 정하지 않은 계약에서 생기는 권리를 사용사업주에게 요구할 수 있다. 이 경우 사용사업주와 파견근로자 간의 법률관계가 재규정되는데 일차적으로 파견사업주와 근로계약을 체결한 파견근로자는 사용사업주와 파견근로관계가 아닌 기간을 정한 근로계약이 존재함을 주장할 수 있다. 이차적으로 허용되는 파견대상업무와 기간을 정한 근로계약의 대상업무가 서로 일치하기 때문에 파견근로자는 기간을 정하지 않은 근로계약의 존재를 주장할 수 있다.[13]

· 스페인도 사용사유가 종료되었는데도 사용사업주가 계속 그 파견근로자를 사용할 경우에는 사용사업주와 직접 근로계약이 체결된 것으로 간주한다.

(7) 고용불안정보상금

모집형 또는 등록형 파견에서는 파견업무가 끝나면 통상 근로관계도 종료되고 파견근로자는 실업상태에 놓이게 된다. 이러한 고용불안정에 대한 책임으로서 파견사업주에게 일정 정도 보상책임을 부과하는 경우가 있다.

· 프랑스는 파견업무의 종료로 근로계약관계가 종료되면 파견사업주에게 고용불안정보상금(indemnité de précarité)을 지급하도록 의무지우고 있다. 이 보상금은 단체협약이나 집단적 합의에 의하여 파견근로자의 파견기간과 임금을 기준으로 산정하며 만약 단체협약이나 집단적 합의가 없는 경우에는 그 최저금액을 사용자와 근로자를 각각 대표하는 단체의 의견을 청취한 후 시행령으로 정한다.[14] 다만, 근로자가 임의로 계약을 파기하거나 근로자의

13) Gérard Lyon-Caen etc, 앞의 책, 273쪽.

14) 1990년 3월 24일 협약은 이 보상금의 액을 파견기간 동안 받은 총임금의 10%로 정하였다.

중대한 귀책사유 또는 불가항력에 의하여 계약이 파기된 경우에는 불안정보상권이 생기지 않는다. 또한 특수한 경우, 즉 직업훈련을 받도록 하기 위하여 체결된 근로계약 또는 노사 간의 단체협약에 의하여 계절고용이나 직업적 관행에 의하여 기간을 정한 근로계약이 체결되는 사업분야에서 파견업무의 종료 시 이를 배제하기로 단체협약에 의하여 합의한 경우에도 마찬가지이다.

· 스페인은 기간제로 고용된 파견근로자의 경우 파견근로계약이 종료될 때 근속년수 1년마다 12일분의 임금에 해당하는 해고수당을 받을 권리가 있다.

(8) 반복적 파견근로의 이용금지

파견근로의 장기화 및 상용화를 방지하는 것은 파견근로자의 고용안정을 도모하기 위한 것이다. 따라서 사용기간의 제한과 함께 사용자가 파견근로자를 교체하여 반복적으로 사용하는 것을 금지하지 않으면 그 목적을 제대로 달성할 수 없다. 동일한 업무를 위한 반복적인 사용 또는 교체 사용을 방지할 필요가 있는 것이다.

· 스페인은 사용사업주가 종전 18개월의 기간 동안 13.5개월 이상 연속적 혹은 불연속적으로 파견근로자에 의해 채워졌던 일자리에 대해서는 파견업체와 신규로 근로자파견계약을 체결할 수 없다.

· 프랑스는 기간제근로와 동일하게 파견근로가 종료된 업무를 위하여 다른 파견근로자를 사용하는 것을 금지하지는 않지만 동일한 업무에 파견근로를 사용하기 위해서는 만기가 된 종전 계약기간의 3분의 1에 해당하는 기간을 기다려야 한다.

(9) 파견근로의 이용에 관한 정보제공 및 협의 의무

파견근로의 이용은 사업장 내 정규직 근로자의 고용 및 근로조건에 중요한 영향을 미칠 수 있다. 파견근로의 이용에 관한 정보를 사용사업주 소속 근로자단체에게 제공하고 나아가 사전협의의무를 지우는 것은 정규직 근로자를 보호하는 차원뿐만 아니라 파견근로의 남용을 방지하는 수단이 될 수 있다.

· 스페인은 파견근로자의 고충처리를 위하여 사용사업주의 종업원위원회나 근로자대표를 통하여 근로조건 등에 관한 고충을 제기할 수 있도록 하고 있다. 또한 사용사업주는 파견근로의 이용에 관한 정보를 사용사업주 소속의 근로자대표에게 제공하도록 의무지우고 있다.
· 프랑스의 경우에도 기간제근로와 동일하게 일정한 경우 파견근로의 이용과 관련하여 기업위원회 또는 근로자대표와의 사전협의의무를 지우고 있다.

제2부 특수고용 노동

제1장
특수고용 노동자의 법적 지위

Ⅰ. 서론

노동법은 전통적으로 근로계약을 근로자와 그가 제공한 노무를 이용하는 사용자 사이에 존재하는 사용종속관계에 의하여 정의해 왔다. 이는 노사관계가 위계적이고 집단적이라는 사고에 바탕을 둔 것이다. 노동법의 세계에서 기업은 다수의 근로자가 동일한 사용자에게 고용되어 그의 지시에 따라 노무를 제공하는 집합체로서 인식되어 왔고 이러한 인식은 '포디즘모델'이라고 흔히 부르는 산업관계에서의 사고방식과 일치한다. 하지만 오늘날에는 자본의 노무관리기법의 변화로 인하여 노무제공에 보수를 지급하는 계약형태가 점점 다양해지고 있다. 이를 크게 세 가지로 분류하면 ① 종속을 본질적인 내용으로 하는 근로계약에 의하여 노무를 제공하는 전통적인 임금근로자, ② 보수에 대한 반대급부로 노무제공을 정한 근로계약 외의 다른 계약, ③ 독립적인 개인사업자로 나눌 수 있다.[1] 이 가운데 두 번째 범주를 알렝쉬포는 독립노동(le travail indépendant)이라 부르는데 더 이상 단순히 양적인 증가로만 생각할 수 없을 만큼 늘어나고 있다.

한국에서 널리 사용되고 있는 특수고용이란 용어는 법률상의 용어가 아니고 또한 통일된 표현도 아니다. 실제로는 '계약근로', '특수형태근로 종사자', '특수고용관계', '특수고용 노동자' 등 다양한 용어가 사용되고 있다.

---

1) Alain Supiot, *Au-dela de l'emploi*(Flammarion, 1999), 31쪽.

'특수고용 노동자' 란 용어가 노동계에서 일반적으로 쓰이고 있는 반면 노동부와 노사정위원회에서는 '특수형태근로 종사자' 란 용어를 사용하고 있다. 한편 학계에서도 역시 용어가 통일되어 있지 않은데 최영호는 특수고용관계를 '계약근로' (contract labour)라는 용어를 사용하여 '계약근로형 노무공급자' 로 부르고 그 특징을 노무제공과정에서의 종속성 내지 의존성(근로계약적 특징)에도 불구하고 노무이용자와 체결하는 계약의 형식 · 직무내용 · 근무형태 · 보수지급방법 등에 있어 독립적 노동의 모습(자유계약적 특징)을 동시에 가지는 점에서 그의 근로자성이 문제로 된다고 본다.[2] 반면에 김재훈은 근로종사자의 계약관계가 민법상의 고용계약 내지 근로기준법상의 근로계약에 해당하는 경우도 있을 수 있겠지만 그렇지 아니한 경우도 있으므로 보다 중립적으로는 '특수형태근로 종사자' 라는 용어사용이 적정하다고 보고 있다.[3]

이 장에서는 근로계약이 아닌 다른 계약에 의하여 타인에게 제공하는 노무를 독립노동이라 부르고 독립노동을 제공하는 자를 독립노동자(le travailleur indépendant)라 칭한다. 의미상으로는 특수고용 노동과 별반 다르지 않지만 노무제공을 특질을 보다 잘 표현하고 있다는 점에서 독립노동이란 용어를 주로 사용한다. 다만 한국적 상황에서 특수고용 노동이란 개념이 널리 사용되고 있다는 점에서 필요에 따라 특수고용 노동과 같이 사용한다.

노동법이나 사회보장법 때로는 민법이나 상법의 적용을 받는 이러한 형태의 독립노동의 증가는 노동법의 현재와 미래에 여러 문제를 제기하고 있다. 최근 우리나라에서 특수고용관계에 대한 법적 규율을 둘러싸고 논란을 거듭하고 있는 것도 이러한 흐름을 일정 정도 반영하고 있다고 할 수 있다. 다만 우리의 경우에는 계약형식의 조작을 통하여 자영인으로 가장한 위장자영인

2) 최영호, "계약근로형 노무공급자의 근로자성", 노동법연구 제13호(서울대노동법연구회, 2002), 124쪽.

3) 김재훈, "특수형태근로 종사자에 관한 법적 보호방안", 노동법연구 제13호(서울대노동법연구회, 2002), 147쪽.

화의 확산 문제가 중첩되어 혼란을 더욱 부채질하고 있다. 위장자영인은 이 장에서 말하는 진정한 의미의 독립노동이라고도 할 수 없고 전통적인 의미의 근로자에 해당한다. 이러한 가운데 2000년대에 들어서서 정부는 노사정위원회에 특별위원회를 설치하고 근로자 · 사용자 개념의 재설계, 특별법 제정방안 등 특수고용 노동자의 법적보호를 둘러싼 논의를 진행한 바 있다.

그런데 우리나라에서 특수고용관계에 대한 기존의 접근방식은 주로 근로자성 여부의 판단기준에 집중되어 독립노동의 다양한 측면에 대한 이해와 노동법적 보호의 필요성에 대한 검토가 충분치 못하였다. 비록 전통적인 의미의 근로자성 판단기준을 충족하지 못하더라도 노동법적 보호가 필요한 경우는 얼마든지 있을 수 있다. 이 장에서는 독립노동의 개념 및 법적 보호의 필요성과 현행법상 특수고용 노동자의 법적 지위를 검토해보고자 한다.

II. 독립노동의 개념 및 유형

1. 독립노동의 개념

독립노동(le travail indépendant)이란 법적인 범주라기보다는 주로 프랑스에서 학자들 사이에 관행적으로 사용되는 용어이다. 독립노동자는 주로 위임계약이나 도급계약에 의하여 업무를 수행한다. 또한 보통 전문적인 활동을 수행하며 위계적인 권한의 통제를 받지 않고 조직된 업무의 틀 내에서 일하지 않는다. 이들은 자신의 노동력을 타인의 처분에 완전히 맡기는 것이 아니라 타인에게 특정한 업무수행을 약속하는 것이다. 하지만 이들이 전형적인 근로자가 아니라고 하여 반드시 개인사업자인 것도 아니다. 왜냐하면 업무수행의 방법과 수단에 독립성이 있다고 하여 반드시 개인사업자인 것은 아니기 때문이다. 따라서 독립노동자는 전통적인 임금근로자와 독립적인 사업자의 경계영역에 위치한 노무제공자라고 할 수 있다(아래 표 참조). 이 때문에 독립노동자는 어떤 특정한 규범체계에 속하지 않는다. 이러한 특징 때문에 '독립안의 종속'(la dépendance dans l'indépendance)이라고 부르기도 한다.[4)]

표) 범주별 종속성 판단기준

종속노동	독립노동		개인사업
인적종속	인적독립+경제적 또는 조직적 종속	인적독립+경제적 의존	인적독립+경제적 독립
전통적인 종속노동자	자율적인 노동자	종속적인 자영인	독립적인 사업자

2. 독립노동과 위장자영인의 구별

(1) 독립노동의 확대와 위장자영인의 증가

업무수행의 자율성 증가로 인한 독립노동의 확대는 전통적인 근로자성 판단기준인 '지휘명령 구속성'의 표지를 사용함에 있어서 여러 가지 문제를 야기하고 있다. 그 중 하나가 위장자영인의 확산이다. 위장자영인은 실질적으로는 근로자이지만 사용자가 우월적인 지위를 이용하여 근로계약이 아니라 도급계약이나 위임계약을 체결한다. 또한 업무수행과정에 있어서도 구체적이고 직접적인 통제방식 대신 포괄적이고 간접적인 통제방식으로 전환한다.[5)] 이 때문에 지휘명령의 구속성이라는 전통적인 표지를 중시하는 근로자성 판단기준은 업무수행의 자율성을 가진 근로자(자율적인 노동자)와 경제적으로 종속되어 있는 자영인(종속적인 자영인)을 가려내는 기준으로서는 별

4) Alain Supiot, 앞의 책, 31쪽.

5) 주로 영업직을 중심으로 전통적인 통제방식인 근로시간이나 근로장소 등의 노동과정에 대한 직접적인 통제 대신 영업실적에 따른 성과급 보수방식을 이용한 노동결과에 대한 통제방식으로 이루어지고 있다. 이는 보수의 지급방식이나 노무수행의 방식을 근로자성 판단의 주된 지표로 보는 판례의 경향에 영향을 받은 것으로 보인다.

소용이 없게 된다. 이들은 모두 일정 정도 업무수행의 자율성을 가지고 있다. 그 결과 '지휘명령의 구속성'이라는 기준을 지나치게 강조하면 근로자이면서도 노동법적 보호로부터 배제당할 위험이 발생하게 된다. 이러한 남용은 여러 나라에서 확인되고 있다. 우리나라에서도 최근 기업 구조조정의 일환으로서 독립사업자화가 광범위하게 진행되고 있고 그 과정에서 허위의 가장된 위장자영인이 상당부분 증가하고 있다.[6] 따라서 노동법 적용의 탈법적인 회피를 막기 위해서는 위장자영인을 근로자로 재규정하는 원칙을 확립하고 이를 보장할 수 있는 법적 장치를 마련하는 것이 중요한 과제가 되지 않을 수 없는 것이다.

(2) 자율적인 노동자와 위장자영인의 구별기준의 필요성

위장자영인을 근로자로 재규정하기 위해서는 기존의 근로계약관계 여부의 판단기준에 대한 재검토가 필요하다. 위장자영인은 실질적으로는 노동법의 적용대상인 근로자이지만 형식적으로는 도급계약이나 위임계약을 체결하고 있다. 위장자영인을 가려내는 작업은 필연적으로 종속성 판단기준의 문제와 연계되어 있다. 위장자영인은 대체로 자율적인 노동자와 종속적인 자영인의 경계에 위치한다. 그렇지만 자율적인 노동자와 종속적인 자영인 사이의 경계는 아무리 명확하게 규정하려 해도 실로 불가능에 가깝다. 그 때문에 실질적인 종속상태를 나타내는 여러 가지 징표들을 종합적으로 고려하여 판단하는 기술을 사용하는 것이 대부분 국가의 공통적인 특징이 된 것이다. 물론 근로자로 인정하기 위해서는 고려대상이 되는 모든 징표가 존재함을 입증해야 하는 것은 아니고 여러 징표들을 종합적으로 고려하여 종속관계가 존재함을 추

6) 우리나라에서 특수고용직의 증가는 새로운 업종의 발달이나 취업자 층의 변화에 따라 새롭게 출현한 것이 아니라 기존에는 정규직이었으나 회사 측이 경영 및 노무관리의 필요성에 따라 구조조정을 하면서 특수고용으로 전환되고 있다는 특징을 가지고 있다는 점에서 위장자영인화의 가능성이 매우 높은 것으로 보인다. 윤애림, "특수고용 노동자의 근로자성과 입법의 방향", 민주법학 제23호(민주주의법학연구회, 2003), 320쪽.

론할 수 있으면 된다. 하지만 판단기준의 불명확성은 법적안정성을 해칠 뿐만 아니라 허위의 위장자영인화를 조장하는 계기가 되기도 한다. 이러한 문제점을 해결하기 위해서는 비록 그 판단기준을 법문으로 명확하게 규정하는 것은 어려울지라도 법률관계 당사자의 지침이 될 수 있는 최소한의 기준은 필요하다고 본다. 이런 점에서 독일에서의 입법논의나 근로자추정 또는 의제조항을 두고 있는 프랑스의 입법례는 좋은 시사를 주고 있다고 할 수 있다.[7]

3. 종속적인 자영인과 독립사업자의 구별

종래 인적종속성에 입각한 근로자성 판단기준은 기본적으로 근로자와 비근로자의 이분법적인 구별에 초점을 맞추었다. 이는 근로자성 판단에 관한 적극적인 기준을 제시하고 이에 해당하지 않는 경우에는 모두 노동법의 적용을 배제하는 특징을 가지고 있다. 그러나 이러한 방식은 전통적인 종속노동자와 독립사업자의 경계영역에 위치한 독립노동자의 증가로 인해 한계를 맞을 수밖에 없다. 인적 종속성 판단의 핵심적인 기준인 지휘명령의 구속성여부만으로는 노무수행 과정의 자율성을 지닌 근로자와 경제적으로 종속된 자영인을 구별하는 판단기준으로서 더 이상 충분하지 않은 것이다. 게다가 근로자가 아닌 종속적인 자영인에게도 노동법적인 보호가 불가피하다는 인식이 널리 확대되고 있다는 사실을 감안하면 더욱 그러하다. 실제로 여러 나라에서 근로자가 아닌 종속적인 자영인에게 노동법을 적용하는 경향들이 많이

---

7) 위장자영인을 가려내기 위하여 시도된 대표적인 입법사례로는 1966년에 독일의 Länder de Hesse와 Rhénaie Westphalie가 제안한 법안이 있었다. 본래 이 법안은 사회보장법 영역에 관련된 것이고 노동법에 관련된 것은 아니었지만 참조할 만한 가치가 있다. 이 법안은 '경제적 의존'이란 기준에 따라 근로자의 개념을 정의하였다. 그 판단기준은 ① 자신의 가족구성원을 제외하고 임금근로자를 고용하지 않을 것, ② 일정하게 단지 한 사람을 위하여 노동할 것, ③ 임금근로자에 유사한 노무를 제공할 것, ④ 노동시장에서 사업자로서 행동하지 않을 것 등의 4가지 표지를 설정하고 이 요소들 가운데 두 가지만 존재하면 근로자로 추정하였다(A. Supiot, 앞의 책, 43쪽).

나타나고 있다. 이에 따라 비중이 커지고 있는 것은 근로자와 비근로자의 구분기준이 아니라 오히려 자영인 가운데 노동법의 적용대상이 아닌 진정한 의미의 독립사업자와 노동법의 적용을 받는 종속적인 자영인을 구분하는 기준이다. 이러한 기준은 통상 경제적 활동의 성격에 기초하여 만들어진 것이다. 즉, 경제적 활동이 종속적이냐 아니냐 하는 기준으로서 이는 종속적인 자영인에게는 독립사업자와는 다른 법규의 적용이 필요하다는 인식을 전제로 발전해온 분석단위라고 할 수 있다.[8] 일반적으로 지적하듯이 독립사업자는 자유롭게 자신의 경제적 활동을 영위하는 자이다. 이러한 자는 자기의 부담과 이익에 따라 자기의 고유한 계산으로 근로하며 자기 자신의 고객을 선정하고 주문을 거절할 수 있다. 또한 스스로 자신의 물적 자원과 사람을 가지고 자기의 조직을 구성하고 계약의 목적인 재화 및 용역을 자유롭게 실행할 수 있다.[9] 이에 비하여 종속적인 자영인은 이러한 요소들을 결여하고 있다. 즉, 자기의 계산이 아니라 타인의 계산을 위하여 일하거나 스스로 고객을 선택할 수 없고, 주문을 거절할 수 없는 등 경제적인 활동의 측면에서 종속적인 지위에 놓여 있다.

이와 같이 인간의 노동활동을 급부의 주된 내용으로 하면서도 경제적 활동의 측면에서 종속적인 거래에 있어서는 단지 물질적인 상품의 거래와는 다른 법리의 규율이 필요한 것이다. 이러한 사고에 기초한 법형성의 좋은 사례가 프랑스의 직업별 노동법이다(제2부 제2장 Ⅳ.「프랑스의 독립노동자의 법적 지위」 참조).

8) Marie-Morin, "Louage d' ouvrage et contrat d' entreprise", *Le travail en perspective*(L.G.D.J., 1998), 140쪽.
9) Marie-Morin, 위의 글, 같은 쪽.

III. 한국의 특수고용 노동자의 유형별 법적 지위

우리나라에서 특수고용 노동자의 법적 지위는 구체적인 실태에 따라 다양한 모습을 보이고 있다. 또한 근로기준법상의 지위와 노동조합법상의 지위가 서로 다르게 평가되는 경우도 있고 동일하게 평가되는 경우도 있다. 즉, 골프장 경기보조원이나 학습지교사와 같이 근로기준법상으로는 근로자의 지위를 인정받지 못하지만 노동조합법상의 지위는 인정되는 경우도 있다. 하지만 이러한 경우는 매우 예외적이고 대부분은 노동조합법상의 근로자도 아니라는 이유로 국가나 사용자로부터 그 실체를 인정받고 있지 못하고 있다. 이런 탓에 노동조합의 가입자 수도 적어서 조직률은 매우 낮은 수준이다.[10]

특수고용 노동자는 대부분 법적으로 개인사업자로 취급되어 근로기준법이나 산업재해보상보험법 등 사회보험법상의 보호를 제대로 받지 못하고 있을 뿐만 아니라 노동3권도 자유롭게 행사할 수 없다. 이 범주의 노동자들은 자신들의 직업적인 이익을 옹호하기 위하여 노동조합 등 단결체를 조직하거나 가입하려해도 아무런 법적 보호 장치가 없어 사업주의 일방적인 계약해지의 위협에 직면하게 된다. 또한 사업주들은 이러한 노동자들의 단체교섭요구를 거의 거부하고 있으며 심지어 집단적인 단체행동의 경우에는 단순한 노무제공의 거부에도 형사처벌의 대상이 되는 등 국가와 사용자로부터 노동3권을 전혀 보장받지 못하는 상황에 처해있다. 따라서 이들에 대한 적절한 법적 지위의 보장은 시급한 과제가 되고 있다.

---

10) 특수고용 노동자의 정확한 규모나 조직률은 파악하기 힘들다. 조사기관에 따라 그 예측치의 차이가 심한데 2010년 3월 기준으로 58만 9천 명 정도로 추측한 자료에 따르면 노조에 가입자 수가 4천 명 정도이고 그 조직률은 0.7% 정도라고 한다. 김유선, 「비정규직 규모와 실태: 통계청, '경제활동인구조사 부가조사' (2010.3) 결과」(한국노동사회연구소, 2010).

1. 보험모집인

보험모집인은 형식적으로는 보험회사와 위촉계약을 체결하고 보험회사와 보험가입자 사이의 중립적 위치에서 독립하여 계약체결을 중개하는 중개인을 말한다. 하지만 실질적으로는 특정한 보험회사에 전속된 보험상품 판매인에 지나지 않는 경우가 대부분이고 자기 스스로 사업의 위험을 부담하고 자기계산으로 사업을 영위하는 독립사업자로서의 성격이 거의 없다. 그럼에도 불구하고 법원은 보험모집인의 근로기준법상의 근로자성과 노동조합법의 근로자성을 모두 부인하고 있다.[11] 법원은 근로자성 판단의 기준으로 활용되는 지표 가운데 '노무수행에 대한 지시권의 존재 유무'를 구체적이고 직접적인 지휘명령 여부와 같이 지나치게 좁은 의미로 파악하고 있으며, 계약의 형식, 보수의 지급방식 등 형식적인 징표를 중시하고 있다. 판례의 이러한 경향에 맞추어 노동부와 중앙노동위원회의 행정해석도 보험모집인의 근로기준법상의 근로자성과 노동조합법상의 근로자성을 부정하고 있다.[12] 이러한 판단기준은 일반적인 의미에서 인적 종속성에 기초하면서도 구체적인 판단지표에서는 우리나라와는 다른 입장을 취하고 있는 독일이나 프랑스의 판례와는 큰 차이를 보이고 있다. 특히 독일의 경우 연방노동법원은 자동차보험 외판원의 근로자성 여부에 관한 판단기준으로서 지휘명령으로부터의 자유 여부, 본질적으로 자유롭게 자신의 노동력을 이용할 수 있는지 여부, 자기의 기업을 갖고 있는지 여부, 사업자로서의 리스크를 부담하고 있는지의 여부를 들고 있

---

11) 대법원 2000.1.28 선고, 98두9219 판결.

12) 중앙노동위원회 결정의 특징은 노동조합법상의 근로자 정의규정 가운데 '기타 이에 준하는 수입'이란 문언에 대하여 특별한 의미를 두지 않고 "근로의 대가성 내지는 대상성이 있는 금품을 말하는 것으로 근로의 대가성이 없는 중개수수료의 성격을 갖는 금품과는 구별"되며 "노조법상의 근로자는 근로의 대상성이 있는 금품을 수입원으로 생활하는 자를 근로자로 정의하고 있으며, 이들 근로자들의 단결권 · 단체교섭권 · 단체행동권을 보장한다"는 것이다(중앙노동위원회 2001.5.2. 2000부노166,167 및 2000부해637,638 결정; 중앙노동위원회 2001.6.9. 2000부노159 및 2000부해622 결정).

다.[13] 그밖에 종속성을 인정하기 위한 간접적 정황증거로서 독자적인 활동의 금지, 고객주소가 보험회사에 보관되어 있어야 하는지, 조직회의에 참가 여부, 회사의 사전 동의 없이는 모집활동의 금지, 보험회사가 작성한 보험료율 이외에 다른 사항을 제시해서는 안 되는지, 독자적인 단골고객 확보의 금지 등이 있고 이를 전체적으로 고려하여 판단한다.[14] 반면에 세금, 사회보험의 취급, 영업법상의 신고 및 상업등록의 유무와 같이 형식적 징표를 중시해서는 안 된다고 판단하고 있다.

현재 보험설계업무 종사자들은 민주노총 사무금융연맹 산하의 전국보험모집인노동조합과 한국노총 산하의 전국보험모집인노동조합을 설립하여 활동하고 있지만 법외조직으로 취급되어 실질적으로 노동3권을 행사하지 못하고 있다.

2. 골프장 경기보조원

골프장 경기보조원은 노무제공자가 사용자의 조직에 완전히 통합되어 있다. 다른 특수고용 노동과는 또 다르게 특정 골프장에 소속되어 그 시설 및 운영에 필수적으로 결합되어 있고 성과 중심의 노동력제공이 아니라 순번제도에 의해 규칙적으로 그리고 단순하게 노동력을 제공하며 고객 상대로의 영업실적이 전혀 문제가 되지 않는다. 또한 외국과는 달리 특정한 사업장과의 결합을 반드시 전제로 하기 때문에 독립적인 성격이 전적으로 결여되어 있으며 자영인이나 프리랜서로서의 외형도 전혀 갖추지 못하고 있다.

골프장 경기보조원의 법적지위에 관하여 법원은 사건의 구체적인 내용에 따라 달리 판단하고 있다. 근기법상의 근로자로 인정하지는 않았으나 노동조

13) 김영문, "독일법상 근로자 개념과 특수형태근로 종사자의 노동법적 지위", 「특수형태근로종사자 보호대책 관련 각국 사례」(노사정위원회, 2003), 33쪽 이하 인용.

14) 김영문, 위의 글, 61쪽.

합법상의 근로자로 인정한 예가 있는데 그 근거로서 캐디피를 노동조합법 소정의 '기타 이에 준하는 수입'으로 보았다는 데 특징이 있다. 즉, 캐디피는 근기법상의 임금이라고 단정하기는 어렵지만 캐디가 회사에 의하여 선발되어 채용될 때 캐디와 회사 사이에 캐디는 회사가 임의로 지정하는 내장객에게 노무제공을 하기로 하고 그 대가로 회사로부터 일정한 금원을 받기로 하는 묵시적인 약정이 있다고 보고 이 약정을 '고용관계에 근사한 것'으로 보았다.[15]

그런데 근자에는 다시 하급심에서 노동조합법상의 근로자성을 부인하는 사례도 보이고 있다. 서울행정법원은 "근로자인지 여부를 판단하는 기준인 사용종속성이나 근로의 대상성에 관한 판단에 있어서 근로기준법과 노동조합법 사이에 어떤 차이가 있다고 할 수 없다"고 하면서 "단지 근로자보호를 위한 방법론적인 차이가 있는 것에 불과한 것"으로 보아 근로기준법상 근로자와 노동조합법상 근로자가 동일한 개념임을 전제로 노동조합법상의 근로자성을 부인하였다.[16] 근로기준법상 근로자성에 대하여 노동부는 사업장의 구체적 실태에 따라 사업장별로 근로기준법상 근로자성을 인정하거나[17] 부정하고 있고[18] 노동위원회도 마찬가지다.[19] 하지만 노동조합법상의 근로자성은 일반적으로 인정하고 있다.[20]

15) 대법원 1993.5.25 선고, 90누1731 판결.
16) 서울행정법원 2001.9.4. 선고, 2001구6783 판결.
17) 근기 68207-2077, 1999.8.24(부산 CC), 근기 68207-1448, 2000.5.13(부곡 CC) 근기 68207-1451, 2000.5.13(88 CC).
18) 근기 68207-1449, 2000.5.13(한양 CC), 근기 68207-1450, 2000.5.13(한화 플라자 CC).
19) 인정한 경우로는 중앙노동위원회 2000.8.30. 2000부해369 판정, 중앙노동위원회 2001.4.10. 2001부해12 및 부해21(병합) 판정이 있고 부정한 경우로는 중앙노동위원회 2001.7.12. 2001부해 판정, 138, 중앙노동위원회 2001.9.18. 2001부해297 판정이 있다.
20) 중앙노동위원회 2001.1.19. 2000부노102 판정은 노동조합법상 근로자임을 전제로 결정을 내리고 있다.

3. 학습지교사

학습지교사의 근기법상의 근로자성 여부에 대하여 법원은 회사와 사이에 사용종속관계 하에서 임금을 목적으로 근로를 제공하는 근로자로 볼 수 없다고 보았다.[21] 그 판단근거는 보험모집인의 경우와 거의 동일하다. 계약의 형식이 업무위임계약이라든가 업무수행 과정에서 구체적이고 직접적인 지휘감독을 받고 있지 않다든가 하는 사용자가 일방적으로 결정할 수 있는 계약의 형식이나 내용을 기준으로 판단하고 있다.

노동조합법상의 근로자성 여부에 대하여는 구체적인 사안에 따라 달리 판단되고 있다. 단위노조인 재능교육교사노동조합의 경우에는 위임계약직의 형태로 근무하고 있지만 회사와 단체교섭을 통해 단체협약과 임금협약을 체결하였다. 중앙노동위원회도 이 노동조합이 신청한 조정사건에서 노동조합법상 근로자임을 전제로 조정안을 제시하지 아니하고 조정중지 결정을 내렸는데,[22] 노동위원회 역시 노동조합법상 근로자성은 인정하는 전제에서 사건을 처리하고 있다. 하지만 동일한 계약형태 및 근로형태를 가지고 있는 전국학습지산업노동조합의 대교지부의 경우에 법원은 단체교섭응낙가처분 소송 또는 노동조합원활동금지가처분 소송에서 명확한 이유를 밝히지 않고 노동조합법상 근로자성을 인정하지 않았다.[23] 또한 한솔학습지의 단체행동금지가처분 사건의 경우에 법원은 노동조합활동과 단체교섭요구의 금지를 명하였다. 반면 재능교육교사노동조합의 노조설립을 시작으로 전국학습지산업노조 내에는 대교, 구몬, 아이템플 등이 지부로 편재되어 활동 중에 있는 것에서 보듯이 노동부는 노동조합법상 근로자성을 인정하면서 노조설립신고를 수리하였다. 그러나 노동조합으로 인정을 받은 경우에도 회사 측이 노조의 존재를 부인하고 노조 측의 단체교섭요청을 일방적으로 거부하며 조합원에

---

21) 대법원 1996.4.26 선고, 95다20348 판결.

22) 중앙노동위원회 2001.7.13. 자, 2001조정76 결정.

23) 서울지방법원 2001.7.9. 선고, 2001카합317 판결.

대한 탈퇴강요, 협박, 업무상 불이익 등으로 노동조합활동을 위축시키는 일들이 적지 않게 일어나고 있다.

4. 레미콘차량 운전자(화물운송 특수고용 노동자 포함)

레미콘산업 노동자의 경우 초기에는 대부분 건설회사 소속 직영노동자였으나 회사 측의 강제불하에 따라 지입차주로 고용형태가 변경되기 시작하여 현재 노무제공의 유형에 따라 다양한 형태로 나타나고 있다. 이 가운데 불하기사와 지입기사가 대부분을 차지하고 있으며 '레미콘운반도급계약서' 라는 이름으로 계약을 체결하고 있다.

※ 고용형태의 유형

(1) 직영기사: 회사가 레미콘운반차량을 소유·운영하며 기사를 직접 고용하는 경우
(2) 도급기사: 회사가 차량을 소유하지만 기사에게 임대하여 운영하는 경우
(3) 불하기사: 회사차량의 소유권을 기사에게 이전하되 차량가격을 일정기간(업체에 따라 상이)에 걸쳐 상환토록 하는 경우
(4) 지입기사: 기사가 그 소유차량을 회사에 지입하여 운행하는 경우
(5) 용차기사: 필요에 따라 일일 단위로 레미콘업체가 외부의 레미콘차량 운전자를 활용하는 경우

레미콘차량 운전자의 근로기준법 및 노동조합법상의 근로자성에 대하여 이를 인정하는 일부 하급심판례도 있었으나 대법원은 이를 부인하였다.[24] 근로자성을 부정하는 판례는 레미콘차량 운전자들이 사업자로서의 독립성이나 전문성, 독자적인 시장접근의 가능성이 없지만 레미콘운송업무가 레미콘제

24) 대법원 2003.1.10 선고, 2002다57959 판결.

조사업에 필수적 내지 본질적이라는 점을 이용하여 노동조합이 아닌 사업단체로 단결하여 레미콘의 수요자와 제조회사 사이에서 주도권을 쥐고 레미콘운반운송계약의 조건을 협상할 가능성도 열려있다는 점을 제시하고 있다. 하지만 현실에 있어서 레미콘사업주 측은 근로자성이 인정될 수 있는 판례상의 징표를 최소화하기 위한 방향으로 레미콘운반계약의 내용을 변경하거나 기사관리체계를 변경하는 것으로 대응하여 왔고, 이러한 대응이 역으로 근로자성을 부인하는 판례의 경향을 더욱 강화하는 데 일조하였다고 할 수 있다. 어쨌든 레미콘차량 운전자의 경우에는 고용관계가 전통적인 노동자에서부터 독립적인 개인사업자라고도 할 수 있는 용차기사에 이르기까지 다양한 스펙트럼을 보이고 있다.

IV. 결론에 갈음하여

노동법의 적용범위에 관한 전통적인 사고는 근로자가 엄격한 의미에서 종속적인 상황에 있을 때만 노동법을 적용하기를 바란다. 그러나 노동법의 적용을 받는 근로자와 민법이나 상법의 적용을 받는 독립사업자 사이의 경계에 위치한 독립노동의 증가는 기존의 법적 틀 내에서는 해결하기 어려운 문제를 야기한다. 타인을 위해 동일한 노무를 제공하면서도 근로계약에 의하여 노동법 및 사회보장법의 보호를 받는 근로자와 그렇지 못한 자 사이에 간격을 피하는 것이 바람직하다. 노동법의 기본적인 역사적 기능 중의 하나가 사회적 응집의 조건을 확보하는 것이다. 이러한 기능은 노동법이 현대사회에서 노동의 조직형태의 진전을 받아들이고 이에 따라 변화할 경우에만 지속적으로 달성될 수 있을 것이다.

제2장

국제노동기구 및 유럽의 특수고용 보호입법

Ⅰ. 서론

산업조직의 변화 및 고용형태의 다양화로 근로자와 자본가적 기업이라는 전통적인 구분법에 의하여 명확히 구분하기 어려운 중간 영역의 노무제공형태가 전반적으로 확산되고 있다. 근로자로서의 성격과 독립사업자로서의 성격을 동시에 가진 중간 범주의 증가는 노동법의 장래에 여러 가지 문제를 제기하고 있다. 이 때문에 국제노동기구(ILO)는 물론이고 여러 나라에서 독립노동과 그에 파생되는 여러 가지 문제를 해결하기 위한 노력들이 진행되고 있다.

특수고용이란 용어는 우리나라에서 주로 노동계가 사용하는 표현이다. 이 용어는 전통적인 임금근로자와 독립적인 개인사업자 사이의 경계영역에 위치한 노무제공자를 일반적으로 일컫는 용어라고 할 수 있는데 국제적으로도 통일된 개념을 찾아보기 어렵다. 이는 특수고용의 구체적인 모습이 직업유형에 따라 매우 다양하기 때문일 것이다. 따라서 이를 규율하는 법적 틀도 국가에 따라 차이가 많다. 우리나라는 최근 산업재해보상보험법에서 일부 직종에 대하여 가입자격을 부여한 것 외에 특수고용에 대한 별도의 구분기준을 갖고 있지 않을뿐더러 법적으로 달리 취급하고 있지도 않다. 하지만 유럽의 몇몇 나라들은 정도의 차이는 있지만 특수고용관계에 노동법 규정이나 원리를 전부 또는 부분적으로 적용하고 있다는 점에서 공통성을 가지고 있다. 즉, 프랑스는 위임판매 외무원 등 상업대리인(V.R.P.), 지점지배인, 가내노동자 등 특정한 직업에 노동법을 적용한다. 스웨덴도 법률에 의하여 상업대리인을 단체협약법의 적용범위에 포함시키고 있고 스페인의 노동자법률은 독립노동자에게 노동법의 부분적인 확대를 도모하고 있다. 반면에 독일과 이탈리아는 오로지 민법과 상법의 적용을 받는 완전한 독립사업자인 기업과 통상 유사근로자라고 부르는 주문자에게 경제적으로 종속된 독립노동자를 구분한다. 그리고 네덜란드에서는 법률에 의하여 경제적으로 종속된 노동자에게 임금노동자와 동일한 보호를 부여하고 있다.[1] 이와 같이 전형적인 노동자와 독립사업자 사이의 중간에 위치한 법적 범주의 필요성을 대부분 인식하고 있고 이 새로운 범주의 노동에 대한 실체를 어떻게 파악하고 또 어떻게 하면 일관되고 안정적인 법적 지위를 부여할 수 있을 것인가 하는 문제가 공통적인 과제가 되고 있다.

이에 비하여 우리나라의 경우에는 진정한 의미의 독립노동이라고도 할 수 없는 가장 또는 허위의 위장자영인화의 확산이 심각한 사회적 문제가 되고 있다. 위장자영인은 실질적으로 노동자성의 중요한 판단기준인 인적 종속성이 존재하지만 그 법적 판단기준의 불명확성과 유동적 성격으로 인하여 근로자로 인정받지 못하는 경우를 말하는데 탈법적으로 남용되고 있다. 사회보장, 사회복지 등 사회적 안정망이 부실한 상태에서 노동법상 근로자로 인정받을 경우와 그렇지 못할 경우 근로자가 받게 될 법적, 경제적 이해관계가 다른 나라와는 현저하게 차이가 나기 때문에 그만큼 절박한 문제가 될 수밖에 없는 것이다. 이러한 사정은 우리나라에서의 특수고용문제가 다른 나라의 경우와 동일한 차원에서 다룰 수 있는 것이 아님을 보여준다.

---

1) '유연화와 안정' 이라는 서로 상반되는 목표를 동시에 추구하기 위하여 격론을 벌인 네덜란드에서는 의문의 여지가 있는 집단에게는 근로계약의 당사자인 근로자가 누리는 것과 동일한 보호를 보장하고자 하였다. 그리하여 적어도 사용자의 반증이 없는 한 '근로관계를 특징짓는 조건과 유사한 조건' 으로 노무를 제공하는 자는 근로계약의 자격이 있는 것으로 본다는 법안이 제출되었다. 근로계약의 존재의 추정이라는 입법형식을 취한 것이 두드러진 특징이라고 할 수 있다. Alain Supiot, *Au-dela de l' emploi*(Flammarion, 1999), 43쪽.

특수고용 노동의 문제의 핵심은 한편에서는 독립노동의 증가에 따르는 허위, 가장의 위장자영인화를 방지하는 것과 다른 한편에서는 진정한 의미의 독립노동이지만 노동법적 보호가 필요한 사람에게 적절한 보호를 부여하는 것이라고 할 수 있다. 이런 점에서 특수고용과 유사한 범주의 고용형태에 대한 법적 규율과 관련하여 비교적 경험이 많은 독일 및 프랑스의 입법과 법 원리에 대한 검토는 우리나라의 특수고용의 보호를 위한 입법논의에 있어서 좋은 시사가 될 수 있을 것이다. 이 장에서는 먼저 위장자영인의 증가에 대한 국제적인 노력을 반영한 ILO 제198호 권고의 내용을 살펴 본 후에 두 국가의 입법동향을 살펴보기로 한다.

II. 국제노동기구와 위장자영인

1. ILO 고용관계 권고(제198호)의 채택과정

ILO는 1995년 이사회의 결정을 거쳐 제85차 총회(1997년)와 제86차 총회(1998년)에서 이른바 '계약노동'(contract labour)에 관한 협약 및 권고를 채택하기 위한 논의를 진행하였다. ILO는 세계화, 새로운 기술의 발전, 기업의 구조조정으로 인해 전통적인 고용관계가 급변하면서 새로운 형태의 '계약노동'의 활용이 증대하여 이에 대한 보호가 필요하다는 점을 인정하였다. 하지만 협약이나 권고 형식의 국제적인 기준 마련에 대하여는 노사 간에 의견일치를 보지 못했다. 그리하여 제86차 총회에서는 ILO 이사회가 장래의 총회 의제로서 이 문제를 다룰 것을 제안하는 결의문을 채택하는 데 그쳤고, 이후 이 결의문에 따라 ILO 사무국은 1999년부터 2001년까지 39개 회원 국가의 노동자 보호에 관한 연구조사를 수행하였다. 이러한 과정을 거쳐 2003년 제91차 총회에서 ILO가 회원국에게 관련된 지침을 제공할 수 있는 권고안을 마련해야 한다는 결의문이 채택되었다.[2] 그 이후 2006년 제95차 총회에서

비로소 「고용관계 권고」(Employment Relations Recommendation)가 제198호로서 채택되었다.

고용관계 권고는 위장자영인화(to disguise employment relationship)의 관행이 존재하고 고용관계의 존재를 확인하는 것이 곤란하거나 계약형식 때문에 노동자가 당연히 받아야 할 보호를 박탈당하는 경우가 있다는 점을 명확히 지적하고 있다. 또 고용관계의 존재를 확인하는 어려움은 관련 노동자는 물론 그 공동체와 사회전반에 심각한 문제를 야기할 수 있음을 감안하여 공정한 경쟁의 보장과 노동자의 효과적인 보호를 위하여 이 권고를 채택했음을 밝히고 있다.

2. 고용관계 권고의 주요 내용

회원국은 고용관계적인 맥락에서 노무를 제공하는 노동자의 효과적인 보호를 위한 정책을 수립 · 시행해야 한다(제1조). 그 보호의 성질과 범위는 관련 국제노동기준을 고려하여 국내법이나 관행에 의하되 명확하고 효과적인 보호가 가능하도록 충분해야 한다(제2조). 또 그러한 정책의 수립 · 시행은 가장 대표적인 노사단체의 협의를 거쳐야 한다(제3조).

보호정책의 내용과 관련하여 권고는 고용관계의 존재 유무를 노사가 효과적으로 확인할 수 있는 지침 및 노동자와 자영인 간의 구별에 관한 지침을 제시하도록 하고 있다(제4조 제1항). 또 보호정책의 내용에는 진실한 법적 실체를 은폐하는 다른 형식의 계약상의 합의를 이용하여 고용관계를 다른 것으로 위장하는 것에 대한 대응조치가 포함되어야 한다. 위장자영인화는 사용자가 노동자의 진실한 법적 실체를 은폐하는 방식으로 취급하여 그가 받아야 할 보호를 박탈하는 효과를 낳는 계약상의 합의를 할 경우에 생겨날 수 있다(제4조 제2항). 보호조치는 계약형식에 관계없이 모든 형태의 계약상의 합의에

2) 상세한 것은 윤애림의 "ILO의 '고용관계' 논의와 한국 비정규직 입법논의에 주는 시사점", 민주법학 제28호(민주주의법학연구회, 2005), 13쪽 이하 참조.

적용되어야 하고 고용관계의 존재 유무와 고용조건에 관한 분쟁의 해결을 위한 절차나 기구에 대한 이용은 적절, 신속, 공정, 경제적이며 효과적이어야 한다(제4조 제5항).

고용관계의 존재 유무에 대한 판단기준과 관련하여 권고는 당사자 간의 의사표시에 의하여 정해진 합의나 계약에 관계없이 노무의 제공과 보수지급에 관한 사실을 우선적으로 고려할 것을 요구하고 있다(제9조). 또 판단기준에 관한 명확한 지침을 제정하여 노사에게 제공하고 판단을 용이하게 할 수 있도록, (a) 고용관계의 존재를 널리 인정할 수 있는 방법을 허용하고, (b) 하나 또는 그 이상의 관련 징표가 있으면 고용관계의 존재를 추정하는 제도의 설정하며, (c) 대표적인 노사단체와의 사전협의를 거쳐 특정 범주의 노동자나 특정 분야의 노동자 또는 일반적으로 근로자 또는 자영인으로 간주하는 제도의 설정을 고려해야 한다(제11조).

회원국은 '종속'(subordination) 또는 '의존'(dependence)과 같이 고용관계의 존재 유무를 결정하기 위하여 적용하는 요건을 명확하게 정의할 수 있지만 고용관계의 존재를 확인하는 특정한 징표를 법령 기타 수단을 통하여 규정할 수 있는 가능성을 고려해야 한다. 그러한 징표에는 (a) 근로제공과 관련하여, ① 업무수행의 지시나 통제 유무, ② 기업조직에의 편입 여부, ③ 주로 상대방의 이익을 위하여 일하는지 여부, ④ 노무제공자가 직접 근로를 제공해야 하고, ⑤ 노무수령자가 정하거나 동의한 근로시간 또는 근로장소에서 일을 하는지 여부, ⑥ 일정 기간 노무의 계속성이 있는지 여부, ⑦ 노무제공자의 능력이 요구되는 여부, ⑧ 상대방에 의한 도구 · 원료 · 기계의 제공 여부 등이 포함된다. (b) 노무제공자에 대한 정기적인 보수지급과 관련해서는, ① 보수가 노무제공자의 유일 혹은 주된 수입인지 여부, ② 식사 · 주거 · 교통과 같은 수당의 지급 여부, ③ 주휴 · 연가 자격의 인정 여부, ④ 노무수령자에 의한 업무수행을 위한 출장비의 지급 여부, ⑤ 노무제공자의 재정적 위험의 부재 여부가 포함된다(제13조). 그 밖에 고용관계의 존재 및 고용조건에 관한 분쟁의 해결을 위한 기구와 관련하여 노사당사자가 효과적으로 이용할 수 있는 여건을 조성하고(제14조), 고용관계를 은폐하는 유인을 제거할 수 있는 효과적인 장치들을 개발할 것을 회원국에게 요구하고 있다(제17).

이와 같이 ILO 고용관계 권고는 고용관계를 은폐하는 위장자영인의 확산이 노동자가 당연히 받아야 할 정당한 보호를 박탈하고 있다는 사실의 심각성에 대한 회원국들 간의 인식의 공유와 이에 대처하는 방안에 초점을 맞추고 있다. 위장자영인 문제의 본질은 고용관계의 존재를 결정하는 기준의 불확실성에 따른 사용자 책임의 회피이다. 이를 방지하기 위해서 권고는 근로자성의 판단기준과 관련하여 계약형식에 관계없이 노무제공과 보수지급이라는 사실을 중시할 것과 근로자성 추정 및 간주제도의 도입을 제안하고, 고용관계의 존재를 쉽게 판단할 수 있는 징표들을 구체적으로 열거하고 있다. 특히 이 권고가 열거한 징표들은 한국 법원의 일반적인 근로자성 판단기준과 비교해 볼 때 눈여겨봐야 할 대목이다. 통상 노무수령자가 우월적인 지위에서 임의로 정할 수 있는 형식적인 징표들, 즉 보수의 내용과 지급방법(기본급 · 고정급의 유무 등), 근로소득세의 징수여부, 사회보험료의 지급여부, 취업규칙 · 복무규정 · 인사규정 등의 적용여부 등 한국 법원이 열거하고 있는 징표들은 권고에서는 전혀 고려대상이 되지 못하고 있다는 점이다. 반면에 ILO가 주된 징표로 예시하고 있는 기업조직에의 편입 여부, 주로 상대방의 이익을 위하여 일하는지 여부, 보수가 노무제공자의 유일 혹은 주된 수입인지 여부, 식사 · 주거 · 교통과 같은 수당의 지급 여부, 주휴 · 연가 자격의 인정 여부, 노무수령자에 의한 업무수행을 위한 출장비의 지급 여부, 노무제공자의 재정적 위험의 부재 여부 등은 한국 법원에서 거의 고려되지 않고 있다. 이와 같이 한국 법원이 근로계약관계의 존부를 판단하는 기준은 국제적인 노동기준과도 상당히 차이가 크다는 점을 알 수 있다. 특히 한국 법원이 제시한 위의 형식적 징표들은 노무수령자들이 손쉽게 조작함으로써 오히려 고용관계의 존재를 은폐하는 위장자영인화의 유인요인이 되고 있다는 사실에 유의하지 않으면 안 된다.

Ⅲ. 독일의 유사근로자 개념 및 사회보험법상의 근로자 개념

1. 단체협약법상의 유사근로자

독일은 노동법상의 근로자에 대한 정의규정을 두고 있지 않고 학설과 판례에 맡기고 있다. 학설과 판례의 입장은 매우 다양한데 그 가운데 노동의 내용, 장소, 시간 등에 대하여 노무공급자가 사용자의 지시권에 구속되고 있다는 징표, 즉 '인적 종속성' 을 기준으로 근로자여부를 판단하는 입장이 대표적이다. 그런데 엄밀히 말하면 독일은 우리나라와 같은 형태의 특수고용 노동은 거의 존재하지 않는다고 보는 것이 옳을 것이다. 다만 전통적인 의미에서의 종속적인 노동자와 독립적인 개인사업자 사이의 경계에 위치하여 그 판단이 불명확한 일부 노동자들의 노동법적 보호를 위하여 유사근로자(arbeitsnehmerähnliche Personnen)란 범주를 '단체협약법'(Tarifsvertragsgesetz)에서 설정하고 있다. 이러한 유사근로자는 자유용역계약(freier Dienstvertrag)이나 도급계약(Werkvertrag)의 틀 내에서 노무를 제공하지만 주된 주문자에게 경제적으로 의존하는 자를 말한다. 유사근로자의 법적 요건은 ① 노무제공자가 다른 노동자의 도움 없이 단독으로 일하면서, ② 직업상 소득의 절반이상을 주된 주문자에게 제공하는 용역으로부터 얻고, ③ 사회적 보호의 필요성이 임금노동자와 유사한 경우이다.[3] 통상 근로자성의 판단표지로서 고려되는 요소들(인적 종속성이나 경제적 또는 조직적 종속성 등)과 관련없이 '경제적 의존' 이라는 기준이 노동법상의 '부분적인' 보호와 책임의 근거가 되고 있는 것이다. 이들에게는 휴가와 노동소송 및 단체협약에 관하여 노동법의 규정을 적용한다.

독일의 유사근로자는 단체협약법의 적용을 받으므로 단체협약의 체결을 위하여 교섭하고 쟁의행위를 할 수 있다. 또한 유사근로자는 종업원평의회법

3) 단체협약법(Tarifsvertragsgesetz) 제12조 제1항.

상 근로자개념의 확장으로 파견근로자와 마찬가지로 종업원평의회법상의 근로자로 인정된다.[4] 다만 독일의 경우에는 유사근로자로 인정되는 집단이 우리나라와는 달리 언론분야 종사자를 제외하고는 별로 없으며 또한 이들의 계약형식과 노무제공 방식이 개별적으로 차이가 커서 집단적인 권리주장에는 한계가 많다고 한다. 산업별 조직과 단체교섭 구조를 가진 독일의 특성에서 비롯된 것이 아닌가 짐작된다.

구체적인 사례로는 우리나라의 특수고용형태와 비교할 때 화물운송 및 레미콘 지입차주와 유사한 특정 탁송회사에 소속된 자가운전 개인운수업자의 근로자성에 대하여 독일 법원은 구체적인 실태에 따라 근로자성을 인정한 경우도 있고 이를 부정한 예도 있지만 적어도 유사근로자의 자격은 인정하는 것이 보통이다. 따라서 노동3권은 아무런 유보없이 보장하고 있다. 개인운수업자의 근로자성을 인정한 일부 지방노동법원의 논거를 보면, 첫째 운송가격의 형성에 있어서 자기의 고유한 재량영역을 가지고 있는 것이 아니라 용달회사의 수중에 있다는 점, 둘째 용달차운전기사는 고객의 화물운송을 용달회사의 중개없이 독자적으로 수행할 권한이 없고 운송위임계약에 따른 용달회사의 처분과 지시를 즉각 그리고 일정한 기한 내에 준수할 뿐이라는 점, 셋째 용달차 운전자는 자신의 근로시간을 자유롭게 결정할 수 없고 오히려 용달회사와의 계약이 경제적 강제를 행사하고 가능한 한 많은 운송위임을 접수하고 이를 위하여 회사의 영업시간 동안 노동력을 제공할 태세를 갖추고 있어야 한다는 점 등을 들고 있다.[5]

4) 김형배 · 박지순, 「근로자개념의 변천과 관련법의 적용」(한국노동연구원, 2004), 103쪽.

5) Arbeitsgericht Düsseldorf vom 28.10.1987.6 Ca 544/86. 김영문, "독일법상 근로자개념과 특수형태근로 종사자의 노동법적 지위", 「특수형태근로 종사자 보호대책관련 각국 사례」(노사정위원회, 2003), 63-65쪽에서 참조.

2. 유사근로자 개념에 대한 이해의 혼란

'유사근로자' 개념은 한국에서 특수고용관계에 대한 입법 논의를 할 때마다 자주 언급되고 있다. 노사정위원회도 독일이나 이탈리아의 입법경험을 참조하여 '유사근로자' 개념을 도입할 것을 제시한 바 있다. 그렇지만 이 개념에 대한 이해는 그리 충분히 이루어진 것 같지 않다. 유사근로자 개념에 대한 보다 정확한 이해를 위해 약간의 이론적인 검토가 필요한 것 같다.

우선 유사근로자란 범주가 근로자가 아니라 독립적인 개인사업자이지만 단지 법률에 의하여 노동법을 확대 적용할 뿐이라는 인식이 타당한가 하는 점이다. 만약 이렇게 이해한다면 유사근로자로 인정된다는 사실은 곧 근로자성을 부인하는 결과가 되므로 그러한 개념의 도입에 있어서는 유사근로자와 진정한 근로자를 구분하는 기준이 명확하게 설정되지 않으면 안 된다. 그런데 이 점에 관하여는 정작 독일에서조차 견해가 갈라져 있다. 유사근로자를 근로자로 보지 않고 독립사업자의 하위범주로서 제3의 유형으로 파악하는 대표적인 논자인 Hromadka는 경제적 종속성 기준을 배제한 채 인적 종속성만을 근로자성 판단기준으로 미리 전제한 다음, 사업자와 근로자로 양분한 후에 그러한 사업자 중에서 경제적으로 종속된 자를 유사근로자로 파악하고 있다.[6] 그런데 독일의 유사근로자의 법정요건은 문언상으로 볼 때 근로자와 비근로자를 구분하는 판단기준을 정한 것도 아니고 또한 자본가적 기업인 독립사업자와 그렇지 않은 자를 구분하는 기준을 정한 것도 아니다. 이 기준은 양 영역에 걸쳐있는, 즉 근로자성의 판단기준을 어떻게 정하느냐에 따라 근로자일 수도 있고 독립사업자일 수도 있는 중간 영역의 노동형태 가운데 특정한 범주를 설정한 것으로 보인다. 달리 말하면 유사근로자의 법정요건에 해당한다고 하여 근로자라고 판단하거나, 아니면 여기에 해당하지 않는다고 하여 독립사업자라고 판단해서도 안 된다는 것이다.

---

6) 鎌田耕一 編著, 契約労働の研究(多賀出版, 2001), 58-69쪽.

또한 법률에서 제시하고 있는 정도의 느슨한 경제적 의존의 수준과 일반적으로 근로자성 여부를 판단하는 기준으로서의 경제적 종속성 기준과는 상당히 차이가 있다. 따라서 인적 종속성이 약하다고 하여 곧바로 근로자성이 배제된다는 논리도 성립될 수 없다. 인적 종속성은 약하지만 유사근로자보다 훨씬 경제적 종속성이 강하여 근로자로 인정될 수 있는 경우도 얼마든지 가능하다. 또한 근로자성 판단의 기준으로서 점차 경제적 종속성의 중요성이 더해가고 있는 현실을 감안할 때 Hromadka의 견해는 받아들이기 어렵다.

한편 다른 측면에서 보면 독일에서도 단체협약법상 독자적으로 설정된 유사근로자에게 노동법을 일괄적으로 적용하거나 또는 일부의 규정을 적용할 수 있는지에 대하여, 즉 유사근로자가 일반적 의미에서의 근로자인지 여부에 대하여 학설상 다툼이 있다. 연방노동법원의 경우에는 유사근로자의 전형적인 형태라고 할 수 있는 가내노동자에게 대하여 노동법상의 보호규정을 전면적으로 적용할 수 있는지에 대하여 소극적인 입장을 취하고 있는데 학설도 일반적으로 이와 같은 견해를 취하고 있다. 그런데 여기서 유의해야 할 점은 유사근로자에게 노동법상의 보호조항을 전면적으로 적용할 수 없다고 하는 견해를 유사근로자는 근로자가 아니라는 뜻으로 읽어서는 안 된다는 것이다. 모든 유사근로자에게 노동법을 전면 적용할 수 없는 것은 유사근로자가 근로자가 아니기 때문이 아니라 유사근로자의 판단기준과 근로자의 판단기준이 다르기 때문이다. 제대로 이해해야 하는 것은 바로 이 점이 아닌가 한다. 따라서 연방노동법원이 밝힌 대로 가내노동자에게 근로관계의 승계에 관한 민법의 규정이 당연히 적용되어야 하거나 동일한 업무를 수행하는 가내노동자와 사업장 노동자 간에 평등대우의 원칙이 당연히 적용되어야 하는 것은 아니다. 결국 유사근로자가 제3의 범주라는 의미는 자본가적 기업 또는 전형적인 근로자와 완전히 구별되는 독자적인 형태로 존재한다는 의미가 아니라 이러한 기준에 따른 판단을 유보한 채 단체협약법을 비롯한 특정 법규의 적용을 받을 수 있는 일정한 자격을 갖춘 자란 뜻으로 이해해야 할 것이다.

결국 독일식의 유사근로자 개념을 도입할 경우에 유념해야 할 점은 근로자인지 독립사업자인지 명확하진 않지만 법이 정한 일정 기준에 해당하는 자는 그러한 입법의 취지 내에서 노동법의 특정 조항을 적용한다는 것이다. 이와 같이 이해한다면 유사근로자라는 독립된 범주를 설정하지 않고 노무제공자를 근로자와 독립자영인으로 나누는 이분법을 주장하는 Wank의 견해는 다른 관점에서 평가할 수 있을 것이다. Wank는 인격적 종속성 대신에 시장에서 사업자로서의 위험을 인수하고 이익을 창출할 수 있는 기회를 갖느냐 하는 점, 즉 '사업자로서의 위험의 자발적인 인수'를 사업자성 판단기준으로 내세우고 있다. 이 때 사업자로서의 위험을 자발적으로 인수했다고 인정되기 위해서는 사업자의 위험뿐만 아니라 이익의 가능성을 가져오는 사업자로서의 결정의 자유가 존재하지 않으면 안 된다고 본다.[7] Wank의 이러한 주장에 따른다면 유사근로자는 오히려 근로자에 포섭될 가능성이 상대적으로 훨씬 높아지게 될 것이다. 반면에 Wank의 비판자들이 주장하고 있는 것처럼 유사근로자라는 제3의 범주를 인정해야 하느냐 아니면 인정하지 말아야 하는가 하는 것은 초점을 벗어난 것으로 보인다. Wank도 단체협약법이 정한 제3의 범주의 존재를 부정하는 것은 아닌 것 같다. 그의 주된 논지는 근로자성 판단기준 자체의 새로운 모색을 통하여 제3의 범주를 설정하지 않더라도 중간 영역에 있는 자에 대한 법적 보호의 부여가 가능하다는 데 있는 것으로 보인다.

3. 사회보험법상의 근로자개념

독일은 노동법상의 근로자개념에 관하여 법률에 별도의 정의규정을 두지 않고 판례에 맡겨왔지만 1999년의 사회법전은 근로자에 대한 정의규정을 신설하였다.[8] 이 정의규정의 두드러진 특징은 노동법상의 근로자개념의 판단

---

7) 김영문, 앞의 글, 37쪽 이하에서 재인용.

8) 용어상으로 사회보험법에서는 '근로자'나 '근로관계'라는 표현대신 '취업자' 및 '취업관계'라는 용어를 사용하고 있지만 사회보험 총칙규정인 사회법전 제4권 제7조 제1항에서 '취업'은 비자영적 노동으로서 특히 근로관계를 의미한다고 규정하고 있으며 통상 근로관계가 사회보험법의 취업관계의 전형을 이루는 것으로

기준에 관한 판례의 입장보다 상당히 넓게 파악하고 있다는 점이다. 사회보험법은 네 가지 표지를 설정하여 이 가운데 둘 이상을 충족한 경우에는 근로자로 추정하도록 하고 있다. 네 가지 표지는 ① 자신의 업무와 관련하여 가족 구성원을 제외하고 사회보험의 가입의무가 있는 근로자를 사용하고 있지 않을 것, ② 통상 주로 1인의 위임인을 위하여 활동할 것, ③ 노무제공자가 근로관계의 전형적인 급부를 행하고 있을 것(이는 특히 위임인의 지휘명령을 받아 업무를 수행하고 그 사업조직에 편입되어 있는 경우에는 인정될 수 있다), ④ 사업자로서의 활동에 기초하여 시장에서 거래를 행하지 않을 것이다.[9]

사회보험법의 근로자추정 조항은 위장자영인을 억제하고 취업자(즉 근로자)의 판단을 용이하게 한다는 사회법전의 본래의 개정목적에 반하여 지나치게 적용범위를 확대했다는 비판을 받았다.[10] 또한 이 조항의 신설당시 사회법전 제6편 제2조 제9호가 연금보험 가입의무자로서 유사근로자를 추가함에 따라 이것이 사회법전 제4편 제7조 제4항의 취업자개념과 중복되어 실무상으로 혼란을 초래했다는 비판을 받았다. 이 때문에 근로자추정 조항은 다시 개정되었는데 소득을 목적으로 취업하고 있는 자 가운데 다음 다섯 가지 표지 중 셋 이상이 존재하는 경우에는 근로자로 추정한다고 규정하였다. ① 업무와 관련하여 취업에 의한 보수가 통상 630마르크를 초과하는 사회보험 가입의무가 있는 근로자를 통상 고용하고 있지 않을 것, ② 계속하여 주로 1인의 위임인만을 위하여 취업하고 있을 것, ③ 위임인 또는 동종의 위임인이 통상적으로 근로자를 고용하여 동종의 업무를 수행하고 있을 것, ④ 그 업무에 사업활동으로서의 전형적인 표지가 보이지 않을 것, ⑤ 종전에 동일한 위임인이 취업관계(근로관계) 하에서 행하였던 업무와 그 업무가 외관상 일치하고 있을 것이다. 다만 추정조항은 주로 업무를 자유로이 형성하고 노동시간을 자유로 결정하는 상업대리인에게 적용하지 않으며 그러한 추정은 반증할

이해되고 있다고 한다(김영문, 앞의 글, 4-5쪽 참조).

9) 독일 사회법전 제4편 제7조 제4항.

10) 이하 鎌田耕一 편, 앞의 책, 61-62쪽 참조.

수 있다고 규정하고 있다.[11]

사회보험법상의 근로자성 판단기준은 특수고용 노동자의 상당부분을 사회보장법의 적용범위에 포섭하게 된다. 물론 사회보험법상의 근로자에 해당한다고 하여 곧바로 노동법의 적용대상이 되는 것은 아니다. 또한 이러한 기준이 전통적인 인적 종속성에 기초한 노동법상의 근로자개념에 어느 정도 영향을 미칠 수 있는지에 대하여도 명확하지 않으며 기대 또한 높지 않다고 한다.[12] 하지만 이러한 평가보다 중요한 것은 특수고용 노동의 경우 독일에서는 노동법상으로는 명확하게 근로자성을 인정받지는 못하더라도 적어도 사회보장법상으로는 넓게 보호를 받고 있다는 점이다. 이는 노동법상의 근로자성 인정 여부가 특수고용 노동자와 그 가족의 생존에 미치는 영향이 훨씬 심각한 우리나라와 사회복지제도가 잘 갖추어진 독일을 비교할 때 유념해야 할 대목이 아닌가 한다.

Ⅳ. 프랑스의 독립노동자의 법적 지위

1. 노동법상의 독립노동자

프랑스는 독립노동에 대하여 입법적인 개입을 통하여 적극적으로 노동법

11) 사회보험법상 근로자로 추정되지 않는 상업대리인은 독일 상법에 의하여 별도의 보호를 받는다. 업무를 자유로이 형성하고 근로시간을 자유로이 결정하는 상업대리인을 위하여 사업주에게 보수지급의무, 자료제공을 포함한 정보제공의무, 설명의무 등을 부담시키고 있다(상법 제86조 제1항, 제2항). 또한 계약상 다른 기업을 위하여 활동할 수 없거나 업무의 종류와 범위로 인하여 타 기업을 위한 활동이 불가능한 상업대리인의 계약관계에 대해서는 연방법무장관이 연방경제장관과 노동장관과의 협의 하에 상업대리인 단체의 의견을 들어 급부의 하한선을 정하도록 하여 최저근로조건의 보호장치를 마련하고 있다(상법 제82조 제1항). 상세한 것은 김영문의 앞의 글, 3-4쪽 참조.

12) 김영문, 같은 글, 6쪽.

상의 지위를 부여하고 있다. 노동법전 제7부(특정 직업들에 관한 특별규정)에서 상업대리인 등 일정한 직업에 종사하는 자에게 노동법을 전부 또는 부분적으로 적용하고 있다.[13] 이들 독립노동자는 전통적인 의미의 법적 종속성[14]이 결여되어 있지만 법률은 이들 노동의 특수한 수행조건 및 경제적 의존성을 고려하여 노동법을 확장 적용한다. 프랑스의 직업별 노동법은 크게 세 범주의 독립노동에 대하여 각각 상이한 방식으로 노동법적 지위를 부여하였다. 첫째, 타인의 계산으로 일하는 다양한 상업대리인(V.R.P.)에 대하여는 법률에 의하여 직접 근로자의 지위를 부여하고 있다(의제, assimilation). 두 번째 범주인 기자, 공연예술인, 모델 등은 일정한 요건을 갖춘 경우에 근로계약으로 추정한다. 세 번째는 근로계약의 존재 유무를 묻지 않고 일정한 요건을 갖춘 경우 노동법을 확장 적용한다. 가내노동자, 영업권을 가진 지배인, 하나의 연료배급사에 의존하는 주유소의 경영인 등이 이 범주에 속하는 직업군인데 명백히 자영업자로 볼 수 있는 영세상인을 종속적인 근로자와 같이 대우하도록 하고 있다는 점에서 앞의 두 범주와 비교된다.

---

13) 프랑스법의 내용을 소개한 대표적인 글로는 조임영, “종속관계의 변화와 노동법”, 민주법학 제24호(민주주의법학연구회, 2003)와 조용만, “프랑스의 근로자 판단기준과 특수형태근로종사자의 법적 지위”, 「특수형태근로 종사자 보호대책 관련 각국 사례」(노사정위원회, 2003). 독립노동자의 특정한 직업군 가운데 특히 골프장 경기보조원의 경우 우리나라에서는 근로자성이 문제되지만 프랑스에서는 주로 골프장에 소속된 근로자인 경우가 대부분이고 캐디의 근로자성을 다투는 사례는 찾아보기 어렵다.

14) 프랑스도 마찬가지로 근로계약의 해당여부는 판례에 의하여 종속관계의 인정여부를 통해 결정하는데 이러한 종속관계를 ‘법적 종속’(surbordination juridique)라고 부른다. 법적종속은 경제적 종속(surbordination économique)과 구별하기 위한 개념이지만 구체적인 판단기준으로서 사용되는 일련의 징표들은 인적 종속성의 개념을 사용하고 있는 국가들과 크게 다르지 않다(조용만, 앞의 글, 221쪽 이하 참조). 다만 우리나라와는 달리 취업규칙의 적용여부나 보수의 지급방식, 근무시간 및 근무내용의 결정에 관한 재량의 정도 등은 근로계약의 존재를 배제하는 기준으로 적절치 않다고 보는 판례가 많다(Cass. soc., 13 juin 1991, n°88-19.309). 특히 보수의 지급방식은 근로계약의 존재를 부정하는 지표로서는 거부되지만 이를 인정하는 적극적인 징표로서 자주 언급된다.

이와 같이 프랑스의 직업별 노동법은 업무수행상의 자율성을 누리는 독립노동자를 근로자와 유사하게 취급하여 종속노동자로서의 권리를 누릴 수 있도록 하고 있다. 그 결과 이러한 특수한 법적 지위는 본래 독립사업자에 고유한 특징과 노동법규가 혼재되어 있는 특이한 구조를 취하고 있다.[15]

2. 노동법의 적용범위

프랑스 직업별 노동법의 또 다른 특징은 노동법의 적용범위에 있다. 노무제공의 특성과 경제적 의존의 성질에 따라 직업별로 일반근로자에게 적용되지 않는 새로운 보호조항을 추가하거나 적용제외 규정을 두기도 하고 노동법을 조정하여 적용하기도 한다.

(1) 근로자로 의제되는 상업대리인(V.R.P.)

독립노동의 가장 전형적인 형태가 외무원(voyageur), 대리인(representant), 외판원(placier) 등 V.R.P.라 약칭되는 상업대리인이다.[16] 근로자성을 긍정할 수 있는 지표들과 부정할 수 있는 지표들이 혼재되어 있는 것도 V.R.P.가 가진 특징이다. 우리나라의 보험모집인이나 학습지교사와 유사한 노무제공형태를 가지고 있고 이런 점에서 비교법적으로 시사하는 바가 많다. 같은 직업에 종사하더라도 실제 근로형태에 따라 근로자성 여부가 달라질 수 있는 상업대리인에 대하여는 보호필요성의 관점에서 입법적으로 논란의 여지를 해소하였다. 즉, "외무원, 대리인 또는 외판원과 그 사용자 사이에 대리를 목적으로 체결된 약정은 계약상의 명시적 규정 유무에 관계없이 다음의 요건을 갖춘 경우에는 근로계약으로 본다"고 법령으로 명시하였다.

---

15) 상업대리인의 고객확대보상금(제7313-13조), 기자의 양심조항(제7112-5조), 복수의 주문자를 위하여 노무를 제공하는 것 등이 이러한 예에 속한다.

16) 전체 방문판매인은 6십만 명으로 추산되며, 이 중 V.R.P.는 약 3만명으로 추산된다.

노동법전이 적용되는 상업대리인의 법적요건은, ① 하나 또는 둘이상의 사용자를 위하여 일할 것, ② 사실상 배타적이고 항상적으로 자신들의 대리 직업에 종사할 것, ③ 자신의 개인적 계산을 위해 어떠한 상업적 활동도 실제 하지 않을 것, ④ 판매나 구매에 제공되는 용역이나 상품의 종류, 활동지역, 방문해야 할 고객의 범주 및 보수율을 정하는 약정을 자신의 사용자와 체결할 것이다(제7311-3조). 그런데 특징적인 것은 근로자로 의제하기 위한 법적 요건 가운데 인적 종속성의 전형적인 내용인 업무에 대한 지휘명령의 구속성을 구체적이고 직접적인 형태보다 포괄적이고 일반적인 성격으로 규정하고 있다는 점이다(네 번째 요건). 또한 세 번째 전속성 요건에 대하여 판례는 "다른 직업활동의 수행 또는 본인을 위한 상업활동의 수행을 금지하는 (계약상의) 조항이 없더라도" 사실상 배타적이고 항상적으로 대리업에 종사하며 자신의 계산으로 상행위를 하지 않는 경우에는 근로자로 의제하도록 하였다는 점에 주목할 필요가 있다.[17]

노동법전의 적용을 받는 상업대리인, 즉 근로자로 의제되기 위해서는 원칙적으로 대리업만을 배타적으로 수행하여야 한다.[18] 다만, 동일한 사용자를 위하여 대리업무와 일반 근로자로서의 업무를 병행하는 경우에는 주된 업무가 영업대리업인 경우에만 상업대리인에 관한 노동법전의 적용을 받고,[19] 임금을 받는 근로가 주된 업무인 경우에는 통상의 근로자로서 노동법전의 규정이 적용된다.[20] 여기서 근로자로 '의제' 한다는 것은 반증의 여지가 없음을

17) "법률에 의하여 다른 보험회사를 위한 보험모집은 할 수 없지만…… 다른 종류의 영업에 종사하는 것이 금지되어 있는 것도 아니고 또 그것이 사실상 곤란한 것도 아니며, 타인의 노동력의 이용 등 업무수행방식에 제한이 없다"는 이유 등으로 회사에 의하여 근로시간 등이 지배, 관리된다고 볼 수 없어 보험모집인의 근로자성을 부인한 대법원 판례(대법원 2000.1.28 선고, 98두9219 판결)와 비교하면 유의미한 시사가 될 것이다.

18) 판례도 자신의 계산으로 다른 상행위를 병행하는 경우에는 근로자로 의제될 수 없다고 한다(Cass. soc. 6 july 1964).

19) Cass. soc. 27 oct. 1976.

20) J는 1958년부터 한 포도주회사의 상업대리인으로 일하다가 1971년에 새로운 계

의미하므로 사용자가 종속관계가 존재하지 않음을 입증한 경우에도 근로자로 보는 데에는 아무런 지장이 없다.

근로자로 의제되는 상업대리인에게는 당연히 노동법이 적용되지만 일부규정은 조정하여 적용된다.[21] V.R.P.는 근로시간에 대하여 사용자로부터 아무런 통제를 받지 않으므로 근로시간의 제한이 없고 또한 최저임금의 적용을 받지 않는다. 반면 이들은 단체협약을 체결할 수 있고 파업권이 인정된다. 조정 적용되는 노동법 조항과 V.R.P.의 특수성에 따라 보충적으로 인정되는 내용은 다음과 같다.

① 기간을 정한 계약을 체결할 수 있고 기간을 정하지 않은 경우에는 해고예고기간을 두어야 한다(제7313-9조).[22]

② 3개월 이내에서 시용기간을 정할 수 있고 시용기간 중에는 중대한 과실이 없더라도 일방 계약당사자의 의사에 의해 근로계약이 종료될 수 있고 어떠한 수당이나 보상금의 지급의무발생하지 않는다(제7313-5조).

③ 계약종료의 원인에 관계없이 계약종료 이전에 이루어진 견본 · 가격합의의 직접적인 결과로 계약종료 후 고객의 주문에 상응하는 수수료를 임금으로 지급받을 권리가 인정된다(제7313-11조).

④ 기간의 정함이 없는 계약이 근로자의 중대한 과실이 없이 또는 영구적이고

약을 체결하여 관할구역에서 상업대리업무를 하면서 동시에 해당구역의 다른 상업대리인들을 관리하는 내근업무를 시작하고 그 대가로 기본급과 관할구역의 판매액 전체의 2퍼센트에 해당하는 커미션을 지급받았다. 나중에 해고되었는데, 1971년부터 자신이 개척한 고객에 대한 보상금을 청구하였으나 법원은 J가 회사의 근로자이며 상업대리업무는 부수적인 것에 지나지 않는다고 보고 해고보상금에는 고객보상금은 포함되지 않는다고 하였다(Cass. soc. 17 oct. 1979).

21) 노사정위원회 특별위원회의 공익위원안과는 반대의 방식이다. 공익위원안은 원칙적으로 노동법을 적용하지 않고 예외적으로 계약조건의 서면 명시 및 교부, 계약기간 중 부당해지 금지, 보수지급 원칙, 30일의 출산휴가, 무급 생리휴가, 무급 육아휴직, 무급 연가 등 근로자의 이용가능성이 매우 낮은 일부 조항들만, 그것도 무급 형태로 열거하는 방식을 취하고 있다.

22) 예고기간은 계약적용 첫 해 동안에는 1개월, 두 번째 해 동안에는 2개월, 두 번째 해 이후에는 3개월을 하회할 수 없다.

완전한 노동무능력을 초래하는 재해나 질병으로 인해 계약이 종료되는 경우에는 계약의 남용적 해지에 대한 배상금과는 별도로 근로자가 확보하거나 개발한 고객의 수 및 가치에서 본인의 기여분에 상응하는 수당을 지급받을 권리를 가진다. 기간의 정함이 있는 계약의 경우에도 근로자의 중대한 과실이 없이 사용자가 계약기간 만료 이전에 계약을 해지하거나 또는 계약을 갱신하지 않는 경우에도 인정된다(제7313-13~17조).

⑤ 외무원, 대리인 또는 외판원의 계약과 관련된 일체의 분쟁은 노동법원의 관할에 속한다(제7313-18조).

⑥ 회사정리 내지 청산절차가 개시되는 경우 최종 90일의 근로에 대한 모든 종류의 보수와 관련하여 다른 채권에 우선하여 변제받을 수 있다(제7313-8조).[23]

(2) 근로자로 추정되는 직업군

기자, 공연예술인, 모델은 완전한 독립성과 완전한 자유 하에서 자신의 직무를 수행하지 않는 것으로 추정된다. 여기서 말하는 '추정'은 반증에 의하여 깨질 수 있음을 의미한다. 그러나 법문은 이 추정이 반증에 의하여 쉽게 뒤집히지 않고 강하게 반발할 수 있는 방식으로 규정하고 있다. 즉, 노동법전은 이 추정이 보수의 지급방식이나 액수 및 계약당사자들이 부여한 계약의 종류 등에 의하여 번복되지 않도록 규정하고 있다.[24] 이 점은 우리에게 시사하는 바가 크다. 왜냐하면 우리 법원의 경우에는 이러한 형식적 징표들을 주된 근로자성 판단기준으로 삼고 있기 때문이다.

1) 기자

하나 이상의 신문이나 잡지 또는 출판회사를 위하여 정기적으로 기자로서의 업무를 수행하는 것을 주된 일로 삼고 이로부터 수입의 주요 부분을 획득

23) 일반 근로자의 경우에는 최종 60일의 근로에 대한 보수만이 우선변제의 대상이 된다(제3253-2조).

24) 제7112-1조 제4항(기자), 제7121-4조(공연예술인), 제7123-4조(모델).

하는 기자는 근로자로 추정된다(제7111-1조). 이와 같은 요건을 충족시키면서 고정급을 받는 통신원도 포함되며 번역, 속기, 교정, 삽화, 사진 등에 종사하는 자도 포함한다. 다만 광고 업무에 종사하는 자는 제외한다.

근로자로 추정되는 기자는 일반적인 노동법의 적용을 받는데 기자에게 적용되는 특수한 규정들 중의 하나는 이른바 '양심조항'이라고 불리는 제7112-5조이다. 이 조항은 신문이나 잡지의 성격이나 지향이 확연히 변하여 자신의 명예나 평판 또는 정신적 이익을 침해한다고 여기는 기자는 해지예고기간을 준수하지 않고 즉시 계약을 해지할 수 있으며 사용자는 이에 대해 일반적인 해고의 경우와 마찬가지로 보상금을 지급해야 한다.[25]

2) 공연예술인

자연인 또는 법인이 보수를 대가로 공연예술인의 협력을 확보하는 모든 계약은 근로계약으로 추정된다. 다만 연예인 · 예술가가 계약목적인 활동을 상업등기부(le registre du commerce)의 등록이 요구되는 조건으로 행하는 경우에는 그러지 아니한다(제7121-3조). 사업자 등록을 하지 않은 채 공연예술에 종사하는 모든 예술인, 즉 배우, 가수, 연주자, 지휘자, 연출자, 무대장치 종사자 등이 여기에 해당한다. 창작에 있어서 예술인이 사용자의 지휘명령을 일절 받지 않는다거나 창작에 사용된 재료나 도구가 예술인의 소유라거나 예술인이 한 명 또는 그 이상의 보조자를 직접 고용한다는 등의 사정은 근로자 추정을 깨뜨리지 않는다(제7121-4조).

근로자로 추정되는 공연예술인에게는 일반적인 노동법이 적용되는데 계약체결의 방식, 보수 및 알선(영리목적의 직업소개의 허용) 등과 관련하여 약간의 특별규정이 있다. 특히 보수의 경우 신체적 활동이 별도로 요구되지 않는 출연, 연주 또는 발표의 녹화 · 녹음물의 판매 · 활용에 대한 보수는 임금으로

25) 예컨대 스캔들 기사는 취급하지 않던 잡지가 판매부수의 확장을 위하여 스타의 사생활을 침해하는 기사를 다루기로 방침을 변경하는 경우(Cass. soc. 17 avr. 1996).

간주되지 않는다(제7121-8조).

3) 모델

자연인 또는 법인이 보수를 대가로 모델의 협력을 확보하는 모든 계약도 근로계약으로 추정된다(제7123-3조). 이러한 추정은 보수의 지불방법 및 보수액, 당사자들에 의해 부여된 계약명칭을 불문하고 이루어지며 모델이 자신의 업무수행에 있어서 완전한 행위의 자유를 보유한다는 입증에 의하여 근로계약의 추정이 번복되지 않는다(제7123-4조). 자신의 이미지를 일체의 시청각 자료에 재생산하는 방식을 통하여 직간접적으로 대중에게 상품, 서비스 또는 홍보메시지를 표현하거나 혹은 직접 모델로 등장하는 일에 종사하는 모든 자가 여기에 포함된다(제7123-2조).

노동법의 적용에 있어서는 몇 가지 특칙이 있다. 우선 공연예술인과 마찬가지로 모델의 신체적 활동이 별도로 요구되지 않는 모델활동 녹화물의 판매 · 활용으로 인한 보수는 임금으로 간주되지 않는다(제7123-6조). 또한 모델업면허를 취득한 자연인이나 법인은 일정한 범위 내에서 모델공급사업이 허용된다(제7123-11~16조).[26] 그밖에 서면계약서 작성의무 및 교부의무(제7123-5조), 모델사용업체가 모델고용업체에게 지불한 금액의 일정 비율이상을 임금으로 지급할 것(제7123-7조), 모델의 양성 및 관리를 위해 모델고용업체가 미리 부담한 비용의 회수비율의 상한성(임금 및 보수액의 20%, 제7123-9조), 노무제공의 기간의 장단에 관계없이 각각의 노무제공에 대한 연차휴가보상수당에 관한 권리(제7123-10조), 모델고용업체외 모델사용업체의 법령 및 단체협약이 정한 근로조건의 준수의무(제7123-18조),[27] 모델고용업체의 도산의 경우를 대비하여 임금 · 부가급여 · 사회보험료에 대한 모델

26) 파견근로(le travail temporaire)에 관한 노동법전 제1부 제5권에서 규율하는 범주 내에서 행하여지는 것이 아닌 한 인력공급을 배타적 목적으로 하는 일체의 영리활동은 금지되며 그 위반에 대해서는 벌칙이 적용된다(제8241-1조).

27) 사용사업주인 모델사용업체가 준수해야 할 근로조건에는 근로시간, 야간근로, 주휴, 법정공휴일, 위생 · 안전, 여성 · 연소자근로에 관한 사항이 포함된다(제7123-18조).

고용업체의 보증의무 및 재정적 보증이 불충분한 경우의 사용사업주인 모델 사용업체의 대신지급의무(제7123-19~22조) 등이 있다.

(3) 자영업자에 대한 노동법의 확장 적용

대리상, 식료품 회사의 비임금 지점장, 가내근로자 등은 근로자로 의제하거나 추정하지 않고 노동법을 부분적으로 적용한다. 따라서 처음부터 종속성 여부를 따지지 않을 뿐만 아니라 조금이라도 상품제공자에게 배타적으로 의존하면서 그로부터 정해진 가격에 판매하도록 부담을 지고 있다면 적용되기 때문에 특정한 직업에 한정되지 않고 일반적으로 적용될 수 있다는 특징을 가지고 있다.

1) 대리상 등 특정 범주의 노무제공자

직업의 종류를 구체적으로 명시하는 대신 직업의 내용을 포괄적으로 규정함으로써 다양한 유형의 대리상(공연 티켓 판매 대행 회사, 특정 정유업체 전속 주유소 등)들이 노동법전의 적용을 받을 수 있는 길을 열어 놓고 있다. 즉, ① 상공업분야의 기업에서 그 구내 또는 부속지에 고객이 머무는 동안 고객으로부터 의류 또는 기타의 물건을 수령하거나 어떠한 종류의 서비스를 제공하기 위하여 고객에 대한 노무제공의 임무를 기업의 장(chefs d'établissement)으로부터 부여받았거나 그의 승인 하에 그러한 임무를 수행하는 자 또는 ② 하나의 상공업기업이 배타적 또는 준배타적으로 제공하는 어떠한 종류의 상품이나 생산물, 유가증권, 책자, 간행물, 티켓 등을 판매하거나 또는 하나의 상공업기업을 위하여 주문을 수령하거나 취급 · 운반 · 운송할 물품을 수령하는 것을 본질적 업무로 하는 자로서 해당 기업이 제공하거나 승인하는 장소에서 그리고 해당 기업이 강제하는 조건 및 가격으로 자신의 직업을 수행하는 자에게는 노동법을 적용한다(제 7321-1조). 다만 상공업 기업의 장은 자신이 상품, 생산물, 유가증권 또는 티켓 등을 제공하거나 그를 위해 주문이 수령되거나 취급 · 운반 · 운송할 물품이 수령되는 경우에 자신이 정하거나 승인한 사업장에서의 근로조건 및 위생과 안전에 한하여 책임을 진다(제7321-2조).

2) 식료품 회사의 비임금 지점장

여러 개의 지점을 두고 있는 식료품 회사(예컨대, 우리나라의 편의점 업체) 또는 소비협동조합의 지점을 경영하지만 회사와 근로계약을 맺고 있지 않은 독립된 사업자인 비임금 지점장도 판매액에 비례하는 수수료를 보수로 받고, 계약으로 근로조건을 정하지 않고 직원채용이나 자신의 비용과 완전한 책임으로 대리인을 두는 완전한 자유를 가지지 않는 경우에는 노동법의 적용을 받는다(제7322-2조). 비임금 지점장은 영업시간을 자유롭게 정하고, 종업원의 채용과 해고 및 보수를 포함한 근로조건 결정 권한을 가지는 등 지점의 운영에 있어서 회사로부터 독립된 지위에 있다. 반면에 임금 지점장은 회사에서 정한 영업시간을 준수하여야 하며, 종업원을 채용하거나 해고할 때에는 회사의 동의를 얻어야 한다. 따라서 회사가 지점의 운영 전반에 걸쳐 구체적으로 서면지시를 수차례 내리고 지시 사항이 제대로 이행되고 있는지 여부를 직원을 보내어 한 달에 여러 차례 현장 감독을 한 사실이 인정되는 경우에는, 비록 계약의 형식이 비임금 지점관리 계약이었다 하더라도 종속관계가 인정되어 해당 지점의 지점장은 임금 지점장, 즉 회사의 근로자로 본다.[28]

3) 가내노동자(Travailleurs à domicile)

가내노동자도 종속관계의 유무와 상관없이 일반 근로자에게 적용되는 노동법의 규정들이 그대로 적용된다.[29] 또한 주문자에게 적용되는 단체협약도

---

28) Cass. soc. 21 avr. 1988.

29) 가내노동자로 인정되기 위해서는 ① 하나 이상의 사업장을 위하여 일하고, ② 자신의 주거에서 일하며(작업장이 반드시 자신의 소유일 필요는 없다), ③ 도급제 보수를 받고(도급제 보수로 인정되기 위해서는 계산의 기초가 되는 금액이 미리 정해져 있어야 한다), ④ 혼자, 또는 배우자나 자녀와 함께 일하거나 한 명의 조수와 함께 일할 것을 요건으로 한다(제7412-1조). 여기서 사업장의 종류에는 제

그 협약에서 반대의 약정이 있는 경우를 제외하고 가내노동자에게 확장 적용된다. 가내근로에 대한 특별규정으로 가내근로의 시작과 종료 시 근로감독관에 대한 사용자의 신고의무가 있고 주문내용 및 임금 · 연차휴가수당 등을 기재한 작업주문명세서를 작성하고 이를 근로자에게 송부할 의무가 있다(제7413-3조). 근로조건 등을 명시한 이 명세서는 5년 이상 보관하여야 하고 근로감독관의 요구가 있으면 이를 제출해야 한다. 그밖에 노동법이 조정 적용되는 것으로는 가내작업시간에 따른 기본임금과 작업장비용, 부대비용 등을 합산한 최저임금을 보장하고 가내작업의 수행에 통상 필요한 시간을 단체협약으로 정하도록 하고 있다(제7422-1조). 만약 확장 적용되는 단체협약이 없는 경우에는 도지사가 가장 대표적인 관련 노사단체들과의 협의를 거쳐 구성한 산업별 위원회의 의견 및 지방노동청의 의견을 청취한 후에 가내작업수행시간표를 작성한다(제7422-2조). 또한 부령(un arrêté ministériel)에 의해 확장된 단체협약이 정한 임금은 그 단체협약의 적용범위에 포함되는 가내근로자에게 적용된다.

가내근로자에게도 당연히 최저임금법이 적용되고 임금의 산정기초가 되는 시간급임금이 일반 근로자에게 적용하는 최저임금과 거기에 가산될 수 있는 수당 및 할증액의 합산액에 미달할 경우에는 이를 조정하도록 하고 있다(제7422-4~8조). 또한 임차료, 광열비, 동력비, 생산수단의 통상적 감가상각비 등을 포함하는 작업장비용과 부대비용도 도지사가 노사와 협의를 거쳐 결정하도록 하고 있다(제7422-11조). 시간외수당에 관한 규정으로는 1일 8시간을 초과하는 최초 2시간의 초과근로에 대해서는 25%, 2시간을 넘을 경우에는 50% 이상의 가산임금을 지급하도록 하고 있고 휴일근로에 대하여는 단체

한이 없으나 개인 고객을 위하여 일하는 자는 제외된다. 또한 사업장을 위하여 일한다는 것은 자기의 계산이 아니라 타인의 계산으로 일한다는 것을 의미한다. 예컨대 같은 글을 번역하는 경우에도, 출판사로부터 글자당 얼마를 받기로 하고 번역하는 자는 가내근로자이지만, 출판사가 받을 수도 있고 거절할 수도 있는 상황에서 스스로의 판단에 의하여 번역하는 자는 그 위험을 자기가 부담하는 것이기 때문에 가내근로자가 아니다.

협약으로 정한 가산임금을 지급하도록 하고 있다(제7422-9~10조). 안전보건과 관련해서는 가내근로자의 건강에 유해한 작업의 종류를 시행규칙으로 정하여 가내근로를 시킬 수 없도록 하고 노동보건법규를 위반하여 가내근로자를 사용할 경우 근로감독관이 가내근로자의 사용을 중지시킬 수 있도록 하고 있다(제7424-1~4조)

이와 같이 가내근로의 경우에 소홀히 되기 쉬운 작업장비용, 부수적인 비용, 연차유급휴가, 시간외근로 등에 대하여 최저기준보장과 함께 근로조건 서면작성과 보관의무 등 행정감독의 실효성을 보장하기 위한 다양한 조치들이 법령으로 명시되어 있다. 분쟁해결절차에 있어서도 가내근로자의 민사청구권의 소멸시효를 5년으로 하고 있고 가내근로가 속하는 산업분야의 노동조합은 조직구성원인 개인을 위하여 위임이 없어도 독자적으로 민사소송을 제기할 수 있도록 하고 있다(제7423-2조)

3. 위장자영인에 대한 규율

(1) 전통적인 종속성 판단기준

전통적으로 프랑스는 종속성 판단기준에 관하여 '조직된 업무'(service organisé)내에서의 근로라는 기준을 사용해 왔다. 하지만 1996년의 쏘시에떼 제네랄(Société Générale) 판결을 계기로 이를 수정하여 '조직된 업무'의 기준은 다른 종속성 판단기준과 함께 고려해야 할 하나의 요소로 바뀌었다.[30) 따라서 지휘명령권, 노무통제 및 징계권에의 복종여부가 종속성을 판

30) 파기원은 "종속관계는 명령 및 지시권을 가지고 있으며, 피종속인의 노무제공을 통제하고 그 해태에 대하여 제재할 수 있는 권능을 가진 사용자의 권위 하에서 노무를 제공한다는 특징을 가지고 있다. '조직된 업무'(service organisé)내에서의 근로는 사용자가 그 노무제공의 조건을 일방적으로 결정할 때 종속관계의 징표가 될 수 있다"고 선언하였다(Cass. soc. 13 nov. 1996). 이러한 판례의 변화는 사용자가 사회보험료를 분담해야 하는 사회보험의 일반보험의 가입범위의 축소를 강하게 주장해왔던 사용자측의 주장을 반영한 것이라고 한다. Arnaud

단하는 중요한 징표가 되었다. 하지만 근로계약의 존재 여부는 근로를 수행하는 상황에서 필연적으로 파생되는 사회적 지위에서 판단되는 것이지 당사자의 의사만으로 좌우되는 것은 아니라거나 근로관계의 존재 여부는 노무제공의 실제적인 상황에 달려있고 당사자가 부여한 계약형식에 집착해서는 안 된다는 것이 판례의 변함없는 입장이다.[31] 또한 보수의 액이나 성격, 명목은 중요하지 않으며 근로계약의 존재를 인정하는 데 장애가 되지 않는다.[32] 취업규칙의 준수여부도 역시 마찬가지이다.[33]

(2) 종속성 판단기준의 완화

프랑스는 노무제공관계의 법적성질이 모호하기 쉬운 다양한 행태의 독립노동자들을 법률로서 명시적으로 근로자로 의제 또는 추정하거나 노동법을 확장 적용하는 방식으로 입법적인 장치들을 잘 갖추고 있다. 따라서 위장자영인의 문제가 우리에 비하면 그 심각성이 훨씬 덜 하다고 할 수 있다. 하지만 그럼에도 위장자영인의 문제는 프랑스에서도 여전히 논란이 되고 있으며 법원은 종속성 판단기준의 탄력적인 운용을 통하여 이를 해결하고 있다. 위장 자영업자로 의심되는 경우에 법원은 종속성 판단기준을 완화하여 근로자성을 인정하는 경향이 강하다. 대표적인 것이 2000년의 라방느(Labanne) 판결이다. 이 판결은 택시회사와 택시임대차계약을 체결한 택시운전자의 법률관계를 은폐된 근로계약으로 본 사건이다. 이 사건에서 택시운전자는 계약을 해지한 회사를 상대로 해고수당을 노동위원회에 청구하였고 파기원은 이 운전자가 근로자가 아니라는 이유로 노동위원회의 관할권을 부정한 원심을 파기하였다. 파기원이 근로자성을 인정한 이유는 ① 임대계약이 한 달이라는

de Senga, “Les faux travailleurs indépendants face aux droits du travail et de la protection sociale : les avatars de la requalification”, *Droit ouvrier*(juin 2001), 242쪽.

31) Cass. soc. 23 avr. 1997.

32) Cass. soc. 20 déc. 1990.

33) Cass. soc. 16 july 1987.

극히 짧은 단위로 갱신되고, ② 납입금에 임대인이 사회보험료 징수 기관(URSSAF)에 납부하는 사회보험료가 포함되어 있고,[34] ③ 택시의 사용과 유지 및 정비에 관한 많은 의무 사항들(예컨대, 혼자서 같은 택시만을 운전해야 하고 매일 오일을 점검해야 하며 일주일에 한 번씩 회사 차고에서 정비를 받아야 하는 등)이 계약에 명시되어 있기 때문이다.[35] 라방느 판결은 특히 '계약기간 및 갱신기간이 짧다는 점과 해지, 계약해지조건의 간편성'을 종속성을 나타내는 논란의 여지가 없는 요소라고 봄으로써 앞의 쏘시에떼 제네랄 판결에서 파기원이 취한 입장과는 약간 다른 구별기준을 제시하였다. 쏘시에떼 제네랄 판결에 의하여 '조직된 업무'라는 기준이 상대적인 의미만을 가지게 된 결과 실제로 노동법적 보호가 필요한 많은 종속적인 지위에 있는 이들이 근로자로 인정받지 못하게 되었고 이 판결은 그러한 간격을 보완하는 의의를 가지고 있다.[36] 쏘시에떼 제네랄 판결에서 유래된 근로계약의 정의는 피라미드 형태의 기업조직에 준거한 것인 반면 라방느 판결은 근로자의 구체적인 상태에 기초한 '불안정'이라고 하는 결과에 주목하고 있는 것이다. 이는 변화하는 새로운 노동시장구조에 적응하기 위한 법원의 노력을 보여준 것으로서 적절한 기준을 제시한 것으로 평가되고 있다.[37] 또한 위장자영인에 대한 법적 규율에 있어서 시사하는 바가 적지 않다고 할 수 있다.

---

34) 임대택시 운전자는 사회보장법전 제311-3-7조에서 규정하고 있는 대중교통 운전자로서 일반보험 의무가입대상이다.

35) Cass. soc. 19 déc. 2000. 반면에 근로자성을 부인한 판례로서는 종속관계를 입증할 만한 계약 요소들이 나타나지 않으며, 파기원은 사회보험료 납입영수증과 택시임대료 지급영수증만으로는 해당 임대 계약이 근로계약을 위장한 것이라고는 볼 수 없다고 판시하였다(Cass. soc. 13 july 2005)

36) Arnaud de Senga, 앞의 글, 245쪽. '조직된 업무'라는 기준이 비판을 받은 것도 이 기준이 고도의 전문기술과 명확한 자율성을 가진 직업종사자들에게 쉽게 근로자의 지위를 부여하는 결과를 가져왔기 때문이다. 처음에 이 기준은 이러한 직종과는 거리가 먼 직업종사자(일시적인 신문배달부 등)를 예상하여 적용하였던 것이다.

37) 이러한 의미에서 '종속관계'라는 용어대신 '지배관계'(rapport de domination)라는 용어를 사용하기도 한다.

(3) 대표적인 사례 : 화물차주 겸 운전자와 위장자영인 문제

프랑스의 화물운송업에 있어서는 운송회사와 차량운전자 사이에 비법인 회사계약을 체결하는 경우가 많다.[38] 이 경우 운송회사는 근로자에게 일거리를 제공하고 그 대가로 수수료를 챙긴다. 이 때 운송회사가 소유차량을 운전자에게 임대하는 경우도 있고 운전자가 차량의 소유자인 경우(우리나라의 화물차주 겸 운전자와 유사)도 있다. 판례는 비법인 회사 계약이 진실한 것인지 아니면 근로계약을 은폐한 것인지를 따져 후자의 경우로 판단될 때에는 비법인 회사 계약을 근로계약으로 간주한다. 판례가 판단기준으로 드는 것으로는 다음과 같은 것들이 있다.[39]

① 근로자가 영업 수행에 있어서 완전한 재량권을 갖는지 또는 사용자의 명령에 구속되는지 여부. 사용자가 제공한 일을 거부할 수 있는 권리가 있는 경우에는 완전한 재량권이 있는 것으로 보지만 사용자가 정한 영업규칙을 어겼을 때 이에 대한 경고 등의 조치가 이루어지는 경우에는 사용자의 명령에 구속되는 것으로 본다.

② 근로자가 회사의 운영에 참가하는지 또는 사용자가 회사 운영에 전권을 행사하는지 여부. 비법인 회사의 경우에는 각 사원이 회사의 운영에 직접 참여할 수 있다(민법전 제1871조, 제1833조, 제1844조)

③ 근로자의 이익과 사용자가 수수료로 얻는 이익 사이에 심각한 불균형은 없는지 여부. 진실한 비법인 회사 계약으로 인정된 경우를 보면 근로자가 실현한 영업이익에서 사용자가 2%를 취하였다. 이에 반하여 근로계약으로 인정된 경우를 보면 사용자가 차량임대료를 포함하여 24%를 취하였다.

④ 근로자가 자기의 이름으로 고객을 개발할 수 있는지 등 업무의 전속성이 있

---

38) '비법인 회사' (société en participation)란 법인 등록을 하지 않은 회사로서, 각 사원들이 자신의 이름으로 영업을 하는 회사를 말한다(민법전 제1871조 및 제1872-1조).

39) 이 기준에 따라 비법인 회사 계약을 근로계약으로 인정한 판례로는 Cass. soc. 10 july 2002 ; soc. 14 mai 1992 ; soc. 13 juin 1991 ; soc. 14 nov. 1984 등이 있고 인정하지 않은 판례로는 Cass. soc. 13 jan. 1994 ; soc. 29 nov. 1989 등이 있다.

는지 여부.

⑤ 근로자가 자신의 업무를 대신하기 위하여 다른 근로자를 고용할 수 있는지 여부

(4) 근로계약의 은폐행위에 대한 형사처벌 및 보상수당

노동법의 적용을 의도적으로 회피하기 위한 위장계약(위장도급계약, 위장하청계약 등)에 대하여는 45,000유로의 벌금과 3년 이하의 징역에 처하는 등 엄격하게 벌칙을 적용하고 있다(제8221-1조, 제8224-1조). 또한 근로계약임을 은폐하는 위장계약의 경우 근로자는 근로관계 종료 시에 6개월의 임금에 해당하는 보상수당을 청구할 수 있다. 다만 보다 유리한 법령이나 협약의 규정이 있는 경우에는 그에 따른다(제8223-1조).

4. 소결

독립노동의 노동법적 지위에 관한 프랑스의 입법 내용은 상당히 풍부하고 다양한 입법기술을 사용하고 있음을 알 수 있다. 그만큼 독립노동의 고용실태나 근로조건이 직업유형에 따라 복잡하고 다양하다는 것을 의미한다. 이해의 편의를 위하여 단순화의 위험을 무릅쓴다면 다음과 같이 간략하게 정리할 수 있을 것 같다.

첫째, 보호의 주체라는 측면에서 보면 종래의 종속성 판단의 기준과는 관계없이 보호의 필요성여부에 따라 법적 요건을 설정하고 있다. 여기서 고려되는 것은 주로 경제적 의존의 정도와 노무제공의 조건이다. 우선, ① 경제적 종속보다 완화된 의미에서의 경제적 의존이라는 요소, 즉 근로계약관계가 아니라 거래상대방의 배타적인 공급 또는 주문에 의존한다는 사실과 같이 단지 경제적인 통제만이 존재하는 경우에도 노동법 적용의 필요성을 인정하고 있다(가내노동자, 지점지배인 등). 다음으로 ② 소득의 주요부분을 타인에게 의존하고 자기의 계산이 아닌 타인을 위하여 노무를 제공하는 경우에는 노동법

적 보호의 필요성은 훨씬 커진다. 이때는 근로자로 추정한다(기자, 공연연예인, 모델). 마지막으로, ③ 이러한 요소에 더하여 노무수행의 조건에 관하여 포괄적인 지배를 받는 경우에는 근로자와 동일하게 취급한다(상업대리인).

둘째, 노동법의 적용범위에 따라 살펴보면 전통적인 종속근로자와 독립적인 사업자 사이에 존재하는 다양한 독립노동을 보호하기 위하여 원칙적으로 노동법을 전부 적용한다. 다만, 직업별 특성에 따라 근로제공관계의 실태에 맞게 적용제외 규정을 두거나 조정 적용하고 일반 근로관계와는 다른 보호법규를 직업군에 따라 추가로 보완한다.

셋째, 입법기술 또는 형식의 측면에서 보면 원칙적으로 일련의 징표를 고려한 종합적인 판단이라는 방식을 유지하면서도 이러한 판단이 가질 수밖에 없는 불명확성을 보완하기 위하여 근로자의제 및 추정제도를 도입하여 활용하고 있다.

넷째, 노동법의 적용을 회피하려는 탈법행위의 방지를 위하여 법해석에 있어서 탄력적이고 유연한 태도를 취고 있는 것을 볼 수 있다. 라방느 판결에서 보듯이 법률관계가 불명확한 경우에는 계약관계의 유지와 종료에 있어서 우월적인 지위를 가진 것을 종속성의 중요한 지표라고 제시하고 있다. 이는 매우 복잡하고 다양한 형태를 가진 독립노동에서 종속성여부를 판단할 때는 기계적이고 도식적인 방식이 아니라 구체적인 사실관계에 따라 법원이 유연하게 대처해야 함을 보여주는 것이라 하겠다.

5. 노동단체법상의 지위

우리나라와 마찬가지로 파업권을 헌법상의 권리로 규정하고 있는 프랑스는 노동자는 물론이고 일반 자유직업인인 의사, 변호사 등도 직업조합을 설립할 수 있고 실제로 단체교섭도 하고 있다. 따라서 우리나라와 같은 특수형태 노동자도 당연히 노동3권을 자유로이 행사할 수 있다. 대표적인 직군인 상업대리인은 전국수준의 산별협약을 체결하고 있으며 정부의 '확장선언' 에 의해 단체교섭에 참여하지 않은 자에 대해서도 산별협약이 확장 적용되고 있다.[40] 이러한 프랑스의 입법태도는 ILO 국제기준에도 가장 부합하는 형태라고 말할 수 있다. ILO 제87호 협약(결사의자유및단결권보호협약, 1948)은 군인과 경찰을 제외하고 모든 근로자에게 스스로 선택하는 단체를 조직하고 가입할 수 있는 권리를 보장하고 있다. 또한 고용관계의 존재 여부를 기준으로 하여 결사의 자유가 보장되는 자의 범위를 결정하여서는 안 된다는 입장을 취하고 있다. 따라서 일반적인 자영업자나 자유직업 종사자와 같이 고용관계가 존재하지 않는 사람도 근로자와 마찬가지로 단체결성의 권리를 향유할 수 있다.[41]

6. 사회보장법상의 지위

독일과는 달리 프랑스의 사회보장법전은 근로자성 여부를 엄격하게 따지지 않고 타인을 위하여 노무를 제공하는 경우에 폭넓게 사회보장법의 권리주체로 인정하고 있다. 즉, 보수액 및 보수의 성격, 계약의 형식이나 성질 또는 그 효력유무에 관계없이 하나 또는 복수의 고용주를 위하여 일하는 자는 임금노동자든 다른 명목으로 일하든, 국적이나 성별, 나이, 연금수급여부에 관계없이 모두 일반 사회보장법의 의무가입대상이 된다.[42] 이는 계약이나 보수의 성격이 무엇이든 하나 또는 다수의 사용자를 위하여 제공하는 노무에 대하여는 명칭에 관계없이 사회보장의 혜택을 부여하고자 하는 것이다.

---

40) 노사정위원회 특수형태근로종사자특별위원회, 「특수형태근로종사자 관련 외국의 법제도, 대책방안 및 논의현황」, 2003, 13-14 쪽.

41) ILO, *Freedom of Association : Digest of Decisions and principles of the Freedom of Association Committee of the Governing Body of the ILO, Fourth(revised) edition*(1996), para. 235.

42) Art. L.311-2. Code de la sécurité social.

Ⅴ. 정리 및 평가

1. 근로자 개념의 상대성

독일이나 프랑스의 근로자성 판단기준은 노동법과 사회보장법이 상당히 차이가 있다. 노동법에 비하여 사회보장법은 타인을 위하여 노무를 제공하는 계약에 대하여 널리 근로자성을 추정하거나 근로계약여부 자체를 따지지 않는다. 따라서 종속적인 자영인도 대부분 사회보장법의 적용을 받는다. 이는 독립노동의 법적 규율에 대한 비교법적 검토에 있어서 중요한 함의를 가진다. 다시 말하자면 프랑스나 독일의 독립노동자가 받는 사회복지혜택이 우리에 비하여 비교할 수 없을 정도로 높다는 사실은 노동법상 근로자성 판단기준이 갖는 비중이 우리와는 전혀 다를 수도 있다는 점을 보여준다. 노동법상의 권리와 사회보장법상의 권리는 노동자의 생존권을 보장하기 위한 중요한 두개의 축이다. 그 어느 것도 소홀할 수 없는 것이지만 사회보장법상의 보호가 불충분한 상황에서는 노동법상 권리의 보장은 그만큼 절박할 수밖에 없다. 사회적 안정망이 확보되지 못한 상황에서는 자신의 고용유지와 근로조건에 절대적으로 의존할 수밖에 없다는 것은 자명한 이치다. 근로자이든 독립사업자이든 생활의 기본적 수요를 충족시킬 수 있는 사회복지가 보장되지 않는다면 자신이 경제적으로 의존하고 있는 자에게 보다 종속될 수밖에 없는 것이다. 그런 의미에서 독일이나 프랑스의 법체계는 기본적 생활에 대한 사회복지 혜택을 부여하기 위하여 사회보장법상의 근로자개념은 넓게 파악하여 기업에 그 재원을 부담케 하고 상대적으로 노동법상의 직접적인 부담은 줄여주는 역할을 하고 있다고 생각해 볼 수 있다.

그에 반하여 부실한 실업급여제도, 과다한 의료비와 높은 주거비용, 생계를 위협하는 사교육비 등 낮은 복지수준으로 인하여 자신의 개인소득에 전적으로 의지할 수밖에 없는 조건하에서 노동법 및 사회보장법 특히 노동법의 적용여부는 생존에 직결되는 문제인 것이다. 이러한 점을 무시하고 근로자성 판단기준을 설정함에 있어 프랑스나 독일 등의 기준은 너무 높기 때문에 유사근로자 개념정도로 보호수준을 맞추고 그것도 노동법 및 사회보장법상의 극히 일부분의 보호정도가 적당하다고 하는 식의 생각은 지극히 형식논리적인 탁상공론이 아닐 수 없다. 설사 우리나라의 독립노동자들을 노동법상의 노동자로 인정하는 입법적 개혁이 이루어진다고 하더라도 이는 최소한의 수준에 그칠 뿐이고 사회보장법의 측면에서는 여전히 미흡한 수준에 지나지 않는 것이다.

2. 주요 특징

특수고용 노동자의 법적지위에 관한 입법의 형식이나 내용은 프랑스와 독일이 상당히 차이가 있지만 그 중요한 특징을 요약하면 다음과 같이 정리할 수 있다.

(1) 우선 보호의 주체라는 측면에서는 종래의 전통적인 종속성 판단의 기준과는 관계없이 보호의 필요성여부에 따라 법적 요건을 설정하고 있다는 것이다. 여기서 고려되는 것은 주로 경제적 의존의 정도와 노무제공의 조건이다.

(2) 적용법규의 범위와 관련해서 보면 사회보장법 영역에서는 근로자성 여부를 거의 따지지 않고 '타인을 위한 노동'에 기초하여 폭넓게 적용하고 있다. 여기서는 사회보장법상의 책임을 회피하기 위한 위장자영인화를 방지하는 데 초점을 두고 있다. 반면에 개별적 노동관계법상의 근로자개념은 이보다 좁게 보고 있다. 하지만 전통적인 종속근로자와 독립적인 사업자 사이에 존재하는 다양한 특수고용 노동을 보호하기 위하여 직업별 특성에 따라 개별적인 보호법규를 적용하거나 특정 직업에 구애됨이 없이 일반규정을 통하여 기본적인 노동법규를 적용하고 있다. 나아가 집단적인 노동관계 영역에서는 대부분의 국가에서 전통적인 의미에서의 근로자뿐만 아니라 법적으로는 독립사업자이지만 주문자와의 관계에서 경제적으로 종속관계에 있는 자도 단체협약을 체결할 수 있고 파업권이 인정된다. 이러한 유사종속 노무제공자에

게 파업권을 인정하는 취지는 노무제공자가 약자이기 때문에 계약당사자 간의 균형을 회복할 필요가 있기 때문이라는 것이 일반적인 설명이다. 이 점에서 보면 근로기준법상의 근로자개념과 노동조합법상의 근로자개념을 거의 동일한 수준에서 이해하고 있는 우리 법원의 태도는 보기 드문 상당히 예외적인 경우에 해당한다고 볼 수 있다.

(3) 입법기술 또는 형식의 측면에 보면, 원칙적으로는 일련의 징표를 고려한 종합적인 판단이라는 방식을 유지하면서도 이러한 판단이 가질 수밖에 없는 불명확성을 보완하기 위하여 유사근로자 개념 또는 근로자의제 및 추정제도를 도입하여 활용하고 있다는 데 그 특징이 있다고 할 수 있다.

3. 특수고용 노동의 보편성과 특수성

마지막으로 외국의 특수고용문제 해법을 살펴볼 때 유의해야 할 점을 몇 가지 지적하고 싶다. 먼저 특수고용의 점진적인 확산이 우리나라뿐만 아니라 세계적으로도 보편화된 현상이기는 하지만 문제의 본질과 심각성에는 상당한 차이가 있다는 점이다. 한국적 상황에서 특수고용의 확산은 노동자들이 당연히 누려할 할 노동법 및 사회보장법상의 권리를 박탈하는 방향으로 전개되고 있다는 사실에 주목할 필요가 있다. 그 가운데 중요한 것이 위장자영인의 문제이다. 우리나라의 특수고용 노동의 대부분은 그 업무나 업종이 처음부터 특수고용형태에 의하여 수행되었던 것이 아니라 기존에는 정규직으로 행하던 것을 회사 측이 구조조정의 일환으로 도입하였다. 경영 및 노무관리의 필요성에 따라 강제 또는 반강제로 노동자들에게 개인사업자 등록을 내는 방식으로 이루어졌다는 점에서 문제의 본질적인 성격을 엿볼 수 있다. 이 때문에 우리나라에서 주로 문제가 되고 있는 특수고용 노동의 유형, 즉 특정 사용자의 사업조직에 절대적으로 편입되어 있는 골프장 경기보조원이나 학습지교사, 레미콘지입차주, 특정 보험회사에 전속된 보험설계사 등의 직업군은 다른 나라에서는 그 예를 찾아보기가 어렵다. 이러한 직업군은 자기의 계산으로 사업의 위험을 스스로 부담하고 고객을 자유롭게 선택할 수 있는 독립사업자로서의 성격이 거의 없다. 다만 일부 개인화물운송사업자 정도가 다른 국가에서도 비슷한 유형을 발견할 수 있고, 특히 독일에서는 이를 유사근로자로 인정하여 부분적으로 노동법적 보호를 하고 있는 정도이다.

다음으로 이러한 위장자영인의 증가에 비하여 현재의 법적 규율에는 근본적인 한계가 있다는 점이다. 노무수행의 자율성의 증가로 인하여 학설과 판례의 노동자성의 중심적인 판단기준인 '지휘명령 구속성' 징표의 사용은 이제 한계에 봉착했다. 그 부정적인 결과가 위장자영인의 확산이다. 위장자영인은 본질적으로는 근로자이지만 사용자가 우월적인 지위를 이용하여 계약의 형식을 근로계약이 아니라 도급이나 위임 계약으로 위장한다. 또한 업무수행과정에 있어서도 구체적이고 직접적인 통제방식 대신 포괄적이고 간접적인 통제방식으로 전환한다. 이 때문에 지휘명령의 구속성이라는 전통적인 표지를 중시하는 기존의 노동자성 판단기준은 업무수행의 자율성이라는 측면에서 차이가 나지 않는 위장자영인과 진정 자영인(특히 종속적인 자영인)을 가려내는 기준으로서는 별 소용이 없게 된다. 그 결과 근로자이면서도 노동법적 보호로부터 배제당할 위험이 상존하는 것이다. 종속의 본질이 변한 것이 아니라 종속의 양태가 변하고 있는 상황에서 종속성 판단의 기준이 변하지 않고서는 법적용의 실질적인 타당성을 담보할 수 없게 된 것이다. 따라서 진정자영인과 위장자영인을 구별하기 위해서는 종래의 협소한 인적 종속성론에 대한 재검토가 필요하다.

위장자영인은 실질적으로는 노동법의 규율대상인 근로자이지만 법적으로는 도급계약이나 위임계약의 형식을 갖추고 있다. 이런 점에서는 우리 대법원의 판례뿐만 아니라 대부분의 국가가 근로계약여부의 판단에 있어서 계약의 형식에 관계없이 실질적인 사용종속관계에 따라 결정해야 한다는 원칙 자체는 여전히 유효하다고 본다. 더구나 독립성을 가장한 기만행위와 결과적으로 발생하는 부정경쟁을 억지하기 위해서도 기본적으로 이 원칙을 유지할 필요가 있다. 하지만 일련의 징표를 통한 종합적인 판단이라는 기존의 접근방식은 그 불가피성에도 불구하고 판단기준의 불명확성으로 인한 법적안정성의 결어로 일관성 없는 종합이라는 비판을 받지 않을 수 없다. 이러한 불안정성이 허위의 위장자영인화를 조장하는 계기가 되는 것이다. 이 문제를 해결하기 위해서는 그 판단기준을 일일이 법문으로 상세하게 규정하는 것이 어려울지라도 적어도 법률관계 당사자의 지침이 될 수 있는 최소한의 기준은 필요하다고 본다. 이러한 점에서 프랑스 노동법 및 독일 사회법전 등에서 시도하고 있는 근로자의제 또는 추정제도는 좋은 시사를 주고 있다고 할 수 있다.

제3장
특수고용 노동자의 입법론적 보호방안

Ⅰ. 서론

우리나라에서도 특수고용 노동자에 대하여 민법이나 상법이 아니라 노동법적 보호가 필요하다는 점에 대하여는 공감대가 형성되어 가고 있다. 하지만 이를 인정할 실정법적인 근거가 없고 판례 또한 전통적인 인적 종속성론에 바탕을 둔 단순 이분법적 사고방식에 갇혀 새로운 현실의 변화를 받아들일만한 적절한 논리체계를 갖추지 못하고 있다. 즉, 근로자로 인정되면 노동법이 전부 적용되고 근로자로 인정받지 못하면 전적으로 노동법의 적용이 배제되어 민법이나 상법의 규율을 받게 된다. 이 때문에 근로자성이 불명확한 독립노동의 문제는 노사 간의 갈등과 분쟁의 불씨가 되고 있는 것이다. 근년의 화물연대파업이나 레미콘지입차주, 보험모집인, 골프장 경기보조원, 가정학습지 교사 등의 근로자성 인정여부를 둘러싼 파업과 징계, 구속 등 일련의 사태는 모두 이러한 불완전한 법체계에서 비롯된 바가 적지 않다고 본다. 게다가 진정한 의미의 독립노동이라고도 할 수 없는 가장 또는 허위의 위장자영인의 확산은 근로자성판단에 대한 기존의 법적기준을 더욱 모호하게 만들고 법체계의 혼란을 가중시키고 있다. 또한 우리나라가 사회보장, 사회복지 등 사회적 안정망의 부실로 인하여 노동법상 근로자로 인정받을 경우와 그렇지 못할 경우 근로자가 받게 될 법적, 경제적 이해관계가 다른 나라와는 현저하게 차이가 나기 때문에 위장자영인 당사자에게는 그만큼 절박한 문제가 될 수밖에 없다.

지난 몇 년 동안 정부는 노사정위원회에 특별위원회를 설치하고 독립노동자의 법적보호를 둘러싼 논의를 진행하였다. 하지만 정책적 수준에서의 이러한 모색은 많은 난관에 부딪쳐서 자초하고 말았다. 물론 문제해결에 어려움을 겪는 가장 중요한 이유는 노사 간에 이해관계가 첨예하게 대립하고 있기 때문이다. 여기에 외국의 입법례나 이론들이 노사 당사자의 이해관계에 따라 아전인수식으로 잘못 소개되거나 특수고용문제의 성격에 대한 우리의 현실을 전혀 고려하지 않은 맹목적인 주장까지 등장하는 예도 적지 않았다.[1] 이 장에서는 독립노동이라는 폭넓은 개념을 바탕으로 기존 논의의 접근방식과 그 문제점을 살펴보고 특수고용관계에 대한 입법과정에서 고려해야 할 구체적인 내용에 대하여 몇 가지 대안을 검토해보고자 한다.

II. 기존 논의의 접근방식과 문제점

특수고용 노동자에 대한 법적 보호가 필요하다는 당위성에 대하여는 이제 어느 정도 사회적 합의에 이른 것 같다. 논란의 지점은 그 보호의 방식 및 보호대상과 적용범위를 어떻게 정할 것인가 하는 데 있는 것으로 보인다. 하지만 이 점에 관해서도 노사 간의 이해관계에 따라 그 접근방식도 다르고 심각한 의견대립을 보이고 있다. 이하에서는 주로 입법론적인 측면에서 그간에 제시된 주된 개선방안들을 먼저 검토해 보기로 한다.

1) 특히 노사정위원회의 보고서(2003.9.27 특수형태근로자특위 워크숍 자료)를 살펴보면 우리나라의 특수고용 노동자의 실태에 대한 고려 없이 독일의 유사근로자와 동일한 형태의 근로로 보거나 외국의 판례에 대한 면밀한 검토 없이 우리의 판례와 동일하게 보는 태도에서 두드러지게 나타난다. 그 결과 처음부터 자영인 집단으로 단정하는 경향이 강하고 위장자영인에 대한 문제의식이 결여되어 있다.

1. 상법 · 경제법 등 다른 법체계에 의한 보호방안

한국경총 등 경영계는 특수고용형태 종사자의 노동법적 지위를 대체적으로 부정적으로 보는 법원의 판결 경향과 현행 노동법체계를 유지하면서 다른 법체계 특히 상법이나 경제법을 통하여 해결하자고 주장하고 있다. 그 주된 논거는 이러한 방식이 갖는 문제해결의 실질적인 효과와 같은 적극적인 측면보다 노동법에 의한 해결방식의 부정적인 측면에 초점을 맞추고 있다. 즉, 노동계가 주로 주장하는 경제적 종속성을 근로자성의 판단기준으로 삼는 것은 경제활동 주체 가운데 독립 자영업자의 상당부분을 근로자로 인정하게 되는 불합리한 결과를 초래하며, 특히 특수업무종사자에 대해 근로기준법 적용을 확대하는 문제는 노동법의 전체 체계에 큰 혼란을 초래하고, 이는 사회적 · 경제적으로 막대한 영향을 미치는 문제이므로 신중을 기해야 한다고 주장하고 있다. 노동조합법상의 근로자개념의 확대와 관련해서는 근로계약 체결의 당사자가 아닌데도 근로조건 등의 결정에 있어서 실질적인 지배력이 있다는 이유만으로 사용자로 인정하는 것은 특수고용형태 종사자의 근로자성을 인정하기 위한 근거규정이 될 수 있다는 점을 우려하고 있다. 또한 단체교섭의 사용자 주체에 커다란 혼란을 야기하여 근로계약의 상대방이 아닌 자에게 무분별하게 단체교섭을 요구하는 사태가 빈발함으로써 산업현장에 엄청난 혼란을 초래할 것이라고 주장한다.[2] 한편 학계 일각에서는 경제법의 적용가능성에 무게를 두면서 독점규제법, 약관규제법 그리고 가맹사업법이 구체적인 논의대상이 될 수 있을 걸로 보고 있다. 이러한 분위기를 반영하여 2006.10경에 나온 정부의 보호대책안도 이 방식에 초점을 맞추었다.

그러나 경제법적 접근방식은 법체계상 본질적이고 근원적인 한계가 있다. 독점규제법이나 약관규제법 등은 자유로운 경쟁 및 거래의 공정성 보장을 기본 목적으로 하기 때문에 사회적 약자로서 특수고용 노동자의 근로조건의 실

2) 한국경총, 「비정규직 보호에 관한 경영계 입장」, 2000.11.

질적인 개선이나 사회적 위험에 대한 '사회적 보호'의 문제는 여전히 해결되지 않는 과제로 남는다. 특수고용 노동은 주로 기존 노동자를 개별 용역화 하는 과정을 통하여 이루어지고 이들 간의 과잉경쟁이 바로 삶의 질의 하락과 노동강도의 강화를 초래하는 근원이다. 따라서 노동조건의 통제를 위한 노동자들 간의 단결이 생활수준의 개선을 위한 필수적인 조건이 될 수밖에 없다. 하지만 경제법적 접근방식은 이와 같이 권리주체의 자주적 단결을 핵심적인 권리실현수단으로 하는 노동법적 접근과는 차원이 다를 뿐만 아니라 서로 모순된다. 만약 노동자성을 완전히 부정하고 경제법적 접근방식을 채택할 경우 이들의 단결과 집단적인 저항은 역으로 경제법상 자유롭고 공정한 경쟁을 저해하는 부당한 공동행위에 해당되어 논리 필연적으로 노동3권을 부정하는 결과를 가져온다. 역사적으로 근로자의 단결을 위법한 독점행위로 본 미국의 1890년 셔먼법(Sherman Law)의 경험이나 '인간의 노동은 상품이 아니다' 라고 선언한 1944년 ILO의 필라델피아선언은 바로 이러한 점을 경계하고 있는 것이다. 또한 경제법적 접근방식에 있어서는 법의 실효성이 언제나 문제될 수밖에 없다. 특수고용관계에 법적용의 가능성이 있느냐 없느냐 하는 논란은 별로 의미가 없다. 중요한 것은 경제법적 분쟁해결은 당사자 간의 자치적 해결방식이 아니라 피해자의 신고와 공정거래위원회의 감독 및 시정명령 등 국가기관의 적극적인 의지와 실천에만 의존해야 한다는 점이다. 이는 자기의 상품이나 용역에 대한 시장경쟁력을 갖추고 고객에 대한 선택가능성이 있는 사업자가 이용할 수 있는 법적 절차와 수단일 뿐이다. 특수고용 노동자는 일반 노동자와 마찬가지로 단순히 자신의 노동력만을 제공할 뿐이고 또 특정 사업자에게 전속되어 있는 경우가 대부분이며 언제든지 합법적으로 계약해지를 당할 위협에 노출되어 있다. 이 때문에 국가기관에 대한 신고절차를 통한 구제절차를 이용하는 데는 너무나 큰 위험부담이 따른다. 또한 공정거래위원회가 취할 수 있는 조치도 대우조건을 직접적으로 규율하는 사법적 효과가 전혀 없으며 단지 시정하라고 명령할 수 있을 뿐이어서 해고제한 등 노동법적 보호에 비하면 그 한계가 너무나 뚜렷하다.

2. 근로자 정의조항의 확대방안

노동계는 주로 근로기준법 및 노동조합법상의 근로자 정의조항을 개정하여 근로자 개념의 외연을 확대할 것을 주장하고 있다. 한국노총은 근로기준법의 근로자 정의조항을 개정하여 인적 종속성뿐만 아니라 경제적 종속성 여부도 근로자개념을 판단하는 기준으로 하여 근로자개념을 확대하자고 주장하고 있다.[3] 한편 민주노총도 특수고용 노동자들의 실질에 맞게 근로자성을 인정하는 것이 문제를 해결하는 올바른 길인데 실정 법률의 규정과 대법원의 태도에 비추어 이를 기대하기는 불가능하다고 보고 근로기준법과 노동조합법의 근로자 정의조항 및 사용자 정의조항을 개정할 것을 주장하고 있다.[4]

이와 같은 근로자 정의조항의 확대방안은 법원이 다른 나라와는 달리 인적 종속성을 지나치게 좁게 파악함으로써 근로자로 충분히 인정될 수 있는 데도 이를 부정하고 있다는 현실을 고려한 것이라는 점에서 어느 정도 수긍이 간다. 하지만 '경제적 종속성'을 근로자성의 판단기준으로 하거나 '특정사용자의 사업에 편입' 또는 '상시적 업무를 위한 노무제공'을 핵심지표로 삼는 것은 문제의 소지가 많다. 왜냐하면 이러한 조건들은 통상 근로자성 판단표지

---

3) 한국노총은 골프장캐디 · 보험모집인 · 학습지교사 · 텔레마케터 · 문화예술종사자 등 사용자에게 경제적으로 종속되어 있으면서, 사업 또는 사업장에서 임금에 준하는 수입을 목적으로 노동을 제공하는 자도 근로자에 포함될 수 있도록 하자는 내용이다. 노동3권과 관련해서는 경제적 종속성이 강한 '근로자에 유사한 자'까지 근로자개념을 확대하고 협약자치의 권리를 부여하자고 주장하고 있다(한국노총, 「비정규직노동자 보호를 위한 법 개정 청원」, 2000.6).

4) 근로기준법 및 노동조합법의 근로자 정의규정에 모두 "고용계약을 체결하지 않은 자라고 하더라도 특정사용자의 사업에 편입되거나 상시적 업무를 위하여 노무를 제공하고 그 사용자 또는 노무수령자로부터 대가를 얻어 생활하는 자"도 근로자로 본다는 규정을 추가하고 사용자 정의규정에서도 노동조합법상의 사용자 정의규정에 "근로계약 체결의 형식적인 당사자가 아니라고 하더라도 당해 노동조합의 상대방으로서의 지위를 인정할 수 있거나 또는 근로자의 근로조건 등의 결정에 대하여 실질적인 지배력 또는 영향력이 있는 자"도 사용자로 본다는 규정을 추가할 것을 주장하고 있다(민주노총, 「비정규직 관련 노동부 입법안의 문제점 및 바람직한 법 개정 방향」, 2003.9).

의 여러 요소 가운데 하나에 지나지 않는데 이러한 요소만으로 근로자성을 인정하는 것은 반대로 다른 모든 표지들을 무의미하게 만든다는 비판을 받을 소지가 충분하기 때문이다. 또한 특정한 직업군을 예정하지 않고 일반적으로 표현한 법문의 형식도 지나치게 포괄적이고 단순하여 '보호의 필요성'이라는 측면에서 보면 입법목적을 넘어선 계약자유의 침해라는 비판을 역시 받기 쉽다. 다른 나라들의 입법들을 보더라도 이렇게 규정한 예가 극히 드물다는 점에서 특수고용 노동의 다양한 실태에 맞게 좀 더 구체적으로 정교하게 다듬을 필요가 있다고 본다.

3. 유사근로자 등 중간 범주의 설정방식

이는 노동법학계와 이들이 주축이 된 노사정위원회의 공익위원들이 주로 주장해 온 방안이다. 물론 전형적인 근로자와 독립사업자 사이의 중간에 위치한 법적 범주가 필요하다는 점에 대해서는 논란의 여지가 없는 것 같다. 다른 나라의 입법례를 보더라도 이는 보편적인 현상으로 보인다. 하지만 보다 구체적인 보호방식과 보호대상 및 보호범위에 있어서는 국가별로 다양한 모습을 띠고 있다. 우선적으로 주목할 점은 노동법 및 사회보험법의 각 법 영역에 따라 보호방식에 차이를 두고 있다는 점이다. 즉, 집단적인 노동관계법 영역과 사회보험법 영역에서는 많은 국가들이 주로 넓은 의미의 경제적 종속성에 기초하여 전형적인 노동자와 종속적인 자영인을 포함하여 폭넓게 보호하는 방식을 택하고 있다. 반면에 개별적인 노동관계법 영역에서는 대체적으로 독립적인 사업자인 자본가적 기업과 종속적인 자영인을 구분하는 일반적인 기준이나 개념표지를 규정하는 대신에 특정 직업군별로 노동법을 부분적으로 적용하고 있다.

이렇게 노동관계법의 주요 영역에 따라 보호방식을 달리하는 까닭은 각각의 입법목적과 실현방식이 다르기도 하지만 중간 범주의 노무제공방식과 조건, 종속성의 정도와 태양이 직업유형에 따라 또는 동일 직업 내에서도 기업에 따라 너무나도 다양하기 때문이다. 이런 점을 살펴볼 때 입법기술적인 측면에서 개별적인 노동관계법영역에서는 '유사근로자' 개념과 같은 독자적인 법적 지위를 갖는 일반적이고 통일적인 중간 범주를 설정하기보다는 특수고용 노동의 개별적이고 특수한 사정을 고려한 구체적인 보호요건과 적용범위를 정하는 방식이 훨씬 실현가능성이 높을 것으로 생각된다. 그런데 우리나라에서 중간 범주의 필요성을 주장하는 대부분의 견해들은 이러한 입법례들과는 큰 차이가 있다. 즉, 개별적인 노동관계법 영역과 집단적인 노동관계법 영역(또는 사회보험법)을 구분하지 않고 중간 범주의 통일적인 개념을 설정할 것을 제안하고 있다는 점이다. 입법례로서도 매우 보기 드문 이러한 시도가 과연 타당한지 입법모델이 되고 있는 독일의 유사근로자 개념을 중심으로 보다 구체적으로 살펴보자.

(1) 유사근로자 범주 설정의 문제점

유사근로자란 범주는 우선 법리적인 측면에서 볼 때 문제가 적지 않다. 앞 장에서 살펴보았듯이 유사근로자의 법정기준은 근로자와 비근로자를 구분하는 판단기준과는 사실상 아무런 관련이 없다. 또한 자본가적 기업인 독립사업자와 그렇지 않은 자를 구분하는 기준을 제시한 것도 아니다. 유사근로자의 판단기준은 통상 근로자성의 판단표지로서 고려되는 인적 종속성이나 경제적 또는 조직적 종속성 등과는 구별되는 '경제적 의존성'이라는 기준이 노동법상의 '부분적인' 보호와 책임의 근거가 되고 있다. 이 요건만 가지고 보면 유사근로자의 범위는 전통적인 의미의 근로자는 물론이고 근로자와 독립자영인 사이의 양영역에 걸쳐있는 종속적인 자영인을 모두 포괄하게 된다.[5)]따라서 유사근로자의 법정기준에 해당하더라도 전통적인 의미의 근로자로서 노동법의 전면적인 적용대상이 되는지 아니면 유사근로자로서 부분적인 적용만을 받게 되는지 여전히 근로자성 판단이 과제로 남게 된다. 그런데 실무

5) 상세한 것은 제2장. Ⅲ. 2.「유사근로자 개념의 유용성과 한계」참조.

적으로는 유사근로자 판단기준 자체의 불명확성이 인적 종속성의 부재만으로 완전한 노동법적 보호를 받아야 할 근로자를 안이하게 유사근로자란 이름으로 배제할 위험성을 항상 가지고 있다. 이 때문에 유사근로자 개념을 입법 모델로 삼고자 할 때는 먼저 종속적인 자영인과 자율적인 노동자를 구분하는 기준, 즉 근로자성 판단기준부터 먼저 제대로 정립되지 않으면 안 된다.

다음으로 일반적인 범주로서 유사근로자란 개념은 실질적인 효용성의 측면에서도 문제가 많은데 특수고용 노동의 다양성에 비추어 독일법상의 정의 규정은 지나치게 단순하다는 점을 지적할 수 있다. 실제로 독일에서조차 유사근로자 개념의 유용성에 대하여 많은 의문이 제기되고 있다고 한다.[6] 마찬가지로 이탈리아의 유사종속이란 개념도 끊임없는 논쟁의 대상이 되고 있다.[7] 주된 쟁점은 유사종속여부를 판단함에 있어서 경제적 종속의 기준을 구체적으로 어떻게 파악할 것인가 하는 것이다. 또한 노동법의 적용범위가 특수고용 노동의 개별적인 태양에 따른 구체적 타당성을 고려하고 있지 못하며 휴가, 노동쟁송, 단체협약법(독일), 소송절차와 보건 및 안전(이탈리아) 등에 한정되어 있다는 점에서도 여전히 문제가 많다.

결국 노동자와 독립사업자의 경계영역에 위치한 특수고용 노동에 대한 법적 규율의 대안으로서 독일이나 이탈리아의 유사근로자 개념만의 단순한 수용은 별로 바람직해 보이지 않는다. 특수고용 노동의 무분별한 확산은 필연

---

6) 유사근로자에 관하여 비록 법률의 규정은 일반적으로 정의되어 있으면서도 실제 적용은 방송매체분야에 한정되어 있으며 또한 방송매체의 자유협동자들에게 단체협약법 제12조 제1항에 의해 집단적 이익대표를 할 수 있는 길과 일부 법률의 규정이 적용되지만 해고제한규정을 포함한 노동법의 유추적용은 원칙적으로 허용되지 않아 우리가 기대하는 것만큼 실제적인 유용성도 없는 것으로 인식되고 있다고 한다. 김영문, 앞의 글, 59쪽.

7) 이탈리아법상의 유사종속(parasubordinazione)의 개념은 독일법상의 유사근로자와 결과적으로는 같지만 법조항의 내용은 약간 다르다. 이탈리아의 유사종속 개념은 1973년 법률 제533호에서 등장하였는데 독일의 유사근로자와의 차이는 '사회적 보호의 필요성'이라는 개념이 이 정의에 포함되어 있지 않다는 점이다. B. Maria Victoria, La grève en droit italien, *Droit social*(Avril 2004), 386쪽.

적으로 경제적 종속의 강화와 열악한 사회적 보호라는 부정적인 결과를 낳고 있다. 여기에 더하여 허위 또는 가장의 위장자영인화까지 성행하고 있는 실정이다. 이러한 상황 아래서 노동자와 차별되는 부분적인 보호에 그치는 유사근로자 개념의 도입은 진정한 근로자조차 노동법적 보호로부터 배제하는 남용의 위험성이 매우 높은 것이다. 따라서 근로자성의 판단이 명확하지 않는 중간 영역의 독립노동자층에 대하여는 일반적인 범주를 설정하는 것보다는 개별적인 직업별 특성을 고려하여 보호주체와 보호범위를 별도로 규정하는 것이 바람직하다고 생각한다. 그리고 독일식의 유사근로자란 개념은 단지 소득의 의존여부만을 따지는 매우 폭 넓은 개념이다. 이는 법적지위의 설정에서 판단자에게 큰 부담을 지운다. 노사자치의 존중을 기본적 가치로 삼는 집단적 노동관계법 영역에서는 유의미한 개념이 될 수도 있지만 형벌을 담보로 사용자에게 의무를 부과하는 개별적 노동관계법 영역에서는 그 적용대상을 엄격히 축소 해석하는 경향을 낳을 수밖에 없다. 따라서 독일식 유사근로자 개념은 개별적 노동관계법의 인적 적용범위를 결정함에 있어서는 부적절한 개념이라고 하지 않을 수 없다.

(2) 노사정위원회 특수형태근로종사자특별위원회 공익위원 검토의견

2005년에 나온 노사정위원회의 '특수형태근로종사자특별위원회' 공익위원 검토의견은 이 특별위원회가 설치되기 전의 노사정위원회 공익위원안(2003년)으로 나온 '유사근로자 단결권보장 등에 관한 법률안' 보다 조금 더 구체화된 내용을 포함하고 있어 다소 차이가 보이기도 하지만 전체적으로 보면 거의 동일하다. 기본적으로 현재 특수고용 노동의 근로자성이 문제되고 있는 직종들에 대한 판례의 입장을 그대로 수용하여 근로자로서의 법적 지위를 인정하지 않는 것을 전제로 직종별 특성에 따라 부분적으로 보호하는 내용을 담고 있다고 말할 수 있다. 입법모델로서 독일의 유사근로자 개념을 참조한 것 같으나 법적 보호의 범위와 내용은 전혀 다르다. 공익위원안은 합의된 단일안이 아니기 때문에 이를 일일이 검토하는 것은 별로 의미가 없고 또한 오해의 소지도 많기 때문에 검토의견 중에 드러난 일부 공익위원 의견들의 기본적인 방향과 인식에 대한 문제점만 몇 가지 지적해두고자 한다.

우선 특수형태근로종사자의 개념과 관련하여 공익위원안은 '특정 사업주 또는 고객에 대하여 직접 노무를 제공하고 수입을 얻는 자' 또는 '특정 사업주와 도급, 위임 등 근로계약을 맺고 그 사업에 필요한 노무를 본인이 직접 제공하고 그 사업주에게서 얻는 수입에 의하여 생활하는 자' 라고 정의하고 있다. 그런데 이러한 개념정의는 독일이나 이탈리아의 유사근로자 개념과는 상당히 다르다는 점에 유의할 필요가 있다. 공위위원안이 제시하고 있는 요건을 충족하는 자는 독일이나 이탈리아의 근로자성 판단기준에 따르면 유사근로자가 아니라 오히려 종속적인 노동자로서 노동법상의 모든 보호를 받을 수 있는 법적 지위를 가지게 될 가능성이 높다. 왜냐하면 그것은 이들 나라의 개념정의에는 없는 특정 사업주에 대한 '전속성' 을 요건으로 하고 있기 때문이다. 유사근로자 개념은 복수의 사용자를 포함한 경제적 의존성을 주된 요건으로 하는 반면 공익위원안은 이러한 가능성을 배제하고 오히려 인적종속의 속성이라 할 수 있는 특정사업자만을 위한 보다 강화된 종속을 요건으로 하고 있다. 따라서 공익위원안의 개념정의는 노동법상의 완전한 보호를 받는 '근로자' 와의 차이가 무엇인지에 대하여 해석상 혼란만 가중시킬 우려가 크다. 또한 거꾸로 근로자성의 판단기준을 더욱 엄격하고 좁게 만들 가능성마저 존재한다. 그렇지 않아도 근로자성의 판단기준이 판례에 의하여 극도로 좁혀진 덕분으로 위장자영화가 확산되고 있는 터에 이러한 입법안은 특별한 보호책을 마련한 것이 아니라 현재의 '있는' 권리마저 박탈을 조장할 가능성이 높다고 평가하지 않을 수 없다.

개별적인 노동관계법 영역에 있어서 검토의견의 문제점으로는 첫째, 그동안 학계에서 자주 비판의 대상이 되어 온 법원의 종속성 판단기준에 대한 문제점을 전혀 고려하지 않았다. 오히려 판례에 영향을 미칠 우려가 있어서 고려할 수 없다는 등 입법정책적인 관점을 의도적으로 배제하고 있다. 이 때문에 근로자성 판단기준에 관한 다른 나라의 판례와 우리 법원의 입장의 차이

점을 특수고용의 실태에 비추어 면밀히 검토해 보지 않은 것 같다. 둘째, 근로기준법의 적용범위와 관련해서는 특수고용의 구체적인 근로제공관계의 실태에 따라 최저임금, 근로시간, 해고 등 개별적인 보호규정을 적용할 필요성이 있는지 여부를 일일이 검토해 보지 않고 사용자에게 얼마나 부담을 줄지 여부만을 가지고 적당히 보호수준을 줄이거나 배제한 것으로 보인다. 셋째, 위장자영인에 대한 문제인식이 전혀 없다. 이 때문에 독일의 유사근로자 보다 낮은 보호수준의 별도의 법적 범주를 설정하는 데 그치고 있다. 이는 뒤에서 보듯이 도리어 사용자로 하여금 단순히 근무형태나 계약서의 조작 등을 통하여 특수고용 노동을 남용하고 확산하는 데 기여할 위험이 높다. 넷째, 사회보험법상으로는 아무런 보호내용이 없다. 공익위원안은 산재보험만을 적용하고, 고용보험과 건강보험 및 국민연금의 직장(또는 사업장) 가입자로 인정하지 않았다. 사회보험에서는 사용자의 보험료분담이 중요하므로 결국 가입자 본인이 보험료를 전부 부담하도록 하는 산재보험의 적용은 큰 의미를 갖지 못한다. 이 점을 의식한 듯 정부의 보호대책안에서는 노사가 반반씩 부담하는 안을 제시하였다.

한편 노동3권의 보장과 관련하여 공익위원 검토의견은 많은 문제점을 가지고 있다. 이 점에 관해서는 제4장에서 상세하게 살펴볼 기회가 있으므로 여기서는 설명을 생략하기로 한다.

III. 새로운 법적 규율의 모색

1. 기본방향

특수고용 노동의 법적규율의 핵심은 두 가지로 정리할 수 있다고 본다. 첫 번째는 독립노동의 증가에 따르는 허위, 가장의 위장자영인화를 방지하는 것과 두 번째는 법적으로는 적어도 진정한 의미의 자영인이라고 할 수 있지만 사회경제적 조건이 노동자와 거의 다를 바 없어 노동법적인 보호가 필요한 사람에게 적절한 보호를 하는 것이다. 현재 정부의 대책방안이나 학계의 논의는 거의 후자에 치중되어 있다. 하지만 법원의 종속성 판단기준의 변화를 유도하는 적극적인 입법적 개선을 도모하지 않을 경우 사용자의 노무관리방식의 전환에 의해 근로자의 상당 부분이 개인사업자로 위장되는 탈법적인 남용을 막을 길이 없다. 다른 나라의 입법례나 국제노동기구의 입법동향을 보더라도 전자가 훨씬 큰 비중을 차지하고 있음을 주목할 필요가 있다.

또한 법적규율의 접근방식에 있어서는 근로기준법상의 근로자개념의 탄력적인 해석을 통한 적용범위의 확대도 필요하지만 이것만으로는 불충분하고 적극적인 입법적 해결이 불가피하다고 본다. 다른 여러 국가들의 다양한 경험은 이러한 점에서 시사하는 바가 크다. 특히 프랑스의 입법례에서 볼 수 있듯이 노동자의제 또는 추정제도의 도입은 다양한 고용형태의 발전과 전통적인 근로자개념의 판단방식과의 조화를 모두 고려하고 있다는 점에서 입법모델로서 참조할 점이 많다고 본다. 반면에 정부나 학계가 선호하고 있는 것으로 보이는 독일식의 유사근로자 개념을 도입할 경우에는 법해석상 불가피하게 노동법의 적용범위가 축소되거나, 역으로 위장자영인화를 더욱 부추기는 부작용을 낳게 되지 않을까 우려된다. 따라서 우선은 개별적 노동관계법 영역에서 입법론적인 접근은 위장자영인의 남용을 근절할 수 있는 방향에 중심을 두고, 특수고용 노동의 직업별 특성에 따른 개별적인 보호는 노동3권을 제대로 보장함으로써 단체교섭에 의한 노사자치를 통하여 자주적으로 형성하여 가도록 유도하는 것이 바람직하지 않나 생각한다.

2. 위장자영인화의 남용방지 방안

(1) 사실 우선의 원칙(principle of primacy of facts)의 정립

위장자영인화의 남용행위는 대개 계약서를 도급, 위임 계약의 형태로 바꾸어 근로자를 개별 용역화 함으로써 이루어진다. 따라서 우선 법 해석에 있어

서 근로계약인지 여부의 판단기준으로서 '사실 우선의 원칙'이 견지되어야 한다. 이런 점에서는 한국 대법원의 판례뿐만 아니라 대부분의 국가에서 "근로계약여부의 판단에 있어서 계약의 형식에 관계없이 실질적인 사용종속관계에 따라 결정해야 한다"는 원칙이 확고하게 자리 잡고 있다. 반면에 이러한 원칙에 대하여 비판적인 입장을 취하면서 노동관계 당사자의 의사에 따른 법적 성질 결정을 주장하는 일부 견해도 있다.[8] 하지만 어떤 법질서에 있어서도 노동관계의 당사자가 임의로 자신들의 관계의 법적성질을 결정할 수 있도록 허용하지는 않는다. 왜냐하면 그렇게 되면 계약형성의 주도권을 쥐고 있는 사용자에게 노동법의 적용을 회피할 수 있는 길을 열어주는 결과가 되기 때문이다.[9] 이러한 단순한 사실조차 간과한 채 근로자의 실질적인 자기결정

---

8) 김영문은 "노동법의 대상은 사적 자치에 의해서 근거 지워진 근로관계로서 근로자인지 아닌지의 판단기준은 비자영적인 노동을 법률행위에 의하여 급부하기로 약정하였는가가 우선적으로 고려되지 않으면 안 된다"고 한다. 그 이유로서 "통상적으로 근로관계에 의해서 수행되는 노동력제공의 기능도 자유협동계약에 의해서 가능하므로 근로계약에 의하여 수행되는 활동이 처음부터 절대적으로 존재하는 것이 아니라 다른 계약유형에 의해서도 가능하며 그 선택의 당사자의 자유에 맡겨져 있다"는 것이다. 또한 "판례나 학설에 대하여는 근로계약적 요소를 무시하고 실질관계에 집착하여 근로자성을 판단하고 있다는 점에서 사용자 경영전략의 일환으로 직무구조와 노무구조를 선택할 수 있다는 가장 기초적인 사실을 전적으로 무시하고 있다는 데 문제의 심각성이 있다"고 지적하고 있다. 강희원 · 김영문 공저, 근로자개념과 계약의 자유(중앙경제, 2001), 289-290쪽. 그러나 이러한 견해는 근본적인 오류를 범하고 있다. 전통적인 방법론이 당사자의 의사가 아니라 실질관계를 바탕으로 근로자성 여부를 판단한다는 의미는 당사자가 자신의 법률관계를 근로관계로 할지 도급관계를 할지 그 선택을 도외시한 것이 아니라 당사자가 선택할 사실관계의 법적성질을 객관적으로 규정하기 위하여 그 실질을 고려한다는 뜻이다. 당사자는 객관적으로 판단되는 법률관계를 얼마든지 자신의 필요에 따라 선택할 수 있다는 점에서 사적자치의 원칙에 반하지 않는다. 따라서 전통적인 방법론에 대한 이러한 비판은 옳지 않다. 당사자가 임의로 정의한 법형식이 곧바로 규범질서가 될 수는 없는 것이다. 근로자성 판단의 문제는 객관적으로 존재하는 사실관계의 법적 성질을 확정하는 문제이지 당사자가 임의로 좌지우지할 수 있는 문제가 아니다. 따라서 법적 성질의 확정은 객관적으로 판단해야 하고 당사자가 표시한 의사, 즉 형식적 표지에 의하여 주관적으로 판단되어서는 안 된다는 판례의 기본입장은 여전히 타당한 것이다.

론을 강조하는 '계약자유론'은 당위로서의 자유평등의 이념을 존재적 사실로서 착각하고 있다는 비판을 면하기 어렵다. 근로계약인지 여부의 판단기준은 당사자의 의사가 아니라 객관적인 사실의 상태에 달려있다는 것은 ILO에서도 확고하게 견지하고 있는 원칙이다.[10] 독립성을 가장한 기만행위와 결과적으로 발생하는 부정경쟁을 억지하기 위해서도 이 원칙을 지속적으로 유지할 필요가 있다.[11]

(2) 법해석상 종속성 판단기준의 탄력적인 운용

노동법의 새로운 패러다임은 자본의 끊임없는 이윤추구 욕구에 따라 다양한 형태로 변신을 거듭하면서 노동자의 자유에 대한 구속을 심화시키고 있는 새로운 종속형태에 대한 법적 규율의 혁신과 이를 통한 자유의 보편적인 확대여야 한다. 종속의 '본질'이 아니라 종속의 '양태'가 변하고 있는 상황에서 종속성 판단의 기준이 변하지 않고서는 실질적인 타당성을 담보할 수 없는 것이다. 이런 의미에서 변화된 새로운 상황에 적응하지 못하는 좁은 의미의 인적종속론에 입각한 근로자성의 판단기준은 새로이 바뀌어야 한다. 종래의 판례나 학설의 논리로는 이러한 변화된 상황에 적절하게 대처할 수 없다. 더욱이 자율적인 근로자인지 종속적인 자영인인지를 구분하는 판단기준을 도저히 도출해 낼 수 없다.[12] 법률관계가 불명확하고 위장자영인화가 의심되는 경우에는 형식적인 징표보다 실질적인 징표를 우선시하는 법원의 탄력적

---

9) 이러한 점에서 프랑스 파기원 사회부가 정립한 공식적인 원칙은 시사하는 바가 크다. "임노동 관계의 존재는 계약당사자가 표시한 의사나 당사자가 협약 시 부여한 명칭에 좌우되는 것이 아니라 노동자의 행위가 이루지는 실질적인 조건에 따라 결정된다"(Cass. soc., 17 avril 1991) 또한 "당사자의 의사만으로는 자신의 근로이행의 태양으로부터 필연적으로 발생하는 사회적 지위에 있는 근로자성을 배제할 수 없다"(Cass. A.P. 4 Mai 1983) 등.

10) ILO, *The employment relationship Report* V(1)(International Labour Office, 2005), 7-8쪽.

11) Alain Supiot, *Au-dela de l'emploi*(Flammarion, 1999), 30쪽.

12) 제2부 제1장 Ⅱ. 1.「독립노동의 개념」의 표) 참조.

이고 유연한 태도가 요구된다. 프랑스의 근로자 추정제도와 판례에서 보듯이 보수의 지급방식이나 계약의 형식 또는 명칭 보다는 지휘명령에 대한 거절가능성, 명령불이행에 대한 제재조치 유무, 수입의 배분비율, 계약기간의 안정성, 특정인에 대한 전속성과 업무대체성 등을 중시하는 보다 적극적인 자세가 필요하다고 하겠다.[13]

최근 대법원은 과거와는 달리 근로자성 판단지표들 간의 비중에 관해 실질적인 징표를 중시하는 판례들을 잇달아 내놓고 있어 주목을 받고 있다. 판례변화의 특징은 종래의 종합적인 판단기준을 보완 · 수정하는 내용으로 되어 있다. 즉, 「기본급 또는 고정급의 유무」, 「근로소득세를 원천징수여부」, 「사회보장제도의 적용여부」 등의 사정은 사용자가 경제적으로 우월적 지위에서 임의로 정할 수 있는 사정들로 이를 이유로 근로자성을 쉽게 부정해서는 안된다는 점과 사용자의 지휘감독의 정도가 「구체적 · 직접적인」 것에서 「상당한」 것으로 완화되었다는 점, 그리고 노무제공자가 스스로 비품 · 원자재나 작업도구 등을 소유하거나 제3자를 고용하여 업무를 대행케 하는 등 「독립하여 자신의 계산으로 사업을 영위할 수 있는지, 노무 제공을 통한 이윤의 창출과 손실의 초래 등 위험을 스스로 안고 있는지」라는 사업자성 징표를 보다 명확하게 규정하였다.[14]

(3) 근로자 추정조항의 신설

제도개선에서 고려해야 할 핵심적인 내용 중의 하나는 노동법상의 책임을 면탈하려는 사용자의 탈법적인 위장자영인화를 방지하기 위한 입법적인 대안이 마련되어야 한다는 것이다. 위장자영인화는 법원이 근로자성의 판단기준을 사용자가 임의로 정할 수 있는 형식적 징표들에 주로 의존함으로써 조장된 측면이 강하다. 지휘명령의 구속성이라는 전통적인 표지만을 중시하는 근로자성 판단기준은 위장자영인과 진정한 자영인을 가려내는 기준으로서는

13) 제2부 제2장 Ⅳ. 3.「위장자영인에 대한 규율」참조.
14) 대법원 2006.12.7. 선고, 2004다29736 판결.

아무런 소용이 되지 못하며 사용자의 탈법적 남용행위를 방지할 수 없다. 이러한 측면에서 프랑스의 근로자 추정조항과 독일의 Wank교수의 판단표지가 매우 유익한 시사점을 주고 있다. 다만 프랑스의 근로자 추정조항의 경우에는 기자, 공연연예인, 모델과 같이 특정한 직업군에 한정되어 있어 일반적으로 적용하기 위해서는 적절하지 못하다. 노동법으로부터 회피를 억제하기 위하여 근로자개념의 확대를 주장하는 대표적인 학자인 Wank는 지휘명령에 대한 복종은 더 이상 근로자의 특징적인 요소로 생각해서는 안 된다고 보았다. 그에 따르면 보호의 필요성은 그러한 복종에 연결되어 있는 것이 아니라 한 사용자에게만 경제적으로 의존한다는 사실과 관련이 있다는 것이다. 그가 제시한 경제적 의존의 판단기준은 ① 협력자의 도움 없이 직접 수행하는 노동, ② 한 사용자만을 위하여 수행하는 노동, ③ 본질적으로 고유한 자본 없이 수행하는 노동, ④ 타인의 조직에 결합된 노동의 4요소이다.[15] 이러한 Wank의 견해는 보호가 필요한 독립노동을 모두 포괄하지는 못하지만 경제적으로 종속된 위장자영인을 근로자로 재규정하는 데는 적절한 기준이 될 수 있을 것으로 생각된다. 따라서 Wank교수가 제시한 표지를 기본으로 하여 근로자 추정제도를 도입하는 것이 우리의 실정과도 부합하는 입법모델이 될 수 있을 것 같다. 원칙적으로는 일련의 징표에 기초한 종합적인 판단이라는 법원의 기존 방식을 유지하면서도 그러한 방법에 내재되어 있는 법적안정성의 결여를 보완하고 노동법의 적용을 면탈하려는 악의적인 탈법사례를 방지하기 위하여 다음과 같이 근로자 추정조항을 신설하는 것이 바람직하다고 본다.

〈예시조문〉

§. 근로기준법 제14조 이 법에서 "근로자"라 함은 직업의 종류를 불문하고 사업 또는 사업장에 임금을 목적으로 근로를 제공하는 자를 말한다. 다만, 다음 각 호의 요건을 갖춘 경우에는 근로자로 추정한다.

15) Rolf Wank, Der Betrieb, 1992, 90쪽(Alain Supiot, 앞의 책, 42-43쪽에서 재인용).

1. 타인을 고용하지 않고 본인이 직접 근로를 제공할 것
2. 한 사업자만을 위하여 근로를 제공할 것
3. 독자적인 자본 없이 특정 사업자의 조직에 결합되어 근로를 제공할 것

이 기준을 적용할 때 문제점은 특수고용형태 가운데 둘이상의 레미콘제조회사나 둘이상의 운송업체 또는 주선업체로부터 물량을 받고 있는 레미콘운반 용차기사와 개인화물운송사업자가 개별적 근로관계법상의 근로자범주에서 제외될 가능성이 있다는 점이다. 따라서 이러한 문제점을 해결하기 위해서는 일반적인 법적요건의 설정과는 별도로 특정한 직종별로 고유한 근로조건을 보호할 수 있는 개별적인 직업별 보호입법의 제정이 고려되어야 한다고 본다.

(4) 탈법행위에 대한 제재

위장자영인화의 남용을 막기 위해서는 근로계약관계의 존재 유무를 판단하는 사법상의 판단기준의 마련도 중요하지만 이것만으로는 불충분하다. 노동법을 회피하기 위하여 근로계약이 아닌 다른 계약으로 위장하는 탈법행위를 별도로 엄격하게 규율할 필요가 있다. 프랑스의 경우처럼 벌칙규정을 신설하여 위장 자영화를 유도한 사용자를 형사처벌하거나 계약해지에 따른 배상금지급제도를 보완하는 것도 고려해보아야 한다.[16]

4. 종속적인 자영인에 대한 노동법의 확대 적용

(1) 보호의 필요성

노동법에서 사용자책임의 근거는 전통적으로 노동자에 대한 지휘명령권에서 찾아왔다. 즉, 다른 사람의 노동활동을 지휘명령하여 자기를 위하여 사용

16) 제2부 제2장 Ⅳ. 3.「위장자영인에 대한 규율」참조.

하는 자는 노동법상의 책임을 진다는 것이다. 하지만 특수고용형태 가운데 종속적인 자영인과 같이 노무수행방식도 독립적이고 법적으로도 근로계약관계에 있는 것은 아니지만 거래상대방에게 노동법의 원리와 책임을 전부 또는 일부 책임지도록 해야 할 상황이 존재할 수 있다. 종속적인 자영인에 대한 프랑스나 독일, 이탈리아 등 많은 입법례가 이를 잘 보여주고 있다. 프랑스의 직업별 노동법은 종속적인 자영인에 대한 보호의 필요성을 거래상대방에게 경제적인 의존관계에 있다는 사실과 그가 제공하는 노무제공의 조건 그 자체로부터 끌어내고 있는데 이는 새로운 입법을 모색하는 우리에게 좋은 시사가 될 수 있을 것으로 보인다. 아무리 그 법적지위가 개인사업자라 할지라도 만약 정해진 보수나 근무시간 등 노무수행조건이 근로조건보호법상의 기준에도 미치지 못할 경우에는 노동법을 적용할 필요가 있는 것이다. 왜냐하면 근로기준법 등 근로조건보호법은 근로조건에 대한 '최저기준'을 정하고 있는 법으로서 취업하여 노동하는 사람이라면 누구에게나 적용되는 것이 헌법의 생존권보장이념에 부합되기 때문이다. 또한 종속성은 노동과정의 위계적인 지시에서만 비롯되는 것이 아니라 노동 그 자체가 결정되는 방식에 의해서도 생겨날 수 있다. 가내노동자, 특정화물운송회사의 알선에 의존하는 자가운전 개인사업자, 특정회사에 소속되어 있지는 않으나 수입의 대부분을 그로부터 얻는 프리랜서 작가나 기자 등이 이러한 유형의 종속적인 자영인이라고 할 수 있을 것이다. 따라서 이러한 노무제공자를 전통적인 의미의 근로자가 아니라 자기의 고유한 계산으로 행동하는 개인사업자라고 보더라도 노무제공의 조건 및 실태에 따라 노동법규를 확장 적용해야 할 필요가 있는 것이다.

(2) 보호방안

종속적인 독립노동자는 직업유형에 따라 경제적 의존의 정도나 노무제공의 조건이 다양할 수 있다. 따라서 개별적이고 특수한 사정을 고려한 구체적인 보호요건과 적용범위를 정하는 것이 필요하고 이 경우에는 프랑스의 직업별 노동법에 따른 개별적인 보호방안을 모델로 삼을 수도 있을 것이다. 하지만 보다 중요한 것은 종속적 자영인의 불평등한 지위로부터 의사의 대등성을 확보하기 위해서는 단순히 경제법의 적용과 같은 비노동법적 해결에 맡길 것이 아니라 단체협약의 체결과 같은 집단적 권리의 정립이 필요하다는 점이다. 직업적 이익의 옹호를 위한 결사는 오늘날 근로자성 여부를 떠나 보편적인 인권으로 확대 인정되고 있는 것이 국제적인 추세이다.

그러면 누구를 대상으로, 어떤 방식으로 이들의 집단적 권리를 보호할 것인가가 문제이다. 원칙적으로 말한다면 근로기준법상의 근로자개념과는 다른 별도의 노동조합법상의 근로자개념을 설정하는 것은 바람직하지 않다고 본다. 실제로 다른 나라의 입법례에서도 정의조항을 두고 있는 경우가 드물다. 그러나 노동3권이 기본적으로 자유권적 성격을 가진 것으로 이해되는 다른 나라들과는 달리 그 '제한적 허용'에 주된 입법목적을 가진 우리 현행법의 해석상으로는 별도로 근로자 정의조항을 두지 않을 경우 종속적인 자영인은 헌법상의 근로자가 아니라는 이유로 완전히 노동3권이 부정되는 결과를 초래할 수 있다.[17)]

이러한 점들을 고려할 때 독일의 유사근로자 개념은 직업유형에 관계없이 종속적인 독립노동자에게 보편적으로 적용해야 할 최소한의 법규와 법적 요건을 설정할 경우에 입법모델이 될 수 있을 것으로 생각한다. 따라서 종속적

---

17) 근로자의 단결권을 원칙적으로 위법으로 보는 법체계(단결권금지 및 공모법리)에서는 이를 제한적으로 '허용' 하므로 그 '허용' 대상과 범위를 법률로 정할 필요가 있지만 단결권 자체가 자유권적 성격을 가진 것으로 보는 현대적 법체계에서는 거꾸로 '금지' 되는 범위가 법률로 정해져야 한다. 즉, 금지된 행위가 법률에 의하여 비로소 '허용' 되는 것이 아니기 때문에 일반적인 행동의 자유와 마찬가지의 성질을 갖게 되고 이를 제한할 필요가 있는 경우에도 다른 자유권처럼 법률에 의하여 행해야 하며 또한 그 본질적인 내용을 침해해서는 안 된다. 하지만 쟁의행위에서 볼 수 있듯이 우리의 판례와 대개의 학설은 이를 포괄적으로 업무방해죄 및 불법행위에 해당한다고 보고 일정한 요건을 갖춘 경우에 비로소 위법성을 조각하는 것으로 이해하기 때문에 유감스럽게도 전자에 가깝다. 그 결과 법률로서 적극적으로 명시하지 않는 한 집단적인 권리가 인정되지 않는 것으로 보게 된다. 이 점에 관하여 상세한 것은 조경배, "형사면책법리와 쟁의행위 정당성론의 논의구조", 노동법학 제9호(한국노동법학회, 1999) 참조.

인 자영인에게 노동3권을 보장하는 방안으로서 다음과 같은 입법안을 제시한다.

〈예시조문〉

§.노동조합법 제2조(정의) 이 법에서 사용하는 용어의 정의는 다음과 같다.

1. "근로자"라 함은 직업의 종류를 불문하고 임금 · 급료 기타 이에 준하는 수입에 의하여 생활하는 자를 말한다. 다만, 다음 각목의 요건을 갖춘 경우에는 근로자로 본다.
   가. 타인을 고용하지 않고 본인이 직접 근로를 제공할 것
   나. 소득의 절반이상을 특정 사업자로부터 얻을 것
   다. 사회적 보호의 필요성이 근로자와 유사한 경우

Ⅳ. 과제와 전망

특수고용 노동의 고용실태나 근로조건은 직업유형에 따라 매우 복잡하고 다양하다. 따라서 법적인 보호대책을 마련함에 있어서는 이러한 실태에 맞는 효율적인 방안이 제시되어야 한다. 또한 외국의 입법을 참조함에 있어서도 우리의 노동법 및 사회보장법의 체계 및 특수고용의 현실과의 정합성을 고려해서 실현가능성 있는 대책을 마련해야 한다. 독일 등 특정 국가의 법체계에 지나치게 집착하여 우리의 법체계를 곡해하거나 현실의 문제 상황에 대한 차별성을 무시하거나 과소평가하는 태도도 지양해야 한다.

나아가 무엇보다도 우리나라에서 특수고용 노동문제의 해법은 그 무게 중심을 노동3권의 보장에 두어야 한다고 본다. 특수고용 노동은 직업유형에 따라 또는 같은 직업군 내에서도 경제적 의존의 정도나 노무제공의 조건이 매우 다양하기 때문에 근로조건보호법과 같이 법률에 의하여 일률적인 보호기

준을 설정하는 데는 여러 가지 어려움이 따를 수 있다. 반면에 노사자치에 바탕을 둔 노동단체법적 접근방식은 이러한 곤란을 해소하는 데 어느 정도 기여할 수 있다. 또한 노동3권의 주체를 널리 사회경제적 약자의 인권으로 이해하는 것이 국제사회의 보편적인 원칙이므로 특수고용 노동자를 포함한 종속적인 자영인도 일반적인 근로자와 똑같이 노동3권을 누릴 수 있도록 보장해야 한다.

제4장

노동3권의 주체로서 근로자개념과 특수고용 노동자

Ⅰ. 특수고용 노동자의 노동조합법상의 지위

1. 법적 지위의 불안정

세계적인 규모의 신자유주의적 경제패턴의 영향으로 전통적인 고용관계가 급격히 변하면서 기존의 노동법상의 최소한의 보호조차도 받지 못하는 새로운 직업군이 점점 늘어나고 있다. 우리나라에는 이른바 '특수고용 노동자'로 불리는 보험모집인, 골프장 경기보조원, 학습지교사, 레미콘차량운전자, 개인화물운송사업자 등이 여기에 속한다. 일반 노동자와 마찬가지로 타인에게 직접 노무를 제공하는 이들의 법적 지위는 계약형태나 노무제공 실태에 따라 다양한 모습을 보이고 있다. 또한 근로기준법상의 지위와 노동조합법상의 지위가 서로 다르게 평가되는 경우도 있고 동일하게 평가되는 경우도 있다. 즉, 골프장 경기보조원이나 학습지교사와 같이 근로기준법상으로는 근로자의 지위를 인정받지 못하지만 노동조합법상의 지위는 인정되는 경우도 있다.[1] 하지만 이러한 경우는 매우 예외적이고 대부분은 노동조합법에서 정한 근로자의 정의규정에 해당하지 않는다는 이유로 국가나 사용자로부터 그 실체를 인정받지 못하고 있고 그 조직률도 매우 낮다.

특수고용 노동자는 법원에서나 행정실무에서 대부분 법적으로 개인사업자

1) 특수고용 노동자의 직업유형별 현행법상의 지위에 관하여 상세한 것은 제2부 제1장 Ⅲ.「한국의 특수고용 노동자의 유형별 법적 지위」 참조.

로 취급되어 근로기준법이나 산업재해보상보험법 등 사회보장법의 적용대상에서 제외되는 데 그치지 않고 노동3권도 자유롭게 행사할 수 없다. 이들은 자신들의 직업적인 이익을 옹호하기 위하여 노동조합 등 단결체를 조직하거나 가입하려해도 아무런 법적 보호 장치가 없어 사업주의 일방적인 계약해지의 위협에 직면하게 된다. 또한 사업주들은 이러한 노동자들의 단체교섭요구를 거의 무시하거나 거부하고 있으며 심지어 집단적인 단체행동의 경우에는 단순한 노무제공의 거부만으로도 형사 처벌되는 등 국가와 사용자로부터 노동3권을 전혀 보장받지 못하는 상황에 처해있다.[2] 그 결과 이들의 근로조건이 지속적으로 악화되고 노동의 불안정이 심화되고 있다. 따라서 이들에 대한 적절한 노동법상의 지위의 보장이 시급한 과제가 되고 있다.

이 장에서는 특수고용 노동자가 법리상 노동3권의 주체가 될 수 있는지에 초점을 맞추었다. 특별히 집단적 노동관계에서의 법적 지위에 관심을 갖는 이유는 이들에게 노동법적 보호가 필요한 경우에 노동단체법적 접근방식은 그 법이념과 보호방식이 개별적 노동관계법 영역과는 달리 법적, 제도적 개선에 있어서 훨씬 용이하다고 보기 때문이다. 특수고용 노동자의 경우에는 직업유형에 따라 또는 같은 직업군내에서도 경제적 의존의 정도나 노무제공의 조건이 매우 다양하기 때문에 근로조건보호법의 방식과 같이 법률에 의하

2) 정부는 2003년 2차례에 걸쳐 진행된 전국운송하역노동조합의 준조합원 조직인 '화물운송특수고용직노동자연대'(화물연대)의 파업을 기화로 화물자동차운수사업법을 개정하여 '업무복귀명령제도'를 도입하였다. 이는 화물운송사업자 또는 운수종사자가 화물운송을 거부함으로써 화물운송에 현저한 지장을 주어 국가경제에 심대한 위기를 초래하거나 초래할 우려가 있다고 인정할 만한 상당한 사유가 있는 때에는 국무회의의 심의를 거쳐 건설교통부장관이 업무개시명령을 발령할 수 있도록 하고, 그 명령을 거부한 때에는 3년 이하의 징역 또는 3천만원 이하의 벌금형에 처하거나 화물자동차운수사업의 허가의 취소 · 정지 또는 화물운송종사자격의 취소 · 정지처분 등을 할 수 있도록 한 것이다. 이러한 업무복귀명령제도에 대하여, 산재보험 적용 등의 노동법상의 보호에 있어서는 개별사업자라고 부정하면서 '개별사업자'의 단순운송거부에 대해서는 강제명령제를 도입하겠다는 발상으로서 이는 단순운송거부에 대한 처벌근거를 마련하기 위한 것에 불과하고 강제근로를 강요하는 반민주적인 입법이라는 비판이 제기되고 있다.

여 일률적인 보호기준을 설정하는 데는 여러 가지 어려움이 따를 수 있다. 왜냐하면 개별적이고 특수한 사정을 충분히 고려하여 구체적으로 타당성 있는 보호요건과 적용범위를 법령으로 일일이 정해야 하기 때문이다. 하지만 이는 노사 간에 이해관계가 대립되어 합의가 형성되기도 어렵지만 기술적으로나 시간적으로 많은 곤란이 따르게 된다. 반면에 노사자치에 바탕을 둔 노동단체법적 접근방식은 이러한 곤란을 해소하는 데 어느 정도 기여할 수 있다고 본다.

그런데 이러한 노동단체법적 접근을 위해서는 해결해야 할 몇 가지 이론적인 과제가 놓여 있다. 우선 우리 헌법이 노동3권의 주체를 근로자로 명시하고 있기 때문에 근로자성 여부 자체가 다투어지고 있는 특수고용 노동자에게 노동3권을 부여하기 위해서는 헌법에서 말하는 근로자가 무엇을 의미하는지가 먼저 해명되어야 한다. 또한 이것이 개별 법령에서 규정하고 있는 근로자 정의조항과 어떠한 관련을 갖고 있는지, 나아가 개별 법령마다 달리 정의하고 있는 근로자개념의 차이를 어떻게 이해해야 하는지 명확하게 규명되어야 한다. 이 장에서는 이러한 논의들을 통하여 특수고용 노동자의 법적 지위를 법해석 및 입법적인 수준에서 어떻게 규정하는 것이 바람직한지 그 대안을 모색해보고자 한다.

2. 헌법상의 근로자개념과 노동조합법상의 근로자개념

헌법 제33조 제2항은 노동3권의 주체를 '근로자'로 명시하고 있다. 그런데 여기서 말하는 '근로자'가 무엇을 의미하는지는 명확하지 않다. '근로자'란 용어 자체에 대한 직접적인 정의조항을 두고 있는 대표적인 법령은 근로기준법과 「노동조합 및 노동관계조정법」이다. 또한 이 두 법령에서는 각기 다른 정의를 내리고 있다. 따라서 헌법상의 근로자와 노동조합법상의 근로자가 동일한 개념인지 그리고 노동조합법상의 근로자가 근로기준법상의 근로자와 동일한 개념인지 아니면 다른 것인지가 문제가 된다. 헌법학자들은 대부분 이 점에 대하여 특별히 주목하고 있는 것 같지는 않으며 헌법상의 근로자를 노동조합법상의 정의조항을 원용하여 풀이하고 있는 것으로 보아 양자를 동일한 것으로 이해하고 있다고 할 수 있다.[3] 이는 판례나 노동법학자들의 경우에도 마찬가지이다.[4] 그런데 일부 노동법학자의 경우에 우리 헌법이 명시적으로 근로자에 대하여 근로3권을 보장하고 있기 때문에 하위 법률이나 법형성적 판례에 의하여 근로자가 아닌 자에게 대하여 근로3권을 보장하게 되면 헌법에 위반될 소지가 발생할 수도 있다는 견해가 있다. 하지만 이 견해의 경우에도 헌법상의 근로자개념과 노동조합법상의 근로자개념을 동일하게 보면서도 노동조합법 제2조 제1호의 정의조항이 가지는 신축성을 근거로 노동법상의 일반 법개념으로서 유사근로자 개념의 독자성을 인정하여야 한다고 주장하면서 헌법상의 근로자개념에 유사근로자를 포함시킬 수 있다고 해석한다.[5] 보다 적극적인 주장으로서는 헌법 제33조 소정의 근로자가 인적 종속성과 경제적 종속성을 모두 갖춘 엄격한 의미의 근로자개념을 전제로 한 개념이라고 제한적으로 해석할 필요는 없다고 보고 목적론적, 역사적 해석 및 체계적 관점에서 특수형태근로종사자에게 노동3권을 부여하더라도 위헌의 문제는 발생하지 않는다는 견해가 있다.[6] 헌법상의 근로자개념에 근로

---

3) 김철수, 헌법학개론(박영사, 2003), 786쪽; 권영성, 헌법학원론(법문사, 2004), 670쪽; 허영, 한국헌법론(박영사, 2005), 505쪽; 성낙인, 헌법학(법문사, 2003), 515쪽 등.

4) 임종률, 노동법(박영사, 2004), 30-32쪽; 이영희, 노동법(법문사, 2001), 101-102쪽. 다만 이들의 경우에는 근기법과 노동조합법의 정의조항이 다른 점을 주된 근거로 하여 노동조합법상의 근로자를 근기법 보다 넓게 보고자 하는 것이 일반적이다.

5) 김형배, 노동법(박영사, 2005), 1061쪽.

6) 즉 목적론적 해석의 관점에서는 헌법 제33조는 교섭력의 불평등으로 인한 경제적 불공정성을 시정하는 것을 지향하고 있고, 역사적 해석의 관점에서는 노동삼권에 대한 기원이 되었던 제헌헌법 제18조에 대한 제1독회에서 제18조의 근로자에 농민까지 포함되는가 하는 질문에 대해 전문위원인 유진오는 "이 18조에 「근로」라는 말은 도회의 노동자를 상대로 쓴 말입니다만 그러나 농민이라고 하더라도 농민조합을 만든다든지 하는 권리는 역시 18조에 의해서 보장된다"고 답하고 있는 점에서 알 수 있듯이 경제적 약자를 전제로 한 개념이었다는 점을 제헌헌법

계약이 아닌 다른 계약에 기초하여 노무를 제공하는 자에게도 적용해야 한다는 이러한 주장들은 그 근거로서 '교섭력의 대등성의 결여' 또는 '교섭력의 불평등'을 주된 논거로 하고 있다.

그러나 문제는 근로자가 아닌 자에게 노동3권을 인정하는 것이 위헌의 소지가 있다는 발상 자체이다. 노동3권은 헌법에 규정되어 있지 않더라도 현대 자본주의 사회에서 보편적으로 승인된 사회적 인권이다. 노동3권의 행사가 당연히 타인의 권리를 침해한다는 생각은 18-19세기 단결금지시대의 공모법리에나 있었던 것이다. 특히 단결권이나 단체교섭권의 행사는 그 자체로서는 상대방인 사용자의 어떠한 권리를 침해하는 것도 아니다. 다만 단체행동권의 행사가 시민법상의 관점에서 채무불이행이나 사용자의 권리행사를 일부 방해할 수 있다. 그 때문에 단체행동권의 행사는 모순되는 두 권리의 조정을 위하여 여러 가지 제약이 따른다. 그렇다고 하여 단체행동권의 핵심인 집단적 노무제공의 거절 그 자체가 범죄행위 또는 불법행위나 채무불이행이 되는 것은 아니다. 노동3권이 국가에 의하여 특별한 보호를 받도록 되어 있지만 국가 역시 노동3권의 침해자일 수 있다는 점을 생각한다면 국가에 의하여 비로소 승인되는 권리가 아니라 자유권과 마찬가지로 자연적인 사회적 산물이다. 즉, 노동3권은 자본주의 사회에서 전형적인 약자인 근로자가 인간으로서의 존엄성을 자본이라고 하는 사회적 권력과 그 남용으로부터 방어하기 위하여 자연적으로 형성된 것이다. 전형적인 근로자가 아니더라도 사회적 약자들이 스스로를 방어하기 위하여 단결된 힘을 필요로 할 수 있고 이를 인정하더라

의사록에서 확인할 수 있으며, 체계적 관점에서는 하위법인 근로기준법과 노동조합 및 노동관계법상의 근로자개념이 각각 법률의 목적에 따라 상이하게 파악되고 있는 점을 볼 때 헌법적 근로자개념은 양 법률을 포괄하는 상위개념으로 파악하는 것이 타당한 헌법해석이고, 헌법상 결사의 자유와의 관계에서 구별징표는 경제적 종속성에서 찾을 수 있으며, 근로계약을 결여하고 있는 특수형태고용종사자의 법률관계에 대해서도 단체협약을 적용할 수 있는지 여부는 입법정책의 문제에 불과하며 이를 부정할 이유도 없다는 점 등을 고려할 필요가 있다고 한다. 이승욱, "특수형태근로종사자의 법적규율을 위한 입법적 모색", 노동법연구 제19호 (서울대노동법연구회, 2005), 259쪽.

도 위헌문제는 발생하지 않는다. 결국 근로자가 아닌 자에게는 일체 노동3권이 인정되지 않는다는 사고 역시 노동인권의 법적 · 사회적 의의에 무지하고 이를 억압해왔던 지난 시절의 잘못된 이데올로기적 관성에 다름이 아니다. 오히려 노동3권의 행사가 기본적으로 위법한 행위임을 전제로 일정한 경우에만 제한적으로 허용된다는 해석론이나 이를 뒷받침 하는 노동조합법의 관련규정들이 위헌가능성이 있지 않은지 문제로 삼아야 한다고 본다.

3. 근로자개념의 통일성과 상대성

노동법의 인적 적용대상의 범위로서 근로자개념을 노동법 전체에 걸쳐 통일적으로 파악해야 할 것인가 아니면 개별 법령에 따라 상대적으로 파악해야 할 것인가에 대하여는 아직 일치된 견해가 없다. 우리나라에서 이 논의는 주로 실업자가 노동3권의 주체가 될 수 있느냐 하는 문제를 둘러싸고 전개되었다. 실업자가 취업근로자만을 대상으로 하는 근로기준법의 적용대상이 아니라는 점은 명확하다. 하지만 취업여부를 적극적인 요건으로 하지 않는 고용보장법이나 사회보장법, 노동조합법 등의 적용대상으로부터 제외해야 할 어떠한 법적 근거나 이유도 존재하지 않는다. 따라서 취업희망자인 실업자가 기업별 노조에 가입하는 것은 실익이 없으므로 무의미하다거나 또는 초기업별 노조에 한정되어야 한다는 견해는 지나친 비약이다.[7] 이는 노동3권의 주체는 노동조합이 스스로 조합규약을 통하여 자주적으로 결정할 문제이지 국가법에 의하여 좌지우지할 수 있는 것이 아니라는 자유권의 핵심적 가치를 간과하고 있다. 실업자를 조합원으로 가입시킨 노동조합이 체결한 단체협약의 규범적 부분이 근로관계를 맺고 있지 않는 실업자인 조합원에게 적용될 수 없다는 것은 단지 해석상 그렇다는 것이지 노동3권의 주체가 되지 못하도록 법으로 금지해야 된다는 논리는 성립할 수 없는 것이다. 노동조합의 중요

7) 한국노동연구원, 노사관계법제도 선진화 방안, 2003; 김형배, 앞의 책, 52-53쪽.

한 역사적 기능 중의 하나가 실업한 조합원의 부조를 위한 공제적 기능이었음을 상기하는 것만으로도 충분한 설명이 될 수 있을 것이다. 기업단위 또는 초기업단위 노조를 불문하고 실업자의 조합가입 가능성을 부정했던 그간의 행정실무나 일부 학설은 기업별 조직형태의 강요와 노동탄압적인 정책 및 이데올로기에 젖은 비합리적인 정신적 관성 때문이다. 이런 점에서 초기업단위 노조의 실업자가입을 인정한 대법원의 2004년 판결은 아무 실익도 없는 논쟁에 종지부를 찍었다는 점에서 어느 정도 의의가 있다고 할 수 있다.[8]

학설의 대다수는 노동법의 본질을 종속노동으로 파악하고 종속노동에 종사하는 취업자인가 아닌가에 따라 노동법 적용유무를 일률적으로 결정해야 한다는 견해를 취하고 있다(통일적 개념설).[9] 판례의 경우에도 구체적인 사건에 적용되는 개별 법률에 따라 별도로 판단기준을 제시하지 않고 통일적으로 판단하는 경향이 일반적이다. 비록 노동조합법상의 근로자를 근기법보다 넓게 이해하여 판단한 사례들이 없는 것은 아니지만 그렇다고 하여 명확하게 판단기준을 달리함으로써 개념상의 차이를 제시한 적은 없다.[10]

---

8) 대법원 2004.2.27. 선고, 2001두8568 판결.

9) 김형배, 앞의 책, 53쪽 이하; 일본에서도 다수설의 입장으로서 柳屋孝安는 이를 상대적 개념설과 대비하여 통일적 개념설이라 부른다. 柳屋孝安, 現代勞働法と勞働者概念(信山社, 2005), 382쪽.

10) 골프장 경기보조원의 법적지위와 관련하여 근기법상의 근로자로 인정하지는 않았으나 노동조합법상의 근로자로 인정한 예가 있는데 그 근거로서 캐디피를 노동조합법 소정의 '기타 이에 준하는 수입' 으로 보았다는 데 특징이 있다. 즉, 캐디피는 근기법상의 임금이라고 단정하기는 어렵지만 캐디가 회사에 의하여 선발되어 채용될 때 캐디와 회사 사이에 캐디는 회사가 임의로 지정하는 내장객에게 노무제공을 하기로 하고 그 대가로 회사로부터 일정한 금원을 받기로 하는 묵시적인 약정이 있다고 보고 이 약정을 '고용관계에 근사한 것' 으로 보았다(대법원 1993.5.25. 선고, 90누1731 판결). 그런데 그 후 다시 하급심에서는 "근로자인지 여부를 판단하는 기준인 사용종속성이나 근로의 대상성에 관한 판단에 있어서 근로기준법과 노동조합법 사이에 어떤 차이가 있다고 할 수 없다"고 하면서 "단지 근로자보호를 위한 방법론적인 차이가 있는 것에 불과한 것"으로 보아 근로기준법상 근로자와 노조법상 근로자가 동일한 개념임을 전제로 노조법상의 근로자성을 부인하였다(서울행정법원 2001.9.4. 선고, 2001구6783 판결).

반면에 상대적 개념설은 제도의 구체적인 목적이나 취지를 고려하여 개별 제도마다 각각 판단해야 한다는 견해이다. 이 견해는 노동조합법상의 정의규정이 근기법과 다르다는 점을 주된 근거로 삼고 있다.[11] 양설의 중간설로서 인적 종속성에 기초한 통일적 개념설에 의하면서도 노동법의 이념이 생존권의 배려에 있는 만큼 인적 종속성은 없으나 경제적 종속성이 있는 취업자에게는 입법이나 해석론에 의하여 적용 또는 유추적용 해야 한다는 견해가 있다.[12] 그밖에 노동법을 법 목적에 따라 고용관계법, 노사관계법, 노동시장법의 세 영역으로 나누고 각 영역 간에는 상대적일 수 있지만 각 영역 내에서는 통일적인 적용대상 개념을 고려하는 견해도 있다.[13]

이와 같이 근로자개념의 통일성 여부에 대하여는 학설과 판례가 매우 복잡다양한 양상을 띠고 있다. 그런데 이 문제에 관하여는 우선적으로 논의 차원상의 혼란을 정리해둘 필요가 있다고 본다. 즉, 노동법을 체계상 통일적으로 파악하기 위한 중심적인 기초개념으로서 종속노동(또는 사용종속관계)이란 개념의 사용과 개별 노동법령의 인적 적용대상 범위의 확정문제는 구분해야 한다는 것이다. 대부분 '종속노동'이라는 개념 하에 이 문제를 똑같이 취급해 왔다. 하지만 노동법적 보호가 필요한 독립노동의 증가로 인하여 새로운 고려가 필요한 시점에 와있다고 본다. 노동관계 법령은 각각의 입법목적과 취지에 따라 인적 적용대상 범위를 달리해야 하는 상황이 생겨난 것이다. 이런 의미에서 인적 적용대상의 범위를 노동법 전체에 걸쳐 통일적으로 파악할

---

11) 김유성, 노동법 Ⅱ(법문사, 2001), 55쪽; 박홍규, 고용법 · 근로조건법(삼영사, 2002), 190쪽; 이영희, 앞의 책, 383쪽.

12) 임종률은 근로자개념을 입법내용에 따라 협의의 근로자와 광의의 근로자로 나누고 특히 노동조합법이 근로자를 광의로 정의한 취지를 사업주에 고용되어 있지 않거나 종속노동에 해당된다고 보기 어려운 자에게 근로기준법 등을 적용하기는 지나치거나 곤란하거나 하지만, 이들이 자력으로 단결하여 그 생활조건을 개선하기 위한 노력을 할 수 있는 길은 열어줄 필요가 있기 때문이라고 한다(임종률, 앞의 책, 31쪽). 일본에서는 西谷敏, 鎌田耕一 등이 이러한 입장을 적극적으로 취하고 있다.

13) 菅野和夫, 勞働法 제7판(弘文堂, 2004), 450쪽.

것이 아니라 개별 법령에 따라 상대적으로 결정해야 한다고 본다. 이는 노동법의 본질을 다른 법 분야와 구별하는 통일적인 기초개념으로서 '종속노동론' 이나 '사용종속관계' 로 이해하는 사고와도 반드시 모순되는 것은 아니다. 고용형태의 다양화로 종속의 태양이 변화하고 있는 상황에서 인적 적용대상 범위를 단일한 판단기준에 따라 확정하는 것은 무리가 아닌가 생각한다. 또한 근로자 개념의 탄력적인 사용도 필연적인 과정이라고 본다. 이런 의미에서 근로자 개념을 근로계약관계의 당사자로 한정하고 고유한 의미의 노동법은 취업근로자를 그 대상으로 한다는 견해[14]는 더 이상 유지되기 어렵다고 본다.

Ⅱ. 외국의 입법동향

1. 개관

국가가 법령에 의하여 근로조건을 직접 규제하는 근로조건보호법 영역과는 달리 노동3권의 주체를 법률로 명시하는 입법례는 그리 흔치 않다. 물론 단체협약에 대하여 계약법적인 효력을 넘어서는 특별한 효력을 부여하기 위해서나 또는 업무의 공익적 특수성 때문에 파업을 제한할 목적으로 인적 적용범위를 법령으로 명시하는 경우가 없지는 않다. 하지만 노동3권의 주체가 될 수 있는 자를 제한된 범위 내에서만 인정하기 위하여 열거하는 방식으로 명시하는 경우는 드물다. 노동3권의 경우에는 원칙적으로 당사자의 자유에 맡겨져 있고, 다만 단체협약의 효력확장제도나 부당노동행위구제제도 등과 같이 국가의 특별한 보호정책을 시행하기 위한 전제로서 그 보호대상을 한정하는 경우가 보통이다. 그러므로 정책적으로 노동3권을 제한해야 할 적극적

14) 이러한 견해로는 김형배, 앞의 책, 53쪽.

인 필요성이 있는 경우에는 이를 법령으로 규정하면 되므로 처음부터 노동3권의 주체를 명시할 필요는 없는 것이다. 따라서 반드시 근로계약관계를 전제로 한 노무제공자만을 노동3권의 주체인 근로자로 한정해야 할 논리적 근거나 필요는 없다. 너무나 당연한 것이지만 그 성질상 근로계약관계가 존재하는 경우에만 적용될 수 있는 단체협약이나 법령상의 규정들이 있을 수 있지만 근로계약관계가 아닌 다른 계약에 의하여 노무를 제공하는 자도 얼마든지 노동법의 적용을 받을 수 있다. 실제로 전통적인 근로계약관계에 기초하지 않은 특수고용형태 노무제공자들의 집단적인 협약도 단체협약과 동일한 법적 효과를 부여하는 입법례도 적지 않다. 개별적인 노동관계와는 달리 노동3권 분야에서는 근로계약관계의 존재 유무와 관계없이 경제적 종속성만을 주된 지표로 하여 시민법적인 자유에 그치지 않고 노동3권을 적극적으로 보호하는 것이 대체적인 추세라고 할 수 있다.

2. 영국

영국에서도 노동법의 인적 적용대상 범위의 문제로서 근로자개념의 판단기준이 중요한 과제가 되고 있다. 특히 근로조건보호법과 사회보장법의 영역에서 근로자성의 인정유무가 핵심적인 역할을 한다.[15] 하지만 모든 노동법상의 특별한 보호를 받는 전통적인 근로자(employee)외에 보다 넓은 의미의 노무제공자(worker), 전문직업인(professional), 종속적인 사업주(dependent entrepreneur)에게도 노동법의 일부 규정을 확대 적용한다.[16] 특수고용 노동

15) 영국에서의 근로자 개념에 대해 법원은 기본적으로는 커먼로상의 기준, 즉 지휘감독기준(control test), 통합기준(integration test), 경제적 실체 기준(economic reality test), 의무의 상호성 기준(mutuality of obligation)을 적용하여 판단한다(상세한 것은 이승욱, 앞의 글, 213-216쪽 참조).

16) 예를 들어 근로계약(contract of employment) 보다 느슨한 개념으로서 근로관계(employment relationship)에 대하여는 파산 및 권리취득에 관한 유럽연합의 지침들(Insolvency and Acquired Rights Directives)이, 노무제공자

과 관련하여 특히 실정법상 의미 있는 법적 범주는 '노무제공자' 란 개념이다. 노무제공자란 개별법령에서 각각 정의하고 있는데 전통적인 근로계약에 기초한 근로자와 근로계약 외의 다른 계약에 의하여 '개인이 명시적이든 묵시적이든, 구두에 의하든 서면에 의하든 계약상대방을 위하여 일체의 노무나 용역을 직접 제공하거나 행하는 자' 를 말한다. 노무제공자 개념은 주로 각종 차별금지법, 최저임금법, 근로시간법, 고용관계법 등 개별 근로조건보호법에서 널리 사용되고 있는데 노동단체법 영역에서도 사용되고 있다.

현행법인 「1992년 노동조합 및 노동관계(통합)법」(Trade Union and Labour Relaitons (Consolidation) Act 1992) 제296조는 이 법의 인적 적용대상 범위를 근로계약뿐만 아니라 다른 계약에 의하여 직접 노무나 용역을 제공하는 노무제공자로 정하고 있다. 노무제공자는 조합원임을 이유로 하거나 조합활동 또는 노동조합이 제공하는 서비스의 이용을 이유로 어떠한 불이익도 받지 않을 권리를 가지며, 만약 불이익을 받은 경우에는 노동법원(employment tribunal)에 제소할 수 있다(1999년 및 2004년 고용관계법에 의하여 개정된 1992년 법 제146조). 근로자인 경우에는 해고 및 불이익취급으로부터 보호를 받을 수 있고 근로자가 아닌 노무제공자의 경우에는 해고이외의 불이익취급으로부터 보호를 받을 수 있다. 이러한 불이익취급 외에도 조합가입 여부나 조합활동 및 노동조합이 제공하는 서비스 이용과 관련된 권리의 포기의 대가로 한 금전적인 유인이나 단체교섭과 관련된 유인행위 등의 금지도 노무제공자에게 모두 적용된다. 또한 상품이나 용역의 공급계약에서 조합원만으로 또는 조합원이 아닌 자만이 노무를 제공하도록 요구하는 계약조건은 무효가 되며 조합원이 아니거나 또는 조합원이 노무를 제공할 우려가 있다는 이유로 공급자와 거래를 거절하는 행위도 위법한 행위로 간주된다(제

(worker)에게는 임금 및 근로시간에 관한 법령이, 전문직업인(professionals)에게는 차별금지 법령이, 종속적인 사업주(dependent entrepreneur)에게는 보건 및 안전에 관한 법령이 적용된다. 상세한 것은 Hugh Collins 외, *Labour Law*(Hart, 2005), 171쪽 이하 참조.

145조).

파업과 관련하여 노무제공자는 법률에 의하여 특별히 금지된 경우를 제외하고 파업을 이유로 형사책임을 지지 않으며(제242조, 제243조) 채무불이행 및 불법행위 등에 기한 민사책임을 지지 않는다(제219조). 또한 1999년 고용관계법은 파업 기타 쟁의행위에 참가한 것을 이유로 근로자를 해고하지 못하도록 하였다. 다만 근로자가 아닌 노무제공자의 경우에는 파업참가를 이유로 한 부당해고로부터 보호규정을 확대 적용할 수 있는 권한을 국무장관에게 부여하였지만 국무장관이 아직 이를 행사하지 않아 사용자의 부당한 계약해지에 대하여는 이러한 보호를 받지 못하게 된다. 이와 같이 노동단체법 영역에서는 그 성질상 근로자에게만 적용될 수 있는 경우를 제외하고 대부분의 규정은 근로자가 아닌 노무제공자에게도 똑같이 적용된다고 볼 수 있다.[17)]

3. 독일

독일은 사회보장법은 물론이고 노동법에서도 그 적용대상을 근로관계에 한정하지 않고 사회경제적 조건이 근로자와 유사한 자영업자에게까지 널리 확대해 왔다. 특히 1990년대 이후에 들어서서 주목할 만한 변화는 자영업자에 대한 노동법이나 사회보장법의 인적 적용범위가 양적 확대뿐만 아니라 질적 전환이 생겨났다는 것이다. 즉, 입법의 규정형식에 있어서 종래 근로관계를 주된 적용대상으로 하면서 예외적으로 가내노동자나 유사근로자에게 노

---

17) 노동조합에 가입하거나 조직할 수는 있으나 조합가입을 이유로 한 해고의 금지, 조합활동 또는 조합업무에 대한 근로시간 면제, 집단적 해고 시 근로자대표를 통하여 협의할 권리 등 노무제공자는 전통적인 근로자와 동일한 정도로 집단법적인 보호를 받는 것은 아니라는 설명이 있으나(이승욱, 앞의 글, 223-224쪽) 이는 부적절한 것으로 보인다. 근로계약이 아닌 다른 계약을 체결하고 있는 노무제공자와 사용자 간에는 근로계약관계가 처음부터 존재하지 않으므로 근로계약관계에 고유한 고용이나 근로시간과 관련된 문제가 발생할 여지가 없는 것은 당연한 사리이고 이들 노무제공자가 보호법상의 어떤 차별 또는 낮은 수준의 보호만 받고 있다는 의미는 아닐 것이다.

동법을 확장하여 적용하던 것을 이제는 근로자와 일정 범위의 자영업자를 나란히 포괄하는 '취업자(Beschäftigte)' 개념을 자주 사용하고 있다는 점이다.[18] 개별적 노동관계법 영역에서의 이러한 질적 전환과 더불어 집단적 노동관계법 영역에서는 일찍부터 '단체협약법'(1974년 개정법)에서 유사근로자란 개념을 법으로 설정하여 노동자인지 자영업자인지 그 판단이 불명확한 범주의 노동자에게 노동법을 부분적으로 적용하고 있다. 유사근로자의 요건은 ① 노무제공자가 다른 노동자의 도움 없이 단독으로 일하면서, ② 직업상 소득의 절반이상을 주된 주문자에게 제공하는 용역으로부터 얻고, ③ 사회적 보호의 필요성이 임금노동자와 유사한 경우이다.[19] 이러한 유사근로자는 단체협약법의 적용을 받으므로 단체협약의 체결을 위하여 교섭하고 쟁의행위를 할 수 있다. 또한 유사근로자는 소송과 분규 시에 노동법원법의 적용을 받는 것은 물론 종업원평의회법상 근로자개념의 확장으로 파견근로자와 마찬가지로 종업원평의회법상의 근로자로 인정된다.[20]

독일에서는 유사근로자로 인정되는 집단이 우리나라와는 달리 언론분야종사자를 제외하고는 별로 없으며 또한 이들의 계약형식과 노무제공 방식이 개별적으로 차이가 커서 집단적인 권리주장에는 한계가 많다고 한다. 이는 산업별 조직과 단체교섭구조를 가진 독일의 특성에서 비롯된 것이 아닌가 짐작된다. 구체적인 사례로는 우리나라의 특수고용형태와 비교할 때 화물운송 및 레미콘 지입차주와 유사한 특정탁송회사에 소속된 자가운전 개인운수업자의 근로자성에 대하여 독일의 법원은 구체적인 실태에 따라 근로자성을 인정한 경우도 있고 이를 부정한 예도 있지만 적어도 유사근로자의 자격은 인정하는

18) 예를 들면 성희롱 방지를 목적으로 하는 '취업자보호법'(1994) 제1조 제2항 및 '노동에서 취업자의 안전 및 보건의 개선을 위한 노동보호시책의 실시에 관한 법률'(1998) 제2조 제2항에서는 그 적용대상을 '취업자'로 정하고 그 취업자의 범위를 근로자와 유사근로자를 나란히 열거하는 형식을 취하고 있다.

19) 단체협약법(Tarifsvertragsgesetz) 제12조 제1항.

20) 김형배 · 박지순, 「근로자개념의 변천과 관련법의 적용」(한국노동연구원, 2004), 103쪽.

것이 보통이며 따라서 노동3권은 보장하고 있다.[21)]

4. 프랑스

프랑스는 직무수행의 독립성을 가진 다양한 형태의 특수고용 노동에 대하여 입법적인 개입을 통하여 적극적으로 노동법상의 지위를 부여하고 있다. 노동법전 제7부(특정 직업들에 관한 특별 규정들)에서 기자, 상업대리인(V.R.P), 가내노동자, 지점지배인, 공연예능인 및 모델 등의 직업에 관하여 일정한 요건 하에 노동법을 전부 또는 부분적으로 적용하고 있다. 이들 특수고용 노동자는 전통적인 의미의 법적 종속성이 결여되어 있지만 법률은 이들 노동의 특수한 조건 및 경제적 의존성을 고려하여 노동법을 확대 적용하고 있다.[22)]

그런데 이러한 특수고용 노동의 노동법상의 지위는 근로조건보호법 영역에 한정되어 있고 노동단체법 영역에서는 특별한 보호규정이 없다. 이는 노동단체법 영역에서는 철저하게 노사자율에 맡기고 있고 국가의 개입은 최소한에 그치고 있는 탓이다. 우리나라와 마찬가지로 노동3권을 헌법상의 권리로 규정하고 있는 프랑스는 노동자는 물론이고 일반 자유직업인인 의사, 변호사 등도 직업조합을 설립할 수 있고 실제로 단체교섭도 하고 있다. 제4공화국 헌법(1946년)은 전문에서 "누구나 조합활동을 통하여 자기의 권리와 이익을 옹호할 수 있고 또한 자기가 선택한 조합에 가입할 수 있다", "쟁의권은 이를 규율하는 법률의 범위 내에서 행사한다"고 규정하였다. 단결권과 쟁의권에 대한 헌법규정은 제5공화국 헌법(1958년) 전문에 의하여 다시 확인되었다. 이와 같이 노동3권의 자유로운 행사가 헌법에 의하여 기본권의 하나로 보장된 결과 별도의 법령에 의하여 제한이 있는 경우를 제외하고 원칙적으로

21) 김영문, "독일법상 근로자 개념과 특수형태근로 종사자의 노동법적 지위", 「특수형태근로종사자 보호대책 관련 각국 사례」(노사정위원회, 2003), 63-65쪽.
22) 상세한 것은 제2부 제2장 Ⅳ. 「프랑스의 독립노동자의 법적 지위」 참조.

합법적인 것으로 승인되었다.[23] 이로서 쟁의권은 단순한 자유를 넘어서 권리 내지 특권으로 질적인 전환을 이루게 되었다. 따라서 집단적인 노무제공의 거부로부터 직접적으로 발생할 수 있는 민·형사상의 책임은 부정된다. 다만 쟁의권도 무제한의 절대적인 권리는 아니므로 헌법상의 다른 권리와 마찬가지로 권리남용의 경우에는 제약은 받는다.[24]

프랑스에서는 우리나라의 학설이나 판례에서 문제가 되고 있는 노동3권의 주체에 대하여는 특정 공무원의 쟁의권금지 규정을 제외하고 아무런 논란도 없다. 따라서 우리나라의 특수고용 노동자와 유사한 독립노동자도 당연히 노동3권을 자유로이 행사할 수 있다. 대표적인 직군인 상업대리인은 전국 수준의 산별협약을 체결하고 있으며 정부의 '확장선언'에 의해 단체교섭에 참여하지 않은 자에 대해서도 산별협약이 확장 적용되고 있다.[25] 다만 우리나라와는 달리 노동3권의 행사를 이유로 한 부당해고 등 불이익처분이나 단체교섭거부 등과 같은 부당노동행위에 대한 구제절차제도가 별도로 없고 일반 소송절차에 따라 구제받을 수 있을 뿐이다.

5. 이탈리아

프랑스와 마찬가지로 헌법에서 파업권을 명시적으로 보장하고 있고(헌법

23) 프랑스에서 넓은 의미의 단결권은 공무원이나 일반 노동자의 구분 없이 모든 노동자에게 전면적으로 인정되고 있으며 다만 헌병(1947년 12월 27일 법), 경찰관(1948년 9월 28일 법), 교정공무원(1958년 8월 6일 명령)의 쟁의권만이 각각 특별법에 의하여 부정되었다.

24) 쟁의행위가 권리남용으로서 불법행위의 책임을 부담하게 되는 예로서 판례는 원한, 악의, 해의만을 목적으로 하거나, Closed shop 조항 없이 비조합원인 특정 노동자의 해고를 요구하거나 또는 직업상의 이익옹호와 아무런 관련이 없는 정치파업이나 동정파업 등을 들고 있다. 이러한 권리남용의 경우에도 형사책임은 문제될 여지가 없으며 사용자와의 계약책임만이 문제될 뿐이다.

25) 노사정위원회 특수형태근로종사자특별위원회, 「특수형태근로종사자 관련 외국의 법제도, 대책방안 및 논의현황」(2003), 13-14쪽.

제49조) 파업권의 법적 성격을 집단적으로 실현하는 개인의 권리로 이해하고 있다.[26] 이탈리아에서 파업권은 전통적인 의미에서의 근로자뿐만 아니라 독립 노무제공자, 즉 법적으로는 독립사업자이지만 주문자와의 관계에서 경제적으로 종속관계에 있는 자도 파업권을 가지며 단체협약을 체결할 수 있다.[27] 이러한 독립 노무제공자는 상업대리인을 포함하여 일정한 보호가 필요한 자, 특히 경제적으로 종속된 자를 의미하고 반종속 또는 유사종속 노무제공자가 여기에 해당한다. 반종속 또는 유사종속 노무제공자에게 파업권을 인정하는 취지는 노무제공자가 약자이기 때문에 계약당사자 간의 균형을 회복할 필요가 있기 때문이라고 설명하고 있다.

이탈리아법상의 유사종속(parasubordinazione)의 개념은 독일법상의 유사근로자와 결과적으로는 같지만 법조항의 내용은 약간 다르다. 이탈리아의 유사종속 개념은 1973년 법률 제533호에서 등장하였는데 독일의 유사근로자와의 차이는 '사회적 보호의 필요성' 이라는 개념이 이 정의에 포함되어 있지 않다는 점이다.

6. 국제노동기구의 기준

ILO의 「결사의 자유 및 단결권 보호 협약」(제87호, 1948년)은 군인과 경찰을 제외하고 모든 근로자에게 스스로 선택하는 단체를 조직하고 가입할 수 있는 권리를 보장하고 있다. 또한 고용관계의 존재 여부를 기준으로 하여 결사의 자유가 보장되는 자의 범위를 결정하여서는 안 된다는 입장을 취하고 있다. 따라서 일반적인 자영업자(self-employed workers in general)나 자유직업 종사자(those who practise liberal professions)와 같이 고용관계가 존재하지 않는 사람도 근로자와 마찬가지로 단체결성의 권리를 향유할 수

26) B. Maria Victoria, "La grève en droit italien", *Droit social*(Avril 2004), 386쪽.

27) 헌법재판소 222/1975 판결.

있다.[28] 실례로 기업의 판매대리점이나 영업대리인에 대하여 ILO의 결사의 자유위원회는 고용관계가 인정되지 않으면 노동법의 적용대상이 아니지 않는가 하는 문제를 포함하여 그들의 법률관계가 노동관계인지 또는 상업관계인지에 대하여 견해를 밝힐 권한이 없다고 하면서 제87호 협약이 단지 군인과 경찰만을 제외하고 있다는 사실에 입각하여 그들도 단결권을 가져야 한다고 판단하였다.[29]

파업권의 경우에는 '필수서비스'를 비롯하여 업무의 성격상 그 제한을 인정하지만 파업권을 별개의 권리라기보다 단결권에 고유한 필연적인 결과(intrinsic corollary) 또는 경제적 · 사회적 이익의 촉진 및 방어를 위한 본질적인 수단(essential means)이라는 것이 기본적인 입장[30]이기 때문에 이 역시 고용관계의 존재 여부가 특별한 제한 사유가 되는 것은 아니다. 또한 ILO의 「강제노동 폐지에 관한 협약」(제105호, 1957년)은 경제적 발전을 위한 목적으로 노동력을 동원하거나 이용하는 방법, 노동규제의 수단 또는 파업참가에 대한 제재 등의 방법으로 어떠한 종류의 강제노동도 금지하고 있다(제1조). 이런 점에서 우리나라의 징역형을 전제로 한 평화적인 파업에 대한 업무방해죄의 적용이나 화물운송근로자에 대한 업무복귀명령제도는 이 협약에 위반된다고 볼 수 있다.

우리나라는 위 두개의 협약을 아직 비준하지 않았다. 하지만 제87호 협약은 ILO 회원국 180개국 가운데 150개국이, 제105호 협약은 169개국이 비준하는 등 거의 대부분이 비준한 기본협약에 속한다. 더구나 1998년 ILO총회에서 채택한 '노동에서의 기본적인 원칙과 권리에 관한 선언'(the ILO Declaration on Fundamental Principles and Rights at Work)은 ILO회

---

28) ILO, *Freedom of Association : Digest of Decisions and principles of the Freedom of Association Committee of the Governing Body of the ILO, Fourth(revised) edition*(1996), para. 235.

29) Neville Rubin ed., *Code of International Labour Law* Vol. 1(Cambridge University Press, 2005), 132쪽.

30) Neville Rubin ed., 위의 책, 203-204쪽.

원국은 비록 이들 기본협약을 비준하지 않았다고 하더라도 ILO의 회원국이라는 바로 그 사실만으로 기본협약에 내포된 기본적인 권리에 관한 원칙들을 ILO헌장에 입각하여 신의에 따라 준수하고 존중하며 촉진하고 실현할 의무가 있다고 선언하고 있다.[31] 또한 이러한 권리들은 경제발전의 수준에 관계없이 모든 나라의 모든 사람에게 적용되어야 함을 명백히 밝히고 있다. 따라서 ILO의 대부분의 회원국이 비준한 이들 협약은 우리나라도 반드시 비준해야 하는 것들이다. 정부는 이들 기본협약을 비준하기 위하여 협약에 직접적으로 저촉되거나 양립할 수 없는 관련 법령들과 행정지침 등을 정비해야 할 것이다.

III. 노사정위원회 특수형태근로종사자특별위원회 공익위원 검토의견

노사정위원회는 2003년 9월 '특수형태근로종사자특별위원회'를 설치하고 외국의 법제도에 대한 실태조사와 함께 개선방안을 놓고 2년여를 논의하다가 노사가 모두 불참한 가운데 '공익위원 검토의견'이라는 이름으로 공개하였다. 이 검토의견은 공익위원 간에도 견해차이가 심하여 결국 여러 의견을 조합한 형태로 되어 있고 모두 3개의 안으로 되어 있었다. 이 가운데 노동3권과 관련해서 제2안은 제1안의 D직군과 보호방안이 거의 같으므로 중복을 피하기 위하여 여기서는 제1안과 제3안을 중심으로 살펴본다.[32]

---

31) ILO의 기본협약은 모두 8개로서 우리나라가 비준하지 않은 것은 제87호와 제105호외에 「단결권 및 단체교섭 협약」(제98호, 1949: 160개국 비준)과 「강제노동 협약」(제29호, 1930: 174개국 비준)이 있고, 나머지 차별에 관한 「평등보수협약」(제100호, 1951: 168개국 비준) 및 「고용 및 직업의 차별 협약」(제111호, 1958: 169개국 비준)과「아동노동에 관한 최저연령 협약」(제138호, 1973: 155개국 비준) 및「최악 형태의 아동노동 협약」(제182호, 1999: 172개국 비준) 등 4개 협약을 비준하였다.

1. 제1안

(1) 특수형태 근로종사자의 개념 · 범위

집단적 노동관계에 있어서 특수형태 근로종사자의 개념을, ① 노동조합법상 근로자(및 사용자)가 아닌 자, ② 「독점규제 및 공정거래에 관한 법률」상 사업자가 아닌 자, ③ 특정 사업주 또는 고객에 대하여 직접 노무를 제공하고 수입을 얻는 자, ④ 노무제공 또는 업무수행을 위해 타인을 사용하지 않는 자로 정의하고 있다.[33] 또한 보험설계사, 고객보조원(골프장 경기보조원), 학습지 교사, 자차운송기사(레미콘 지입차주) 기타 이에 준하는 자를 특수형태 근로종사자로 예시하고 이에 대한 개별적인 정의 규정을 두고 있다.[34]

한편 현행법상 근로자에 해당하는 자는 특수형태 근로종사자와 동일한 업

---

32) 제2안은 특수고용 노동자에 대하여 노동조합법의 준용을 배제하고 제1안의 D직군과 동일하게 노조와 결사체의 중간물로서의 집단체를 조직할 수 있도록 하고 그 조직 · 가입, 협의 · 교섭 기타 활동에 대하여 부분적인 보호방안을 제시하고 있다.

33) 제2안에서는 제1안의 ②, ③, ④의 요건 대신, ② 특정 사업주와 도급, 위임 등 근로계약 이외의 계약을 맺고 그 사업에 필요한 노무를 본인이 직접 제공하고 그 사업주에게서 얻는 수입에 의하여 생활하는 자로 정의하고 있다.

34) ① 고객보조원(골프장 경기보조원): 골프장 기타 이에 준하는 시설을 운영하는 특정 사업주의 요구나 승낙에 의하여 고객의 운동 등 시설이용을 보조하는 업무에 종사하고 그 대가로 고객이 별도로 납부 또는 지급하는 소정액의 수수료를 받는 자.

② 학습지교사: 학습지를 제작 · 판매하는 특정의 사업주가 생산하는 학습지를 사업주의 요구에 의하여 불특정 다수의 수요자를 방문 · 판매하고 거의 매일 방문하여 그 내용의 이해를 지원하는 업무에 종사하고 그 대가로 판매 등의 실적에 연동되는 보수를 받는 자.

③ 자차 운송기사(레미콘 지입차주): 자기가 소유 또는 배타적으로 관리하는 트럭 기타 운송장비로 레미콘 등 물품을 생산 · 판매하는 사업주가 지정한 장소에 운송하는 업무에 종사하고 그 대가로 운송량, 운송시간, 운송거리 등에 연동되는 보수를 받는 자.

④ 보험설계사: 보험회사가 고안 · 판매하는 다양한 보험상품을 불특정 다수의 수요자에게 권유 · 판매하여 보험계약을 체결하는 업무에 종사하고 그 대가로 계약금액, 계약의 유지 등에 연동되는 보수를 받는 자.

무에 종사한다는 이유로 특수형태 근로종사자로 해석되어서는 안 된다는 점을 주의적으로 명시하고 특수형태 근로종사자인지 근로자인지 다툼이 있는 경우 중립적 · 준사법적 행정위원회에서 1차적으로 판단하도록 하는 제도를 강구하자는 방안을 제시하고 있다. 그리고 근로자성 판단요소와 관련해서는 ① 납부하는 세금의 종류, ② 사회보험의 적용 여부, ③ 취업규칙 적용 여부를 제외하자는 의견과, 그 밖에 고정된 보수의 유무도 제외하자는 의견, 그리고 근로자성 판단요소에 포함되어야 할 요소를 적극적으로 예시하자는 의견을 제시하고 있다.

(2) 집단적 권리 보호의 기본방향

보험보집인 등 특수형태 근로종사자를 2원화하여, 노동조합법상 근로자와의 유사성이 강한 직군(C직군)에 대하여는 노동조합법을 준용하고, 유사성보다는 이질성이 더 강한 직군(D직군)에 대하여는 노동조합법의 준용을 배제하는 대신, 노조가 아닌 단체를 조직 · 가입하고 사업주와 협의 · 교섭하는 등의 활동에 대하여 별도의 집단적 대책을 수립할 것을 제안하고 있다. C직군의 경우에도 노동조합법의 규정 중 성질상 특수형태 근로종사자에 준용할 수 없는 조항은 추후 심도 있는 검토를 통하여 준용을 배제할 것을 주장하고 있다. 또한 어느 직군을 C직군으로 분류할 것인가에 관하여는 근로자와 가장 유사한 것으로 인정되는 골프장 경기보조원만 포함하는 방안과 다른 직군의 일부 또는 상당부분을 포함시키는 방안을 심도 있게 검토하여 합리적으로 결정할 것을 제시하고 있다.

(3) 노동조합법 준용배제 직군(D직군)에 대한 보호방안

특수고용 노동자 가운데 골프장 경기보조원을 제외하고 대부분의 노동자에 대하여는 노동조합법을 준용하는 대신 다음과 같은 방안을 제시하고 있다.

① 노조가 아닌 단체를 조직하고 이에 가입할 자유를 명시.

② 조직 · 가입의 자유의 방해행위를 금지하되, 구체적인 방법은 방해행위 일반을 금지하거나 노동조합법 제81조 제1호, 제2호, 제4호를 참조하여 구체적으로 예시하는 방안 등을 고려하여 합리적으로 결정함. 방해행위에 대한 행정적 구제방식을 도입하되 구제기관은 노동위원회 또는 특별위원회(신설 또는 노동위원회 내 특별기구)로 하는 방안 등을 참작하여 효과적이고 합리적인 방안을 강구. 구제기관의 시정명령 불이행에 대하여는 과태료 부과.

③ 단체의 설립 · 운영: 단체의 설립 방식, 복수단체의 설립 허용 여부 및 허용하는 경우의 교섭창구 단일화 강제 여부, 단체의 의사결정 등 내부운영에 관하여는 노동조합법, 민법 등의 관련규정을 참조하여 합리적 방안을 강구하도록 함.

④ 교섭 · 협의의 수준에 관하여는 이를 전혀 인정하지 않거나 교섭권을 부여하고 교섭의무에 대한 구제명령을 내릴 수 있도록 하는 안과 의견제시 내지 협의권만 부여하고 교섭의무를 부과하지 않는 안으로 나누어 짐.

⑤ 교섭 · 협의의 대상사항을 노무제공 조건 및 계약해지의 기준에 관한 사항으로 함.

⑥ 노사 간의 협정의 효력에 대하여는 규범적 효력(노동조합법 제33조, 중소기업협동조합법 제35조 참조)을 부여하되, 그 단체의 구성원이 아닌 자에 대한 확장적용(노동조합법 제35, 36조)은 인정하지 않는 안과 규범적 효력을 인정하지 않고 계약적 효력 내지 약관의 효력만 인정하는 안으로 나누어짐.

⑦ 집단적 노무거부는 금지하고 대상조치(조정 및 중재)를 마련하는 안과 민 · 형사상 면책 및 불이익금지를 인정하자는 소수의견이 있음.

⑧ 단체와 사업주 간 합의실패로 인한 분쟁은 당사자 일방의 요청으로 개시되는 사적 조정 및 당사자의 합의로 개시되는 사적 중재를 통해 해결, 조정인 또는 중재인의 선정에 대하여 당사자 간 합의가 안 될 때에는 노동위원회 또는 특별위원회(신설 또는 노동위원회 내 특별기구)가 당사자의 추천을 받아 선정하고, 중재가 위법 · 월권인 경우에는 노동위원회 또는 특별위원회에 중재시정을 신청, 사적 조정 · 중재의 절차와 효력 등 주요사항을 법령으로

규정.

⑨ 기존 노조와의 관계를 고려하여 노동조합법에 의하여 설립신고증을 교부받은 기존의 노조는 특수형태 근로종사자에 관한 입법에 의하여 영향을 받지 않음을 명시하자는 안과 명시규정을 두지 않는다는 안이 있음.

2. 제3안

제3안은 특수형태 근로종사자는 근로기준법상 근로자가 아니므로 근로기준법을 준용할 필요가 없고 개별적 권리는 단체교섭을 통하여 개선될 수 있으므로 개별적 권리 보호방안은 별도로 마련하지 않거나 최소화함이 바람직하다고 보았다. 다만 집단적인 권리에 관하여는 노동조합법을 준용하자는 안과 준용하되 근로자와의 차별성을 고려하여 노동조합법 준용에 대한 특례를 두자는 안으로 나누어져 있다. 후자는 노동조합법의 규정 중 유니언숍 허용(제81조 제2호 단서), 교섭권 위임(제29조 제2항), 단체협약의 확장적용(제35조, 제36조), 부당노동행위 처벌(제90조)의 준용을 배제하고 노동쟁의 조정기관으로서 특별위원회를 신설하거나 노동위원회 내에 특별기구를 두자고 주장하였다. 쟁의행위에 대해서는 이를 금지하자는 안, 직권중재의 대상으로 하자는 안, 긴급조정과 유사하게 취급하자는 안으로 나누어져 있다.

3. 평가

공익위원 검토의견은 사실관계의 확인이나 노동현실에 대한 인식에서 여러 가지 문제점을 가지고 있다.

첫째, 외국의 입법례를 참조하면서도 객관적인 사실에 대한 확인이 부족한 것으로 보인다. 노동조합법의 적용과 관련해서 유사근로자에게 노동3권을 보장하는 독일의 입법례가 보기 드문 것이라는 주장이 두드러진 예이다. 스웨덴, 스페인, 이탈리아 등 준근로자로서 노동3권을 인정하고 있는 예도 있고 프랑스는 자영업자조차도 노동3권을 보장하고 있다는 점을 노사정위원회의 자체 보고서에서도 명시하고 있다.[35] 앞서 보았듯이 영국에서도 노동조합법상의 근로자를 근로계약에 한정하지 않고 있고 ILO도 고용관계의 존재가 반드시 단결권의 요건이 되어야 할 필연적인 이유가 없다고 보고 있다.

둘째, 노사 '협정'에 규범적 효력을 인정하는 것이 경쟁제한 효과를 가진다는 일부 공익위원의 지적은 독점금지법을 제대로 이해하지 못한 발상이라고 할 수 있다. 시장에서 우월적 지위에 있는 자가 상대적 약자인 거래상대방이나 소비자에게 부당하게 그 지위를 남용하는 행위를 규제하는 것을 주로 목표로 하는 것이 독점금지법상의 경쟁제한 규제의 주된 골자라는 점을 놓치고 있는 것 같다.

셋째, 특수고용 노동자의 산업별 혹은 전국적인 단결활동이 특수고용 노동자의 고용유지와 생활개선에 도움이 되지 않을 것이라고 아무런 근거 없이 단정하거나 관련업계의 원만한 사업경영을 방해할 것이라고 지나치게 사용자 편향적인 태도를 취하고 있다.

넷째, 종속적인 자영인과 독립적인 자영인의 구별에 대한 인식이 결여되어 있다. 특히 유니언 숍 불허, 효력확장제도 배제, 교섭권의 외부 위임금지(제한에 대한 반대 의견 있음) 등 노동3권과 관련하여 노동조합법을 준용하되 근로자와 달리 독립성이 강하기 때문에 자영업자와 균형을 기하기 위하여 제한해야 한다는 제3안의 주장이 그러하다.

다섯째, 쟁의행위에 관하여는 금지, 필수공익사업 준용, 긴급조정제도와 유사하게 규제하는 것으로 견해가 엇갈리고 있는데 문제는 노동조합법상의 쟁의제한 근거와는 완전히 다른 논리를 펴고 있다는 점이다. 즉, 근로자와 달리 종속성이 약하기 때문에 그렇다는 것이다. 하지만 노동조합법상의 쟁의제한의 근거는 그와는 성격이 전혀 다르다. 즉, 사업의 성격이 공익적이거나 긴급한 서비스이기 때문에 제한되는 것이지 노사대등의 원칙을 유지하기 위한

35) 노사정위원회 특수형태 근로종사자특별위원회, 앞의 보고서, 13-14쪽.

것은 아니라는 점을 충분히 인식하지 못하고 있는 것 같다.

Ⅳ. 개선방안

1. 단결금지시대의 유물인 공모법리의 극복

특수고용 노동자에 대하여 일반 노동자와 마찬지로 노동단체법상의 지위를 부여할 것인가 만약 부여한다면 어느 정도로 그 보호범위를 설정할 것인가 하는 문제가 논쟁의 초점이 되고 있지만 이를 논하기 전에 먼저 생각해봐야 할 과제가 있다. 그것은 노동3권에 대한 한국 법원의 판례나 학설의 일반적인 사고방식과 논리체계가 단결 자체를 근원적으로 위법시하는 공모법리의 유산을 완전히 극복하지 못하고 있다는 사실에 대한 냉엄한 자각이다. 왜냐하면 국가안보와 경제성장을 최고의 가치로 내세우고 노동3권의 행사 자체를 기본적으로 반국가적인 것으로 간주하여 위법시해 온 오랜 타성 때문에 노동법리 자체가 총체적으로 왜곡되었다고 보기 때문이다. 노동3권이 가진 자유권적 성격이 이론적으로 오랫동안 부정되었고 노동3권은 국가에 의하여 '주어진' 또는 '허용된' 범위 내에서만 행사할 수 있다는 잘못된 형태의 생존권설이 오히려 노동3권의 억압을 정당화하는 논리적 장치가 되어왔다. 나아가 노동3권의 상호관계에 관한 단체교섭권 중심적인 사고방식은 그러한 왜곡을 더욱 부채질하는 결과를 가져왔다. 즉, 단체교섭의 대상사항을 엄밀한 의미의 '근로조건의 결정'으로 제한하고 쟁의행위의 목적과 단결권의 주체를 여기에 직접 결부시킴으로써 노동3권의 전 영역을 극도로 왜소화하는 논리조작을 펼치고 있다는 것이다. 이 때문에 노동3권의 법적 성격을 도저히 자유권으로 설정할 수 없는 논리적 모순에 빠지지 않을 수 없었던 것이다. 하지만 이는 노사자치 및 자율을 집단적 노사관계의 법이념으로 하는 오늘날의 보편적인 노동법적 사고와는 전혀 거리가 먼 것이다. 노동3권은 국가에 의하여 ‘주어진’ 것이 아니라 국가로부터 노동자의 단결에 의하여 ‘획득한’ 것이다. 기본적으로 ‘자유’의 산물이고, 다만 다른 자유권과의 관계에서 균형과 조정이 필요할 뿐이다. 노동3권을 이렇게 이해할 때에 비로소 특수고용 노동자의 노동3권 인정유무와 같은 권리주체 문제에 대한 접근이 한결 수월해질 수 있는 것이다.

2. 개선방안

학설상 노동조합법의 적용대상인 근로자는 근로기준법상의 근로자보다 그 외연이 넓고 법해석에 의하여 중간형태의 취업도 포함할 수 있다는 유력한 학설이 있다.[36] 이 방식에 따르면 까다로운 법률 개정절차를 거칠 필요도 없고 본래의 노동자와 중간형태의 취업자의 구별이라는 곤란한 작업을 생략할 수 있는 장점이 있다. 하지만 이 방안은 법원이 견해를 바꿀 때까지 기다려야 하는데 현재로서는 기대하기 어렵다는 것이 문제이다. 법적규율의 접근방식에 있어서 근로자개념의 탄력적인 해석을 통한 적용범위의 확대도 필요하지만 이것만으로는 불충분하고 적극적인 입법적 해결이 불가피하다고 본다. 앞서 살펴 본 유럽 국가들의 다양한 입법경험은 이러한 점에서 시사하는 바가 크다.

제3장에서 구체적으로 제시한 것처럼 노동3권에 대하여 극히 부정적인 인식에 기반을 두고 형성되어 온 집단적 노동관계법령의 구조나 법원의 해석경향을 고려해 볼 때 독일의 유사근로자 개념이 입법모델로서 적절하지 않나 생각한다. 여기에 덧붙여 그 성질상 노동법의 준용이 불가능한 경우를 제외하고 일반 노동자와 다름없는 보호가 주어져야 할 것이다. 특히 단체협약의 규범적 효력이나 효력확장제도와 같은 특별한 노동법적인 보호제도나 계약상대방의 반조합적 의사에 기초한 다양한 단결권 침해행위에 대한 부당노동

36) 菅野和夫, 앞의 책, 450쪽.

행위구제제도 등은 반드시 필요한 것들이라고 본다.

Ⅴ. 과제와 전망

특수고용 노동자의 노동3권의 보장문제는 비단 특수고용 노동자만의 문제가 아니라 모든 노동자의 노동3권의 문제이고 궁극적으로 헌법상의 노동인권의 기본정신에 관한 문제가 될 수밖에 없다. 생존권은 자유권의 수정원리로서 소수의 재산가만 누릴 수 있는 자유를 보다 많은 사람에게 실질적으로 보장하고 이를 확대 · 재생산하는 현대적인 규범원리로서 이해되어야 한다고 본다. 이와 반대로 생존권을 오히려 노동자들의 단결의 자유를 제약하는 원리로서 이해해서는 안 되는 것이다. 따라서 대법원 판례나 일부 학설이 취하고 있는 단체교섭권 중심의 사고방식에서 벗어나야 한다. 사회적 · 경제적 권력관계를 제어하는 조직으로서의 노동조합과 그 활동의 의미를 적극적으로 이해하고 이를 법적으로 가교할 수 있는 보다 발전된 사고가 필요하다. 사회의 자주적인 산물인 단결체에 대하여 과도하게 국가 중심적으로 대응하는 사고방식은 우리 사회에서는 의외의 결과를 낳을 수 있다는 점을 생각해봐야 한다. 노동3권의 행사 자체를 원칙적으로 범죄시 하고 다만 제한된 조건하에서만 인정하는 논리는 공모법리시대의 것이다. 노동3권이 보편적으로 인정된 현대 자본주의 법질서 하에서는 단결체의 조직과 가입 그리고 제반 활동에 대하여 원칙적으로 합법성을 승인하고 다만 그러한 단결체가 형성하는 자주적인 규범과 활동에 어떠한 법적 효과를 적극적으로 부여할 것인가 또는 어떠한 활동을 구체적으로 제한할 것인가를 주된 과제로 삼는 접근방식과는 전혀 그 의미가 다르다. 예를 들어 엄격한 의미에서 노동조합이 아닌 단체가 집단적인 협약을 체결하거나 체결하기 위하여 계약상의 의무를 이행하지 않거나 집단적으로 새로운 계약의 체결을 거부할 때 이에 대하여 민형사상의 책임을 물을 수 있는지는 입법정책적인 문제이다. 이러한 논리적 여과장치

없이 주체가 노동조합이 아니기 때문에 그 자체로서 업무방해죄의 책임 또는 불법행위책임을 져야 한다는 사고방식과는 다른 것이다.

법원의 판례나 정부의 행정실무와 같이 노동3권을 '근로자' 만의 '근로조건' 의 개선이나 유지향상만을 위해서 존재해야 한다는 생각은 노동3권을 지나치게 부정적이고 협소하게 보는 것이다. 노동3권은 시민으로서의 노동자가 생존의 필수적인 요소인 일터에서 이를 지배하는 자율적인 규범을 형성할 뿐만 아니라 노동력의 사용자에 의한 자의적이고 부당한 대우를 받지 않도록 인간으로서의 존엄성을 유지하는 버팀목으로서의 기능과 역할을 수행한다. 그럼에도 현행 법령의 규정과 법원 판결의 지배적인 경향은 이러한 측면을 거의 고려하고 있지 않다. 직업적 이익의 옹호를 위한 결사의 자유는 근로자성 여부를 떠나 보편적인 인권으로서 승인 · 확대되고 있는 것이 국제적인 추세이다. 하지만 우리나라의 현행 법구조하에서는 특수고용 노동자뿐만 아니라 일반 노동자도 노동3권을 제대로 보장받기 어렵다. 따라서 노동조합법령이나 법리의 혁명적인 전환이 필요하다.

제3부 간접고용 노동

제1장

간접고용 규제의 의의와 과제

Ⅰ. 노동유연화와 간접고용

간접고용은 1990년대 이후 자본축적 위기에 놓인 한국 자본주의의 폭력적인 구조조정 과정에서 양산된 다양한 비정규직 근로자 중의 한 유형이다. 간접고용이라는 법적 외관을 띰으로써 기업은 필요한 노동력을 그대로 유지하면서도 직접고용을 전제로 한 노동법 또는 사회보장법상의 사용자책임을 탈법적으로 회피하고자 하는 것이다.

간접고용이란 용어는 사회적으로 관용되는 표현이고 법률용어는 아니다. 이는 타인의 노동력을 상시적으로 필요로 하는 자가 직접 근로자를 고용하지 않고 타인에게 고용된 근로자를 마치 자신이 고용한 것처럼 사용하는 것을 말한다. 간접고용의 경우에는 근로자를 사용하는 사업주는 형식적으로는 직접적인 근로계약의 당사자가 아니기 때문에 해고제한의 규제를 받지 않고 쉽게 고용조정을 할 수 있다. 또한 근로자를 고용한 사용자도 고용수요가 있는 기간 동안만 임시직으로 채용하는 방법을 통하여 역시 고용조정을 용이하게 할 수 있다. 따라서 간접고용 근로자는 사용사업주와 고용사업주 양자에 의하여 이중으로 고용불안의 위험을 안고 있다고 할 수 있다. 기업은 간접고용을 이용함으로써 해고가 아닌 파견 또는 도급계약의 해지라는 형식을 통하여 경기변동에 따른 위험부담을 파견사업주와 파견근로자에게 전가하는 노동유연화의 일환으로써 이용하는 것이다. 사용사업주에게는 노동비용의 절감과 변동하는 경제상황에 유연하게 대처할 수 있는 이익을 가져다주는 반면 그

대상인 파견근로자에게는 심각한 고용불안을 야기한다.

간접고용은 고용불안, 중간착취, 차별대우, 노동단체권의 무력화 등 수많은 반사회적인 결과를 초래하기 때문에 대부분의 국가에서 엄격하게 규제해 왔다. 한국도 1961년 직업안정법에서 근로자공급사업을 금지한 이래 법률에 의하여 엄격하게 규제해 왔다. 또한 근로기준법에서도 제정 당시부터 중간착취 금지규정을 둠으로써 고용관계의 개시 및 존속에 개입하여 중간착취를 행하는 간접고용의 전근대적인 폐해를 방지하고 직접고용을 촉진함으로써 고용의 안정을 도모해 왔다. 하지만 정부와 경영계의 압박에 의하여 1998년에 제정된 근로자파견법은 부분적이지만 간접고용을 허용하고 말았다. 이는 이제까지 유지되어 온 직접고용 원칙에 중대한 변화를 가져왔을 뿐만 아니라 불법파견, 위장도급 등 불법 · 편법의 간접고용을 더욱 확산시키는 결과를 초래하였다. 파견근로의 합법화와 불법적인 간접고용에 대한 방치 내지 법적 규율의 미비는 노동기본권을 무력하게 만들어 수많은 노동자들의 삶의 토대와 미래에 대한 희망을 파괴한다. 또한 정규직과 비정규직이라는 노동시장의 양극화현상으로 노동자 내부는 물론이고 사회 전반에 확산되는 차별과 분열 및 연대의 파괴를 초래한다. 이는 인간 노동의 존엄성을 치명적으로 손상시킬 뿐만 아니라 사회통합의 기제로서 법이 가지는 적극적인 가치를 훼손하는 것이다. 이와 같이 근로자파견법의 제정으로 비롯된 간접고용의 부분적 허용은 직접고용 원칙을 바탕으로 한 전통적인 노동법체계의 근간을 흔들어 놓고 있다고 말할 수 있다.

II. 간접고용의 개념

간접고용이란 개념을 가장 넓게 이해하면 기업의 필요에 의하여 타인의 노동력을 이용하지만 노무제공자와 근로계약을 직접 체결하지 않고 제3자에게 고용된 근로자를 빌려서 이용하는 고용형태를 말한다. 간접고용을 실제 사용되는 용어에 따라 유형별로 살펴보면 근로자공급, 근로자파견, 용역, 도급, 위임, 촉탁, 사내하청, 소사장, 전출, 점원파견 등 다양한 형태가 있다. 하지만 실제 사용되는 용어에 관계없이 법률관계의 범주에 따라 분류하면 근로자공급, 근로자파견, 도급, 위임 정도로 나눌 수 있다.

우선 근로자공급은 공급사업주가 자신의 지배하에 있는 근로자를 공급하여 타인에게 사용하게 하는 것을 말한다. 근로자공급은 직업안정법상 노동조합만이 노동부장관의 허가를 얻어 할 수 있도록 엄격하게 제한되어 있다. 근로자파견은 근로자파견법의 제정에 따라 근로자공급사업의 예외로서 제한된 범위 내에서만 인정된다. 따라서 그 실체적인 본질은 근로자공급에 속한다. 판례는 '근로자공급'의 개념에 대하여 "근로자공급사업자와 근로자 간에 고용 기타 유사한 계약에 의하거나 사실상 근로자를 지배하는 관계에 있어야 하고 근로자공급사업자와 공급을 받는 자 간에는 제3자의 노무제공을 내용으로 하는 공급계약이 있어야 하며 근로자와 공급을 받는 자 간에는 사실상 사용관계에 있어야 한다"고 정의하고 있다.[1] 그리고 근로자파견법은 근로자파견을 "파견사업주가 근로자를 고용한 후 그 고용관계를 유지하면서 근로자파견계약의 내용에 따라 사용사업주의 지휘 · 명령을 받아 사용사업주를 위한 근로에 종사하게 하는 것"으로 규정하고 있다(제2조 제1항). 이와 같이 근로자공급과 근로자파견은 동일한 법적 구조를 가지고 있다(그림 2 참조).

물론 근로자파견은 근로자공급의 한 유형으로서 개념적으로 근로자공급과 반드시 일치하지는 않는다. 근로자공급은 근로자파견을 포함하는 보다 넓은 개념이다. 하지만 현실적으로는 근로자파견에 해당하지 않는 근로자공급, 즉 공급업자와 공

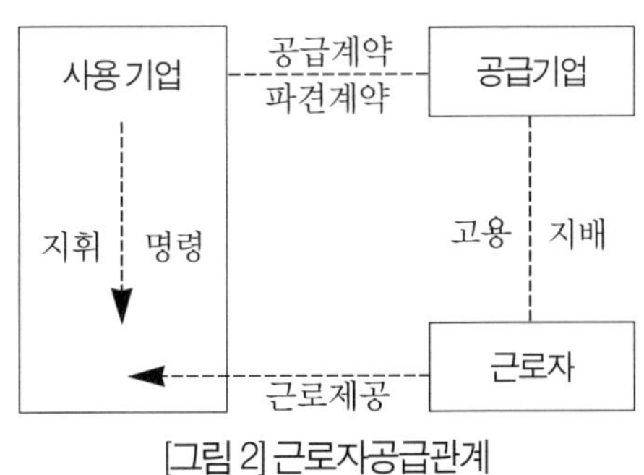

[그림 2] 근로자공급관계

1) 대법원 1985.6.11. 선고, 84도2858 판결.

급근로자 간의 고용관계를 전제로 하지 않는 사실상의 지배관계만이 존재하는 전근대적인 고용관행은 극히 예외적이기 때문에 별로 중요한 의미를 갖지 못한다. 반면에 도급과 위임은 민법상의 개념으로서 '일의 완성'을 목적으로 하는 것이 도급이라면 '사무처리'를 목적으로 하는 것이 위임이다. 근로자공급과 도급(또는 위임)과의 차이는 근로자공급에 있어서는 공급사업주가 노무제공자를 사용사업주에게 제공할 뿐이고 사용사업주가 직접 노무제공자를 지휘 · 명령하여 근로를 시키는 반면 도급(또는 위임)은 용역업체가 고용관계를 유지하면서 노무제공자를 직접 사용한다는 데 있다. 이러한 점에서 근로자공급과 도급(또는 위임)은 법적 실체를 달리하며 적어도 개념적으로는 구분된다(그림 3 참조).

그런데 뒤에서 살펴보겠지만 근로자파견사업의 실태조사 결과에 따르면 많은 경우에 사용사업주가 자신의 상시 업무에 필요한 인력을 외부로부터 공급받아 사용하면서 파견 · 용역근로자에 대해 전적으로 노무관리권한을 행사하고 파견 · 용역계약을 통해 근로조건을 실질적으로 결정한다. 나아가 채용여부의 결정권을 사용사업주가 갖는 경우도 다반사이고 용역업체에 대한 근로자교체 요구나 파견 · 용역계약의 해지를 통해 사실상 해고의 권한도 가지고 있다. 파견 · 용역업체는 경영상의 독립성이 약하여 파견 · 용역근로자의 근로조건 등에 관해 실질적인 권한이 거의 없다. 오히려 절대적인 힘의 우위에 있는 사용사업주의 일방적인 지시에 따를 수밖에 없는 경우도 많다. 이와 같이 파견 · 용역업체가 다만 형식상 · 명목상의 사용자에 불과하고 사용자로서의 권능을 사용사업주가 전적으로 행사하는 경우에는 실질적인 의미에서 근로자공급이나 파견 또는 도급으로도 볼 수 없는 단지 사용사업주의 중간 노무관리자에 지나지 않는다고 볼 수 있다.

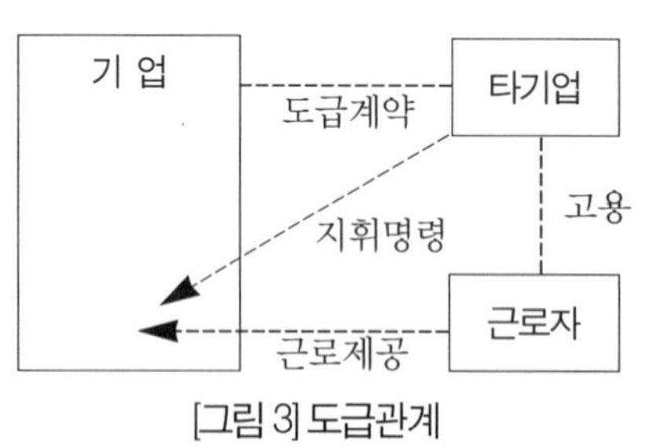

[그림 3] 도급관계

따라서 간접고용의 개념을 근로계약과 관련 속에서 엄밀히 적용한다면

합법적인 도급(또는 위임)은 원청업체와 용역업체 소속의 근로자 간에 사용종속관계가 존재하지 않기 때문에 간접고용으로 볼 수 없다. 순수한 의미에서의 간접고용은 근로자파견을 포함하여 근로자공급만을 의미한다고 할 수 있을 것이다. 하지만 사용종속관계는 계약형식과는 관계없이 근로관계의 실태에 따라 판단된다. 따라서 외형적으로 도급(또는 위임)을 가장한 위법한 파견 또는 근로자공급, 이른바 위장도급도 간접고용에 포함할 수 있다. 역시 마찬가지로 경비업법에 의한 경비용역사업, 공중위생관리법에 의한 청소용역사업, 엔지니어링기술진흥법에 의한 기술용역사업, 주택건설촉진법 및 공동주택관리령에 의한 아파트위임관리사업 등의 경우에도 용역업체가 직접 소속 직원들을 지휘감독하여 용역업무를 수행하지 않는 한 간접고용에 해당한다고 볼 수 있다.

Ⅲ. 간접고용의 실태와 문제점

1. 입법취지와 현실의 괴리

근로자파견의 실태에 관하여는 그 중요성에 비하여 정부 차원의 체계적이고 지속적인 조사연구가 부족하다. 여기서는 근로자파견법 제정을 전후하여 이루어진 한국노동연구원의 연구조사결과(1997, 1999)와 '파견 · 용역노동자 노동권쟁취와 간접고용 철폐를 위한 공동대책위원회'의 「2000년 간접고용실태보고서」 및 「2001년 비정규노동자 투쟁실태보고서」(2001)를 주로 참조하였다. 이 자료들은 현재 시점에 보면 시기적으로 조금 지난 것이긴 하지만 그때나 지금이나 별로 상황이 달라진 게 없으므로 근로자파견의 실태를 파악하는 데는 부족함이 없다. 한국노동연구원에서 실시한 1997년의 실태조사결과에 의하면 파견업체수가 3,573개, 사용사업체수가 3,954개(30인 이상 규모), 파견근로자수가 22만 5천 명(청소 · 경비업무 포함)으로 집계되었다. 이는 전체 사업체 근로자 중 3.75%에 해당하는데, 일본의 0.8%(1996년), 독일 0.3%(1993년)에 비하면 아주 높은 비율을 보인다. 그런데 파견제가 합법화된 1998년 이후 조사에서는 이와 매우 상반되는 결과가 나타나고 있다. 같은 연구원의 1999년 실태조사결과에 의하면 파견사업체는 모두 1,244개소이고 파견근로자수는 모두 53,218명으로서 1997년의 실태 조사에 비해 1/3 정도의 파견업체만이 실제 허가를 받아 파견업을 운영하고 있음을 알 수 있다. 그렇다면 나머지 2/3의 파견업체들은 모두 불법으로 근로자파견사업을 하고 있다고 추정할 수 있다. 또한 직종별 실태조사에서는 제조업 직접생산 27.8%, 제조업 생산보조 27%로서 생산직 전체로는 55% 정도를 차지하고 있다. 즉, 파견근로자가 생산직을 중심으로 광범위하게 분포하고 있음을 알 수 있다. 그리고 파견근로자의 활용방법에 대한 설문조사에서는 52.3%의 사용업체가 파견근로자를 '상시적으로' 사용하고 있다고 답하였다. 결국 제조업 생산업무 및 사무보조 등에 상당수가 집중 분포되어 있고 전문직종의 비율은 2.9% 정도로 극히 미미하며 대다수의 파견근로자가 사용업체의 '상시적' 업무에 활용되고 있다는 결론을 내릴 수 있다.

이와 같은 근로자파견사업의 운영 실태로 볼 때 근로자파견법의 입법취지와 현실은 상당히 괴리되어 있다. 「제조업의 직접 생산공정 업무를 제외하고 전문지식 · 기술 · 경험 또는 업무의 성질 등을 고려하여 적합하다고 판단되는 업무로서 대통령령이 정하는 업무」나 「출산 · 질병 · 부상 등으로 결원이 생긴 경우 또는 일시적 · 간헐적으로 인력을 확보하여야 할 필요가 있는 경우」라는 근로자파견법의 규정(제5조 제1항, 제2항)은 구체적 타당성 과 실효성을 결여하고 있는 것이다. 또한 근로자파견법의 기준을 충족시킬 수 없는 대다수의 파견업체들이 도급계약 등의 형식으로 불법적인 근로자공급사업을 벌이고 있으며 근로자파견의 합법화가 파견업체를 제도적 감독의 틀 내로 끌어들일 수 있다는 주장도 역시 현실과 동떨어진 것임을 알 수 있다. 파견근로의 합법화는 결국 고용형태에 대한 노동법적 규제를 궁극적으로 해체하고자 하는 자본의 의도에 교두보를 제공한 것에 지나지 않는 것으로 보인다.

2. 고용불안정의 심화

간접고용은 고용불안정을 심화시킨다. 사용자는 부차적인 업무나 일시적으로 확대된 업무에 간접고용 근로자를 사용함으로써 고용의 유연성을 확보하고자 한다. 이 점이 취약한 사회적 안전망에 따른 재취업 압력과 더불어 지속적으로 불안정고용을 확산시키고 이를 일상화하는 구조적인 악순환이 반복되게 만드는 요인인 것이다. 반면에 간접고용에 대한 법적 장치는 고용불안정 현상을 적절하게 규율하기보다는 오히려 가속화하는 역기능을 보여주고 있다. 즉, 파견근로자의 고용과 근로조건을 보호하기 위해 만들었다는 법이 오히려 고용불안정을 제도화하고 있는 역설적인 상황이 벌어지고 있는 것이다.

(1) 직접고용의무 조항을 회피하기 위한 주기적인 해고

파견근로자의 안정적 고용과 남용을 방지하기 위하여 마련된 (구)근로자파견법의 직접고용간주 조항(제6조 제3항)이나 현행법의 직접고용의무 조항(제6조의2)이 거꾸로 사용사업주들에 의해 해고 및 배치전환을 촉진하는 기능을 하고 있다. 실제로 노동현장에서는 "당신은 파견근로자이기 때문에 2년 이상 이 사업장에서 일할 수 없다"는 사용업체의 일방적인 통보만으로 계약기간 2년을 채운 파견근로자들의 해고가 주기적으로 자행되고 있는 실정이다. 사용사업주에게 직접 고용된 파견근로자의 경우에도 정규직으로 전환된 근로자는 소수에 불과하고 대다수는 계약직, 임시·일용직 등의 기간제 계약의 비정규직으로 전환되고 있다. 심지어는 1개월짜리 초단기 아르바이트 형태로 바뀐 경우도 적지 않다고 한다. 또한 사용업체로부터 근로자파견계약이 해지되어 파견업체에 계속 고용된 채 다른 사용업체에 파견되거나 도급계약으로 전환하여 계속 사용된 경우도 상당수에 이른다.

(2) 근로자파견계약의 해지를 이유한 해고

일반적으로 간접고용 근로자들의 일자리는 사용업체와 파견 · 용역업체 간의 근로자파견계약의 성립을 통해 마련된다. 특정한 사용업체와 계약을 체결하고 있는 파견 · 용역업체의 대부분은 사용업체의 소유주와 친인척 관계 혹은 과거 직장상사 등의 친분관계로 묶여 있다. 그리고 간접고용의 특성상 사용업체가 파견 · 용역업체에 대해 막대한 영향력을 행사하게 되는 것을 고려해 볼 때, 이 둘의 관계는 사용업체의 압도적인 힘의 우위 하에서의 공생관계라고 할 수 있다. 따라서 사용업체가 계약서 위반이라고 판단하거나 더 나은 조건의 파견 · 용역업체를 원할 경우 대부분의 계약이 해지된다. 간접고용 근로자들에게 있어서 이러한 계약해지는 해고통지나 다름없다. 왜냐하면 파견근로자들의 경우 파견업체에 의해 상용형으로 채용되어 있는 것이 아니라 그때그때 필요에 의해 채용되는 모집형이기 때문이다.

또한 근로자파견계약의 해지는 간접고용 근로자들의 노동조합결성과 활동을 방해하기 위해 악용되는 사례도 늘고 있다. 사용업체는 직접고용의무를 회피하여 노동력 관리비용을 줄이기 위해, 파견 · 용역업체는 노동조합원들의 근로조건 개선 및 임금인상 요구를 회피하고 나아가 다른 사용업체와 더 나은 계약을 수립하기 위해 계약해지를 자행하고 있는 것이다.

(3) 채용관여, 교체요구 등 인사개입

사용업체는 파견 · 용역업체에 의해 공급된 근로자가 마음에 들지 않을 경우 파견 · 용역업체를 상대로 일방적인 교체요구를 한다. 이러한 사용업체에 의한 일방적인 교체요구는 대부분의 계약서상에 명시되어 있고 실제로 이로 인한 파견업체의 고충 또한 상당한 실정이다. 이렇게 계약만료 전에 해고된 파견근로자에 대한 책임소재를 둘러싼 사용업체와 파견업체 간의 분쟁의 소지가 가장 큰 것으로 나타났다. 그럼에도 불구하고 부당하게 사용업체에 의한 일방적 교체요구를 당한 파견근로자들을 보호하기 위한 어떠한 조치도 파견업체에게 기대하는 것은 무리다. 왜냐하면 파견업체의 입장에서 볼 때

대기하고 있는 근로자들은 얼마든지 있으며, 필요하면 수시로 모집하면 그만이기 때문이다. 그 결과 고통 받는 것은 파견근로자들뿐이다.

이러한 일방적 교체요구에 의한 간접고용근로자들의 항상적인 고용불안은 채용에서부터 해고까지 전권을 휘두르면서도 고용의 책임은 무조건 회피하려고 하는 사용업체의 행태에서 비롯된 것이다. 그런데 사용업체는 여기에서 더 나아가 교체요구를 정기화 · 관행화하고 있다. 즉, 정기적인 용원평가를 통해 일정비율의 간접고용 근로자들을 무조건 교체하는 것이다. 그러나 이렇게 사용업체가 일방적인 해고권한을 가질 어떠한 근거도 존재하지 않는다. 결국 이러한 시도는 사용업체의 고용조정을 원활히 하기 위함일 뿐이며, 그 결과 간접고용근로자들은 경쟁과 분열을 조장당하게 될 뿐만 아니라 어떠한 귀책사유 없이도 해고되는 상황에 직면하게 되는 것이다.

3. 근로조건의 악화

(1) 중간착취의 합법화와 저임금

간접고용의 경우는 고용형태의 불안정성과 착취의 중층화로 말미암아 근로조건이 좀처럼 개선되지 않고 오히려 악화되고 있다. 파견근로자의 상당수가 우리사회의 저임금 층을 형성하고 있으며 파견제가 저임노동력 공급의 역할을 하고 있는 것이다. 파견 · 용역근로자들이 이같이 저임금에 시달릴 수밖에 없는 기본적 이유는 다중적인 착취구조 때문이다. 사용업체에서 일정업무를 외주 · 용역화 할 때 일단 임금이 삭감되는데다가 용역업체를 거치는 과정에서 다시 중간착취되기 때문이다. 간접고용에 있어 중간착취율은 적게는 20-30%에서 많게는 50-60%를 차지한다. 파견, 용역 등 간접고용 형태들은 형식적으로 보면 고용주인 파견 · 용역업체가 채용, 인사, 노무관리, 임금지급 등 사용자로서의 역할을 하는 것 같지만, 실제 대부분의 파견 · 용역업체가 유료 직업소개소나 사용업체의 노무관리를 일부 대행하는 정도의 형식적인 역할밖에 담당하지 않는 것이 보통이다. 즉, 사용업체가 근로자에 대한 실질적인 지휘감독을 행하고 있으며, 파견·용역업체는 근로계약체결과 월말임금정산 이외에 실질적인 노무관리는 전혀 하지 않는다.

계약형식이 파견이든 용역이든 혹은 도급이든 간에 인사, 노무지휘감독, 임금의 거의 전 영역이 사용업체의 지배력 아래 놓여 있는 것이 간접고용의 본질적 특성이다. 그런 만큼 파견·용역업체들의 중간착취는 사용업체의 묵인과 조장 없이는 불가능하다. 사용업체는 최대한 인건비 및 노무 관리비용을 줄이기 위한 목적으로 파견제 및 도급계약 등을 활용하고 있는 만큼 그 목적에 부합하는 한 파견·용역업체 내의 중간착취는 관심 밖의 사항이다. 도리어 사용업체는 최저가낙찰방식을 통해 파견·용역업체 내 중간착취와 저임금을 조장하고 있는 형편이다. 즉, 파견·용역업체들은 낙찰되기 위해 중간착취는 그대로 유지한 채 근로자들의 임금부분을 경쟁적으로 줄이고 있는 것이다. 심지어는 사용업체가 직접 파견 혹은 용역업체를 만들어 정규직 근로자가 담당하던 업무를 용역 혹은 파견직으로 전환해 인건비를 절감하는 데 악용하고 있기도 하다.

(2) 장시간노동의 강요

'저임금'과 함께 간접고용 근로자들의 노동실태를 보여주는 또 하나의 지표는 '장시간노동'이라 할 수 있다. 통계청의 자료[2)]에 의하면 2000년대 들어서서 법정근로시간이 주당 44시간에서 40시간으로 줄어듦에 따라 전체 노동자의 평균 근로시간은 상당 폭으로 단축되었다. 하지만 주당 48시간을 초과하는 장시간 노동자 비중은 여전히 비정규직(30.3%)이 정규직(17.2%)보다 훨씬 높고 파견근로(23.6%)와 용역근로(35%)도 역시 마찬가지다.

또 상당수의 간접고용 근로자들이 근로기준법상의 근로시간제나 휴일·휴가의 적용을 받지 못하고 있다. 위 통계청 자료에 따르면 시간외수당은 파견근로의 46.4%, 용역근로의 34%만이, 유급휴가는 파견근로 67.2%, 용역근

2) 통계청, 「경제활동인구조사 부가조사」(2010.3).

로 53.6%만이 적용을 받고 있어 정규직(72.9%, 93.1%)에 비하여 턱없이 낮은 적용률을 보이고 있다. 이처럼 근로기준법상의 최저기준마저도 간접고용 근로자들에게는 적용되지 않고 있는 이유는 '간접고용'과 '기간제'라는 이중의 고용불안정성이 법적으로 보장된 권리마저도 주장하지 못하게 위축시키고 있기 때문이다.

(3) 노동력의 파괴와 건강권의 위협

간접고용은 근로자 개인의 노동력을 철저하게 파괴할 뿐 아니라 건강하게 살 수 있는 최소한의 권리마저 박탈한다. 파견근로자나 사내하청 근로자들은 같은 일을 하는 정규직 근로자들에 비해 임금은 50~70% 수준에 불과하며, 극도로 열악한 노동조건을 강요당하고 있으면서도 일방적인 계약해지에 대한 두려움 때문에 자신들의 정당한 권리조차 제대로 주장하지 못하고 있다.

대부분의 파견근로자나 사내하청 근로자들은 하루 10시간 이상의 장시간 노동에 시달리고 있으며 근본적으로 정규직 근로자들이 기피하는 유해 공정 작업 아니면 힘들거나 지저분한 곳에 투입되어 일을 한다. 그렇기 때문에 정규직과 다른 조건이 동일하다 하더라도 산재 사고의 위험에 심각하게 노출된다. 정규직 근로자들에 비해 적은 임금수준은 하청 근로자를 정신적, 육체적으로 압박하고, 생활임금을 확보하기 위해 좀 더 지치고 피곤해질 때까지 작업을 하게 된다.

사내하청을 비롯한 비정규직의 특성인 '언제라도 대체될 수 있는 값싼 노동력'이라는 점 때문에 하청 근로자들은 자신의 일에 대한 직무내용의 숙련도가 정규직에 비해 상대적으로 낮으며, 산업 안전 보건이나 직업병에 대한 인식과 훈련이 거의 없을 뿐 아니라, 적절한 교육의 기회도 박탈당하고 있다.

(4) 극심한 차별과 인권침해

작업장 내에서 당하는 비인간적 대우와 차별은 간접고용의 속성으로부터 비롯된다. 사용업체는 인건비 · 노무관리비를 줄이기 위한 목적으로 간접고용을 활용하고 있으므로 때에 따라 필요한 수의 근로자를 물건처럼 가져다 쓴다는 인식이 지배적이다. 업무의 실질적인 지휘감독은 하더라도 근로자에 대한 사회적 책임은 지지 않고, 문제가 생기면 계약해지를 통해 근로자를 정리해 버리고 있는 것이다. 파견 및 용역 · 사내하청업체들은 사용업체에 종속된 위치에서 근로자들을 공급하고 임금을 지급하는 역할 이상을 벗어나지 않는다. 이처럼 제도적인 보호가 전혀 없기 때문에 파견 · 용역 근로자들은 일자리를 보존하기 위해서 관리자들의 부당한 요구에 순응할 수밖에 없게 된다. 결국 파견 · 용역근로자들에 대한 비인간적 대우와 차별은 보다 강화된 채로 반복되고 있는 것이다.

4. 노동3권의 박탈

간접고용의 핵심은 근로관계의 이중성이다. 간접고용 근로자는 파견 · 용역업체와 근로계약을 맺고 그 업체가 인력공급계약을 한 사용업체에 들어가 일한다. 이런 구조 아래서 간접고용 근로자의 노동조건은 전적으로 사용업체에 의해 결정되지만 근로계약의 상대방이 아니라는 이유로 사용업체는 노동조합법상의 사용자 책임을 회피한다. 사용업체는 노동조합을 존중하고 단체교섭에 응해야 할 책임을 부인하면서 간접고용 근로자를 통제할 권리만을 갖는다. 헌법에 보장된 노동3권이 이원적인 고용관계 때문에 합법적으로 박탈되고 있는 것이다. 간접고용 근로자의 노동3권이 제도적으로 박탈됨으로써 사용자들은 간접고용 근로자를 싼 값에 마음대로 부릴 수 있는 노동력으로 인식하고 있다. 이 때문에 간접고용 근로자는 다양한 형태와 빠른 속도로 증가하고 있으며 구조조정 이후 정규직을 도급, 파견과 같은 간접고용으로 바꾸는 일이 빈번하게 발생한다. 간접고용이 증가하는 만큼 간접고용 근로자의 노동인권은 더 이상 지나칠 수 없는 문제가 되고 있으며, 간접고용 근로자들이 노동조합을 통해 스스로 문제를 해결하려는 시도도 늘어나고 있다.

(1) 단결권의 침해

간접고용 근로자도 노동3권의 주체인 만큼 어떠한 간섭도 없이 자유로이 노동조합을 결성하고 가입할 수 있다. 또한 정당한 조합활동을 할 시간과 장소를 보장받아야 한다. 그러나 사용업체나 파견 · 용역업체는 노동조합의 결성 자체를 인정하지 않으려 한다.

가장 흔한 사례는 노동조합 결성을 이유로 파견 · 용역업체와의 계약을 해지하는 것이다. 대부분의 파견 · 용역계약엔 노동조합이 결성되거나 파업을 하는 경우 계약을 해지한다는 조항이 들어 있다. 이런 조항이 없더라도 사용업체는 생산 차질 등의 이유로 계약을 해지함으로써 노동조합을 무력화시키려 한다. 실제로 간접고용 근로자가 노동조합을 결성할 때 가장 두려워하는 것은 계약이 해지되면 법적으로 구제 받을 방법이 전혀 없다는 점이다. 사용업체의 계약해지 위협은 노동조합의 결성 자체를 막는 가장 효과적인 방법인 것이다.

조합원 해고 또한 사용업체에 의해 애용되는 노조탄압 수단이다. 노동조합이 결성되자 핵심 조합원을 해고함으로써 노동조합을 정지시켜 버리는 것이다. 이 때 사용업체엔 부당노동행위 책임을 묻지 않는다는 노동부의 입장이 해고를 통한 노조파괴를 조장하고 있는 셈이다.

노동부의 비현실적인 노동행정 때문에 간접고용 근로자의 단결권이 침해되는 경우도 있다. 한 사업장에 여러 개의 사내하청 업체가 있는 경우 모든 사내하청 업체 근로자를 대상으로 하는 노동조합이 설립되는 것이 사용업체에 대한 교섭력 확보에 유리하다. 이러한 형태로 노조를 조직하는 것도 단결권의 내용이니만큼 법리적으로는 어떠한 제한도 있을 수 없다. 그러나 실제로는 행정관청이 노조설립신고 처리를 부당하게 지연시키거나 사용업체가 노동조합의 명칭을 바꾸지 않으면 재계약하지 않겠다고 파견사업체에 압력을 가해 노동조합 명칭을 바꾸게 한 사례도 있다.

파견 · 용역 근로자가 사용업체의 노동조합에 가입하는 경우에도 노동부에 의한 단결권 침해가 일어난다. 노동부는 질의회시를 통하여 “특정 사업(장)

소속 근로자를 조직 대상으로 하는 노동조합이 일방적으로 규약을 변경하여 다른 사업(장) 소속 근로자를 조직대상으로 포함한다면 그 규약 변경의 효력을 인정받기 어려울 것이며, 다른 사업(장) 소속 근로자는 당해 노동조합에 가입할 수도 없는 것"이라고 답하였다.[3] 간접고용 근로자들이 실제 노무제공을 하는 장소가 사용사업체인 만큼 사용사업체 노조에 가입하여 노동조건을 개선하려 하는 것은 정당한 단결선택의 자유이다. 그럼에도 노동부가 행정해석을 통해 사실상 기업별 노동조합 체계를 부당하게 강요한 것이라 할 수 있다.

그밖에 사용업체가 간접고용 근로자의 노동조합을 아예 인정치 않음으로 인해 조합활동에 치명적인 제한이 가해진다. 해고된 조합간부의 작업장 출입을 금지하거나 사업장에서 조합활동을 금지하기도 한다.

(2) 단체교섭권의 침해

간접고용 근로자들은 사용업체의 사업장에서 사용업체의 노동조직에 편입되어 노무제공을 한다. 그런 만큼 간접고용 근로자들의 노동조건을 구체적으로 좌우하는 자는 사용업체이다. 대개의 파견 · 용역업체가 사용업체와의 관계에 있어서 열등한 지위에 있고, 또 사용업체의 필요에 따라 근로자를 모집하여 공급하는 것 이외에 별다른 노무지휘감독을 하지 않는다. 간접고용 근로자들의 임금수준도 파견 · 용역계약의 내용에 따라 정해질 수밖에 없고, 사용업체가 계약해지를 요구하거나 어떤 근로자의 해고를 원한다면 그 근로자는 어떠한 보호도 받을 수 없는 것이 대부분이다.

따라서 간접고용 근로자들이 노동조합을 결성하였을 때 단체교섭을 원하는 상대방은 사용업체인 경우가 대부분이다. 그러나 사용업체는 실질적 사용자로서의 책임이 법적으로 강제되지 않는 제도적 허점을 이용해 단체교섭 거부로 일관한다. 현실적으로 능력이 없는 파견 · 용역업체에 단체교섭 의무가 주어짐으로써 간접고용 근로자는 실질적인 단체교섭 기회를 박탈당한다. 사

---

3) 노조 01254-131. 2000.2.17.

용업체는 근로계약서상의 사용자가 아니라는 제도적 공백으로 인해 간접고용 근로자의 단체교섭권이 침해되는 것이다. 대부분의 사용사업주는 단체교섭 거부로 일관하거나 비공식적인 교섭만을 고집한다.

사용업체가 단체교섭을 거부하면서 교섭예정 시간에 교섭위원을 작업에 배치하는 경우도 있다. 사용업체는 단체교섭 상대방이 아니므로 교섭위원의 교섭시간을 보장하는 것은 파견 · 용역업체의 의무라는 것이다. 사용업체의 이런 주장은 간접고용 근로자 노동3권 보장의 제도적 허점을 명백히 드러낸다. 사용업체가 교섭시간을 보장하지 않으면 파견 · 용역업체가 시간을 보장할 수 없는 것이 현실이다. 교섭시간조차 맘대로 확보할 수 없는 업체를 상대로 단체교섭을 하는 것은 형식적인 무의미한 행위에 불과한 것이다.

(3) 단체행동권의 침해

노동조합을 대등한 파트너로 인식하지 않는 현실에서 단체행동은 노동조합의 중요한 무기이다. 그렇기에 단체행동권 침해는 간접고용 근로자의 노동권 보호에 치명적인 영향을 준다. 특히 사용사업주가 간접고용 근로자의 조합활동을 인정하지 않고 매번 단체교섭을 거부하는 상황에서 신생 노동조합은 단체행동이라는 최후의 선택을 할 수밖에 없게 된다. 앞서 보았듯이 대부분의 사용사업주는 계약 내용에 노조활동, 파업 시 계약해지 조항을 넣고 있다. 간접고용 근로자의 단체행동을 원천적으로 봉쇄하려는 것이다.

사용사업주의 계약해지는 민법상의 자유계약이므로 노동법상으로 규제 불가능하다는 것이 노동부의 입장이다. 그밖에 노동조합활동을 이유로 사용사업주가 계약을 해지해도 파견사업주가 사용사업주에 종속되어 있는 한 "파견근로자의 정당한 노동조합의 활동 등을 이유로 근로자파견계약을 해지하여서는 아니된다"는 근로자파견법 제22조 제1항의 규정은 공허한 메아리에 지나지 않는다.

5. 사회보장제도의 사각지대

저임금, 장시간 노동 외에 사회보장 제도의 혜택을 받지 못하는 것도 간접고용 근로자들을 더욱 고통스럽게 만드는 요인이다. 앞의 통계청 자료(2010. 3)에 따르면 4대 보험의 보험료를 모두 자신이 부담해야 하는 직장가입 미적용률이 국민연금은 파견근로 37.2%, 용역근로 40.5%, 건강보험은 파견근로 15.1%, 용역근로 9.6%, 고용보험은 파견근로 29.7%, 용역근로 24.4%에 이르고 있다. 그나마 건강보험은 직장가입자의 피부양자가 되거나 의료보호를 적용받을 수 있어 적용률이 다른 사회보험에 비하여 높은 편이다. 이에 비해 국민연금은 지역가입자를 합해도 3분의 1이 적용을 받지 못하고 있는 실정이다. 결국 상당수의 비정규직 근로자들은 노후생활의 대비나 건강 및 실업에 대하여 전적으로 개인이 책임져야 하는 상황에 처해 있다.

Ⅳ. 법적 규율의 문제점과 향후 과제

간접고용 근로자의 법적 지위가 극히 불안정한 상태에 놓여 있지만 다른 나라의 경우와는 달리 한국 실정법에는 이렇다 할 보호장치가 없다. 근로자파견법에서 남용의 제한과 차별시정에 관한 일부 규정을 두고 있지만 그 내용이 매우 단순하고 그마저도 실효성이 의문시 되고 있다. 현행법의 구조로서는 실제로 발생하는 다양한 법적 쟁점들을 합리적으로 해결하는 데 미흡할 뿐만 아니라 오히려 거꾸로 노동권의 총체적인 무력화를 촉진하는 트로이 목마가 될 가능성이 높다. 이하에서는 이러한 문제점들을 핵심적인 노동권과 관련하여 차례로 살펴보고 그 개선방안을 검토해기로 한다.

1. 고용보장

(1) 사용목적의 규제

근로자파견법은 파견근로자를 사용할 수 있는 업무의 범위를 「전문지식 · 기술 · 경험 또는 업무의 성질 등을 고려하여 적합하다고 판단되는 업무」, 「출산 · 질병 · 부상 등으로 결원이 생긴 경우」, 「일시적 · 간헐적으로 인력을 확보하여야 할 필요가 있는 경우」의 세 가지로 열거하고 있다(제5조 1항, 제2항). 이 가운데 출산 등 일시적인 결원을 보충하기 위한 대체고용이나 일시적이고 간헐적인 인력 확보의 필요성과 같이 임시적이고 우연적인 고용수요의 증가에 대처하기 위하여 상용직 대신 임시직 근로자를 사용할 수 있도록 해야 된다는 점에서는 합리성이 전혀 없다고는 말하기 어렵다. 하지만 직접고용 형태의 기간제근로나 시간제근로와 같은 다른 형태의 비정규직 대신 언제나 중간착취의 가능성을 배제할 수 없는 파견근로로서 고용조정의 원활성을 확보해야 되는지에 대해서는 여전히 의문이 있다. 그런데 보다 핵심적인 문제는 파견근로를 합법화한 주된 입법취지인 첫 번째 허용사유일 것이다. 전문지식이나 기술 또는 경험을 필요로 하는 업무에 대해서는 비록 시행령으로 열거된 업무만을 허용대상으로 하고 있지만 왜 이러한 분야에 대해서는 굳이 정규직 근로자를 사용하지 않고 비정규직 근로자 나아가 파견근로자를 사용해야만 되는지 그 근거가 전혀 불분명하다. 비정규직 자체가 가지는 고용불안의 반가치적 성격을 고려한다면 그러한 고용을 허용하는 데에는 그 이상의 무언가 합리적인 이유가 있어야만 하는 것이다. 전문성이나 경험 등이 요구되는 업무가 일시적 수요 때문이 아니라 기업의 일상적인 업무로서 필요하다면 이러한 업무에는 정규직 근로자를 사용하는 것이 오히려 타당하다. 근로자파견법의 전체적인 입법취지나 구성 내용도 비록 흠결이 많기는 하지만 기업의 일시적인 수요에 대처하여 파견근로의 이용을 허용하는 대신 장기화 · 상용화를 방지하도록 되어 있다는 점에 유의해야 한다.

다음으로 사용사유의 규제와 관련하여 문제가 되는 것은 불법파견의 사법상의 효력이다. 이 문제는 절대적 사용금지 업무, 기간초과나 무허가 사용과 같은 불법사용의 경우에도 공통적으로 발생한다. 개정된 근로자파견법은 후자의 경우에 직접고용의무 조항을 둠으로써 이 문제를 해결하고자 하고 있다. 하지만 이러한 해결책에는 근본적인 모순이 내재되어 있다. 전자의 경우에도 법률에 아무런 규정이 없고 해석에 의존할 수밖에 없다. 파견근로관계의 다면적 성격 때문에 발생하는 이러한 문제들은 매우 복잡한 상황을 초래하는데 입법적으로 이를 명확하게 해 둘 필요가 있다고 하겠다. 이러한 문제점은 파견근로 외의 비정규직 고용의 이용을 제한하고자 할 때에도 똑같이 발생할 수 있다.

(2) 계약기간의 규제

근로자파견법에 따르면 파견기간의 제한은 대상업무의 성격에 따라 세 가지로 되어 있다. ① 전문지식 · 기술 · 경험 또는 업무의 성질 등을 고려하여 적합하다고 판단되는 업무로서 대통령령으로 정한 업무에는 1년을 초과하지 못하고(당사자의 합의가 있는 경우에는 1회에 한하여 1년 범위 안에서 연장가능), ② 출산 · 질병 · 부상 등 그 사유가 객관적으로 명백한 경우에는 그 사유의 해소에 필요한 기간, ③ 일시적 · 간헐적으로 인력을 확보할 필요가 있는 경우에는 3월 이내의 기간(그 사유가 해소되지 아니하고 당사자 간의 합의가 있는 경우에는 1회에 한하여 3월의 범위 안에서 연장가능)으로 할 수 있다(제6조 1항, 2항).

파견근로의 기간제한과 관련하여 현행법이 안고 있는 문제점은 기간위반의 사법상의 효력이다. 근로자파견법에서는 절대적 사용금지 업무를 제외하고 모두 2년을 초과하여 계속적으로 파견근로자를 사용하는 경우에만 2년의 기간이 만료된 날의 다음날부터 사용사업주가 직접 고용할 의무가 있다는 규정만을 두고 있을 뿐이다(제6조의2). 따라서 2년 범위 내에서 위 법정기간을 초과하여 파견근로자를 사용하는 경우에 그 근로관계의 법적 성질은 어떻게 되는가에 대해서는 아무런 규정이 없다. 즉, 위 ①과 ③의 경우에는 근로자의 동의 없이 파견기간을 연장하거나 동의가 있더라도 2회 이상 연장 또는 3월 이상 사용한 경우, ②의 경우에는 그 사유가 해소되었음에 불구하고 계속하여 파견근로자를 사용하는 경우이다. 이러한 점에서도 입법적 보완이 필요하다.

(3) 절차적 규제의 미비

간접고용 근로자의 사용은 간접고용 근로자의 고용불안정 뿐만 아니라 직접고용 근로자가 간접고용 근로자로 대체되는 정규직 근로자의 비정규직화를 초래함으로써 이들의 근로조건 및 고용안정도 위협하게 된다. 따라서 직접적인 이해관계 당사자인 근로자들의 의사를 반영할 수 있는 민주적인 의사형성절차가 필요하다. 이러한 절차적인 규제는 간접고용 근로자의 사용에 있어서 사용자의 독단적인 의사결정에 대한 견제수단을 제공함으로써 그 합리성과 적절성을 유지할 수 있도록 기능할 수 있다. 하지만 현행법상의 절차적 규율은 비정규직 근로의 사용을 억제하기에는 극히 미흡한 수준이다.

첫째, (구)근로자파견법은 근로자 과반수를 대표하는 노동조합 또는 근로자대표와의 협의의무만을 규정하고 있고 벌칙규정을 두지 않아 실효성이 없었으나 개정된 근로자파견법에서는 이를 신설하였다. 하지만 협의의무가 있는 파견근로의 사용이 단지 출산 등 결원의 경우와 일시적 · 간헐적인 인력확보를 위하여 사용하는 경우로 한정되어 있어서 별로 의미가 없다.

둘째, 노사의 자율적인 단체협약만에 의한 간접고용 사용의 절차상의 규율도 역시 일정한 한계가 있다. 비정규직 고용의 증가추세에 대응하여 일부 노동조합에서는 기업의 고용조정 시 정리해고나 희망퇴직 후 비정규직 채용을 하지 않도록 합의하는 사례가 있다. 물론 이러한 합의는 사용자가 성실히 이행하는 경우에는 유효한 억제수단으로 기능할 수 있지만 그렇지 않은 경우에는 적절한 법적 대응수단이 없다. 또한 노동조합의 조직률 자체가 매우 낮다는 점과 기업의 인사 · 경영사항에 관하여 법원이 단체협약상의 합의 또는 협의 조항에 대하여 의견제시의 기회부여 정도로만 좁게 해석하고 있고 비정규직 고용과 관련된 쟁의권 행사를 경영권 침해의 불법으로 파악하는 경향이 크다는 점 등을 고려할 때 단체협약만에 의한 규제기능은 적어도 법적으로는 극히 미미하다고 보아도 좋을 것이다.

이와 같이 현행법의 절차적 규율 정도로는 간접고용을 억제하는 데 별 실효성이 없다. 따라서 적절한 대책마련이 필요하고 그것도 단체협약에 의한 노사자치에 맡길게 아니라 보다 적극적인 입법적 개선책이 필요하다.

(4) 해고규제의 형해화

사용자가 간접고용을 비롯한 비정규직 고용의 이용을 선호하는 이유 중의 하나는 경제상황의 변동에 따른 고용조정의 용이성이다. 이를 법적인 측면에서 보면 해고의 자유를 확대하는 것이고 근로자로서는 그만큼 근로권의 축소와 박탈을 의미한다. 또 다른 측면에서 보면 기업이 가지는 부담이 줄어든 만큼 실업에 따른 사회적 비용의 증가를 가져오는 것이기도 하다. 따라서 비정규직 근로자의 안정적인 고용관계의 유지는 노사 간의 권리의 균형 및 사회적 비용의 공정한 부담을 의미하는 것이다. 그렇지만 비정규직 근로자의 고용관계의 유지는 근로자의 사용자에 대한 종속성 때문에 단지 시장의 자율적 조정기능에 맡길 수 없고 국가에 의한 적극적인 개입과 간섭이 요구될 수밖에 없다.

현행법상 고용관계의 유지에 관한 유일한 법적 규율장치인 해고제한제도는 정규직 근로자를 상정하여 제정된 것이기 때문에 비정규직 근로자의 양적, 질적 증가에 대한 유효적절한 규제수단으로서 기능할 수 없는 한계를 가지고 있다. 간접고용 근로자는 모집형 또는 등록형의 형태로 대부분 기간을 정한 근로계약의 형식을 취하게 되므로 법적으로는 처음부터 해고의 문제로 취급되지 않는다. 해고제한법규의 적용을 받지 않음으로써 사용자는 고용조정을 용이하게 할 수 있고 사용기간이 짧아 해고예고수당이나 퇴직금 등의 지급의무를 면하거나 고용보험법상의 보험료납부의무도 지지 않는 경우도 적지 않다. 이에 반하여 근로자는 일자리와 소득을 상실하고 실업 중의 생활을 전혀 보장받지 못한다. 사용자가 간접고용 고용 근로자를 사용함으로써 얻는 이익만큼 그 대가인 고용불안정에 대한 보상의 의무를 분담해야 하는 이유는 바로 이 때문이다. 현행법상으로는 이 점에 관하여 아무런 규정이 없다.

(5) 간접고용의 반복적인 사용

간접고용의 반복적인 사용에 대하여는 근로자파견법에서 당사자의 합의를 조건으로 1회에 한하여 갱신할 수 있도록 하고 또한 파견기간이 2년을 초과한 경우에는 사용사업주에게 직접 고용할 의무를 지우고 있다(제6조2). 하지만 이 규정은 법해석상 불명확한 점이 많다. 예를 들면 2년이라는 기간이 동일한 파견근로자만을 계속 사용한 경우에만 해당하는지 아니면 파견근로자를 교대로 사용한 경우에도 해당하는지 하는 점에서도 법문의 규정상 명확하지 않다. 이러한 방식의 간접고용의 반복적인 이용은 기업의 일상적인 업무를 정규직에서 비정규직으로 대체할 수 있는 효과를 가져 옴으로써 사용자에게는 해고제한법규의 적용을 피하면서 또한 임금 및 노무관리비용을 줄일 수 있는 여러 가지 이익을 제공한다. 그러나 근로자에게는 차별적 근로조건의 고착과 항상적인 고용불안상태의 유지 등 그만큼 손해가 된다. 이와 같이 간접고용의 반복적인 사용에 대하여는 법의 흠결과 해석론상의 논란의 여지가 많아 법적안정성이 결여된 상태이므로 입법상의 정비가 요구된다.

2. 노동단체권의 보장

(1) 노동단체권의 무력화

간접고용 근로자도 노동조합법상의 근로자이기 때문에 단결권을 비롯한 단체교섭권과 단체행동권을 누릴 수 있음은 두말할 나위도 없다. 특히 간접고용과 같이 비정규직 근로자의 경우에는 차별처우를 개선하는 데 단결활동을 통한 자주적인 개선노력을 조성 · 촉진하는 것이 정책상 더욱 바람직할 수 있다. 왜냐하면 비정규직의 근로조건의 다양성으로 인하여 입법에 의한 정형화된 보호가 기술적으로 곤란한 점이 많을 뿐만 아니라 일반적 원리로서의 균등대우의 원칙도 그 판단기준의 추상성과 애매함으로 인하여 법해석만으로 해결하기 어려운 여러 문제들이 발생할 것으로 예상되기 때문이다. 그러나 간접고용 근로자의 노동단체권은 신분상의 불안정에서 야기되는 노사 간의 힘의 불균등과 시간적 · 공간적 제약, 정규직 근로자와의 갈등 등으로 인하여 사실상 권리행사가 매우 곤란하거나 불가능한 일이 자주 발생한다. 여기에 복수노조금지 조항에 의한 단결권의 제약이 중층적으로 작용하여 간접고용 근로자의 노동단체권은 거의 유명무실화된다. 법과 현실의 간극이 더욱 심하게 벌어지는 것이다.

다양한 비정규직 근로자의 유형 가운데서도 파견이나 용역 등 간접고용 근로자들의 경우에는 정규직 근로자와 차별되는 비정규직 특유의 법적 문제들이 발생한다. 간접고용 근로자들에게 단결활동의 상대방은 고용사업주와 사용사업주 양자이다. 그 중에서 특히 사용사업주가 근로자의 고용과 근로조건을 실질적으로 좌우하기 때문에 사용사업주를 상대로 한 노동단체권의 보장이 무엇보다 중요한 의미를 갖는다. 실제로도 간접고용 근로자의 노동단체권 행사를 방해하는 주체가 주로 사용사업주라는 사실이 이를 반증한다. 사용사업주들은 자신의 사업장에서 실질적으로 근로자를 지휘명령하여 자신을 위하여 사용하고 또한 채용 및 근로조건의 결정에 직접적으로 영향을 미치면서도 형식적으로 근로계약의 당사자가 아니라는 이유로 노동조합과의 단체교섭을 거부하고 조합활동을 보장하지 않으려 한다.[4]

(2) 노동조합의 결성과 가입

단결권과 관련하여 법적 쟁점이 될 수 있는 사안은 무엇보다도 사용사업주의 부당노동행위이다. 이러한 행위유형으로는 우선 사용사업주가 노조의 결성 및 가입을 이유로 파견 내지 용역계약을 해지하거나 해지하겠다고 위협하

---

4) 윤애림, "파견 · 용역 근로자의 노동3권", 노동법연구 제9호(서울대노동법연구회, 2000), 99쪽 이하 참조. 파견철폐공대위 법률지원팀, "파견 · 용역 근로자의 법적 실태", 민주법학 제19호(민주주의법학연구회, 2001), 16쪽 이하 참조.

는 것과 조합원의 교체요구 및 회유 · 협박을 통한 조합탈퇴의 종용 등을 들 수 있다. 이 때 사용사업주들은 파견 · 용역계약에서 노조결성 시 계약을 해지한다고 미리 명시적으로 규정하거나 대부분 사용사업주가 임의로 계약해지가 가능하도록 하는 계약내용을 정하고 있다. 이 경우 파견 · 용역계약의 해지는 곧바로 근로자에게는 해고를 의미한다. 왜냐하면 대부분의 파견 · 용역사업의 근로계약이 모집형이나 등록형의 임시적인 근로계약의 형태를 취하고 있기 때문이다. 이런 연유로 사용사업주의 계약해지위협 및 해지권의 행사는 곧바로 노동조합의 와해로 이어지게 된다. 사용사업주의 이 같은 부당노동행위를 막고 노동조합의 결성과 가입을 보장하는 가장 유효한 법적 수단이 노동조합법상의 부당노동행위제도인데 여기에는 사용사업주가 노동조합법 제81조에서 말하는 부당노동행위의 주체인 사용자로 볼 수 있는지 하는 사용자 개념의 획정문제가 걸려있다.

(3) 단체교섭권의 보호

단체교섭권과 관련된 중요한 법적 쟁점은 사용사업주에게 단체교섭의무가 있는지 여부이다. 파견 · 용역 근로자들이 단체교섭을 원하는 상대방은 사용사업주이다. 그 까닭은 파견 · 용역 근로자들이 사용사업주의 사업장에서 그의 지휘명령에 따라 일할 뿐만 아니라 근로조건을 실질적으로 좌우하는 자도 사용사업주이기 때문이다. 하지만 형식적으로는 근로계약의 직접적인 당사자가 고용업체이기 때문에 사용사업주가 단체교섭에 응할 의무를 지는지 또한 사용사업주가 이에 불응했을 때 부당노동행위로 인정할 수 있는지가 문제가 된다. 결국 이 경우에도 앞의 노동조합의 조직 및 가입의 방해행위와 마찬가지로 사용사업주가 노동조합법상의 사용자 개념에 포함되는지 여부에 대한 해답이 문제를 푸는 열쇠가 된다.

(4) 단체행동권의 보호

간접고용 근로자의 단체행동권도 또한 단체교섭권과 마찬가지로 사용사업주의 사용자성 문제가 역시 단체행동의 정당성여부를 가름하는 기준이 된다. 실례로 사용사업주가 용역업체 근로자의 노조결성을 계기로 용역계약을 해지하고 비조합원만을 새 용역업체에 고용시켜 계속 일을 시키면서 조합원만이 정리해고 되자 이들 조합원이 해고 철회와 원직복귀를 요구하고 단체행동을 한 사건에서 사용사업주는 자신은 쟁의와 무관하다면서 업무방해금지와 노조사무실명도가처분신청을 하였고 법원은 이를 받아들였다. 비록 근로자파견법 정당한 조합활동을 이유로 한 근로자파견계약의 해지를 금지하고 있어도 별로 실효성이 없다. 즉, 파견계약의 해지가 강행법규 위반으로 무효라고 하더라도 이는 그 근로자의 정리해고의 동기에 지나지 않기 때문에 일반민사절차에 따른 권리구제는 거의 불가능한 것이다. 따라서 결국 단체교섭이나 단체행동을 통한 자주적 노력에 기댈 수밖에 없게 되는데 여기서는 다시 사용사업주의 사용자성문제가 제기되는 것이다.

(5) 노동단체권 보호를 위한 법적 과제

앞서 본 바와 같이 간접고용근로자의 노동단체권의 행사를 보호하는 첩경은 계약형식에 관계없이 노동단체권을 실질적으로 침해하는 자를 법적 의무의 주체로 설정하는 길이다. 그렇지 않고서는 노동단체권 보호의 법이념과 목적이 탈법적 수단에 의하여 훼손되게 된다. 따라서 법 문언 및 계약형식의 문리적인 해석에 집착할 것이 아니라 합목적적인 해석이 요구된다고 하겠다.

제2장
직접고용 원칙과 파견근로

Ⅰ. 서론

파견근로는 고용형태의 다양화에 따른 고용창출의 효과에 비하여 고용불안정, 열악한 근로조건과 차별, 노동단체권의 무력화 등 나쁜 일자리로 자리잡고 있다. 파견근로라는 새로운 고용형태가 전통적인 고용형태와 근본적으로 다른 점은 그 고용방식이 간접고용이라는 것이다. 이 간접고용이라는 법형식이 직접고용을 전제로 한 노동법 및 사회보험법의 사용자책임을 면탈하는 수단으로 이용된다. 근로자파견의 합법화에서 비롯된 간접고용의 부분적인 허용과 불법파견의 방치는 직접고용을 바탕으로 한 전통적인 노동법질서의 근간을 흔들어 놓고 있다.

이 장은 간접고용의 올바른 법적 규율을 위하여 그 동안 별로 이론적인 관심과 주목을 끌지 못했던 '직접고용 원칙'을 노동법의 내재적인 원리의 하나로서 새롭게 파악하고 그 규범적 근거와 실천적인 유용성에 대하여 검토해보고자 한다.

Ⅱ. 간접고용 규제에 관한 입법유형

자신이 필요한 근로자를 직접 고용하지 않고 타인이 고용한 근로자를 이용하는 간접고용은 대부분의 국가에서 엄격한 규제를 받고 있다. 그렇지만 간접고용에 대한 규제 방식은 국가마다 다르다. 이는 각 국가의 고용시장의 상황이 같지 않기 때문이다. 규제 방식의 차이는 특히 위법한 근로자공급의 사법적 효과를 처리하는 방식에서 두드러지게 나타난다.

우선 직접고용 원칙을 법령으로 명시하고 일시적이고 간헐적인 업무에 한하여 파견을 허용하는 프랑스는 상용형 파견을 금지하고 등록형 파견만을 인정한다.[1] 따라서 위법한 근로자공급의 경우에는 거의 예외 없이 사용사업주와 공급근로자 간에 직접 근로계약이 성립하도록 한다. 이는 파견사업주가 노동법상 사용자책임을 부담할 수 있는 능력과 자격이 결여되기 쉬워서 법이 허용하는 한계를 벗어난 위법한 근로자공급의 경우에는 계약의 형식보다 실질을 존중하여 사용사업주에게 사용자로서의 책임을 부담시키는 것이 더 적절하다고 보기 때문이다. 직접고용의 효력이 발생하는 시기도 사용사업주가 허가된 업무 외에 파견근로를 이용할 때에는 최초의 업무 개시일부터 기간을 정하지 않은 계약에서 생기는 권리를 사용사업주에게 요구할 수 있도록 하고 있다.[2] 따라서 이 경우에는 사용사업주와 파견근로자 간의 법률관계가 2차에 걸쳐서 재규정되는 셈이다. 일차적으로 파견근로자는 파견사업주와 기간제 근로계약을 체결하였지만 파견근로관계가 아닌 사용사업주와 기간제 근로계약이 성립함을 주장할 수 있다(직접고용 원칙). 이차적으로 프랑스는 파견 허용업무와 기간제 허용업무를 동일하게 규정하고 있기 때문에 다시 기간을 정하지 않은 근로계약의 존재를 주장할 수 있다(상시고용 원칙).[3] 이와 같은 직접고용 원칙과 상시고용 원칙의 동시 적용은 사용사업주에게 기간제 및 파견근로의 이용을 제한하는 법규를 엄격히 준수하도록 하는 효과와 함께 파견근로의 확산을 방지하는 아주 효과적인 법적 수단이 되고 있다. 또한 사용사업주가 파견기간이 종료된 이후에 다시 파견사업주와 새로운 파견계약을

1) 프랑스 노동법전 제1251-5조는 "기업의 통상적이고 영속적인 업무(l'activité normal et permanent)를 위한 고용을 지속적으로 공급하기 위하여 또는 그러한 효과를 달성하기 위한 목적으로 파견근로를 이용하지 못한다"고 명시하고 있다.

2) Art. L. 1251-39, al. 2 C. trav.

3) Gérard Lyon-Caen etc, *Droit du travail*(Dalloz, 1996), 273쪽.

체결하지 않거나 파견근로자와 근로계약을 체결하지 않고 계속하여 근로시키면 그 파견근로자는 종전 파견계약상의 최초의 파견일부터 사용사업주에게 기간을 정하지 않은 근로계약에 의하여 고용된 것으로 간주한다.[4]

한편 스웨덴이나 스페인의 경우와 같이 등록형 파견을 일체 허용하지 않고 상용형 파견만을 인정하고 있는 경우에는 원칙적으로 파견사업주와 근로자 간에 기간제 근로계약을 체결하지 못하게 하는 방식으로 고용안정을 도모한다. 따라서 위법한 파견의 경우에도 법적 공백상태를 피하기 위하여 파견사업주와 파견근로자 간에 직접 근로관계가 성립한다는 명시적인 규정을 두고 있다. 이와 같이 스웨덴에서는 직접고용 원칙을 고집하지 않고 형식상의 근로계약의 체결을 더 중요시하는데 이는 파견사업주의 책임능력과 밀접한 관련이 있다. 즉, 파견사업주가 사용자로서 부담해야 할 법적 책임에 대한 충분한 능력과 자격을 갖추고 있어 이렇게 하더라도 근로자보호에 아무런 문제가 생기지 않는다고 보기 때문이다. 실태에 있어서도 다른 국가와는 달리 파견근로를 사용하는 비용이 직접 근로자를 고용하는 것보다 더 든다고 한다.

그런데 같은 상용형 파견을 원칙으로 하고 있으면서도 2002년 하르츠개혁이전의 독일은 위법한 근로자공급에 대하여 오히려 사용사업주와 공급근로자 간에 직접 근로관계를 성립하는 것으로 보는 태도를 취하고 있었다. 이러한 간주규정이 적용되는 때는 무허가 불법파견의 경우이다. 즉, 허가를 얻지 않은 근로자공급은 직업소개로 추정되고(구 근로자파견법 제1조 제2항) 공급근로자와 사용사업주 간에 근로관계가 성립된 것으로 간주한다(같은 법 제10조 제1항). 허가를 얻을 수 없는 위법한 근로자공급의 구체적인 태양에 관하여는 근로자파견법 제3조 제1항에서 상세하게 규정하였다.[5] 독일은 원

4) Art. L. 1251-39, al. 1 C. trav.

5) 독일의 (구)근로자파견법 제3조 제1항에서 규정하고 있는 위법한 근로자공급의 유형은 다음과 같다. 첫째, 파견사업주가 사업활동에 있어 동법 제1조상 요구되는 신뢰성을 얻지 못한 경우(제1호). 둘째, 파견사업주가 그 경영조직상태의 측면에서 보아 통상의 사용자의무를 규정대로 이행할 수 없는 경우(제2호). 셋째, 파견사업주가 파견근로자와 기간의 정함이 있는 근로계약을 체결한 경우. 다만 파견

칙적으로는 형식상의 근로계약관계를 존중하면서도 무허가 파견(특히 위장도급)이나 파견사업주가 사용자로서의 의무를 다하지 않는 경우에는 간주규정을 통하여 직접고용 원칙을 관철한 것으로 이해할 수 있다.

이와 같이 국가별로 규제 방식의 차이가 나는 것은 파견근로자가 처한 상황이나 파견근로의 주된 행태 등 고용시장의 구체적인 상황에 따라 고용보호의 중점이 달라진 데서 비롯된 것이라고 할 수 있다.

Ⅲ. 직접고용 원칙의 의의 및 규범적 근거

1. 직접고용 원칙의 의의

직접고용 원칙이란 기업의 통상적이고 영속적인 업무를 위하여 필요한 인력은 직접 고용하여 사용해야 한다는 원칙을 말한다. 직접고용 원칙이 고용법질서를 규율하는 법 원리의 하나로서 주목을 받게 된 것은 극히 최근의 일이다. 이 원칙이 주목을 받게 된 까닭은 종래의 노동법원리 속에 포섭되기 어려운 간접고용이라는 새로운 유형의 고용형태가 널리 확산되었기 때문이다. 본래 다른 사람의 노동이 상시적으로 필요하면 근로자를 직접 고용하여 사용하는 것이 통례였고 이러한 관계는 법적으로 근로계약으로 정식화되었다. 그리고 근로계약은 계약당사자 간의 '사용종속관계' 라는 개념을 통하여 여타 계약과 구분되었다. 이 '사용종속관계' 가 바로 근로자성의 판단기준인 동시에

근로자의 개인적인 사유로 합리적인 이유가 있는 경우에는 그러하지 않는다(제3호). 넷째, 파견사업주가 파견근로자와 기간의 정함이 없는 근로계약을 체결하고도 계약을 해약에 의하여 종료하여 근로관계 종료 후 3개월 이내에 그 파견근로자를 재 채용하는 경우(제4호). 다섯째, 파견사업주가 파견근로자와 근로관계의 계속을 사용사업주로의 최초의 파견기간으로 제한하는 경우(제5호). 여섯째, 파견사업주가 동일한 사용사업주에게 동일 파견근로자를 연속하여 6개월을 초과하여 파견하는 경우. 그 파견이 행해지기 직전 대상 파견근로자를 다른 파견사업주가 동일 사용사업주 파견한 경우에는 그 기간도 산입된다(제6호).

사용자책임의 규범적 근거인 것이다. 따라서 근로계약의 당사자이면서 동시에 근로자를 지휘명령하여 근로시키는 자가 당연히 노동법상의 사용자로서 법적 책임을 부담하였다. 전통적인 노사관계에서는 사용관계와 고용관계가 서로 분리되지 않고 하나의 근로계약관계 내에 통일되어 있기 때문에 직접고용 원칙은 너무도 당연한 것이어서 특별히 논의할 필요가 없었던 것이다.

그러나 간접고용의 등장으로 외견상 근로계약의 당사자와 실질적인 사용종속관계의 당사자가 형식적으로 분리되면서 그러한 관계를 법적으로 어떻게 파악해야 하는지 또한 노동법상의 사용자책임은 누가 부담해야 하는지 하는 문제가 생기게 된 것이다. 그런데 근로자파견의 합법화로 파견이라는 간접고용에 대하여는 적어도 이러한 문제가 입법적으로 해결된 것처럼 보였다. 하지만 현실은 훨씬 더 복잡한 양상을 띠고 있다. 그것은 파견법의 합법화로 계약의 형식만 파견 또는 도급계약이지 실질은 단지 직업소개에 지나지 않거나 아니면 위법 또는 탈법적인 근로자공급이 무수하게 일어나고 있기 때문이다.

한편 근로자파견이 부분적으로 합법화된 결과 근로자파견법이 정한 절차, 허용 대상 업무, 사용기간 제한 등 합법적인 틀 내에서 파견이 이루어지는 경우에는 일단 법해석상의 곤란은 생기지 않는다. 그러나 법이 정한 테두리를 벗어난 경우에는 근로자파견법 및 직업안정법이 금지하는 위법한 근로자공급사업에 해당하게 된다. 이러한 경우 공급사업주와 사용사업주 간의 근로자공급계약은 당연히 무효가 되겠지만 근로자의 근로계약은 어떻게 되는가 하는 문제가 발생하게 된다. 특히 간접고용은 그 구조의 특질상 사용사업주와 근로자 간에 사용종속관계가 존재하지만 근로계약관계의 성립이 외형적으로 부정되기 때문에 문제가 보다 복잡해진다. 직접고용 원칙은 이와 같이 당사자 간의 법률관계가 불확실한 간접고용에 있어서 이를 명확히 하는 법적 규준으로서 중요한 의의를 가지고 있다.

그런데 직접고용 원칙을 노동법의 한 원리로서 인정한다면 그러한 원리는 어떠한 규범적 근거를 가지고 있는지 하는 문제가 먼저 해결되어야 한다.

2. 근로권과 직접고용 원칙

직접고용 원칙은 헌법의 근로권 규정(제32조 제1항)과 근로기준법의 중간착취의 배제 규정(제9조), 직업안정법의 근로자공급사업 금지 규정(제33조 제1항) 및 근로자파견법상의 각종 제한 · 금지 규정으로부터 도출할 수 있다. 우선 직접고용 원칙의 헌법적 근거는 근로권이라고 할 수 있다. 왜냐하면 안정적인 고용의 보장은 근로권의 가장 핵심적인 내용이고 고용안정이 제대로 보장되기 위해서는 사용종속관계에 있는 상대방에게 직접 고용되어 근로관계가 형성되지 않으면 안 되기 때문이다. 신자유주의에 바탕을 둔 노동유연화론처럼 고용의 안정은 도외시하고 어떠한 일이든 일자리만 주어지면 된다는 식의 사고는 인간의 노동을 물화하여 단지 계량적인 측면에서만 이해하는 매우 난폭한 견해라고 할 수 있다. 실제로 통계수치들은 간접고용을 비롯한 불안정 고용의 확대 현상이 전체적으로 고용증대의 효과를 가져 온 것이 아니라 오히려 안정적 고용의 정규직 근로자들이 지속적으로 불안정 고용으로 전락한 결과라는 사실을 보여주고 있다. 근로자는 고용안정을 통하여 비로소 자기의 능력을 개발할 수 있고 나아가 보다 나은 고용기회를 확보할 수 있을 뿐만 아니라 자신의 삶의 질을 향상시킬 수 있다. 따라서 직접고용 원칙은 고용선택의 자유를 이념으로 하는 근로권의 현대적 의의에 부합하는 것이라고 말할 수 있을 것이다.[6)]

한편 직접고용 원칙은 근로권 외의 다른 노동기본권, 즉 인간다운 존엄을 보장하는 근로조건의 보장(헌법 제32조 제3항), 노동단체권의 보장(헌법 제33조) 등의 전제조건이 된다는 점에서 그 규범적 의의를 간과해서는 안 된다. 실태조사에 따르면 간접고용 근로자들은 비정규직 근로자들 가운데서도 가장 낮은 저임금 층을 형성하고 있으며 장시간 노동에 시달리고 있다고 보

6) 고용선택의 자유와 근로권의 현대적 의의에 관하여 상세한 것은 조경배의 "고용보장의 노동법적 원리와 구조에 관한 연구"(서울대 박사학위논문, 1997), 93쪽 이하 참조.

고되고 있다.[7] 이러한 열악한 근로조건의 요인은 다름 아닌 간접고용의 이중적인 착취구조 때문이다. 사용사업주가 일정업무를 외주할 때 일단 임금이 삭감되는데다가 용역업체를 거치는 과정에서 다시 30-50%의 임금이 중간착취를 당하게 된다는 것이다.[8] 그밖에 간접고용과 기간제고용이라는 이중의 고용불안정성 때문에 근로자들이 위축되어 근로시간제한, 연 · 월차휴가 등 법적으로 보장된 근로조건보호법상의 기본적인 권리조차도 주장하지 못하는 실정이다. 또한 노동단체권에 있어서도 간접고용 근로자들은 소속사업장과 작업장이 분리되어 조합활동 자체가 곤란할 뿐 아니라 사용사업주가 소속 근로자가 아니라는 이유로 사업장 출입을 금지하는 등 단결활동을 방해하기도 한다. 그리고 노동조합의 결성 및 쟁의행위를 이유로 파견 또는 용역계약을 해지하거나 근로계약의 직접적인 당사자가 아니라는 이유로 단체교섭을 거부하는 사례도 비일비재하다.[9]

고용안정, 특히 직접고용을 통한 고용안정은 모든 노동기본권의 필수적인 전제조건이자 출발점이라는 것을 인정하지 않을 수 없다. 이러한 의미에서 안정적 고용의 보장을 핵심 내용으로 하는 근로권은 직접고용 원칙의 규범적 근거가 되는 것이다.

3. 근로자공급사업 금지의 법적 구조와 직접고용 원칙

근로기준법은 제1장 총칙 제9조에서 "누구든지 법률에 따르지 아니하고는 영리로 다른 사람의 취업에 개입하거나 중간인으로서 이익을 취득하지 못한다"고 규정하여 중간착취의 배제를 근로조건보호법의 기본원칙의 하나로서 선언하고 있다. 그리고 직업안정법 제33조 제1항은 "누구든지 고용노동부 장

7) 노동부, 「99하반기 근로자파견사업 현황」, 1999.
8) 파견 · 용역노동자 노동권쟁취와 간접고용 철폐를 위한 공동대책위원회, 「2000년 간접고용실태보고서」(2000.9), 26쪽.
9) 구체적인 사례에 대하여는 앞의 공동대책위원회의 실태보고서, 50쪽 이하 참조.

관의 허가를 받지 아니하고는 근로자공급사업을 행하지 못한다"고 규정하고 있고, 시행령 제33조 제2항에서는 국내 근로자공급사업을 행할 수 있는 자를 노동조합에 한정하고 있다. 그리고 이 규정에 위반하여 근로자공급사업을 행하는 자에 대하여는 5년 이하의 징역 또는 2000만 원 이하의 벌금에 처하도록 하고 있다. 여기서 직업안정법은 근로자공급자만 처벌하고 공급근로자를 이용한 사용사업주는 처벌하지 않고 있다. 하지만 근로자파견법 제5조 제5항은 "누구든지 제1항 내지 제4항의 규정을 위반하여 근로자파견사업을 행하거나 그 근로자파견사업을 행하는 자로부터 근로자파견의 역무를 제공받아서는 아니 된다"고 규정하고 있다. 이 규정에 위반하여 근로자파견사업을 행한 자와 근로자파견의 역무를 제공받은 자는 3년 이하의 징역 또는 2천만 원 이하의 벌금에 처하도록 하고 있다. 그 밖에 허용기간의 초과 사용, 무허가 파견 및 그 사용의 경우에도 같은 형벌을 받게 된다. 따라서 타인의 노동력을 필요로 하는 기업은 근로자파견법의 틀 내에서 제공받든지 아니면 적법한 도급 · 위임계약에 의하여 일의 완성 및 업무처리를 타인에게 완전히 맡기지 않는 한 근로자를 직접 고용하여 사용하지 않으면 안 된다.

그런데 위 직업안정법 및 근로자파견법의 근로자공급 및 사용금지 규정에 바탕을 둔 직접고용 원칙을 근거로 곧바로 사용사업주의 직접고용의무를 도출할 수 있는지에 대하여는 의문이 있을 수 있다. 즉, 위 법규정들의 형식이 형벌법규라는 점에서 사용사업주와 공급근로자 간에 사법적 효과를 전제로 한 직접고용의무까지 법적으로 구성하는 것이 과연 타당한가 하는 점이다. 이 점에 관해서는 직접고용 원칙의 법적 효과로서 다음 항에서 살펴보기로 한다.

IV. 직접고용 원칙의 법적 효과

1. 사용사업주의 직접고용의무

사용사업주와 공급사업주 간의 근로자공급계약이 직접고용 원칙에 기반을 둔 강행법규에 위반하여 무효가 될 경우 사용사업주와 근로자 간의 법적 관계를 어떻게 이론적으로 규명할 것인가 하는 것이 문제가 된다. 행정적 규제나 형사처벌의 문제에 대해서는 특별히 논란이 될 것이 없지만 사법상의 법률관계가 어떻게 되느냐 하는 점이다. 이 점에 대하여 처음부터 이들 간에는 사실상의 사용종속관계 외에 다른 아무런 법적 관계가 존재하지 않았기 때문에 형식적인 근로계약의 당사자인 고용사업주와 근로자 간의 고용관계만 남는다고 생각할 수도 있다.[10] 하지만 이러한 설명은 파견기간과 고용기간이 일치하는 등록형 또는 모집형 근로자파견사업의 경우에는 타당하지 않다. 이 경우에는 파견사업주와 근로자 간의 근로계약은 오로지 파견을 전제로 하여 형성되는 것이기 때문에 근로자파견계약이 위법무효가 되면 위법한 목적으로 체결된 근로계약도 무효가 될 수밖에 없다. 결국 파견근로자는 파견사업주와의 관계에서는 아무런 법적인 또는 사실상의 관계가 존재하지 않게 되고 사용사업주와의 관계에서는 사실상의 사용종속관계만 남게 된다. 이와 같이 법형식과 실체의 분리현상은 노동력상품을 사용가치(사용관계)와 교환가치(고용관계)로 분리하여 인식하려는 법적 사유의 파탄적인 결과라고 말할 수 있고 이를 극복하기 위해서는 사실상의 소여에 법형식을 일치시킬 수밖에 없다. 따라서 사실상 근로자를 자신의 지배하에 두고 근로자를 사용하는 자와 그 근로자 간에는 형식적인 명칭에 관계없이 근로계약관계가 존재한다고 보

---

10) 위법한 근로자공급 또는 위법파견의 경우 공급사업주와 파견근로자 간의 법적 관계에 대하여 일본의 판례는 원칙적으로 파견사업주와 파견근로자 간의 근로계약이 무효가 아니라는 입장을 취하고 있다(三和plant사건, 東京地法 1990.9.28 판결).

아야 할 것이다. 그렇다고 한다면 여기서 문제되는 것은 당사자들 간의 의사표시에 따른 합의가 없는 상황에서 사용사업주와 파견근로자 간의 근로계약관계를 어떻게 설명할 것인가 하는 점이다. 이 점에 대하여는 다음 장에서 상세히 살펴보기로 한다. 다만 여기서는 근로자의 공급 및 사용 모두를 형벌로서 금지하고 제한된 범위 내에서만 허용하는 직업안정법과 근로자파견법 그리고 중간착취를 금지한 근로기준법 등은 근로자공급에 관한 노동법의 객관적 가치질서를 규정한 것으로 보아야 한다는 점을 지적해두고 싶다. 간접고용의 금지와 제한의 법 규정들은 사용자에게 단지 공법상의 의무를 부과한데 그치는 것이 아니라 직접고용의무를 고용법질서의 내재적인 원리로서 명시한 것으로 보아야 하는 것이다. 이러한 직접고용의무는 민법상의 계약자유의 원칙에 대한 수정원리로서 노동법적 원리로서 도출된 것이다.

2. 공급사업주의 직접고용 방해금지의무

간접고용은 직접고용 원칙에 반하는 것이므로 법률의 규정에 의하여 인정된 경우에 한하여 극히 예외적으로만 허용된다. 따라서 간접고용 상태에 있는 근로자에게 직접고용의 기회가 주어졌을 때에는 간접고용 상태를 종료시키고 언제든지 사용사업주와 직접고용의 새로운 근로계약으로 전환할 수 있도록 보장해야 한다. 즉, 간접고용에 있어서 근로계약의 당사자는 이러한 직접고용의 체결을 방해해서는 안 된다. 나아가 파견근로자에 의한 근로계약의 임의적인 해지는 계약위반으로 되지 않는다. 또한 마찬가지로 직접고용의 당사자인 사용자도 그 근로자의 이용계약, 즉 근로자파견계약의 위반이 되지 않는다. 이와 같이 직접고용 방해금지의 원칙은 근로자가 일하고 싶은 사용자에게서 일하는 것(고용선택의 자유)을 부당하게 제한하는 것을 금지함으로써 근로자자의 고용안정을 도모하기 위한 것이다. ILO 권고 및 EU 지침을 비롯하여 여러 유럽 국가들에서 이러한 점들을 명시적인 규정에 의하여 확인하고 있다.

ILO 민영 직업소개권고(No.188: 1997)는 공급사업주로 하여금 사용사업주가 자신에게 공급된 근로자를 직접 채용하는 것을 방해해서는 안 된다고 규정하고 있다(제15조 제1항). 나아가 공급근로자의 직장변경을 제한하거나 제3 기업으로의 취업에 벌칙을 부과하는 것도 역시 금지하고 있다(제15조 제2항, 제3항). 파견노동에 관한 EU 지침(Directive 2008/104, 2008)도 사용사업주에 의한 파견근로자의 직접고용을 용이하게 하기 위해 파견종료 후 파견근로자와 사용사업주 간에 근로계약의 체결 또는 고용관계의 성립을 금지하거나 방해하는 합의를 금지하고, 파견근로자가 파견종료 후 사용사업주와 근로계약을 체결하는 경우 파견사업주는 파견근로자에게 소개수수료를 요구할 수 없도록 규정하고 있다(제6조 제2항, 제3항). 또한 스웨덴의 「민영 직업소개 및 노동자파견에 관한 법률」(1993)은 "근로자가 현재 또는 이전의 사용사업주인 제3자에게 고용되는 것을 계약 등에 의하여 방해해서는 안 된다"고 규정하고 있다. 따라서 파견사업주와 사용사업주 간의 계약으로 사용사업주가 파견근로자를 직접 고용하지 못하도록 하는 합의는 근로자를 구속하지 않는다. 즉, 파견근로자와 사용사업주 간에 체결된 근로계약은 파견사업주와 사용사업주 간의 계약에 반한다고 해도 구속력을 가진다.

Ⅴ. 직접고용원칙과 직접고용의무 조항

현행 근로자파견법은 직접고용 원칙을 고려한 것으로 보이는 직접고용의무 조항을 두고 있다. 2006년 개정되기 전의 (구)근로자파견법에서는 파견근로자를 2년 이상 사용한 경우에 직접 고용한 것으로 본다는 기간초과의 직접고용간주 규정만을 두었었다(제6조 제3항). 하지만 현행 근로자파견법은 허용업무외의 파견, 결원 등 일시적 사용의 허용기간 초과, 절대적 금지업무의 파견 및 무허가파견에 대하여도 직접고용의무를 부과하는 규정을 추가로 신설하였다. 그런데 개정 전의 직접고용 '간주' 규정은 직접고용 '의무' 규정으로 변경되었고 직접고용의무 위반에 대하여는 과태료를 부과할 수 있도록 하였다. 이에 따라 앞으로는 개정법의 시행일인 2007년 7월 1일을 기준으로 사용기간이 2년이 되지 못한 파견근로자에게는 직접고용간주 규정 대신 직접고용의무 규정이 적용된다(부칙 제3항). 이는 직접고용의무 규정으로 바뀜으로써 이제 사용사업주가 직접 채용하지 않을 경우에 과태료처분이라는 행정법상의 제재를 받는 외에 당사자들 간에 어떠한 사법상의 효력이 발생하는지는 더욱 불분명해졌다는 것을 의미한다. 직접고용의무 규정이 근로자에 대한 사법상의 의무로서 근로자가 직접고용청구권을 갖는다는 견해[11]도 있지만 권리의 내용과 법적효과가 무엇인지 분명하지 않을 뿐더러 법 개정을 주도한 고용노동부의 개정취지에 비추어 보아도 그러한 설명은 무리가 있다. 어쨌든 직접고용간주 규정의 경우에는 고용단절 시 사용사업주를 상대로 직접 소송을 제기하여 근로자로서의 지위확인과 함께 고용되었더라면 받을 수 있었던 임금의 소급지급을 청구할 수 있는 것과는 확연히 다르다. 따라서 노무수령자인 노동력의 실질적인 사용자에게 직접고용의무가 있다는 직접고용 원칙에 비추어 본다면 개정 파견법의 내용은 이러한 원리를 제대로 반영하지 못했다고 평가하지 않을 수 없다.

Ⅵ. 과제 및 전망

직접고용 원칙은 위법한 근로자공급에 있어서 당사자들 사이의 사법적 법률관계를 명확하게 하는 법해석의 기준이 될 수 있다는 점에서 실천적인 유용성을 갖는다. 근로자공급과 같은 간접고용은 근로계약관계와 사용종속관계(또는 지휘명령관계)가 분리되어 다자간에 근로관계가 형성된다. 사용사업주와 공급근로자 간에는 실질적인 사용종속관계가 형성되고 공급사업주와

11) 김형배, 노동법(박영사, 2010), 1189쪽.

공급근로자 간에는 명시적인 고용계약이 성립한다. 그런데 합법적인 근로자 공급, 즉 근로자파견은 적어도 법률에 의하여 승인되어 있고 또한 사용자책임을 법률의 규정에 의하여 분배하고 있으므로 그러한 책임분배의 타당성여부를 논외로 한다면 일단 근로계약관계의 성립여부 자체는 크게 문제되지 않는다. 그러나 위법한 근로자공급의 경우에는 사정이 달라진다. 왜냐하면 공급사업주와 근로자 간의 고용계약 자체가 위법한 목적을 위하여 성립되었기 때문에 그대로 사법상의 효력을 부여할 수는 없기 때문이다.

이 장에서 직접고용 원칙을 노동법의 새로운 원리로서 파악한 것은 전근대적인 고용관행의 배제라는 시민법적 자유의 관점을 넘어서서 노동법적 관점에서 노동력이용형태의 자유라는 시민법적 자유를 제약하는 원리로서 보고자 하는 것이다. 노동력 이용형태의 자유를 제한하는 이유는 고용안정 없이는 인간다운 근로조건의 보장도 연대와 단결의 보장도 불가능할 수밖에 없기 때문이다.

마지막으로 강조하고 싶은 것은 비정규직 일반에 대한 법적 규율의 정비이다. 간접고용을 아무리 엄격히 규제한다고 하더라도 사용자는 일시적이거나 전문적인 노동력수요를 해결하기 위하여 다른 형태의 불완전 고용, 즉 임시근로나 일용근로 또는 시간제근로 등의 이용을 확대하게 될 것이다. 간접고용의 규제가 단순한 중간착취나 강제근로의 배제라는 전근대적인 고용관행의 근절을 위해서뿐만 아니라 근로자의 안정적 고용을 확보하기 위하여 필요불가결한 것이라면 간접고용의 적절한 규제 외에도 이 같은 불완전고용 전반에 걸친 법적 틀의 마련이 불가피하다. 이를 위하여 직접고용 원칙과 함께 상시고용의 원칙이 동시에 실현되지 않으면 안 된다.

제3장

위법한 근로자공급(파견)과 근로관계

Ⅰ. 서론

파견근로가 지난한 논란 끝에 1998년에 처음으로 제한적으로 합법화되고 그 후 2006년 다시 개정이 되었지만 「파견근로자의 보호 등에 관한 법률」을 둘러싼 노사 간의 갈등과 대립은 끊임없이 이어지고 있다. 경영계는 파견근로에 대한 규제가 과도하다고 주장하고 있는 반면 노동계는 반대로 근로자파견법의 완전 폐지 및 간접고용의 철폐를 주장하고 있다.

근로자파견법을 둘러싸고 일어나고 있는 이와 같은 갈등은 이미 법제정 당시부터 예정되었던 일이다. 그 당시 경영계는 복수노조금지 등을 노동조합법에서 삭제하는 대신 그 교환조건으로 정리해고제 및 탄력적 근로시간제의 입법화와 함께 근로자파견사업의 합법화를 요구하였고 노동계는 그 요구를 받아들였다. 그런데 파견근로는 불법이었음에 불구하고 그 이전부터 이미 만연해 있었다. 따라서 파견근로의 합법화는 그러한 불법상태에 면죄부를 부여하는 결과가 되었고 그 이후 합법화의 입법취지나 목적과는 달리 위장도급과 같이 법의 테두리를 벗어난 탈법 · 불법의 사례가 급증하였다. 그럼에도 감독행정기관인 고용노동부는 이에 아주 미온적으로 대처하거나 심지어는 이를 부추기는 듯한 인상마저 들 정도로 비합리적인 행정해석까지 내놓은 적도 있다.[1]

1) 고용노동부는 (구)근로자파견법 제6조 제3항을 동일 파견근로자를 2년 이상 사용하는 것을 금지하는 취지로 보고 동일한 업무라도 파견근로자를 교체하는 경우

현행법상 근로자파견법에 따른 근로자파견은 합법적인 근로자공급으로 인정되어 직업안정법의 적용을 받지 않는다(직업안정법 제2조의2 제7호). 하지만 위법한 근로자파견은 근로자파견법뿐만이 아니라 직업안정법에 의하여 형사처벌을 받게 된다. 그러나 이러한 형사처벌의 위협은 불법파견을 억지하는 데 거의 효력을 발휘하지 못하는 것 같다. 그 이유는 감독행정기관 및 검찰의 의지나 능력부족에도 있겠지만 입법적인 결함의 탓도 크다. 이는 형사적인 측면과 민사적인 측면으로 나누어 생각해 볼 수 있다. 우선 형사적인 측면에서 보면 직업안정법과 근로자파견법에 의한 규제는 사용사업주보다 파견사업주를 중심으로 하고 있다는 점에 문제가 있다. 위법한 파견근로는 사용사업주가 사용자책임회피의 수단으로서 이용하는 것이 현실이고 보면 일차적인 책임주체는 사용사업주가 되어야 한다. 하지만 직업안정법은 사용사업주에 대하여는 전혀 처벌규정을 두고 있지 않다. 또 (구)근로자파견법에서는 파견사업주는 무겁게 처벌하는 반면(3년 이하의 징역 또는 2만원 이하의 벌금) 사용사업주는 그 처벌이 가볍게 규정되어 있었다(1년 이하의 징역 또는 1천만원 이하의 벌금). 이러한 형벌의 불균형 외에 위법한 근로자공급과 합법적인 업무처리도급과의 법적 구별이 쉽지 않다는 점도 형벌에 의한 규제의 효율성을 떨어뜨리는 요인이 된다. 실제로도 행정기관의 유권해석에 의하여 위법한 파견근로로 판단되면 사용사업주는 이를 형식적으로만 도급계약으로 전환하여 동일한 근로자를 계속하여 사용하는 경우를 종종 볼 수 있다.

다음으로 민사적인 측면에서 살펴보면 파견근로관계의 법적 구조는 파견사업주와 파견근로자 간에는 고용관계가 성립하고 사용사업주와 파견근로자 간에는 사용관계가 성립하는 이원적인 근로관계가 형성된다. 이 때 근로계약의 상대방으로서의 파견사업주가 그야말로 형식적이고 명목적인 사용자에 지나지 않고 사용자로서 법적 책임을 부담할 능력이나 자격이 없는 경우가 적지 않다. 실제 파견사업주는 오로지 사용사업주와 근로자 사이에서 그 중간수입

에는 법위반이 아니라는 해석을 제시함으로써 입법취지에 반하여 파견근로의 장기적인 사용을 허용하는 듯한 메시지를 던져주었다(고관 68460-407. 1998.6.9).

만을 목적으로 하거나 심지어 사용사업주의 실질적인 지배하에 있는 중간의 노무관리자 또는 근로자모집자의 정도에 지나지 않는 경우도 적지 않다.

따라서 위법한 근로자공급의 금지와 사용자책임의 실효성을 확보하기 위해서는 적정한 형벌권의 행사 외에 사용사업주와 공급근로자 간에 직접적인 근로계약의 성립을 인정하는 것도 중요한 방책이 될 수 있다. 즉, 위법파견의 경우에는 파견근로자를 지휘명령하여 노무에 종사시킨 사용사업주와 사이에 직접 근로계약관계의 성립을 인정함으로써 사용사업주에게 사용자책임을 부담시키는 것이다. 이는 파견근로자를 사용함으로써 이익을 얻는 자가 사용자로서 책임도 부담해야 한다는 원리를 표명하는 것으로 노동법적 정의관에 비추어 보아도 지극히 타당한 것이다. 독일, 프랑스 등 다른 나라들의 예를 보면 파견근로의 특수한 성격을 고려하여 법률에 의하여 명시적으로 이러한 규정을 둠으로써 입법적인 해결을 도모하고 있다.

근로자파견이 합법화되기 이전에는 파견근로관계에 관한 이론적인 논의는 민사적인 측면보다는 행정적, 형사적 측면에서의 규제와 감독이 중심이 되었다. 그러나 이제 일정한 범위 내에서 근로자파견이 허용된 지금에 와서는 민사적 측면에 보다 관심을 기울여야 된다고 본다. 최근 위장도급 형태의 사내하도급 사건을 둘러싼 대법원 판결들의 주된 쟁점이 사용사업주와 공급근로자 간의 직접적인 근로관계의 존재 유무의 판단에 있다는 점도 이러한 논의의 필요성을 보여주는 것이라 하겠다. 이하에서는 먼저 해석론의 차원에서 위법한 근로자공급의 경우에 사용사업주와 공급근로자 간에 직접 근로계약관계의 성립을 도출할 수 있는지를 먼저 검토한 후 입법론적 대안 및 향후 과제와 전망에 대하여 차례로 살펴보기로 한다.

Ⅱ. 위법한 근로자공급의 유형

근로자파견법은 파견사업을 영위하고자 하는 자에게 허가 등 소정의 절차를 의무화하고 파견허용대상 업무를 일정한 범위로 한정하는 등 여러 가지 절차상 또는 실체적인 제한 및 금지 규정을 두고 있다. 이러한 제한 · 금지 규정에 위반하여 자신이 고용한 근로자를 제3자에게 공급하는 행위는 모두 위법한 근로자공급이라고 말할 수 있다. 또한 외형적으로는 도급계약 또는 위임계약의 형식을 취하고 있다고 하더라고 그 실질이 근로자공급에 해당하는 경우에도 위법한 근로자공급이 될 수 있다. 그런데 논의의 초점을 사용사업주와 공급근로자 간의 근로계약관계 성립여부에 맞출 경우에는 위법한 근로자공급의 형태가 매우 다양하여 이를 일률적으로 판단하기 어렵다. 어떤 경우에는 외형적으로만 파견의 형식을 취하고 있을 뿐 단순한 유료 직업소개에 지나지 않는 경우도 있고 또 다른 경우에는 근로자파견법의 규제를 회피하기 위하여 도급 또는 업무위임계약의 형식을 취하고 있는 경우도 있다. 이렇듯 위법한 근로자공급의 형태가 매우 복잡 다양하게 전개되고 있기 때문에 이러한 실태를 유형별로 정리하여 판단하는 것이 적정한 법적 규율을 위하여 바람직할 것으로 생각된다.

위법한 근로자공급을 크게 세 가지로 구분하면, 첫째 근로자공급사업 또는 도급의 외관을 띠고 있으나 사실상 위장된 근로계약에 지나지 않는 경우, 둘째 계약형식은 도급 기타 업무위임의 형식을 취하고 있으나 실질적으로 근로자공급사업에 해당하는 경우, 셋째 근로자공급사업이지만 제한 · 금지규정에 반하여 위법한 경우로 나누어 볼 수 있다.

1. 유료 직업소개와 근로자공급의 구분

유료 직업소개와 근로자공급은 개념적으로 구별될 뿐 아니라 허가요건, 규제범위나 방식 등 법적으로도 달리 취급된다. 직업안정법에서 직업소개는 "구인 또는 구직의 신청을 받아 구직자 또는 구인자를 탐색하거나 구직자를 모집하여 구인자와 구직자 간에 고용계약이 성립되도록 알선하는 것을 말한다"(제2조의2 제2호)고 정의하고 있다.

따라서 직업소개란 고용계약의 성립을 '알선'하는 행위를 말하는 것이고 소개자와 근로자 사이에는 근로계약관계가 존재하지 않는다. 이러한 점에서 근로자와 공급사업주 사이에 근로계약관계가 성립하는 근로자공급과는 명백히 구분된다. 하지만 실제로는 겉으로 봐서는 쉽게 판단하기 어려울 정도로 복잡한 경우가 많다. 외견상 근로자파견(또는 도급)이라는 형식을 취하고 있기는 하지만 공급자가 실질적으로 사용자로서 요구되는 책임을 전혀 이행하고 있지 않거나 사용자로서의 위험을 부담하고 있지 않는 경우에는 이를 유료 직업소개로 보아야 하는지 아니면 근로자공급사업으로 보아야 하는지 의문이 생기게 된다. 만약 직업소개로 본다면 이러한 행위는 무허가 유료 직업소개로서 법적 평가를 받게 되고 사용사업주와 근로자 간에 직접적인 근로계약이 성립한 것으로 볼 수도 있을 것이다. 반면 근로자공급으로 인정하게 되면 사용사업주에게는 근로자파견법상의 책임과 권한만이 주어지고 사용사업주와 근로자 간에는 단순한 사용관계로서 고용관계가 부정된다. 이러한 상이한 법적 평가는 도식적으로 생각하면 어떤 경우든 책임을 부담할 사용자가 있으므로 별 문제가 없어 보이지만 근로조건이나 고용보장 등 보호의 실질이란 측면에서 완전히 다른 결과를 가져올 수 있다. 왜냐하면 근로자공급의 경우 근로계약의 상대방이 영세업자이거나 사용사업주의 지배적인 영향력을 받고 있는 자로서 단지 형식적으로만 사용자일 뿐이고 노동법상 사용자로서의 책임을 부담할 만한 아무런 능력도 의사도 없는 경우가 많기 때문이다. 따라서 그 구분의 실질적인 판단기준을 마련하는 것이 중요한 관건이 된다.

근로자공급이 직업소개와 구별되는 별개의 사업으로 인정되기 위해서는 적어도 공급사업주가 단순한 '소개업자'의 성격을 넘어서서 노무관리 및 경영상의 독립성을 가진 사업주로서의 실체를 갖추어야 한다. 따라서 공급근로자와의 관계에서 단지 형식적으로 근로계약이 체결되어 있다는 사정만으로는 부족하고 근로계약의 본질에 부합하는 실질적인 내용을 담고 있어야 할 것이다. 즉, 공급근로자의 채용, 근로장소(사용사업주) 선정, 임금 기타 근로조건의 결정 및 지급 등에 관하여 실질적으로 공급사업주가 자신의 판단과 결정아래 행하고 있다고 볼 수 있어야 근로자공급 사업주로서의 독립성을 인정받을 수 있는 것이다. 만약 반대로 사용사업주가 실질적으로 그러한 결정과 판단을 행하고 있다는 사정이 존재한다면 이러한 경우에는 공급사업주는 근로자공급에 의하여 얻을 수 있는 중간수입에만 관심을 가진 명목상의 기업으로서 사용사업주의 근로자모집 · 채용 담당자에 지나지 않거나 유료 직업소개로 보아야 한다.[2] 따라서 공급사업주와 근로자 간에 형식적으로 체결된 근로계약도 허위의 위장 근로계약으로 볼 수밖에 없을 것이다.

2. 위장도급과 근로자공급

외형상 도급 또는 위임 계약의 형식을 취하고 있으나 실질적으로 근로자공급사업에 해당하는 경우가 많다. 통상 위장(노무)도급이라고 부르는 이러한 간접고용은 사용사업주가 근로기준법상의 사용자책임을 면탈하기 위한 수단으로서 또는 직업안정법이나 근로자파견법의 적용을 회피하기 위한 수단으로 종종 이용된다. 비록 개념적으로는 도급과 근로자공급을 그리 어렵지 않게 구분할 수 있지만 업무처리 노무도급과 같이 수급인의 근로자가 도급인의 사업장에서 도급인의 지휘명령에 따라 노무를 제공할 경우에는 이를 도급으로 보아야 할지 근로자공급으로 보아야 할지 실제 구별하기가 쉽지 않다.

위장도급과 관련하여 중요한 논점은 두 가지로 요약할 수 있는데 그 하나

---

2) 입법모델로서 독일의 경우 직업소개와 근로자공급의 구분기준이 그리 분명하지 않다는 점을 고려하여 이를 입법적으로 명시하였다. 2002년 말 하르츠개혁 이전의 구 「근로자파견사업의 규율에 관한 법률」(Gesetz Zur Regelung der gewermäßigen Arbeitnehmerüberlassung) 제1조 제2항은 "근로자가 노무급부를 위해 제3자에게 파견되고 파견사업주가 통상적인 사용자의 의무나 사용자의 위험(법 제3조 제1항 제1호 내지 제5호)을 부담하지 않거나 개별적인 경우 파견기간이 12개월을 도과하면 파견사업주는 직업소개를 한 것으로 추정한다"고 규정함으로써 등록형 파견을 포함하여 광범위하게 유료 직업소개로 간주하는 규정을 두었다. 이 가운데 기간제한에 관한 제1조 제2항 후단과 제3조 제1항 제3호 내지 제6호는 하르츠개혁으로 폐지되었다.

는 도급과 근로자공급을 구별할 수 있는 판단기준이고 다른 하나는 근로자공급이라고 판단될 때 사용사업주와 근로자 간에 직접적인 근로계약관계가 성립하는지 여부이다.

첫 번째 문제와 관련하여 양자의 구별기준은 근로자에 대한 '지휘명령'을 실질적으로 누가 행하느냐 하는 것이다. 도급계약은 수급인이 그 이행보조자로서 근로자를 고용하여 이를 지휘 감독함으로써 '일의 완성'을 도모하는 것이고 도급인은 필요한 도급상의 '지시'를 행할 수는 있지만 그 결과만을 계약의 목적으로 삼는다. 이에 반하여 근로자공급은 사용사업주가 지휘명령권을 갖고 노무제공의 결과에 대하여는 관심을 갖지 않으며 이에 대하여 공급사업주에게 책임을 물을 수도 없다.

위장도급에 관련된 사건이 실제 소송으로 다투어진 사례는 그리 많지 않다. 전속적인 사내 하청기업에서 원청과의 법률관계가 도급이 아니라 불법파견임을 인정한 최초의 사례는 현대자동차사건에 대한 대법원 판례이다.[3] 이 판결이 나오기 전까지는 주로 사내하도급과 관련하여 사내 하청업체가 사업주로서의 사업경영의 독립성이나 업무수행의 독자성이 없어 일개 사업부서 또는 노무대행기관에 지나지 않는다는 이유로 사용업체와 직접 근로관계가 성립된다는 판례는 몇 건 있었지만, 파견과 도급을 구분하는 기준을 제시한 사례는 거의 없었다. 현대자동차사건 판결은 파견과 도급의 구별과 관련하여 일반적으로 적용될 수 있는 판단기준을 명시적으로 제시하지는 않았지만 원청업체의 경영조직과의 편입, 관련 시설 및 원료의 소유여부, 작업배치 · 작업방식 · 작업순서 등 노무제공의 방식과 방법에 관한 결정권이나 노무지휘권의 행사여부를 판단하는 주요 요소들을 언급한 바 있다(제4부 제2장 Ⅲ. 「근로자파견관계의 해당 여부」 참조)

다음으로 근로자공급으로 판단될 경우, 즉 무허가 근로자공급의 경우에 사용사업주와 공급근로자 간의 근로계약 성립여부이다. 우선 이 경우 공급사업

3) 대법원 2010.7.22. 선고, 2008두4367 판결.

주와 사용사업주 간의 형식상의 도급계약은 근로자공급계약을 위장하기 위한 수단에 지나지 않기 때문에 강행법규 위반으로 무효가 된다고 볼 수 있다. 또한 근로자공급도 합법적인 근로자파견에 해당하는 경우를 제외하고 직업안정법 제33조에 의하여 금지되어 있으므로 결국 공급사업주와 공급근로자 간의 고용관계만 남는다고 생각할 수도 있다. 이러한 법적 추론은 공급사업주가 상시 고용하고 있는 근로자를 일시적으로 공급하는 경우(상용형 파견)에는 크게 문제가 되지 않을 수도 있는 해석이라고 볼 수 있다. 하지만 공급을 희망하는 근로자를 미리 등록해두고 도급계약(위장 노무도급계약)이 체결되었을 때 등록되어 있는 자 중에서 기간을 정해 근로계약을 체결한 뒤 사용사업주에게 공급하거나(등록형 파견) 또는 새로 근로자를 모집하여 역시 기간을 정해 근로계약을 체결한 뒤 공급하는 경우(모집형 파견)에는 그렇지 못하다. 이러한 경우에는 공급사업주와 공급근로자 간의 근로계약이 오직 공급을 전제로 하여 형성되는 것이기 때문에 도급계약이 위법무효가 되면 그 근로계약도 강행법규에 반하는 위법한 목적을 위하여 체결된 것이므로 당연히 무효가 될 수밖에 없다. 따라서 공급근로자는 공급사업주와의 관계에서는 아무런 법적인 또는 사실상의 관계도 존재하지 않게 되고 사용사업주와의 관계에서는 사실상의 사용종속관계만 남게 된다. 공급근로자는 도급계약 및 근로계약의 무효로 인해 법적 공백의 무계약 상태 또는 실직상태에 빠지게 되는 것이다. 결국 외형상의 근로계약을 중시하여 공급사업주와 근로자 간에 근로계약관계가 존재한다고 볼 것인지, 아니면 실질적인 사용종속관계를 중시하여 사용업자와 근로계약관계가 존재한다고 볼 것인지 결정을 하지 않으면 안된다. 이 점에 관하여는 위법의 내용에는 차이는 있지만 다음에서 논의할 위법한 근로자공급의 경우와 문제 상황이 동일하므로 뒤에서 함께 살펴본다.

3. 위법한 근로자공급

근로자공급사업은 원칙적으로 금지되어 있고 합법적인 근로자파견에 해당할 경우에만 예외적으로 허용된다. 근로자파견이 '금지에 대한 예외' 로서 허용된 이상 법에서 규정한 정당화요건을 결한 근로자공급은 모두 강행법규 위반이 되고 행정법상 또는 형법상 제재를 받을 뿐만 아니라 이에 반하는 양당사자 간의 계약도 모두 사법상의 효력이 부정된다.

법 위반의 실태에 조응하여 현실적으로 문제가 되고 있는 위법한 근로자공급의 사례로서는 ① 허용대상외의 근로자공급,[4] ② 사용금지규정 위반의 근로자공급,[5] ③ 기간제한 위반의 근로자공급,[6] ④ 파견기간 중의 근로계약의 부당한 중도해지 등으로 나눌 수 있다. 이와 같은 파견법 위반의 근로자공급에 있어서 법위반의 효력이 근로계약의 존부에 어떠한 영향을 미치는지가 여기서 검토할 과제이다. 이 점에 관하여 명시적인 법규정은 근로자파견법에 단지 하나의 조항만이 있다. 즉, 근로자파견법 제6조의2에서 파견근로자의

---

4) 근로자파견법은 파견근로자를 사용할 수 있는 업무의 범위를 제조업의 직접생산공정업무를 제외하고 전문지식 · 기술 또는 경험 등을 필요로 하는 업무, 출산 · 질병 · 부상 등으로 결원이 생긴 경우, 일시적 · 간헐적으로 인력을 확보하여야 할 필요가 있는 경우의 세 가지로 열거하고 있다(제5조 제1항, 제2항). 따라서 여기에 속하지 않는 근로자파견은 모두 위법한 근로자공급이 된다.

5) 근로자파견법은 쟁의행위 중인 사업장에 근로자를 파견하거나 정리해고 후 2년 이내에 파견근로자의 사용을 금지하고 있다(제16조 제1항, 제2항).

6) 근로자파견법에 따르면 파견기간의 제한은 대상업무의 성격에 따라 세 가지로 되어 있다. 첫째는 전문지식 · 기술 또는 경험 등을 필요로 하는 업무의 경우에는 1년을 초과하지 못하고(당사자의 합의가 있는 경우에는 1회에 한하여 1년 범위 안에서 연장가능), 둘째는 출산 · 질병 · 부상 등 그 사유가 객관적으로 명백한 경우에는 그 사유의 해소에 필요한 기간, 셋째는 일시적 · 간헐적으로 인력을 확보할 필요가 있는 경우에는 3월 이내의 기간(그 사유가 해소되지 아니하고 당사자 간의 합의가 있는 경우에는 1회에 한하여 3월의 범위 안에서 연장가능)으로 할 수 있다(제6조 제1항, 제2항, 제4항). 기간제한위반의 파견은 다시 세 가지로 구분할 수 있다. 첫째는 동일한 파견근로자를 동일한 업무에 법정기한을 초과하여 계속하여 사용하는 경우이다. 둘째는 동일한 파견근로자를 업무를 변경하여 법정기한을 초과하여 사용하는 경우이다. 셋째는 동일한 업무에 근로자를 교체하여 법정기한을 초과하여 사용하는 경우이다. 그 밖에 파견기간의 종료 후 동일한 파견근로자 또는 다른 근로자를 파견이 아닌 다른 형식의 비정규직(계약직, 아르바이트 등)으로 동일한 업무에 계속하여 사용하는 경우 이를 파견법위반으로 볼 수 있는지 의문이 있다.

명시적인 반대의사가 없을 것을 조건으로 하여 2년을 초과하여 계속적으로 파견근로자를 사용하는 경우에 2년을 초과한 날부터(절대적 금지업무의 경우에는 사용한 날부터) 사용사업주가 직접 고용해야 한다는 규정을 두고 있을 뿐이다. 따라서 위 대표적인 위법사례 가운데 ②, ④의 경우에는 전적으로 해석론에 맡겨져 있다. ①, ③의 경우에도 동일한 파견근로자를 업무를 변경하여 법정기한을 초과하여 계속 사용하거나, 동일한 업무에 다른 파견근로자를 교체하여 2년 이상 사용하거나 또는 파견기간의 종료 후 동일한 파견근로자 또는 다른 근로자를 파견이 아닌 다른 형식의 비정규직(계약직, 아르바이트 등)으로 동일한 업무에 계속하여 사용하는 경우 등에도 역시 해석론에 맡겨져 있다.[7] 또한 법정기한을 초과하지 않더라도 허용대상 업무가 아닌 업무에 불법적으로 사용한 경우에도 직접고용의무 조항이 적용되는지 여부도 해석에 맡겨져 있다.

그런데 근로자공급에 있어서는 근로계약의 명시적인 합의가 공급사업주와 공급근로자 간에 형성되어 있고 사용사업주와 공급근로자 간에는 이러한 합의가 존재하지 않는다. 따라서 근로자공급이 위법한 경우에 명시적인 합의의 존재를 배제하고 사용사업주와 공급근로자 간에 직접 근로계약관계가 성립한다고 보기에는 논리적인 어려움이 따르게 된다. 하지만 그렇다고 하여 위법한 근로계약의 효력을 그대로 인정할 수도 없다. 이러한 문제를 검토하기

7) (구)근로자파견법 제6조 제3항(직접고용간주 조항)의 해석과 관련하여 제기된 논란도 바로 이 점을 둘러싸고 일어난 것이다. 유권해석으로서 노동부는 사용사업주와 공급근로자 간에 직접 근로관계가 성립하는 것으로 볼 수 있는 경우를 '한 사업장에 같은 사람이 2년 이상 근무한 경우'로 극히 한정하는 해석을 내놓았다. 이에 대하여 노동계에서는 이 법이 일시적인 인력수요를 해소하기 위해 도입된 것인 만큼, 한 일자리에 2년 이상 파견근로를 시킬 경우 직접 고용을 해야 한다고 주장하고 있다. 또한 (주)에스케이에서와 같은 편법 사례를 막기 위해서는 파견근로자를 2년 이상 사용한 뒤 직접 고용하는 것도 계약직이나 임시직이 아닌 정규직으로만 고용하도록 해야 한다고 주장한다. 어쨌든 노동부의 해석대로라면 사용업체가 기존의 파견근로자를 고용하지 않고 다른 파견근로자를 고용하는 등의 파견근로의 '사실상의 상용화'에 대해 아무런 대책이 없게 된다.

위하여 우선 일본의 판례와 학설을 중심으로 살펴보도록 한다.

Ⅲ. 근로계약 성립 여부에 관한 일본의 판례 및 학설

근로자파견이 위법하든 적법하든 간에 개념정의상 근로자공급사업에 해당할 경우에는 사용사업주와 공급근로자 간에는 사용종속관계가 존재한다. 하지만 사용종속관계가 존재한다고 해서 곧바로 근로계약까지 성립한다고 단정하기는 어렵다. 왜냐하면 외형적인 사용종속관계의 존재로부터 객관적으로 추정되는 의사와 당사자의 주관적인 의사가 서로 합치하지 않을 수 있기 때문이다. 즉, 근로관계의 외양과는 달리 사용사업주나 근로자가 직접 근로계약을 체결할 의사를 가지고 있지 않은 경우도 얼마든지 있을 수 있다. 나아가 사용사업주가 외부에 그 의사를 명백하게 밝히고 별개의 법적 주체인 공급사업주와 근로자공급계약 또는 업무도급계약을 체결하고 있으며 이에 호응하여 공급사업주도 독자의 취업규칙을 제정하고 독자의 임금체계에 따라 임금을 지급하고 각종 사회보험에 가입하는 등 스스로 독립적인 기업체로서 표시하고 있는 경우에는 더욱 그러하다. 따라서 중요한 것은 객관적으로 관찰되는 사용종속관계 외에 무엇을 표지로 하여 근로계약의 본질적 내용인 근로제공과 임금지급에 대한 당사자 간의 의사의 합치로 평가할 수 있는지 하는 점이다. 위법한 근로자공급에 있어서 사용사업주와 공급근로자 간의 근로계약의 성립여부에 관한 일본의 판례와 학설은 바로 이 점을 둘러싸고 전개되었다.

1. 묵시적 근로계약관계설

일본 판례의 일반적인 경향인 이 설은 당사자 간의 묵시적인 합의의 존재를 근로계약의 성립요건으로 본다. 여기서 묵시적인 합의가 있다고 인정되기 위해서는 당사자 쌍방에 근로계약을 체결하려는 의사가 있고 또한 그것이 어떠한 형태라도 외부로 표시되고 있어야 한다는 점을 강조한다. 즉, 외형적인 객관적 사실로부터 근로계약 체결의사를 추인할 수 있어야 한다는 것이다.[8] 이 설에서 중요한 것은 의사의 합치를 추인할 수 있는 객관적 사실이 무엇인가 하는 점이다. 구체적인 판결례를 하나 들어보면, 사용사업주와 공급근로자 간에 직접 근로계약을 체결할 의사표시가 있었다고 추인할 수 있으려면 "근로자를 공급하는 회사가 형식적으로는 법인격을 가지고 있지만 전혀 실체가 없는 존재이거나 법인격의 실체를 가지고 있어도 공급근로자와 실질적으로 계약관계라고 해야 할 어떤 것도 존재하지 않고 다만 형식적으로 근로계약의 외양을 만든 것에 지나지 않는 경우에 오히려 근로자의 공급을 받은 자가 근로계약의 채용여부나 보수액 등을 직접 결정하고 있다고 볼 수 있는 경우"라고 한다.[9]

이와 같이 '법인격으로서 독립적인 실체', '채용의 결정', '보수의 지급' 등이 묵시의 합의를 추정할 수 있는 객관적인 사실이 된다는 이 설에 따르면 적어도 독립한 기업으로서의 실체를 갖춘 대부분의 위법한 근로자공급사업의 경우 사용사업주와 파견근로자 간에 근로관계의 성립은 거의 부정되게 된다. 따라서 처음부터 공급사업주와 근로자 간의 법적 관계가 거의 형식에 지나지 않고 사용사업주와 공급근로자 간에 직접 근로계약이 체결되었다고 볼 수 있는 경우로 극히 제한된다.[10]

8) 일본 최고재판소는 '사실상의 지배종속관계'라는 개념을 사용하여 근로계약의 본질은 '사용자가 근로자를 지휘명령하고 감독하는 것'에 있다고 보고 명시된 계약의 형식에만 따라 판단할 것이 아니라 당해 노무공급의 실태에 따라 '사실상의 사용종속관계가 있고 여기에서 당사자 간에 객관적으로 추인할 수 있는 묵시의 의사의 합치가 있는 경우'에는 근로계약의 존재가 인정된다고 판시하였다(安田病院사건, 最高裁判所, 1998.9.8 판결). 직업소개소에 고용되어 이 소개소로부터 다른 사업주에게 파견되었다는 것은 어디까지나 형식에 지나지 않는 것으로 보고 그 사업주와 실질적인 사용종속관계를 인정한 이 사건에서는 채용의 결정과정과 임금의 결정·지급이 중요한 고려요소가 되었다.

9) British Airways Board 사건, 동경지법, 1979.2.29 판결.

근로자파견이 합법화된 이후 일본 판례는 일반적으로 거의 법인격 부인의 법리에 가까운 입장을 취하고 있고 공급사업주가 독립한 법인격으로서의 최소한의 실체라도 갖춘 경우에는 사용사업주와 공급근로자 간의 근로계약 성립을 부인하는 태도로 일관하고 있다.[11] 또한 위법한 근로자공급으로 인정되어 유죄판결을 받은 경우조차도 직접적인 근로관계의 성립을 부인한 판례도 있다.[12] 그런데 법인격 부인의 법리에 가까운 묵시적 근로계약관계설은 앞에서 살펴본 것처럼 유료 직업소개와 근로자공급을 구분하는 판단기준으로서는 유용할 수 있다. 하지만 기업으로서의 실체를 갖추고 있다고 하여 적법한 요건을 갖추지 못한 위법한 근로자공급의 사법적 효력을 사실상 승인해주는 결과를 가져온다는 점과 공급사업주와 사용사업주 간의 위법행위로부터 결국 공급근로자만 희생될 수 있다는 점에서 수긍하기 어려운 견해이다. 나아가 위법행위라는 평가를 면하기 위하여 온갖 궁리를 다하여 여러 가지 외양을 가장한 사용사업주와 공급근로자 간의 근로계약관계의 존재를 판단하는 데는 부적절한 것으로 판단된다.

2. 사실적 노동계약관계설

이 설은 자본주의의 독과점화 과정과 더불어 초래된 개인의 자유의사의 형해화와 계약의 물화현상에 주목하여 계약을 체결하고자 하는 양당사자의 의

---

10) 예를 들면 'NDB(파견사업주)가 직업안정법 제44조(우리 법 제33조에 해당)를 고의로 잠탈하기 위한 명목적 존재이고 실질적으로는 全日航空(사용사업주)의 노무담당직제의 한사람에 지나지 않는다는 사정이 존재하는 것으로 인정되는 경우' (NDB=全日空사건, 大阪地裁 1976.6.17 판결)나 '공급사업주가 사용사업주의 인사담당자 또는 소개자에 상당하고 독립한 기업으로서의 실체를 갖추었다고 볼 수 없는 경우' (新甲南鋼材사건, 神戸地裁, 1972.8.1 판결; 青森放送사건, 青森地裁, 1978.2.14 판결 등)에 극히 한정된다.

11) Central 工設사건, 最高裁 1小 1992.9.10; 三和 plant사건, 東京地裁 1990.9.11 판결 등.

12) 위 British Airways Board 사건의 東京地法 판결.

사의 합치가 없어도 계약이 유효하게 존재하고 있는 경우와 동일한 사회유형적 관계 또는 용태가 객관적 사실로서 존재한다면 동일한 법적 효과를 부여해야 한다는 견해이다. 따라서 근로자의 생존권에 대한 배려에서 당사자에게 당초의 형식적인 계약의사가 아니라 사용종속관계의 존재라는 사회적 사실로부터 근로계약관계라는 당사자의 의사와는 다른 법적 관계를 인정하지 않을 수 없다는 것이다.[13] 이 설은 근로계약의 성립에 당사자가 주장하는 주관적 의사보다는 객관적인 사실로부터 추정되는 의사에 더 비중을 두는 견해이다. 이 설에 대하여는 계약의 성립에 있어서는 양당사자의 의사가 불가결하다는 계약이론의 기본원칙에 반한다는 비판을 받고 있다. 하지만 이러한 비판은 반드시 타당한 것으로 보기는 어렵다. 이 설도 역시 의사의 합치를 요건으로 하는 근로계약의 존재를 주장하고 있고, 다만 객관적 사실로부터 당사자의 의사의 존재를 인정할 뿐이다. 오히려 이 설에 대한 비판은 파견근로관계의 이원적인 성격(고용관계와 사용관계의 분리로 인한 이중의 종속관계)에 대한 고려가 부족하다는 점에 초점이 맞추어져야 하지 않나 생각된다. 즉, 객관적으로 확정되는 사용종속관계의 존부만으로 당사자의 의사를 추정한다는 점에서 합법적인 파견근로관계의 경우에는 어떻게 설명할 수 있는지 해명이 필요하고 또한 강제노동과 같이 당사자의 의사에 반하는 근로관계도 그 성립을 인정하게 되는 결과가 될 수 있어 역시 타당하지 않다.

3. 객관적 묵시의 노동계약성립설

이 설은 사용종속관계의 존재라는 사실 그 자체가 계약당사자의 묵시의 의사표시에 해당한다는 입장으로서 사실적 근로계약관계설을 보다 계약론적으로 재구성한 이론이라고 볼 수 있다.[14] 전통적인 묵시적 근로계약관계설이

---

13) 本多淳亮, 雇用調整と人事問題(1978), 204쪽.

14) 高木紘一, "社外工・下請勞働者の雇用失態と勞働上の地位", 季刊 勞働法 제110호(勞働開發硏究會, 1980), 49쪽.

당사자의 주관을 중시하는 것임에 비하여 객관적인 사실관계의 존재만으로 의사추정의 기초로 삼고 있다는 점에서 '객관적' 묵시적 근로계약관계관계설이라고 부르는 것이다. 따라서 본질적인 내용에서는 사실적 노동계약관계설과 동일하고 논리구성에서 약간의 차이가 있을 뿐이다.

4. 편면적 사실적 노동계약관계설

이 설도 기본적으로 사실적 노동계약관계설 또는 객관적 묵시의 노동계약성립설을 바탕으로 하고 있다. 다만 사용종속관계라는 사실의 존재만을 요건으로 근로계약의 성립을 인정하는 것은 문제가 있다고 보고 사실적인 노동관계의 존재를 근거로 근로계약의 존재를 주장할 수 있는 것은 근로자에 한정되고 사용사업주는 이를 주장할 수 없다는 점에서 위 양설과 차이가 있다. 즉, 어떠한 법형식을 취하든 사회유형적으로 노동계약에서 생기는 관계와 동시할 수 있는 사용종속관계를 형성 · 존속시킨 이상 법령위반 등의 경우를 제외하고 거기에는 노동계약의 존재가 추정되고 근로자는 노동계약관계를 주장할 수 있고 기업은 여기에 대하여 노동계약체결에 관한 의사의 부존재를 가지고 항변하는 것은 허용되지 않는다는 입장이다.[15] 사용사업주는 객관적인 사실적 노동관계의 존재로부터, 공급사업주는 스스로 계약당사자로서 외형을 표시한 데 대하여 각각 사용자로서 책임을 져야한다는 것이다. 결국 근로자는 사용사업주든 공급사업주든 편면적으로 근로계약관계의 존재의 확인과 이에 기초한 의무의 이행을 청구할 수 있고 누구를 상대로 청구할 것인가는 근로자의 선택에 맡겨져 있다는 주장이다.[16]

15) 萬井隆令, 勞働契約締結の法理(有斐閣, 1997), 229쪽.
16) 萬井隆令, 위의 책, 253쪽.

5. 직접고용 법리

묵시적 근로계약관계설을 비롯한 이상의 논의가 계약 법리의 기본 틀 내에서 이를 벗어나지 않고 양당사자 간의 합의의 존재를 어떻게 논리 구성할 것인가 하는 점에 초점을 맞추어 왔다면 이 설은 직접고용의 법리라는 계약 법리를 초월한 새로운 요소를 끌어들이고 있다. 이 설은 만약 사용사업주가 파견근로자와 근로계약의 체결을 명시적으로 거부하고 있는 경우에는 양당사자 간의 합의의 존재를 추론하는 것은 이론적으로 거의 불가능하다고 본다. 따라서 근로권에 기초한 직접고용의무에 의하여 사용사업주에게는 근로계약 체결의 승낙의 자유가 제약되고 사용종속관계가 존속하면 자동적으로 법적 승낙의무가 생기는 것으로 이론 구성할 수밖에 없다는 것이다.[17] 즉, 객관적인 사용존속관계의 존속은 단순한 사실상의 문제에 그치는 것이 아니라 사용사업주에게 의무를 발생시키는 법적 사실이고 이로서 사용사업주는 승낙의무를 부담하며 그 승낙의 자유의 제약을 통하여 양당사자 간에 합의가 형성된 근로계약이 성립된다는 것이다.[18]

Ⅳ. 대법원 판례와 묵시적 근로계약관계설

한국의 대법원도 전통적으로 원고용주가 형식적 · 명목적 존재에 지나지 않을 경우에 한하여 실질적인 노무수령자인 원청회사의 사용자성을 인정하는 매우 엄격한 묵시적 근로계약관계 법리를 견지하고 있다.[19] 최근의 현대

17) 清正寬은 근로자공급사업 금지의 법리에 내재하는 규범적 내용의 결과로서 뿐만 아니라 근로자는 사용종속관계에 있는 상대방=기업 · 사업주에게 직접 고용됨으로써 안정적 고용을 확보할 수 있기 때문에 직접고용은 고용보장을 유지하는 전제조건이고 근로권으로부터의 규범적 요청이라고 풀이해야 한다고 보고 있다. 清正寬, 雇用保障法の研究(法律文化社, 1987), 171쪽.

18) 清正寬, 앞의 책, 175-176쪽 참조.

자동차 위장도급사건 판결도 이 법리에 따른 것이다.[20] 묵시적 근로계약관계 법리는 근로자파견·노무도급과 같은 간접고용 형태가 널리 확산되기 전에 주로 항운노조 소속 하역노동자의 근로관계에서 도급인의 사용자성을 부정하는 논거로서 형성되었다.

그런데 최근에는 근로자파견에 대한 규제가 강화되면서 업무도급의 외양을 띠고 있으나 실제로는 근로자파견 또는 원청회사의 노무대행 중간관리자에 지나지 않는 위장도급이 성행하고 있다. 만약 위장도급으로 판명되었으나 원청회사와의 묵시적 근로계약관계가 인정되지 않을 경우에는 하청업체가 주로 근로계약의 당사자인 사용자책임을 지게 된다. 하지만 사내하도급 관계에서 노무도급 하청업체는 원청회사에 종속된 영세기업인 경우가 대부분이어서 사업주로서의 독자성이나 독립성이 거의 없다. 그나마 근로자파견법에 따라 원청회사가 사용사업주로서 일정 정도 법적 책임을 부담하는 경우에도 원청회사의 노동법적인 책임은 부분적인 근로조건에 한정되어 있다. 결과적으로 근로자를 직접 사용하여 이익을 얻는 자가 노동력의 사용에 따른 법적 책임은 타인에게 전가하는 불합리한 사태가 발생할 수 있는 것이다. 원고용주인 파견사업주나 하청업체가 형식적·명목적인 존재인지 여부를 판단할 때 근로계약의 당사자로서 노동법상 책임이나 부담을 질 수 있는 능력이나 자격이 있는지 여부를 따져보아야 하는 이유가 바로 여기에 있다.

간접고용에서 타인에게 근로자를 공급하는 원고용주와 공급근로자 간에 근로계약관계가 존재한다고 볼 수 있으려면 적어도 근로계약의 형식적인 당사자인 원고용주가 '독립적인 사업자'로서 실체를 갖추어야 한다. 만약 원고용주가 독립적인 사업자로서의 실체를 갖추고 있지 못하고 있다면 원고용주와 근로자 간의 법률관계는 근로계약의 형식만을 빌린 위장 근로계약관계로 보아야 한다. 이는 사용사업주가 노동법 또는 사회보장법상의 책임을 회피하

19) 대법원 1979.7.10. 선고, 78다1530 판결; 대법원 1999.11.12. 선고, 97누19946 판결.

20) 대법원 2010.7.22. 선고, 2008두4367 판결.

기 위하여 자신이 사용하는 근로자와의 사이에 제3자를 개입시켜 마치 그 제3자와 근로자 간에 근로계약이 존재하는 것처럼 근로계약의 형식을 가장한 관계라는 것이다. 이 점에서 위장 근로계약관계는 원고용주가 적어도 독립적인 사업자로서의 실체를 갖춘 근로자파견과는 구분된다. 그리고 독립적인 사업자로 인정되기 위해서는 근로계약을 형식적으로 체결하고 있다는 사정만으로는 부족하고 근로계약의 본질에 부합하는 실질적인 내용이 담보되어야 한다. 즉, 원고용주가 사업경영상 필요한 독립적인 물적 시설을 구비하고 종업원 규모의 결정 및 채용, 파견대상자 및 근로장소(사용사업주)의 선정, 임금 기타 근로조건의 결정 및 지급 등에 관하여 실질적으로 자신의 판단과 결정아래 행하고 있다고 볼 수 있어야 근로자 파견사업자로서의 독립성을 인정받을 수 있다. 만약 반대로 사용사업주가 실질적으로 그러한 결정과 판단을 행하고 있다는 사정이 존재한다면 이러한 경우에는 원고용주는 근로자공급에 의하여 얻을 수 있는 중간수입에만 관심을 가진 명목상의 기업으로서 사용사업주의 근로자 모집 · 채용 · 급여지급을 담당하는 중간 노무관리자에 지나지 않거나 유료 직업소개업자로 보아야 한다. 이와 같이 원고용주가 사용사업주의 지배하에 있는 형식상의 사용자일 뿐이고 사용자로서의 통상적인 의무와 책임을 부담할 능력이나 의사가 없는 위장도급의 경우에는 파견사업주로서의 실체도 존재하지 않기 때문에 처음부터 사용사업주와 근로자 간에 직접 근로계약관계가 성립한다고 보아야 할 것이다.

근로자공급계약은 처음부터 근로계약의 본질적인 내용인 계약의 상대방과 노무의 수령 및 지휘명령자의 분리를 예정하고 있는 것이기 때문에 탈법의 목적을 가진 당사자의 의사를 기초로 당사자의 권리의무를 확정하는 것 자체가 정의에 반할 수 있다. 또한 당사자의 주관적 의사보다 객관적인 사실 자체에서 당사자의 의사를 추정하는 사실적 노동계약관계설 등의 입장도 직접고용의 법리와 동일한 결과를 가져오는 것이지만 논리구성에 있어서는 지나친 비약이 아닌가 생각된다.

근로자공급사업을 형벌로서 엄격하게 금지하고 있는 근로자공급사업 금지

규정이나 근로기준법 제8조의 중간착취의 배제규정 및 근로자파견법이 극히 제한된 범위 내에서만 허용하고 있다는 점 등을 고려한다면 근로자공급에 관한 법질서 전체가 사용자의 직접고용의무를 전제로 하고 있다고 볼 수 있다. 결국 파견근로자를 사용한 사용사업주는 이러한 직접고용의무의 결과로서 노동력이용 선택의 자유가 일정정도 제한되고 당사자의 의사에 관계없이(계약 법리의 배제) 파견근로자와 사용사업주 간에는 근로계약관계가 존재한다고 보아야 한다. 이렇게 해석하는 것이 계약의 형식여부를 중시하지 않고 그 실질적인 내용을 통하여 근로자의 보호에 만전을 기하려는 노동법의 기본적인 원리에 충실한 것이라고 할 수 있을 것이다.

V. 입법론적 고찰

위법한 근로자공급에서 근로계약의 존재 여부를 둘러싼 법해석상의 혼란은 당사자들 간의 법률관계가 전통적인 해석론으로서는 타당할 결론을 도출해내기가 어렵다는 데 그 원인이 있다. 또한 근로자파견의 합법화로 인한 입법상의 흠결과 미비도 역시 혼란을 가중시키는 원인이다. 여하튼 근로자파견의 형태로 근로자공급이 부분적으로 합법화된 이상 계약의 형식과 실질의 분리를 통하여 야기되는 사용자책임의 회피 현상과 고용불안정 현상을 해소하기 위해서는 입법적인 보완이 불가피하다고 하겠다.

한편 우리나라의 경우에는 파견형태에 관하여 정해진 원칙이 없고 상용형과 등록형(또는 모집형)이 혼재되어 있다. 따라서 이 점에 대한 분명한 태도가 법으로 명시되어야 한다. 이 경우 대규모의 파견업체가 영세하여 사용자로서의 법적 책임을 부담할 능력이 부족하고 상대적으로 사용사업주의 강력한 영향력 아래 놓여있는 현실을 감안하면 등록형 또는 모집형 파견을 금지하고 위법한 파견의 경우에는 위법으로 판단되는 날부터 사용사업주와 직접 근로계약관계가 성립하는 것으로 보는 것이 현실적으로 타당하지 않나 생각한다. 또한 그 규정방식도 독일과 같이 허가요건을 엄격히 하면서 허가를 받지 않은 근로자공급에 대하여 이를 직업소개로 본다는 간주규정을 두거나 아니면 "이 법에 의한 근로자파견이 아닌 근로자공급의 경우에는 공급을 받은 자가 그 근로자를 직접 고용한 것으로 본다"는 포괄적인 고용간주규정을 두는 것도 고려해 볼 수 있을 것이다.

VI. 과제와 전망

위법한 근로자공급의 경우 직접고용의 법리에 의하여 비록 사용사업주와 공급근로자 간에 근로계약관계가 성립하는 것으로 본다고 하더라도 고용불안이 완전히 해소되는 것은 아니다. 비록 근로계약관계가 성립하는 것으로 해석하거나 입법적으로 간주규정을 두더라도 당사자 간의 근로계약이 기간을 정한 근로계약이 되느냐 아니면 기간을 정하지 않은 근로계약이 되느냐 하는 문제가 여전히 남아 있다. 현행법상으로는 계속 사용기간이 2년이 지난 경우에만 기간의 정함이 없는 근로계약으로 고용해야 할 의무만을 지우고 있다. 기간제 고용과 파견근로는 동전의 양면과 같은 것이다. 실제로 법정 파견기간의 만료와 함께 많은 사업장에서 파견기간 제한의 법규정을 회피하기 위하여 기존의 파견근로자를 다시 임시직, 계약직, 아르바이트 등의 이름으로 기간을 정한 근로계약을 체결하는 사례가 급증하고 있다는 사실도 그러한 점에 대한 고려를 요구하고 있다. 결국 기간을 정한 근로계약의 법적 규율문제를 동시에 해결하지 않고서는 위법파견에 대한 법적 규제는 그 자체로서 불완전하고 그 목적을 온전히 달성할 수 없다는 결론에 도달하게 된다. 직접고용 원칙과 상시고용의 원칙은 비정규직 근로자의 고용안정을 위한 두개의 법적 지렛대이며 근로권의 충실한 보장을 위해서는 그 어느 하나라도 결여되어서는 안 되는 것이다.

제4장
간접고용과 부당노동행위의 주체로서 사용자 개념

Ⅰ. 서론

「노동조합 및 노동관계조정법」 제81조는 "사용자는 다음 각 호의 1에 해당하는 행위를 할 수 없다"고 규정하고 제1호 및 제5호에서 불이익취급을, 제2호에서 반조합계약을, 제3호에서 단체교섭의 거부를 그리고 제4호에서 지배개입을 부당노동행위로서 금지하고 있다. 또한 노동조합법 제2조 제2호에서는 '사용자'를 "사업주, 사업의 경영담당자 또는 그 사업의 근로자에 관한 사항에 대하여 사업주를 위하여 행동하는 자"로 정의하고 있다. 그런데 부당노동행위가 근로계약의 당사자인 사용자에 의하여 행해진 경우에는 부당노동행위의 주체 문제가 법적으로 크게 논란이 될 여지가 별로 없었다. 하지만 부당노동행위가 근로계약의 당사자인 사용자가 아니라 그 이익대표자나 근로자의 단결활동에 이해관계를 가진 제3자에 의하여 일어나는 사례가 빈번해지고 부당노동행위의 행태 또한 다양해지면서 부당노동행위 주체로서 사용자 개념을 재검토해야 할 필요성이 증대되었다. 특히 노동유연화로 인한 고용형태의 다양화는 전통적인 근로계약법리로는 해결하기 어려운 여러 가지 과제들을 부과하고 있다. 근로계약관계의 핵심적 징표가 되어 온 사용종속관계가 고용관계와 사용관계로 이원화되어 하나의 근로계약 아래 고용관계에 있는 사용자와 근로자를 지휘명령하여 근로에 종사시키는 사용자가 각각 별도로 존재하는 다면적 근로관계가 점차 확대되어 가고 있는 것이다. 이 장에서는 이러한 다면적 근로관계, 즉 근로자공급, 파견, 용역, 사내하청 등의 간접고용에서 일어나는 단결권침해행위에 있어서 사용사업주가 부당노동행위의 주체로서 사용자책임을 지는 노동조합법상의 사용자인지 검토해 보고자 한다.[1)]

이 장에서는 부당노동행위 주체가 되는 사용자의 판단기준에 대하여 기존의 시각과는 다르게 접근해보고자 한다. 그 기본적인 논점은 다음 두 가지이다. 첫 번째는 부당노동행위의 주체로서 사용자 개념을 명시적으로 정의하고 있는 항운노조관련 단체교섭요구거부사건에 대한 대법원 판례들(이 판례들은 고용계약설의 입장에 서 있다는 평가를 받고 있다)이 다면적 근로관계로 구성된 간접고용에 있어서 사용자 개념을 파악하는 데 어떠한 유용성과 한계를 갖고 있는지 검토하는 것이다. 두 번째는 간접고용의 경우에는 사용자 개념의 외부적 획정문제에 관한 여러 학설, 특히 지배력설이나 대향관계설에 의거하지 않고서도 전통적인 사용종속관계론의 범주 내에서 사용사업주의 사용자성을 인정할 수 있다는 점이다.

이 장의 순서는 먼저 간접고용에서 부당노동행위의 주체로서 사용자 개념이 문제되는 사례들을 정리하고, 두 번째로 일본을 비롯하여 우리나라의 판례와 학설의 동향을 살펴본다. 세 번째는 간접고용의 유형에 따라 노동조합법상의 사용자성 여부를 검토한 후 결론부분에서는 이상의 논의를 간략하게 정리해 두고자 한다.

II. 간접고용에서 사용자 개념에 대한 쟁점

간접고용 근로자들에게 단결활동의 상대방은 고용사업주와 사용사업주 양

1) 종래 사용자 개념의 외부적 획정문제에 관련된 구체적인 사건들은 단일한 근로관계를 전제로 하는 것이어서 다면적 근로관계가 형성되는 간접고용과는 그 성격이 다른 것들이었다. 모회사에 의한 자회사의 노조활동 개입(부산지방노동위원회 1986.9.30), 회사 고위직의 친척(충남지방노동위원회 1974.8.13)이나 취업소개자(경북지방노동위원회 1987.6.2)의 노조활동 간섭 등이 그 예이다.

자이다. 이 중에서도 특히 사용사업주를 상대로 한 노동단체권의 보장이 중요한 의미를 갖는다. 왜냐하면 사용사업주는 자신의 사업장에서 실질적으로 근로자를 지휘명령하여 자신을 위하여 사용하고 채용, 배치, 교체요구 등 인사나 근로조건의 결정에 직접적으로 영향을 미치기 때문이다. 또한 실제로도 사용사업주가 간접고용 근로자의 노동단체권 행사를 간섭하거나 방해하는 경우가 많다. 노동위원회에서 다투어진 사례들도 모두 이러한 경우들이다. 간접고용에 있어서 부당노동행위의 유형을 살펴보면 크게 다음 두 가지로 나눌 수 있다.[2)]

첫째, 파견 또는 용역계약의 해지 및 해지위협을 통한 불이익취급과 지배개입을 들 수 있다. 이러한 행위로는 우선 사용사업주가 노조의 결성 및 가입을 이유로 파견 내지 용역계약을 해지하거나 해지하겠다고 위협하는 것과 조합원인 근로자의 교체 요구 및 회유 · 협박을 통한 조합탈퇴의 종용 등을 들 수 있다. 이때 사용사업주들은 파견 · 용역계약서에 미리 노조결성 시 계약을 해지한다고 명시하는 등 임의로 계약해지가 가능하도록 하는 규정을 넣어 둔다. 파견 · 용역계약의 해지 자체는 본래 사용사업주와 고용사업주 간의 업무처리도급계약의 해지로서 그 법적 효과는 당사자 간에만 생기고 근로자와 고용사업주 간의 근로계약에 직접 효력을 미치는 것은 아니다. 하지만 사실상 파견 · 용역계약의 해지는 근로자에게는 해고를 의미한다. 왜냐하면 대부분의 파견 · 용역사업에서 근로계약이 모집형이나 등록형의 임시적인 근로계약의 형태를 취하고 있기 때문이다. 이런 까닭에 사용사업주의 계약해지 위협 및 해지권의 행사는 곧바로 해고 및 노동조합의 와해로 이어지게 된다. 따라서 반조합적 의사에 따른 파견 · 용역계약의 해지로 인하여 파견업체나 용역업체가 폐업하고 파견근로자는 대개 정리해고가 된다. 결과적으로 파견 · 용역계약의 해지는 개별 근로자에게 불이익취급이 되고 그 근로자가 속한 노동

2) 이하 윤애림, "파견 · 용역 근로자의 노동3권", 노동법연구 제9호(서울대노동법연구회, 2000); 파견 · 용역노동자 노동권쟁취와 간접고용 철폐를 위한 공동대책위원회, 「2001년 비정규노동자 투쟁실태보고서」(2001) 참조.

조합에 대하여는 지배개입이 될 수 있다. 그런데 이러한 사용사업주의 행위에 대하여 근로자나 노동조합이 부당노동행위 구제신청을 하려면 사용사업주가 노동조합법상의 사용자라는 것이 전제되어야 한다. 즉, 사용사업주가 근로계약상의 사용자와는 별도로 노동조합법 제81조 본문에서 말하는 부당노동행위의 주체인 사용자로 볼 수 있는가 하는 문제가 제기되는 것이다. 만약 사용자로 보지 않는다면 이러한 유형의 단결권침해행위에 대하여는 적절한 구제수단이 거의 없게 된다. 비록 근로자파견법 제22조에서 "사용사업주는 … 파견근로자의 정당한 노동조합활동 등을 이유로 근로자파견계약을 해지하여서는 아니 된다"고 규정하고 있지만 벌칙 조항도 없고 정작 당사자인 파견업체의 권리구제 노력도 전혀 기대할 수 없어 별로 실효성이 없다.

두 번째는 사용사업주의 단체교섭거부이다. 단체교섭거부와 관련된 중요한 법적 쟁점은 사용사업주에게 단체교섭의무가 있는지 여부이다. 간접고용 근로자들이 단체교섭을 원하는 상대방은 실질적으로 인사 및 근로조건에 영향력을 행사하는 사용사업주이다. 하지만 형식상 근로계약의 직접적인 당사자가 고용사업주이기 때문에 사용사업주는 노동조합법상의 단체교섭의무가 없다고 주장하면서 단체교섭에 응하지 않는 경우가 대부분이다. 이 경우 사용사업주가 단체교섭에 응할 의무를 지는지, 나아가서는 부당노동행위책임을 지울 수 있는지가 문제가 된다. 여기서도 앞의 불이익취급 및 지배개입의 경우와 마찬가지로 사용사업주가 노동조합법상의 사용자에 해당되는지 여부가 선결과제가 된다.

III. 판례 및 학설의 개관

한국의 부당노동행위 법리의 이론적인 뿌리가 되고 있는 것은 일본의 판례나 학설이다. 이들은 노동조합법상의 사용자 개념에 대하여 부당노동행위의 태양에 따라 약간의 차이를 보이고 있기는 하지만 간접고용에서는 다른 사건들의 경우보다 유연한 태도를 취하고 있다. 파견 · 도급 형식의 간접고용에 있어서는 계약 형식에 구애되지 않고 그 실태에 따라 사용자성을 인정하는 경향을 보이고 있다. 예를 들어 사내하청 근로자가 소속된 노동조합이 사용사업주에게 단체교섭을 신청했으나 거부된 油研工業사건에서 横浜地裁는 근로계약상의 사용자가 아니더라도 "노동관계상의 제 이익에 대하여 동일한 지배력을 현실적이고 구체적으로 가지고 있기 때문에 노동조합법상으로는 양자 간에 직접 고용에 준하는 고용관계가 실질적으로 성립"[3]한다고 보고 사용자성을 인정하였다. 최고재판소에 의하여 지지된 이 판결은 사용자 개념의 확장을 보여준 획기적인 판결이라는 평가를 받았다.[4] 하지만 이 사건에서 고용관계의 실태를 보면 근로계약상의 사용자인 하청기업이 독립적인 기업으로서 실체가 거의 없는 사건으로서 일반화하기에는 무리가 있다. 그 이후 파견(용역)업체가 사업체로서의 실질을 갖춘 전형적인 간접고용 사건이라고 할 수 있는 朝日放送사건 판결에서 최고재판소는 노동조합법상의 사용자성의 판단기준을 명시적으로 밝혔다. 방송사에 파견된 용역업체 근로자가 가입한 노동조합이 단체교섭요구를 거부한 방송사를 상대로 한 구제신청에서 최고재판소는 노동조합법상의 사용자를 "일반적으로 근로계약상의 고용주를 가리키지만 고용주 외의 사업주라 하더라도 고용주로부터 근로자의 파견을 받아서 자기의 업무에 종사시키고, 그의 근로조건에 대해서 고용주와 부분적이긴 하지만 동일시 할 수 있을 정도로 현실적이고 구체적으로 지배 · 결정할 수 있는 지위에 있는 경우에는 그에 한하여 위 사업주는 동조의 사용자에 해당한다"[5]고 보았다. 이 판결은 '근로조건에 대하여 고용주와 부분적이긴 하지만 동일시 할 수 있을 정도로 현실적이고 구체적으로 지배 · 결정할 수 있는 지위' 를 사용자성의 판단기준으로 삼고 있는 점에서 앞의 '동일한 지배력을 현실적이고 구체적으로 가지고 있는 자' 보다는 넓게 이해하였다. 특히 '부분적' 사용자성을 처음으로 인정한 것은 근로관계의 다면적 성

---

3) 横浜地裁 1972.10.24 판결.
4) 大和哲夫, "使用者の行爲", 現代勞働法講座 제7권(日本勞働法學會, 1982), 187쪽.
5) 最高裁三小判 1995.2.28.

격을 법적으로 의미 있는 사실로 받아들인 것이라고 할 수 있다. 즉, 간접고용에서 사용사업주는 근로계약관계의 외부에 존재하는 제3자가 아니라 사용관계, 즉 지휘명령관계라는 근로관계의 본질적인 한 측면을 구성하는 것이다. 판례의 변화는 이러한 객관적인 현실을 종래의 일원론적인 근로계약관계론만으로 포섭하는 데는 한계가 있다는 점을 인정한 것이라고 할 수 있다.

다음으로 일본 및 우리나라를 포함한 학설로서는 노동조합법상 사용자 개념의 판단기준을 명시적이든 묵시적이든 근로계약관계의 존재를 요건으로 한다는 묵시적 근로계약관계설(또는 고용계약설), 고용계약관계가 없더라도 사실상의 사용종속관계에 있는 자를 포함한다는 사용종속관계설, 근로계약의 유무에 관계없이 근로관계상의 제 이익에 대한 실질적인 영향력 내지 지배력을 가진 자를 사용자로 보는 지배력설, 근로자의 자주적인 단결목적과 관련하여 대향관계에 있는 자를 사용자로 보는 대향관계설 등이 있다.[6] 그런데 이 장에서는 논의의 초점을 간접고용에 한정하고 있으므로 일반적인 차원에서의 각 학설의 타당성여부의 검토는 피한다. 여기서는 사용자 개념에 대한 일반적인 판단기준의 정립보다 간접고용의 노사관계가 가진 개별적인 특수성에 더 주목하고자 한다. 예를 들면 위장해산, 모자회사 등 사용자 개념의 외부적 획정문제가 제기된 다른 유형의 근로관계의 경우에는 '근로관계상의 제 이익에 대한 실질적인 영향력 내지 지배력' 이 근로계약 자체 내에서 생겨난 것이라기보다는 제3자와 근로계약상의 사용자 간에 형성된 소유 또는 경영상의 동일성이나 사실상의 지배관계 등 특수한 관련성에서 연유한 것이다. 반면에 간접고용의 경우에는 근로자와 제3자 간의 사용종속관계가 공급근로계약의 본질적인 구성요소로 되어 있다. 이와 같이 근로계약관계의 본질 자체로부터 사용사업주의 사용자성을 도출할 수 있다면 근로계약관계의 틀 내에서도 사용자책임을 지우는 것이 가능하다고 본다. 이하에서는 이러한 근로계약관계라는 틀 내에서 간접고용의 구체적인 실태에 따라 사용자성 여부를

6) 학설의 주요 내용과 평가에 대하여는 김유성, 노동법 Ⅱ(법문사, 2000), 319-320쪽 참조.

개별적으로 살펴보기로 한다.

IV. 간접고용의 유형과 부당노동행위 주체로서의 사용자

간접고용에서 사용사업주가 노동조합법상 사용자에 해당하는지 여부를 판단함에 있어서는 근로관계의 구체적 실태에 따라 그 노사관계의 법적 실체를 명확히 밝히는 것이 우선적인 과제이다. 왜냐하면 간접고용의 현실은 근로계약상의 사용자가 전혀 실체가 없는 명목상의 존재에 지나지 않는 사례부터 합법적인 도급에 이르기까지 다양한 스펙트럼이 존재하고 있기 때문이다. 여기서는 간접고용의 실태를 세 가지 유형, 즉 위장 근로계약, 위법한 근로자공급, 합법적인 근로자공급으로 나눈다. 그 밖에 엄밀한 의미에서 간접고용이라고 볼 수 없는 진정도급에서의 도급인의 사용자성 여부를 보충적으로 살펴본다.

1. 위장 근로계약

간접고용에서 타인에게 자신의 근로자를 공급하는 근로계약의 당사자인 고용사업주와 근로자 간에 근로계약관계가 존재한다고 볼 수 있으려면 적어도 고용사업주가 노무관리나 사업경영에 있어서 독립적인 사업자로서의 실체를 갖추어야 한다. 만약 고용사업주가 독립적인 사업자로서의 실체를 갖추고 있지 못하고 있다면 이는 근로계약의 형식만을 빌린 '위장 근로계약'으로 보아야 한다. 이 점에서 위장 근로계약은 고용사업주가 독립적인 사업자로서의 실체를 갖춘 근로자공급과는 명백히 구분된다. 그리고 실체를 갖춘 독립적인 사업자로서 인정되기 위해서는 형식적으로 도급계약 및 근로계약이 체결되어 있다는 사정만으로는 부족하고 도급업무처리의 능력이나 자격을 갖추고 근로계약의 본질에 부합하는 실질적인 내용이 담보되어야 한다. 즉, 근로자의 채용, 근로장소(사용사업주)의 선정, 임금 기타 근로조건의 결정 및 지급 등에 관하여 실질적으로 고용사업주가 자신의 판단과 결정아래 행하고 있다고 볼 수 있어야 근로자공급으로서의 실체를 인정받을 수 있다. 만약 반대로 사용사업주가 실질적으로 그러한 결정과 판단을 행하고 있다는 사정이 존재한다면 이러한 경우에는 고용사업주는 근로자공급에 의하여 얻을 수 있는 중간수입에만 관심을 가진 형식적인 명목상의 기업으로서 사용사업주의 근로자모집 · 채용을 담당하는 중간 노무관리자에 지나지 않는 것으로 보아야 한다.[7]

이와 같이 고용사업주가 사용사업주의 지배하에 있는 형식상의 사용자일 뿐이고 사용자로서의 통상적인 의무와 책임을 부담할 능력이나 의사가 없는 위장 근로계약의 경우에는 처음부터 사용사업주와 근로자 간에 직접 근로계약관계가 성립하고 당연히 사용사업주는 부당노동행위의 주체인 사용자가 된다고 보아야 할 것이다.

2. 위법한 근로자공급

위법한 근로자공급(또는 불법파견)은 위장 근로계약관계와는 달리 공급사업주가 고용주로서의 실체를 갖추고 있지만 허용대상업무, 파견기간 기타 사용금지규정 등 근로자파견법을 위반하여 근로자를 공급하는 경우이다. 이런 경우 대부분 도급계약 또는 업무위임계약의 형식을 취하고 있으나 그 실체는 근로자공급이다(위장도급). 위법한 근로자공급은 사용사업주가 근로기준법상의 사용자책임을 회피하기 위한 수단으로서 또는 직업안정법이나 근로자파견법의 적용을 피하기 위한 수단으로 이용된다. 진정한 의미의 도급과 위법한 근로자공급을 구별하는 기준은 근로자에 대한 '지휘명령' 을 실질적으로 누가 행하느냐 하는 것이다.[8] 도급계약은 수급인이 그 이행보조자로서 근

7) 萬井隆令, 労働契約締結の法理(有斐閣, 1997), 241쪽.

로자를 고용하여 이를 지휘 감독함으로써 '일의 완성'을 도모하는 것이고 도급인은 필요한 도급상의 '지시'를 행할 수는 있지만 그 결과만을 계약의 목적으로 삼는다. 이에 반하여 근로자공급은 사용사업주가 지휘명령권을 갖고 노무제공의 결과에 대하여는 관심을 갖지 않으며 이에 대하여 공급사업주에게 책임을 물을 수 없다는 점에서 대별된다.[9]

위법한 근로자공급에 있어서 당사자 간의 법적 관계를 이해하기 위하여 도식적인 법적 추론에 따르게 되면 법적 진공상태가 발생한다. 즉, 고용사업주와 근로자 간의 고용계약 자체가 위법한 목적을 위하여 체결되었기 때문에 그러한 고용계약에 사법상의 효력을 인정할 수는 없다. 반면에 사용사업주와 근로자 간에는 사실적인 사용종속관계는 존재하지만 근로계약의 합의가 존재하지 않는다. 결국 사용사업주가 자기를 위하여 근로자를 사용하면서도 근로계약체결의 의사표시를 하지 않았다는 이유로 근로계약관계가 성립하지 않는다는 이상한 결론에 도달하게 된다.[10] 그 탓인지 위법한 근로자공급의 사법상 효력에 대하여 법원이나 노동위원회는 적극적인 판단을 회피하고 있다.

그러나 근로자공급사업을 형벌로서 금지하고 있는 직업안정법(제33조, 제47조), 근로기준법 제8조의 중간착취의 배제규정 및 엄격히 제한된 범위 내

8) 鎌田耕一, 契約勞働の研究(多賀出版, 2001), 181쪽.

9) 근로자파견사업과 도급의 구별 및 판단기준에 관한 비교법적 연구와 노동부 지침에 관하여 상세한 것은 조임영, "위장도급과 법적 규제", 민주법학 제19호(민주주의법학연구회, 2001), 57쪽 이하 참조.

10) 이러한 문제를 해결하기 위하여 당사자의 주관적 의사를 중시하는 '묵시적 근로계약관계설'을 비롯하여 근로계약의 성립에 당사자가 주장하는 주관보다 객관적인 사실로부터 추정되는 의사에 더 비중을 두는 '사실적 노동계약관계설', 사용종속관계의 존재라는 사실 그 자체가 묵시의 의사표시에 해당한다는 '객관적 묵시적 근로계약관계설', 사실적 노동계약관계설에 바탕을 두고 있지만 근로계약의 존재를 근로자만 주장할 수 있다는 '편면적 사실적 노동계약관계설', 고용사업주와 근로자 간의 명시적인 의사가 있는 경우에도 이를 무시하고 객관적 사실로부터 의사를 추론하는 것은 이론적으로 불가능하다고 보고 근로권에 기초한 직접고용의무로부터 근로계약관계가 성립한다는 '직접고용의 법리' 등 여러 학설이 대립하고 있다. 학설의 내용과 평가에 대하여 상세한 것은 제3부 제3장 「위법한 근로자공급과 근로관계」 참조.

에서만 허용하는 근로자파견법 등 근로자공급에 관한 전체 법질서를 고려해 본다면 고용법질서의 내재적인 원리 또는 객관적인 가치질서로서 직접고용 원칙을 도출 할 수 있다. 명시적인 법 규정이 없더라도 근로자를 사용하는 자는 직접 근로자를 고용하는 것이 원칙이고 타인의 근로자를 사용하는 간접고용은 예외적으로 법이 허용하는 범위 내에서만 인정된다는 것이 합리적인 법적 추론일 것이다. 강행법규를 위반하는 목적을 가진 당사자의 의사를 기초로 법적 관계를 확정하는 것 자체가 정의에 반한다. 따라서 간접고용에서 근로계약관계의 성립여부를 판단할 때는 근로계약체결의 '의사표시'가 하나의 중요한 지표가 되겠지만 직접고용 원칙에 반하는 의사표시는 그대로 법적 효력을 부여할 수 없고 자신을 위하여 근로자를 사용하는 사용사업주와 근로자 간에 근로관계가 성립한다고 보아야 한다.[11] 이렇게 해석하는 것이 계약의 형식여부를 중시하지 않고 그 실질적인 내용을 통하여 근로자의 보호에 만전을 기하려는 노동법의 기본적인 원리에 충실한 것이라고 할 수 있다.[12] 결국 위법한 근로자공급의 법적 관계에서도 근로관계가 사용사업주와 근로자 간에 존재한다고 볼 수 있으므로 사용사업주는 부당노동행위의 주체인 사용자가 될 수 있다.

---

11) 불법파견을 규제하기 위하여 허가를 받지 않은 불법파견의 경우에 명시적인 '고용의제' 조항을 두었던 독일의 (구)근로자파견사업의 규율에 관한 법률의 내용은 법적 추론의 방식에 있어서나 입법론적으로 참고할 만하다. 즉, 파견사업주가 근로자파견법에 따른 허가를 받지 아니한 경우에는 근로자파견계약과 파견근로계약은 무효로 된다(제9조 제1호). 또한 파견사업주와 파견근로자 사이의 계약이 무효로 되면, 사용사업주와 파견근로자 간의 노동관계는 노무제공을 개시하기로 한 시점에서 성립한 것으로 하며, 사용사업주가 그 노무제공을 받아들인 후에 비로소 무효로 된 경우에 사용사업주와 파견근로자 사이의 노동관계는 무효의 효력이 발생한 때에 성립한 것으로 하였다(제10조 제1항). 최홍엽, "독일의 간접고용 규제", 간접고용 제한법제의 국제비교(민주주의법학연구회 노동법분과, 2001), 62-63쪽.

12) 清正 寛, 雇用保障法の研究(法律文化社, 1987), 175-176쪽.

3. 합법적인 근로자공급

합법적인 근로자공급, 즉 근로자파견의 경우에는 파견사업주와 사용사업주 그리고 파견근로자 간에 3당사자적 근로관계가 형성된다. 따라서 처음부터 사용종속관계가 단일한 형태가 아닌 복합적인 형태로 나타난다. 이러한 사용종속관계의 중층적인 성격은 근로자파견이라는 법률관계의 본질적인 성격에서 비롯된 것이다. 전출 등과 같이 '자신이 통상적으로 사용할 목적으로' 고용한 근로자를 사업상의 필요에 의하여 일시적으로 타인의 지휘명령 하에 파견하는 것이 아니라 '애초부터 타인의 지휘명령 하에서 근로시킬 목적'으로 근로자를 고용한 후 타인의 요청에 따라 근로자를 파견하는 것이다.[13] 바로 이 점 때문에 형식적인 근로계약이 없는 사용사업주도 파견기간 동안 근로자파견법에서 명시적으로 규정한 사용자책임은 물론이고 실질적인 사용종속관계의 실태에 따른 사용자책임을 파견사업주와 함께 지는 것이다. 또한 파견근로자의 근로조건도 궁극적으로 파견사업주와 사용사업주 간의 파견계약에 의하여 그 범위 내에서 결정되므로 사용사업주의 이해관계와 직결된다. 사용사업주는 단독으로 또는 파견사업주와 공동으로 파견근로자에 관하여 노동법상 실질적인 책임과 권한을 가지고 있는 것이다. 따라서 사용사업주가 '직접적'이고 '독점적'으로 지휘명령을 한 경우에만 사용종속관계를 인정하는 노동위원회와 일부 하급심 판결의 논지는 간접고용의 3당사자적 성격을 무시한 것이라고 할 수 있다.[14] 결국 노동조합법 제2조 제2항의 사용자 정의규정 가운데 '사업주'란 개념은 파견근로관계에서는 사용사업주와 파견사업주를 모두 포함하는 것으로 보아야 한다. 근로자파견에서는 두 가지

---

13) 강성태, "다면적 근로관계와 사업주책임", 노동법연구 제7호(서울대노동법연구회, 1998), 189쪽.

14) 대성산소 용역기사노동조합사건의 서울지노위 결정(2002.3.19. 2001부해1066 부노262, 부해1130 부노277 결정)이나 한라중공업 사내하청노동조합 사건의 광주지방법원 목포지원 판결(2001.6.22. 선고, 2000가합732판결) 등이 이러한 사례에 속한다.

특징, 즉 ① 3당사자 관계라는 파견근로관계가 가진 본질적인 법적 성격과, ② 사용자로서의 실질적인 권한과 책임을 가지고 있다는 점에서 사용사업주도 부당노동행위의 주체인 사용자가 되지 않을 수 없는 것이다.

이와 같이 근로자파견의 경우는 지배력설이나 대향관계설이 가진 기준의 추상성 또는 외연의 무한적 확대가능성과 같은 난점에 부닥침이 없이도 간접고용의 법적 성격 자체에서 사용자성을 인정할 수 있는 것이다. 다만 노동위원회의 구제명령의 이행의무자로서의 사용자, 즉 파견사업주와 사용사업주 중 누구를 상대로 구제신청을 할 수 있느냐 하는 점에서는 구제명령의 내용에 따라 법률행위와 사실행위로 나누어 판단하면 될 것이다(제1부 제2장 Ⅳ. 3.「간접고용과 부당노동행위 구제절차」 참조).

4. 진정한 의미의 도급

진정한 의미의 도급계약관계에서는 수급인이 독립적인 기업으로서의 실체를 갖추고 노무관리와 사업운영의 독자성을 가지고 있기 때문에 원칙적으로 수급인이 노동조합법상의 사용자가 되고 도급인은 노동조합법 제2조 제2항에서 말하는 '사업주'가 아니다. 그러나 도급계약관계에서도 도급인을 노동조합법상의 사용자로 보아야 할 예외적이고 특수한 사정이 존재할 수 있다. 예를 들면 ① 도급계약에 의하여 업무지시권의 일부를 도급인에게 양도하고 있는 경우나 도급인이 사실상 지휘명령권을 행사하고 있는 경우, ② 항운노조와 사용사업체 간의 용역계약관계와 같은 집단적 노무공급계약의 경우 등이다. 특히 후자의 경우 노동조합은 통상의 사용자와는 달리 노동법상의 책임을 질 수 있는 능력을 가지지 못한 형식적인 사업주에 지나지 않으며 더욱이 그 성격상 조합원의 노동단체권 행사의 상대방이 될 수도 없다. 또한 집단적 노무공급계약에서 도급계약은 근로조건으로서의 '기준적' 성격을 가지고 있다.[15] 이와 같이 도급인이 수급인으로부터 근로자를 공급받아서 자기의 업무에 종사시키고, 그의 근로조건에 대해서 고용사업주와 부분적이긴 하지만 동일시 할 수 있을 정도로 현실적이고 구체적으로 지배 · 결정할 수 있는 지위에 있는 경우에는 그러한 범위에 한하여 단체교섭거부의 부당노동행위 주체인 사용자에 해당한다고 볼 수 있다.[16] 또한 도급인이 노조활동을 지배개입하거나 반조합적 의사에 의하여 도급계약을 해지하는 등 도급계약이라는 매개 고리를 통하여 근로자의 노조 조직 · 가입 기타 단결활동에 대한 실질적인 지배력을 행사하는 경우에도 노동조합법상의 사용자성을 인정해야 할 것이다.

Ⅴ. 결론

이 장에서는 부당노동행위 주체로서 사용자성의 판단기준을 고찰함에 있어서 사용자의 범위를 일반적으로 범주화하는 방법 대신 노사관계의 구체적인 실태로부터 개별적으로 판단하는 방식을 취하였다. 또한 그 노사관계의 법적 성격에 대한 규명을 우선적인 과제로 삼았다. 그 결과 간접고용에서 위장 근로계약관계와 위법한 근로자공급의 경우에는 사용사업주와 근로자 간에 직접 근로계약관계가 존재하므로 당연히 사용사업주의 사용자성이 인정되고 합법적인 근로자공급의 경우에도 파견근로관계의 본질적인 성격상 사용자성을 인정할 수 있다고 보았다. 즉, 근로계약관계라는 기본적인 틀을 벗어나지 않고서도 사용사업주의 사용자성은 인정될 수 있다는 것이다. 따라서 근로계약이 단지 형식에 지나지 않는, 즉 법인격이 부인될 정도의 극히 예외적인 경우를 제외하고는 사용자성의 인정에 소극적인 태도를 취하고 있는 판례나 일부 학설에 대하여는, 근로관계의 실태에 조응하는 법적 성격에 대한 충분한 규명이 없었다는 점과 근로계약관계를 하나의 사용자와 근로자 간의 단일한 관계로만 이해한 잘못이 있다는 점을 지적하였다. 일반적으로 묵시적

15) 김형배, 앞의 책, 761-762쪽.

16) 앞의 일본 최고재판소의 朝日放送사건 판결(最高裁三小判 1995.2.28).

근로계약관계설은 간접고용과 같이 본질적으로 고용계약관계와 지휘명령관계의 분리가 예정되어 있는 다면적인 근로관계에서는 적용하기 어려운 논리이다. 간접고용처럼 전통적인 근로계약관계에서 벗어난 새로운 고용형태의 법적 판단에 있어서는 보다 유연한 자세가 필요하다고 본다. 다면적인 근로관계가 형성되고 있는 노동현실에 걸맞은 사용자 개념이 필요한 것이다.

제5장
사내하도급에 있어서 원청의 사용자성

Ⅰ. 서론

1997년 IMF 구제금융 이후 우리 사회는 양극화 현상의 심화로 인하여 사회적 갈등과 통합의 위기를 겪고 있고 그 한가운데 비정규직의 폭발적인 증가라는 노동시장의 이중화가 자리 잡고 있다. 비정규직 중에서도 사내하도급을 비롯하여 파견, 용역 등 간접고용은 지금의 사회적 갈등과 모순이 집약된 현상이다. 이 같은 현상을 결코 가벼이 볼 수 없는 것은 하나의 사업장 내에서 같이 일하면서도 소속 회사가 다르다는 이유로 근로조건의 차별은 물론이고 인격적인 모멸감의 감내와 노동법의 회피를 위한 탈법 · 편법의 난무 등 매우 비인간적인 상황이 벌어지고 있기 때문이다. 그간에 비정규직 근로자의 보호를 위한 법령이 제정되거나 정비되어왔지만 시행 3년이 넘은 지금 거의 효과를 발휘하지 못하고 있다. 오히려 기간제법의 제정으로 기간제고용의 지속적인 사용이 어려워지자 기업들이 보다 근로조건이 열악한 간접고용으로 전환하는 일이 점차 많아지고 있다.[1] 특히 현재 비정규직 법률은 간접고용 가운데 파견근로자만을 보호대상으로 하고 사내하도급을 비롯한 노무도급관

1) 통계청의 경제활동인구조사 부가조사(2008.3) 결과를 토대로 한국노동사회연구소의 김유선이 분석한 "비정규직 규모와 실태"에 따르면 기간제법 시행(2007.7.1)을 전후하여 2006년 8월부터 2008년 3월까지 1년 반 동안 기간제 고용은 17만명이 줄어든 반면 용역근로 12만명(총 61만 7천명), 파견근로 4만명(총 17만 2천명)이 늘어나 간접고용이 증가하였다. 비율로는 전체 근로자 가운데 용역근로는 3.2%에서 3.9%로, 파견근로는 0.9%에서 1.1%로 증가하였다.

계는 처음부터 배제되었다. 이들 법률의 경우에도 보호방안으로서 차별금지와 노동위원회에 의한 시정절차를 도입하였으나 법률에만 의존하는 차별금지제도는 여러 가지 한계가 있다. 따라서 그간의 경험에 비추어 볼 때 간접고용 근로자의 노동3권의 충실한 보장이 이들의 고용상의 지위 및 근로조건의 유지 · 향상을 위한 실효성 있는 법적 장치가 될 수 있을 것으로 본다.

간접고용의 경우에는 근로자를 실질적으로 이용하는 자와 근로계약의 주체인 사용자가 별도로 존재하고 또한 대부분 고용사업주가 사용사업주에게 종속되어 있기 때문에 누가 노동법상의 책임을 부담하는 진정한 의미의 사용자인가 하는 것은 매우 중요한 과제가 되고 있다. 하지만 기존의 노동법령과 법해석 및 이론이 대개 하나의 사용자와 근로자 간의 관계를 전제로 하여 형성되어 왔기 때문에 간접고용과 같이 다면적인 근로관계가 존재하는 경우에는 그대로 적용하기 어렵게 되어 있다. 그 가운데 사내하도급은 기존의 순수도급과 구분되는 독특한 고용형태로서 그것이 위장도급 또는 불법파견이 아니라 진정도급으로 인정되는 경우에는 노동법상의 어떠한 규제도 받지 않게 되어 현재 지속적으로 발생하고 있는 노동쟁의의 해결을 더욱 어렵게 하고 있다.[2)]

이 장에서는 현재 한국에서 위장도급 형태의 불법파견이 만연한 사내하도급 관계에서 형식상의 도급인인 원청회사가 노동조합법상 사용자에 해당하는지 여부를 검토해보고자 한다. 여기서 다룰 내용은 사내하도급의 법률관계에서 주로 다투어지고 있는 다음 네 가지 주요 쟁점사항이다. 첫째, 대법원판례가 부당노동행위의 주체로서 사용자 개념에 대하여 어떠한 입장을 취하고 있는지 먼저 살펴본다. 둘째, 노동법상 사용자 개념은 통일된 단일한 것이어야 하는가, 즉 사용자 개념의 통일성 또는 상대성 문제이다. 셋째, 사내하도급에 있어서 부당노동행위의 주체는 일반 도급의 경우와는 달리 취급해야 하

2) 사내하도급의 문제를 기존의 순수 도급과 구분하여 별도의 법적 규율을 모색해야 한다는 견해로서 은수미 외, 「고용유연화와 비정규고용」, 한국노동연구원, 2008, 116-117쪽 참조.

는가 하는 점이다. 즉, 진정도급의 경우에도 일정한 조건하에서는 도급인이 부당노동행위의 주체가 될 수 있는지에 관한 것으로서, 이는 이른바 '지배력설'의 적용 범위 및 한계와 관련되어 있다. 마지막으로 부당노동행위제도가 처벌주의를 병행하고 있기 때문에 죄형법정주의 원리상 사용자 개념을 보다 엄격하게 해석해야 한다는 주장의 타당성여부이다. 차례로 살펴본다.

Ⅱ. 원청의 사용자성에 관한 판례의 태도

1. 기존의 대법원 판례와 사용자성 판단기준

간접고용에서 사용사업주와 고용사업주 소속의 근로자 간에 부당노동행위를 다투는 사례가 점점 증가하고 있고 대법원의 판례도 축적되어 왔다. 이와 함께 형식상으로는 근로계약의 당사자가 아니지만 실질적으로는 사용사업주와 직접적인 근로계약관계가 존재한다는 이유로 부당해고를 다투는 민사소송과 판례도 역시 증가하고 있다. 그런데 부당노동행위사건과 종업원지위확인(또는 해고무효확인)소송은 각기 쟁송의 성격은 다르지만 공통적인 쟁점이 된 것이 사용사업주와 고용사업주 근로자 간에 직접적인 근로계약관계가 성립하는지 여부였고 이 점에 대하여는 대법원은 일관된 입장을 취하고 있다. 즉, 고용사업주의 존재가 형식적, 명목적인 것이 아니라면 사용사업주와 고용사업주의 근로자 간에 근로계약관계가 성립하지 않는다는 것이다.[3] 그러면 대법원은 노동조합법상의 사용자 개념, 특히 부당노동행위의 주체인 사용자의 범위를 근로계약의 주체인 사업주로 한정하고 있는 것인가? 대법원 판례의 취지를 그렇게 이해하고 있는 학자들도 적지 않다. 하지만 뒤에서 살펴

3) 대법원 1979.7.10. 선고, 78다1530 판결; 대법원 1999.7.12. 자, 99마628 결정; 대법원 1999.11.12. 선고, 97누19946 판결; 2003.9.23. 선고, 2003두3420 판결; 2008.7.10. 선고, 2005다75088 판결 등

볼 2010년의 현대중공업사건 판결이 나오기 전까지는 적어도 대법원이 개별 사건의 판단에서 노동조합법상의 해당 조항별로 사용자의 의미를 구체적으로 밝힌 경우는 있지만 노동조합법 전체에 적용되는 통일적인 사용자 개념을 제시한 적은 없었다. 대법원이 노동조합법상의 사용자 개념을 근로계약의 당사자로 한정하였다고 보는 학자들이 주로 예를 든 것은 1995년의 항운노조사건 판결[4]이다. 하지만 이 판결에서는 단체교섭의무자(노조법 제30조 제2항) 및 단체교섭거부의 주체인 사용자(노조법 제81조 제3호)를 근로계약의 주체인 사업주라고 해석한 것이고 모든 유형의 부당노동행위에 대하여 사용자 개념을 통일적으로 확정한 것으로 보기는 어렵다. 또한 단체교섭거부와 관련해서도 그 당시의 우리나라 단체교섭 형태가 주로 기업별 교섭이었고 산별교섭 또는 공동교섭과 같은 초기업적인 단체교섭이 전혀 없었기 때문에 단체교섭의무자를 근로계약의 당사자로 좁게 해석해도 실제로 논란이 될 것이 없었다. 한편 불이익취급(노조법 제81조 제1호 및 제5호)과 관련된 대표적인 사례인 경기항운노조사건에서 대법원은 근로계약관계가 존재하지 않는다는 이유를 들어 반조합적 해고의 부당노동행위가 성립될 여지가 없다고 판단한 사례가 있었다.[5] 이 사건의 내용을 살펴보면 대법원이 부당노동행위 주체인 사용자를 근로계약의 주체인 사업주로 한정하였다고 평가할 여지가 없는 것은 아니지만 그렇게 단정하기는 어렵다. 이 사건의 쟁점은 부당노동행위에 기한 해고의 정당성여부를 다투는 것이어서 구제명령의 피신청인과 근로자 사이에 근로계약관계의 존재가 선결문제로 되었기 때문에 그것이 부정되는 한 부당노동행위의 성립여부를 판단할 필요가 없었다고 본 게 아닌가 한다. 어쨌든 부당노동행위의 주체인 사용자 개념에 대하여 노동조합법 전체 또는 부당노동행위 전반에 적용되는 하나의 통일적인 사용자 개념으로서 대법원이 명시적이고 확정적인 기준을 제시한 것은 아니었던 것이다.

4) 대법원 1995.12.22. 선고, 95누3565 판결.
5) 대법원 1999.11.12. 선고, 97누19946 판결.

2. 현대중공업사건과 대법원의 사용자성 판단기준

2010.3.25. 현대중공업 부당노동행위 사건에서 대법원으로서는 처음으로 사내하도급관계에서 원청회사의 '실질적인 영향력 및 지배력'을 근거로 원청회사를 지배개입의 부당노동행위의 주체로 인정하였다.[6] 이 사건의 하급심에서도 판례에서는 처음으로 학계의 다수설인 이른바 '지배력설'을 이론적인 근거로 하여 도급인인 원청의 사용자성을 인정한 바 있다.[7] '지배력설'은 근로자와 사이에 직접적인 고용계약관계가 없는 자라고 하더라도 노동관계에 실질적인 영향력을 미치는 경우에는 부당노동행위의 주체로 인정하는 견해로서 학자에 따라 그 내용상의 차이가 다소 있지만 기본적인 취지에서는 별로 다툼이 없다.[8] 하지만 최근까지 대법원은 이를 받아들이지 않았었다. 그런데 이 사건은 하급심에서 사용사업주와 고용사업주 및 그 근로자 간의 법률관계를 일단 진정도급으로 판단하고(물론 이 점에 대해서는 의문의 여지는 있지만 여기서는 다루지 않는다), 이를 전제로 도급인인 원청의 사용자성을 인정하였기 때문에 이 부분에 대하여 대법원이 어떻게 판단할지 주목을 받았었다. 특히 이 사건은 부당노동행위의 일반조항이라고도 할 수 있는 노동조합법 제81조 제4호의 지배개입 사건에서 원청회사의 사용자성을 처음으로 다툰 것이어서 대법원이 어떻게 판단할 지 상당한 주목을 받았다. 또한 이

6) 대법원 2010.3.25. 선고, 2007두8881 판결.

7) 서울행정법원 2006.5.18. 선고, 2005구합11951 판결; 서울고등법원, 2007.4.11. 선고, 2006누13499 판결. 이 사건에서는 현대중공업의 여러 사내하청 기업들의 종업원들이 독자적으로 노동조합을 결성한 직후에 현대중공업측이 집중적으로 조합원들이 소속해 있던 하청기업들과의 도급계약을 해지하였고 이에 하청기업들은 폐업하고 조합원들은 해고되었는데 해고된 조합원들은 고용주가 아닌 현대중공업을 상대로 부당해고구제 및 부당노동행위구제신청을 하였다. 하급심에서는 직접적인 고용관계의 성립은 인정하지 아니하였으나 부분적인 사용자성을 들어 지배개입의 부당노동행위는 인정하였다.

8) 지배력설의 여러 주장에 대하여 간결하게 정리한 글로는 박수근, "간접고용근로자의 집단적 노동분쟁과 쟁점의 검토", 노동법연구 제24호(서울대노동법연구회, 2008), 44-46쪽 참조.

사건의 재판과정에서 지배력설의 '원조'격인 일본의 아사히방송(朝日放送) 사건 최고재판소 판결의 의미나 평가에 대하여도 소송당사자들 사이에서 커다란 논쟁거리가 되었다. 어쨌든 이 사건에서 지배력설을 처음으로 채택한 대법원의 최종 결정은 고용형태 및 기업조직의 다변화에 따른 노동기본권의 미래와 관련하여 아주 중요한 시금석이 될 것으로 보인다.

대법원이 이 판결에서 취한 중요한 결정은 다음 두 가지이다. 첫 번째는 부당노동행위 전반에 걸쳐서 부당노동행위의 주체가 될 수 있는 사용자성 판단의 일반적인 기준이다. 즉, "부당노동행위의 예방, 제거는 노동위원회의 구제명령을 통해서 이루어지는 것이므로 구제명령을 이행할 수 있는 법률적 또는 사실적인 권한이나 능력을 가지는 지위에 있는 한 그 한도 내에서는 부당노동행위의 주체로서 구제명령의 대상자인 사용자에 해당한다"는 것이다. 두 번째는 부당노동행위 유형 중 지배개입행위의 주체와 관련하여 "지배 개입의 주체로서의 사용자인지 여부도 당해 구제신청의 내용, 그 사용자가 근로관계에 관여하고 있는 구체적인 형태, 근로관계에 미치는 실질적인 영향력 내지 지배력의 유무 및 행사의 정도 등을 종합하여 결정해야 할 것"이라고 하면서 지배력설을 명시적으로 취하였다. 반면에 지배력의 정도에 대한 판단기준과 관련해서는 "근로자의 기본적인 노동조건 등에 관하여 그 근로자를 고용한 사업주로서의 권한과 책임을 일정 부분 담당하고 있다고 볼 정도로 실질적이고 구체적인 지배, 결정할 수 있는 지위에 있는 자"라고 보면서 어느 정도 제한적인 태도를 취하였다.

이와 같이 대법원은 종래와는 달리 간접고용에서 원청회사의 사용자성을 보다 적극적으로 인정한 점에서 상당히 긍정적인 변화를 보인 것이라고도 평가할 수 있다. 하지만 앞 장에서 살펴본 대로 대법원이 취한 지배력설도 역시 근본적인 한계를 가지고 있다는 점에서 아쉬움을 남긴 것 또한 사실이다. 사내하청에서 원청회사는 근로관계의 외부에 존재하는 제3자가 아니라 사용관계(또는 지휘명령관계)라는 근로관계의 본질적인 한 축을 구성하고 있는 것이다. 이런 점에서 현대중공업사건 대법원 판례는 다면적 근로관계의 객관적인 현실을 충분히 반영한 것이라기보다는 '형식적인' 근로계약관계에서 '실질적인' 근로계약관계로 매우 조심스럽게 약간 확장한 것에 지나지 않는 것이라고 평가할 수밖에 없다. 간접고용에서 부당노동행위의 주체가 되는 사용자 개념은 그 고용형태의 특수성과 집단적 노사관계의 고유한 성격에 기초하여 독립적으로 구성할 필요가 있는 것이다.

Ⅲ. 사용자 개념의 상대성

다음으로 고려해야 할 과제는 노동법 전체에 적용되는 통일적이고 단일한 사용자 개념이 과연 필요한가 또는 그것이 가능한가 하는 점이다. 이 점을 검토하기에 앞서 앞의 현대중공업사건의 하급심에서 논란이 되었던 중요한 쟁점 하나를 먼저 살펴보아야 할 것 같다. 즉, 우리나라와 법체계가 유사한 일본의 경우 왜 근기법과는 달리 노동조합법에서는 별도로 사용자의 정의조항을 두고 있지 않는가 하는 점이다. 그런 연후에 노동조합법에 별도의 정의조항을 두고 있는 우리나라의 경우에 그 조항을 어떻게 이해하고 전체 노동법 질서 속에서 체계지울 것인가 하는 점을 살펴보도록 하겠다.

1. 일본의 노동조합법상 사용자의 의의

일본의 대부분의 학설이나 판례는 노동조합법상의 사용자 개념을 근기법상의 사용자 개념과는 달리 보다 넓게 해석한다. 특히 부당노동행위의 주체로서 사용자 개념은 부당노동행위제도의 취지에 따라 정해지는 특수한 개념으로 이해하는 것이 일반적이다. 일본의 노동조합법은 근로자의 정의에 관해서는 우리나라와 마찬가지로 별도의 규정을 두고 있지만 사용자에 대해서는 별도의 정의조항을 두고 있지 않다. 이는 근로자의 단결권, 단체교섭권 기타 단체행동권을 보호·조성하기 위하여 그 권리주체인 근로자의 정의는 필요하지만 사용자의 범위는 집단적 노사관계의 여러 국면에서 근로자 및 노동조합과의 대응관계에 따라 정해지는 것이고 굳이 따로 정의할 필요가 없었기 때문이다. 따라서 노동조합법상의 사용자는 근로자를 사용하는 모든 자를 포함한다고 폭넓게 해석하고 있다.[9] 일본의 경우에도 노동조합법 제정당시에는 우리나라와 같이 부당노동행위에 대하여 직접 형사 처벌하는 태도를 취했지만 별도의 사용자 정의조항을 두지는 않았고 이러한 입법태도가 특별히 논란이 되지는 않았다.

2. 우리나라 노동법상 사용자의 의의

(1) 사용자 정의조항의 의미

우리나라 노동조합법은 사용자 정의조항을 별도로 두고 있는데 근기법에서 정한 것과 자구상의 약간의 차이는 있지만 거의 동일하게 정의하고 있다(노조법 제2조 제2호). 이 때문에 두 법상의 주체인 사용자는 같은 개념이라고 생각할 수도 있다.[10] 그러나 엄밀히 말하면 근기법과 노조법의 사용자 정의조항은 일반적인 의미에서의 정의조항이라고 말하기 어렵고 단지 사용자의 종류를 열거하고 있다고 보는 것이 옳을 것이다.[11] 다시 말하면 근로자 정의조항과는 달리 사용자의 정의에 대하여는 그 개념적 징표를 제시하거나 보

---

9) 이상은 東京大學勞働法硏究會, 註釋勞働組合法 上卷(有斐閣, 1980), 336쪽 참조

10) 규정형식의 동일성을 특히 강조하는 견해로서 박제성, "기업집단과 노동법", 노동법연구 제21호(서울대노동법연구회, 2006), 190-192쪽. 나아가 박제성은 단체교섭과 관련하여 근로조건을 실질적으로 결정하는 자(노조법상의 사용자)와 근로조건의 이행에 대한 책임을 지는 자(근기법상의 사용자)가 분리되는 결과를 초래하게 되어 현실적으로 부조리하다고 주장한다. 하지만 이는 근기법상의 사용자와 근로계약의 주체인 사업주를 동일 시 하였다는 점과 집단적 노사관계가 단체교섭에서만 형성되는 것은 아니어서 설사 단체교섭의 당사자를 근기법상의 사용자와 동일한 것으로 본다고 하더라도 노조법상의 사용자가 모두 이에 한정된다는 결론이 당연히 도출되지는 않는다는 점에서 여전히 의문이 있다.

11) 같은 취지로 강성태, "지금 왜 사용자인가?", 노동법연구 제24호(서울대노동법연구회, 2008), 15쪽 참조.

다 구체적인 의미를 풀이하여 기술하지 않고 단지 그 종류를 나열하고 있다는 것이다. 특히 노동법상 가장 기본적인 책임주체라고 할 수 있는 '사업주'에 대해서는 누구를 말하는지 다른 노동관계법령에서도 이를 정의하는 명시적인 규정이 없다. 다만 통상적으로 경영주체를 가리키는 것으로 이해하고 있는데 이는 근로계약과 같은 특정한 법률관계를 전제로 하여 그 법률관계의 주체, 즉 근로계약의 주체인 '고용주'를 의미하는 것이라기보다는 일반적으로 근로자를 사용하는 사업의 운영주체를 뜻하는 것으로 볼 수 있다. 오히려 근기법 내에서도 사용자성의 판단은 개별조항의 해석에 달려 있다. 즉, 근기법의 근로계약이나 임금의 정의조항과 같이 개별 조항에 따라 법적 책임의 주체가 근로계약의 주체인 사업주를 의미하는 것이라고 해석할 뿐이다.

(2) 근기법, 노조법, 민법의 사용자 개념

노동법의 다양한 영역에서 법적 주체를 어떻게 규정할 것인가는 각기 법제도의 목적이나 입법취지와 밀접한 관련을 가지고 있다. 따라서 각각의 법 영역에 따라 법적 주체의 개념을 달리 규정하거나 해석한다고 하여 하등 이상할 것도, 모순될 것도 없다고 본다. 근기법과 노조법이 사용자에 대한 정의조항을 거의 동일하게 규정하였다고 하여 사용자의 범위가 반드시 같아야 한다고 해석하는 것은 타당하지 않다. 이는 근기법과 노조법의 입법목적과 취지 및 그 실현방식이 같은 것이 아니기 때문이다. 사용자 개념의 상대성은 법문 자체에서 이미 나타나는데 근기법과 노조법의 사용자 정의조항은 근로계약의 당사자인 사업주만을 사용자로 규정하지 않고 사업의 경영담당자와 사업주의 이익대표자를 포함시키고 있다. 이는 민법에서 정한 고용계약의 당사자로서의 사용자 개념과 노동법상의 사용자 개념이 용어의 동일성에도 불구하고 그 범주가 다를 수 있다는 것을 보여준다. 물론 법적 책임의 주체로서의 사용자(사업주)와 현실의 행위자를 구분해야 된다는 견해도 있다. 하지만 노동법상의 사용자 정의조항은 근로자의 고용, 근로조건, 노동3권의 보장을 위하여 규정한 노동법상의 각종 책임과 의무를 실질적으로 부담해야 할 주체를 정한 것이고 이런 의미에서 민법상 고용계약의 당사자와는 다르다고 보는 것이 입법취지나 문언의 형식에 충실한 해석이 아닌가 한다. 만약 그렇지 않고 근로계약의 주체만을 사용자로 보려고 했다면 굳이 그와 같은 별도의 정의조항을 둘 필요도 없었을 것이다. 그러면 노동조합법에서 사용자의 종류에 근로계약의 주체인 사업주 외에 경영담당자나 이익대표자를 포함시킨 취지는 무엇이라고 보아야 하는가. 이는 경영담당자나 이익대표자가 현실적인 행위자이기 때문에 사업주와는 별도로 책임을 묻지 않고서는 노동3권의 실현수단인 부당노동행위제도의 실효성을 보장하기 어렵기 때문일 것이다. 따라서 노동법상의 사용자는 민법과는 달리 노동자보호의 관점에서 각 노동법 영역의 실효성을 보장하기 위하여 계약주체를 포함한 법규 준수의무자의 범위를 설정한 것으로 보아야 할 것이다.

(3) 사용자 개념의 상대성

이와 같이 근기법의 사용자 정의조항과 노조법의 사용자 정의조항이 같다고 하여 근로계약의 주체인 '사업주'만이 법 전체를 통하여 유일한 사용자가 되는 것이 아님은 법문상 명확하다. 또한 사용자와 대응되는 근로자개념이 양법에서 각기 다르게 규정되어 있다는 것에 비추어 보아도 쉽게 짐작할 수 있는 일이다. 개별적 노동관계의 당사자는 근로계약을 바탕으로 형성되지만 집단적 노동관계의 당사자는 노동조합을 중심으로 이에 대응하는 사용자 또는 사용자 단체로 구성되고 따라서 누가 사용자가 될 것인가는 각 법 영역 및 제도의 취지에 따라 확정되는 것이 타당할 것이다. 처음부터 노동조합법 전체에 통용되는 하나의 통일적인 사용자 개념을 정하는 것은 바람직하지도 않을뿐더러 가능하지도 않다고 생각한다. 결국 개별적 노동관계든 집단적 노동관계든 각각의 보호법규의 내용과 구체적인 노동관계의 양상에 따라 사용자의 범위가 정해져야 한다고 본다.[12]

---

12) 이 점에 관하여 정인섭은 근로자 · 사용자의 개념론이라는 당사자 중심의 해석기술은 새롭게 형성되고 있는 다수 당사자 간의 법률관계에도 필요한 노동법의 규

Ⅳ. 간접고용과 부당노동행위의 주체로서의 사용자

1. 부당노동행위의 주체로서 사용자

노동조합법상 부당노동행위의 주체인 사용자는 넓게는 부당노동행위 금지의무의 수규자 및 구제명령의 피신청인을 의미하는 것으로 본다. 일본의 판례와 학설은 물론이고 우리나라 대부분의 학설도 부당노동행위의 주체인 사용자를 근로계약의 주체인 사업주보다 넓게 보고 있다. 집단적 노동관계에서 사용자의 범위는 반드시 근로계약관계 또는 근로관계가 존재하는 것을 전제로 인정되어서는 아니 되며 노동조합법이 설정하는 각종 제도의 취지와 목적에 따라 탄력적으로 해석해야 한다는 것이다.[13] 물론 그렇다고 하여 근기법상의 사용자 개념과 부당노동행위법상의 사용자 개념은 전혀 별개라는 뜻은 아니다. 노동법이라는 동일한 법질서의 지평 위에서 양자는 서로 밀접한 관련을 가지고 있다. 특히 불이익취급의 부당노동행위 가운데 해고와 같이 근로계약의 존재를 반드시 전제로 하는 경우처럼 똑같이 취급해야 할 때도 있다. 하지만 부당노동행위법상의 사용자 개념은 노동3권의 실질적이고 효과적인 보장이라는 관점에서 목적론적으로 파악되어야 하고 이 점에서 개별노동관계상의 사용자 개념과 차이가 발생할 수밖에 없다.

부당노동행위제도는 전통적인 사법(司法)체계로서는 유효적절하게 해결하기 어려운 집단적 노동관계상의 여러 문제를 전문적인 행정기관에 의한 적극적이고 유연한 구제방식을 통하여 해결하고자 하는 것이다. 노동조합법의 모

범적 타당성을 훼손시키는 결과를 낳고 있음을 지적하고 당사자의 권리의무의 확정보다도 당사자가 형성하고 있거나 형성해 가고 있는 근로관계 및 노동관계에 초점을 맞추어 관계중심의 해석기술이 개발되어야 한다고 주장하고 있는데 아직 그 구체적인 내용은 제시되고 있지 않지만 방향성에 있어서는 이 장의 취지와 크게 다르지 않다고 생각한다. 정인섭, "부당노동행위와 노동관계", 노동법연구 제22호(서울대노동법연구회, 2007), 250-253쪽.

13) 박수근, 앞의 글, 46쪽.

든 규정은 근로자가 노동조합을 통하여 노동기본권을 실현할 수 있는 제도의 마련과 그 보장조치들로 구성되어 있다. 이 가운데 부당노동행위조항은 노사대등의 기본이념에 입각하여 노동조합(또는 노동단체)과 사용자 간에 대등한 노사관계 형성을 위한 집단적 노사관계의 기본 룰을 설정하고 있다. 따라서 부당노동행위를 포함하여 노동조합법상의 사용자 개념은 이러한 근로자 및 노동조합의 제반 활동에 대응하도록 구성되어야 할 것이다. 특히 부당노동행위의 경우에는 그 유형에 따라서도 사용자의 범위가 달라질 수 있다. 예를 들어 해고 등 불이익취급의 경우에는 그러한 사실행위 혹은 법률행위의 행위자가, 단체교섭거부의 경우에는 단체교섭의 당사자가 사용자가 될 것이다. 이 경우에도 단체교섭의 방식과 교섭대상사항에 따라 달라지고 반드시 근로계약의 당사자인 고용주가 될 필요는 없을 것이다. 이는 간접고용에서 특히 두드러지게 나타나고 있다.

2. 간접고용에서 사용사업주의 노동법상의 책임의 확대

타인의 근로자를 자신의 업무에 사용하는 파견이나 노무도급의 경우에 사용사업주와 타인의 근로자 간에 직접적인 근로계약관계는 존재하지 않더라도 종래에 근로계약의 주체인 사용자가 부담하던 책임을 함께 부담시키는 근로조건보호법규가 점점 늘어나고 있다. 예를 들어 근로자파견법은 사용사업주와 파견사업주를 모두 근기법상의 사용자로 본다는 명시적인 규정을 두고 있다(제34조 제1항). 또한 근기법의 규정 가운데 고용책임에 대응하는 부분은 파견사업주에게, 사용책임에 대응하는 부분은 사용사업주에게 그리고 양 책임에 대응하는 부분에 대하여는 양자에게 각각 그 책임을 배분하고 있다. 따라서 사용사업주에게 책임이 있는 근로조건 기타 사항에 대하여는 사용사업주도 파견근로자의 노동조합에 대하여 단체교섭의무를 포함하여 부당노동행위법이 적용된다고 보아야 할 것이다. 만약 근로계약의 당사자만을 부당노동행위의 주체로 본다면 이러한 해석은 전혀 불가능해질 것이다. 즉, 사용사업주가 일정한 근로조건 등에 관하여 근기법상의 책임은 부담하지만 직접 근로계약관계가 존재하지 않는 근로자의 노동조합에 대해서는 단체교섭의무를 비롯하여 전혀 부당노동행위책임을 부담하지 않는 이상한 결과가 발생할 수 있는 것이다. 파견근로자의 근로조건에 대하여 직접적인 결정권을 갖고 있음에도 부당노동행위책임을 인정하지 않는 것은 여기서 파생되는 갈등을 집단법적으로 해결할 수 있는 가능성을 처음부터 없애버리는 것이다.

또한 근기법 등 현행 실정법규들은 수급인에 고용된 근로자의 일정한 근로조건에 대하여 직접 근로계약관계가 없는 도급인에게 책임을 부과하는 여러 규정들을 두고 있다. 예를 들어 직상수급인의 임금지급에 관한 연대책임(근기법 제44조), 도급인의 재해보상책임(근기법 제90조), 산업재해예방조치(산업안전보건법 제29조), 최저임금의 지급에 관한 도급인의 연대 책임(최저임금법 제6조 제7항), 고용보험 · 산재보험 및 퇴직공제 가입의무(고용보험 및 산업재해보상보험의 보험료징수 등에 관한 법률 제9조, 건설근로자의 고용개선 등에 관한 법률 제10조) 등. 이와 같이 근로관계가 아닌 도급관계에서도 도급인의 노동법상의 책임을 지우는 법령들이 늘어나고 있는데 이는 근로계약의 존부에 관계없이 노동자보호의 관점에서 규제하는 것이고 점차 노동법의 지평이 확대되어야 할 필요성을 시사 하는 것으로 짐작해 볼 수 있다. 어쨌든 현재 매우 심각한 문제로 되고 있는 것은 일반적 의미에서의 도급, 즉 도급인으로부터 경영상 또는 물질적으로 독립된 수급인에 고용된 근로자의 경우가 아니라 현대중공업사건의 경우와 같이 사용사업주에게 실질적으로 종속된 하청회사에 고용된 근로자의 노동조합법상 지위에 관한 것이다.

3. 전속적인 사내하청 기업과 도급인의 부당노동행위 책임

복수의 기업 간의 '지배종속' 관계는 자본관계나 임원파견을 통한 모자회사 간 또는 계열회사 상호간에도 나타나지만 원청회사와 이에 전속된 하청회사 간에도 나타난다. 현대중공업사건에서 보듯이 사업경영상 필요한 물적 설비를 스스로 갖추지 못하고 오로지 하나의 원청회사만을 위하여 그 사업장 내에서 사업하는 사내하도급의 경우에 하청회사의 지위는 일반적인 도급관계에서 도급인이 수급인에 대하여 갖는 통상적인 '경제적 우월성'과는 성격이 질적으로 전혀 다르다. 하청회사의 경영의 존립과 근로조건의 유지 · 개선에 있어서 원청회사는 거의 절대적인 권한을 행사한다. 하청회사는 독자적으로 기업적인 창의력을 발휘할 여지가 없을 정도로 원청회사에게 경제적으로 종속되어 있다. 그 결과 원청회사의 도급계약해지가 곧바로 사업폐지 · 해산과 근로자의 집단적 해고로 이어지게 되고 원청회사는 근기법의 해고제한 규정을 전혀 적용받지 않고 쉽게 근로자를 정리해버릴 수 있게 된다. 이로서 노동보호법규들은 회피되고 근로권이 박탈되는 결과가 발생한다. 배후에서 고용, 근로조건, 단결활동 등 근로자의 모든 노동법상의 지위에 실질적인 결정권 또는 영향력을 가진 원청회사에게 단체교섭 기타 노동법상의 책임을 부담시킬 필요가 있는 것도 이 때문이다. 단순히 근로계약상의 당사자가 아니라는 이유로 원청회사가 본래 부담해야 할 책임을 회피할 수 있도록 보장해주는 법해석은 헌법의 노동기본권 보장의 취지를 훼손하는 지극히 형식논리적인 것이라고 하지 않을 수 없다. 부당노동행위의 주체인 사용자의 개념을 근로계약의 당사자로 한정하게 되면 형식적인 사용자의 변경을 통한 부당노동행위를 방임하게 되고 실제로 노동관계에 대하여 강력한 영향력 또는 지배력을 가진 자의 책임을 면제시켜주는 결과가 된다.[14] 이는 최근 빈번하게 일어나고 있는 파견, 외주화, 분사화 등 사용자책임을 면하기 위한 기업조직의 재편을 더욱 부채질 할 수도 있다. 따라서 사용자 개념은 이러한 실태에 맞도록 적절하게 구성하지 않으면 안 된다. 현대중공업 사내하도급의 경우와 같이 만약 수급인의 경영을 전적으로 지배하고 있는 도급인에게 부당노동행위의 주체로서 사용자성이 부정된다면 노동조합의 설립과 운영은 거의 불가능하게 될 것이 명백하다. '실질적인 영향력 및 지배력'을 근거로 노동조합법상

---

14) 西谷敏, 勞働組合法(有斐閣, 2006), 149-150쪽.

사용자의 범위를 정해야 한다는 지배력설의 주장도 바로 이 점에 주목하고 있는 것이다.

4. 지배력설의 의의

현대중공업사건에서 대법원이 제시한 부당노동행위의 주체인 사용자의 판단기준은 잘 알려져 있듯이 일본의 아사히방송사건의 최고재판소 판결[15]을 거의 그대로 원용한 것이다. 일본의 경우 이 판결이 채택한 기본취지와 방향에 대하여는 대부분 동의하고 있으며 특별히 이의를 달거나 과소평가하는 경우는 거의 없다. 다만 이 판결이 제시한 영향력 또는 지배력의 '범위와 정도'에 대한 구체적인 기준을 어떻게 이해할 것인가에 대해서는 학자들이나 하급심 판례에 따라 약간의 차이가 있다. 특히 최근에는 노동위원회나 하급심 판례 가운데에는 간접고용에서 지배(원청)기업의 사용자성을 쉽게 인정하지 않는 경향도 있다.[16] 이러한 경향에 대해서는 영향력 또는 지배력의 정도를 판단함에 있어서 최고재판소가 제시한 '고용주와 부분적이라고 해도 동시할 수 있는 정도'의 의미를 '부분적이라고 해도'라는 점을 생략하고 단지 '고용주와 동시할 수 있는 정도'의 의미로 축소 해석하고 있다는 비판을 받고 있다.[17]

그리고 일본 최고재판소 판결의 의의를 살핌에 있어서 유의해야 할 점은

---

15) 방송사에 파견된 용역업체 근로자가 가입한 노동조합이 단체교섭요구를 거부한 방송사를 상대로 한 구제신청사건에서 일본의 최고재판소는 노동조합법상의 사용자를 "일반적으로 근로계약상의 고용주를 가리키지만 고용주 외의 사업주라 하더라도 고용주로부터 근로자의 파견을 받아서 자기의 업무에 종사시키고, 그의 근로조건에 대해서 고용주와 부분적이라고 해도 동시할 수 있을 정도로 현실적이고 구체적으로 지배·결정할 수 있는 지위에 있는 경우에는 그에 한하여 사업주는 사용자에 해당한다"고 보았다(最高裁三小判 1995.2.28).

16) 關西航業사건의 중노위 결정(2002.7.3), 大阪證券사건의 東京地法 판결(2004.5.17) 등.

17) 西谷敏, 앞의 책, 157쪽.

최고재판소가 취한 태도가 어느 정도 절충적인 방식이라는 것이다. 최고재판소는 종래의 계약법적인 관점을 포기하지 않으면서도 노동현실을 최대한 반영하여 구체적인 타당성을 확보하기 위하여 노력했다고 생각된다. 일부에서는 최고재판소가 취한 '지배력설'에 대하여 사용자의 범위를 무한정으로 확대하는 것이라고 주장하고 있지만 이는 지배력설을 상당히 오해한 것으로 보인다.[18] 일본의 최고재판소가 취하고 있는 '지배력설'의 내용은 고용주가 아니더라도 '고용주와 부분적이라고 해도…… 동시할 수 있는', '현실적이고 구체적인', '지배, 결정' 등의 문언을 사용함으로써 '부분적인 사용자성'을 인정하면서도 '근로계약관계와의 유사성'이라는 한계를 설정하고 있다. 이 때문에 도리어 그 기준이 지나치게 엄격하여 현실의 간접고용의 확산에 대하여 적절하게 대응하지 못하고 있다는 비판도 받고 있다.[19]

노동법에서 누구를 사용자로 볼 것인가 하는 것은 결국 노동법상의 책임을 누구에게 배분하는 것이 옳은가 하는 문제이다. 이는 책임을 지우는 근거가 무엇인가에 달려 있다. 노동관계에서 타인의 노동력을 이용하는 자에게 당사자의 의사(계약의사)에 관계없이 노동법상의 여러 책임을 묻는 이유는 계약의 목적인 거래대상이 단순한 상품이 아니라 인격을 가진 인간의 노동력이기 때문이다. 다른 사람의 노동력을 사용하여 이윤을 얻는 만큼 그에 따르는 책임도 부담해야 한다는 것이다. 이러한 취지는 다른 사람의 노동력을 직접 자신이 고용하여 이용하거나 제3자의 노동력을 빌려 사용하거나 아무런 차이가 없는 것이다. 다만 일반적으로 도급계약의 경우에는 타인의 노동력을 사용하는 것이라기보다는 타인의 노동의 결과물(일의 완성)을 구매하는 것이기 때문에 수급인이 사용자책임을 지게 된다. 하지만 노무도급의 경우에는 다른 사람의 노동력을 이용하는 것인지 아니면 타인의 노동의 결과물을 구매하는

18) 현대중공업 부당노동행위 사건의 상고이유서에서 회사 측 변호인단은 이 점을 특히 강조하였다.

19) 西谷敏, 앞의 책, 152쪽. '근로계약관계와의 유사성' 론이 가지고 있는 문제점에 대하여 상세한 것은 김유성, 노동법Ⅱ(법문사, 2000), 319-320쪽 참조.

것인지 그 자체로는 불분명한 경우가 많다. 학계에서는 이를 구분하기 위한 여러 가지 기준이 제시되고 있지만 사실상 매우 곤란한 과제이다. 나아가 설사 그러한 구분이 가능하다고 하더라고 문제가 없어지는 것은 아니다. 진정 도급이라고 하더라고 노무공급을 목적으로 하는 사내하도급에서는 임금 및 근로조건에서의 차별, 고용불안정의 문제가 여전히 해결되지 않고 남게 되며 이는 지속적으로 노동쟁의를 발생시키는 원인이 된다.[20] 이와 같이 하나의 근로계약관계를 예정하여 형성된 종래의 이론이나 법해석은 간접고용과 같이 다면적 근로관계에서 노동법상의 책임을 회피하려는 의도를 가진 법형식의 남용을 규율하기에는 이미 한계를 드러내고 있다.

앞서 보았듯이 간접고용을 규제하는 다수 법규의 출현은 노동법적 규제의 필요성을 보여주는 것이지만 그러한 개별노동관계법적인 접근방식은 항상적인 고용불안정 상태에 놓여 있는 근로자를 보호하는 데는 제 역할을 다하기가 어렵다. 근로조건보호법규가 실효성을 가지기 위해서는 행정기관의 효율적인 감독과 제재뿐만 아니라 피해자인 근로자 개인의 권리실현 의지와 용기 있는 행동이 필요하다. 하지만 항상적인 고용불안정 상태는 이를 불가능하게 하거나 매우 곤란하게 만든다. 반면에 집단적인 노사관계의 법적 보장과 촉진은 이러한 복잡하고 불명확한 법률관계에서 조정과 규율의 기제로서 매우 효과적으로 작동할 수 있을 것으로 생각된다. 국가에 의한 근로조건 기준의 직접적인 설정과 감독 · 제재도 필요하지만 단체교섭을 통한 집단적인 노사관계의 정착이 그 간격을 메워줄 수 있을 것이다. 집단적인 노사관계의 룰을 설정한 부당노동행위제도는 이를 위한 제도적인 뒷받침이고 부당노동행위법상의 사용자 개념의 범위 확정 문제도 이러한 관점에서 접근해야 한다고 본다.

20) 은수미 외, 앞의 책, 117쪽.

5. 사용자성 판단에 있어서 고려해야 될 사항

아사히방송사건의 최고재판소 판결의 또 다른 의의는 근로계약의 주체인 고용주가 아니더라도 부당노동행위의 주체가 될 수 있는 근거가 무엇인지를 보다 명확히 한 점에 있다. 이 사례에서 당사자들 간의 실질적인 법률관계는 파견이었지만 파견인지 도급인지 여부 자체는 쟁점이 되지 않았고 일본의 학자들도 그 점에 대하여는 아무런 중요성을 부여하지 않고 있으며 간접고용 전반에 걸쳐 이 판결의 의미를 평가하고 있다. 중요한 것은 부당노동행위구제제도의 취지를 단결권에 대한 침해의 배제 · 시정과 정상적인 노사관계의 회복에 있다고 보고 이를 위하여 유효적절하고 합리적인 방식으로 사용자 개념을 확정하였다는 점이다.

전술한대로 기간제법의 제정으로 기간제고용 대신 파견, 용역 형태의 간접고용으로 전환하는 일이 점차 많아지고 있는 현실을 돌이켜 볼 때 사용사업주를 상대로 한 단결권의 보장은 간접고용 근로자의 고용상의 지위 및 근로조건의 유지 · 향상을 위한 유일한 법적 장치라고 하지 않을 수 없다. 그러면 간접고용에서 지배기업의 사용자성 여부는 어떻게 판단하는 것이 바람직한가. 일반적으로 말한다면 지배기업이 부당노동행위 목적으로 종속회사를 해산시켜 근로자의 해고를 야기한 경우 지배기업과 종속기업 간의 관계, 종속기업의 폐업 · 해산에 대한 지배기업의 관여의 정도 등 구체적인 사정을 고려하여 지배기업의 책임유무 및 내용을 판단해야 할 것이다. 이 경우 지배기업과 종속회사의 해고근로자 간에 직접적으로 사법상의 근로계약관계가 성립하는지 여부를 판단하는 것과 노동위원회의 구제명령의 타당성 여부를 판단하는 재판은 구분될 필요가 있다. 지배기업의 고용책임이나 임금지급의무 등과 같은 개별 노동관계법상의 책임문제는 계약 법리와 직접적인 관련을 갖고 있어 보다 엄정한 법리적 검토가 필요하겠지만 부당노동행위의 행정적 구제의 타당성여부를 판단함에 있어서는 이 같은 법리에 반드시 엄격하게 매일 필요는 없다고 본다. 단결권 침해의 방지와 회복이라는 부당노동행위제도의 관점에서 판단할 때는 계약 법리는 어느 정도 완화되지 않으면 안 된다. 이 경우 지배기업이 노동조합법상의 사용자로 인정되기 위해서는 종속기업과 실질적으로 동일하다든가(위장해산의 경우) '종속기업의 존립을 좌우할 정도의 지배력'을 미치고 있다는 사실만으로 충분하다 할 것이다(파견이나 하청의 경우).

Ⅴ. 사용자 개념의 외연의 확장과 죄형법정주의

마지막으로 노동조합법상 사용자 개념의 확장이 명확성의 원칙에 반하는 등 죄형법정주의 원리에 반하지 않는가 하는 논란이 있을 수 있다. 이는 우리나라의 부당노동행위제도가 행정기관에 의한 원상회복조치와는 별도로 직접적인 처벌조항을 두고 있기 때문에 생기는 문제이다.

우리나라 부당노동행위제도는 미국의 제도보다는 일본법을 입법모델로 하여 거의 그대로 모방하는 형태로 만들어졌다. 다만 차이가 있다면 일본의 경우에는 1949년 법 개정에 의하여 부당노동행위를 직접 처벌하는 방식에서 노동위원회의 구제명령에 의한 원상회복의 방식으로 완전히 전환하였고 지금까지 이 방식을 고수하고 있다는 점이다. 대신에 노동위원회의 구제명령을 따르지 않았을 때 형벌의 제재를 하고 있다. 우리나라도 일본의 예를 본받아 1963년 법 개정 시 노동위원회에 의한 구제절차를 도입함으로써 직접처벌주의에서 원상회복주의로 바뀌었으나 1986년 법 개정에 의하여 다시 처벌조항을 신설함으로써 처벌주의와 원상회복주의를 병행하고 있다.

부당노동행위에 대한 전통적인 사법체계에 의한 규율의 부적절성에도 불구하고 직접적인 처벌방식이 다시 도입되게 된 연유는 행정적인 구제절차만으로는 노동기본권 보장의 실효성을 확보하기 어려웠기 때문으로 보인다. 오랜 기간에 걸친 노동3권에 대한 국가의 통제와 억압으로 인하여 노동인권에 대한 사회 전반의 규범의식이 극히 미약하였고 이 때문에 행정적인 구제절차만으로는 실효성을 거두기 어려웠다. 이리하여 직접적인 형벌에 의한 위화로 이를 보완하고자 하였던 것이다. 하지만 부당노동행위 구제의 필요성과 범죄의 성립여부는 별개의 문제로서 사용자의 부당노동행위가 인정되더라도 곧바로 범죄가 성립하는 것은 아니며 또한 실제로도 부당노동행위로 직접 처벌되는 사례는 거의 없었다. 이는 노사 간의 이해관계를 둘러싼 갈등에 대한 민형사상의 전통적인 사법체계에 의한 규율이 현실적으로 많은 한계를 가지고 있다는 것을 보여 주는 것이다. 하여튼 중요한 요점은 부당노동행위제도의 핵심이 전문적인 행정기관을 통한 노동기본권의 탄력적이고 효율적인 보장에 있다는 것이다. 달리 말하면 처벌주의를 염두에 둔 죄형법정주의의 원리가 부당노동행위제도 자체의 취지를 무력화하는 논리로 이용되어서는 안 된다는 점이다. 만약 부당노동행위제도에서 필요불가결한 사용자 개념의 확장적인 운용이 죄형법정주의의 원칙과 결코 조화하기 어렵다면 이는 입법론적으로 처벌주의를 재고할 수는 있을 것이다. 하지만 죄형법정주의 원칙을 들어 사용자 개념을 지나치게 협소하게 해석하게 되면 입법 기술적으로도 해결하기 어려운 돌이킬 수 없는 더 큰 문제를 발생시키게 된다. 즉, 부당노동행위의 주체인 사용자 개념을 근로계약의 주체인 사업주로만 해석하게 되면 고용형태 및 기업조직의 다양화에 따른 현실의 변화에 전혀 대응하지 못하게 된다. 파견 · 용역과 같은 간접고용은 물론이고 친자회사의 친회사, 기업합병이나 위장해산과 같은 경우의 합병기업이나 신설기업의 사용자성을 모두 부인할 수밖에 없게 된다. 근로조건이나 노사관계에 실질적이고 구체적인 지배력을 가진 기업이 노동법상 아무런 책임을 부담하지 않게 되어 이를 남용하게 될 것은 불을 보듯 명확하다. 따라서 죄형법정주의의 문제는 또 다른 차원에서 검토되어야 할 것이고 부당노동행위법의 적용의 필요성 또는 행정기관의 구제명령의 타당성여부를 묻는 부당노동행위 사건에서는 논점을 벗어난 것이라고 보아야 할 것이다.

Ⅵ. 결론에 갈음하여

타인의 노동력을 이용하여 이익을 얻으면서도 근로자에 대한 법적 책임은 자신에게 지배 · 종속된 영세기업에게 전가하는 탈법적인 수단으로서 이용되는 노무도급계약의 무분별한 확산은 노동기본권의 블랙홀이 되고 있다. 고용안정, 인간다운 근로조건의 보장, 노동3권, 사회보장 등 생존권의 중요한 헌법적 가치들이 크게 훼손되고 있다. 재산적 거래관계의 기본원리인 사적자치의 원칙이 인격의 발현인 노동력의 거래관계에 무매개적으로 적용되지 않도록, 또한 이러한 사회적 가치들과 조화를 이룰 수 있도록 균형 잡힌 법해석이 절실히 요구되는 시점이라고 생각한다.

이런 관점에서 본다면 부당노동행위의 주체인 사용자의 개념을 근로계약의 당사자로 한정하는 견해는 간접고용과 같이 본질적으로 고용관계와 사용관계의 분리가 예정되어 있는 다면적인 근로관계에서는 적용하기 어려운 논리이다. 이 견해는 근로계약이 단지 형식에 지나지 않는, 즉 법인격이 부인될 정도의 극히 예외적인 경우를 제외하고는 직접적인 노무수령자를 사용자로 인정하는 데 소극적인데 이는 근로계약관계를 단지 하나의 사용자와 근로자 간의 단일한 관계라는 사고에서 비롯된 것이다. 간접고용과 같이 전통적인 근로계약관계에서 벗어난 새로운 고용형태에 대한 법적 판단에 있어서는 노동현실에 걸맞은 사용자 개념이 필요하다고 본다.

간접고용에서 사용사업주가 부당노동행위의 주체가 될 수 있는가 하는 문제는 노동력 이용의 구체적인 실태에 따라 판단하면 크게 무리가 없을 것으로 생각한다. 현재의 판례의 입장대로 사용사업주와 타인의 근로자 간에 명시적인 또는 묵시적인 근로관계가 성립한다고 볼 수 있는 경우에는 사용사업주도 직접적인 근로관계의 당사자로서 부당노동행위법상의 사용자가 될 수 있을 것이다. 반면에 근로계약의 주체인 고용사업주가 독립적인 사업주로서 어느 정도 실체를 갖춘 파견 또는 도급의 경우에는 그러한 법적 관계의 적법성여부 또는 진정한 법률관계가 무엇인지를 따질 필요 없이 노동관계에 대하여 부당노동행위법의 적용을 필요로 할 정도의 실질적인 지배력을 행사하거나 영향력을 미치는 지위에 있는 자를 사용자로 보면 될 것이다. 또한 실질적인 지배력 또는 영향력의 정도는 노동3권의 침해내용과 범위에 따라 부당노동행위의 각 유형별로 구체적으로 판단하면 될 것이다.

마지막으로 건전한 노동시장의 유지와 합리적인 노사관계의 형성을 위해서는 근로자의 노무급부로부터 주된 이익을 향수하는 자가 그 근로자에 대한 관계에서 사용자로서 노동법상의 책임을 부담해야 하고 계약형식을 달리하거나 외형상의 사업주를 따로 두는 등의 탈법적인 방법을 통해 자신의 법적인 책임을 회피하거나 타인에게 전가할 수 없다는 원칙[21]과 법의식의 확립이 절실하게 필요하다는 점을 강조해두고 싶다.

---

21) 강성태는 이를 "사용자책임회피방지의 원칙"이라 부르고 이 원칙이 노동법상의 기본원칙들 중 하나라고 보고 있다. 강성태, "다면적 근로관계와 사업주책임", 노동법연구 제7호(서울대노동법연구회, 1998), 228쪽.

제6장

스웨덴의 직업소개 제도와 간접고용 규제

Ⅰ. 서론

1. 개 요

정부는 2010.9.15. 직업안정법을 전면적으로 개정하는 「고용서비스 활성화 등에 관한 법률안」을 입법예고하였다. 고용서비스는 그 성격상 민간 기업에 맡길 경우에 중간착취의 위험성이 매우 높기 때문에 전통적으로 국가의 독점적인 영역에 속하였다. 하지만 20세기 후반의 자본주의 경제 위기와 함께 등장한 신자유주의적인 흐름이 국가독점의 비효율성을 비판하면서 민간고용서비스를 허용하는 방향으로 바뀌고 있다. 그럼에도 불구하고 대부분의 국가에서 여전히 공공고용서비스의 중요성이 줄어들거나 퇴색되고 있지는 않으며 민간고용서비스는 공공고용서비스의 한계를 보완하는 역할에 그치고 있다. 하지만 한국 정부의 정책방향은 고용서비스 선진화라는 명목으로 민간고용서비스 활성화에 초점을 맞추고 있다. 너무나 낙후된 공공고용서비스의 기능을 혁신하여 양질의 서비스를 제공할 노력은 하지 않고 가뜩이나 불법적인 고용형태가 만연한 노동시장을 도리어 합법화해주는 방향으로 가지 않나 적잖이 우려된다. 고용서비스제도는 간접고용과도 밀접한 관련을 가지고 있기 때문에 이 장에서는 공공고용서비스제도가 효과적으로 잘 정착된 바탕위에 민간고용서비스를 부분적으로 받아들인 스웨덴의 법체계를 간접고용과 관련된 범위 내에서 검토해보고자 한다.

1930년대 이후 제2차 세계대전 기간 및 1976-1982년간의 일부 시기를 제외하고 줄곧 사회민주당 정부가 스웨덴을 복지국가로 이끌었다. 노동조합의 강력한 지지를 받아 집권한 사회민주당 정부는 집권 초기인 1935년에 직업소개법을 처음 제정하였고 ILO 96호 협약(유료 직업소개소 협약)의 비준국으로서 국가에 의한 직업소개의 독점체제를 유지하고 민영 직업소개를 엄격하게 규제해 왔다. 그러나 1991년과 1993년의 두 번에 걸친 민영 직업소개 및 근로자파견에 관한 법률(La gen om privat arbetsförmedling och uthyrning av arbetskraft)의 제 · 개정에 의하여 대폭 규제를 완화하고 민영 직업소개를 원칙적으로 합법화하였다. 이렇게 하여 직업소개서비스의 국가독점체제는 1993년 7월에 종료되었다고 말할 수 있다.

그런데 실제 노동시장에서 민영 직업소개소는 극히 제한된 범위 내에서만 기능하고 있을 뿐 여전히 공공직업소개소가 큰 역할을 담당하고 있다. 그 실례로 1997년을 기준으로 볼 때 신규취업 가운데 민영 직업소개소가 차지하고 있는 비율이 0.5% 정도에 지나지 않는데 비하여 공공직업소개소는 15%를 차지하고 있고 전체 실업자 가운데 약 22%가 공공직업소개소를 통하여 취업하고 있다.[1] 이는 스웨덴 정부가 잘 조직된 무료의 질 높은 공공직업소개제도를 유지하고 있고, 다만 공공서비스에 의하여 충족시킬 수 없는 노동력수급에 대하여 보충적인 수단으로서 민영소개업을 이용하고 있으며 그 남용과 폐해에 대하여는 이를 최소화할 수 있는 법적 장치들을 두고 있기 때문이다. 따라서 민영 직업소개소는 주로 공공직업소개소가 제공할 수 없거나 제공해서는 안 되는 분야에 그 활동이 제한되어 있다. 한편 민영 직업소개와 파견사업의 합법화로 그 남용이나 중간착취의 위험이 커질 가능성이 여전히 있지만 스웨덴에서는 그러한 문제점들을 그리 심각한 것으로 보고 있지는 않

1) Clas Almn, "Co-operation and Competition between Public and Private Providers of Services: The Case of Sweden", *International Labour Organization REPORT* 5(http://www.ilo.org/public/ english/dialogue/govlab/papers/1998/strapes/ch5.htm, 1998) 참조.

다. 왜냐하면 무료로 제공되는 광범위하고 질 높은 공공직업소개제도가 완비되어 있고 노동법과 사회보장법에 의하여 두터운 근로자보호가 법적 제도적으로 뒷받침되고 있기 때문이다. 특히 노동시장의 거의 전체를 조직하고 있는 강력한 노동조합이 존재하고 있고 입법에 의한 노동시장조건의 규율보다는 단체협약을 통한 규율을 선호하는 스웨덴의 전통 때문에 순수하게 법적인 의미에서는 규제완화가 상당히 진행되었다고도 볼 수 있지만 실질적인 측면에서의 변화는 그리 크지 않다고 할 수 있다.[2)]

2. 법규제의 연혁

(1) 1942년 직업소개법

스웨덴에서 처음으로 근로자파견이 법률에 의하여 명시적으로 금지의 대상이 된 것은 1942년의 직업소개법 개정 때였다. 1942년 법은 근로자파견을 영리를 목적으로 하는 민영 직업소개의 한 형태로 규정하여 이를 금지하였고 그 위반행위에 대하여는 영리목적의 직업소개와 동일하게 처벌하였다. 이는 근로자파견이 1935년 직업소개법 제정 이래 금지되었던 유료 직업소개의 탈법적인 수단으로서 이용되는 사례가 많았기 때문이다. 파견업자들 중에는 주된 업무가 근로자공급임에도 불구하고 파견업자가 아니라 직업소개업자로서 영업하는 자가 많았던 것이다.

근로자파견을 금지한 이유는 다음과 같다. 첫째, 파견업자의 활동이 직업소개의 탈법적 수단으로 이용됨으로써 노동법의 규율을 회피하는 동시에 근로자가 착취의 대상물로서 취급될 위험성이 크기 때문이다. 둘째, 국가의 통제가 미치지 않는 또 하나의 노동시장이 불투명한 형태로 존재한다는 사실로

2) Swedish National Labour Market Board, "Relations of the Public Employment Service with Temporary Work Businesses and Staffing Services", *Privab Report ISEKEN* 1999:5(http://www.ams.se/englishfs.asp?C1=223, 1999), 8쪽.

부터 국가의 노동시장정책이 붕괴될 잠재적 효과에 대하여 염려하였다. 셋째, 노동조합에게는 파견근로자가 조합에 가입하지 않는 경향이 있다는 점이 파견을 경계하는 이유가 되었다. 마지막으로 파견업자의 존재는 사용자 측에게도 이해관계가 있었다. 즉, 파견업자는 탈법행위에 의하여 비용을 줄이는 사례가 많고 정직한 기업에게는 불리한 결과를 초래하기 때문이다.

그런데 이러한 금지에도 불구하고 위법한 근로자파견을 이유로 기소되어 처벌된 예가 아주 드물었고 설사 처벌된 경우에도 그 형량이 가벼웠다고 한다. 여기에는 위법한 근로자파견과 합법적인 업무처리도급 간의 구별이 쉽지 않다는 데도 그 이유가 있었다. 하지만 근로자파견은 사회적으로 그리 심각한 문제로 생각되지는 않았다고 한다. 파견근로자가 전체 노동인구의 극히 일부에 지나지 않았고 그나마도 파견업자와 스웨덴 노동시장청(AMS) 사이에는 잦은 다툼이 있었으며 정부나 노동조합도 이 점만을 우려했을 뿐이다.

1942년에 근로자파견이 법률에 의하여 명시적으로 금지된 결과 합법적으로 사용자는 파견을 이용하여 노동력에 대한 일시적 수요를 충족시킬 수 없게 되었다. 기타 도급이나 하청이 가능하지만 현실적으로는 노동력수요가 본래 단기인 경우에는 이용할 수 없기 때문에 사용자들은 다른 길을 모색하지 않을 수 없게 되었다.

(2) 1991년 민영 직업소개 및 근로자파견에 관한 법률

1942년 이래로 장기간 근로자파견의 전면적인 금지와 기간제 고용의 엄격한 제한의 틀을 유지해 온 사회민주당은 1990년대 들어서서 법규제의 부분적인 완화에 착수하게 된다. 이러한 태도의 변화를 가져온 직접적인 원인은 경제적 환경의 변화였다.

1991년 법은 근로자파견에 대한 태도를 바꾸어 원칙적으로 이를 합법화하였다. 1935년 직업소개법 이래로 직업소개의 한 형태로 취급되어 온 근로자파견은 1991년 법에 의하여 직업소개와 개념적으로 분리되어 '진정한' 근로자파견은 합법화되었다. 이 법률을 제정하기 위하여 스웨덴은 ILO 제96호

협약(1949년)의 비준을 파기할 필요는 없었다. 왜냐하면 이 협약에 의하면 '진정한' 근로자파견은 직업소개로 보지 않기 때문이다. 1991년 법에서는 부당한 조건으로 근로자파견사업을 행하는 것을 막기 위하여 노동시장청과 노동조합의 쌍방에 의한 빈틈없는 감독체제가 갖추어졌다. 또한 '진정한' 근로자파견에는 많은 요건이 새로 부가되었다. 특히 파견사업주에 대하여는 규제가 가해졌고 사용사업주에게도 몇 가지 규제가 적용되었다. 노동시장청은 감독기관으로서의 역할을 담당하였고 금지명령이나 시정명령을 발할 행정적인 권한을 가지고 있었다.

한편 영리목적의 민영 직업소개는 1991년 법에 의하여도 여전히 위법한 범죄행위로 취급되었다. 다만 금지의 예외로서 헤드헌팅(headhunting)업이 추가되었다. 종전부터 최고위 중역의 채용을 지원하는 업자가 많았고 따라서 헤드헌팅업이 직업소개에 해당하는지 여부가 다투어졌다. 업자 측에서는 헤드헌팅업은 응모자 가운데 가장 적합한 후보자에게 그 지위를 제시하는 것이고 누구에 대해서도 일자리를 알선하는 것이 아니어서 직업소개에 해당하지 않는다고 주장하였다. 1967년 정부위원회는 조사결과 헤드헌팅업은 직업소개에 해당하지 않는다는 결론을 내렸다. 그러나 그 후에도 이 문제에 대한 의견의 대립이 여전히 있었다. 1991년 법에서 입법자는 민간부분 및 공공부분에서 헤드헌팅업자의 서비스에 대한 노동시장의 정당한 수요가 있다는 입장을 취하였다. 그 이유는 헤드헌팅업의 합법화에 의하여 영향을 받는 것은 노동인구의 극히 적은 부분이고 노동시장청의 사전허가와 엄격한 감독 하에서 이러한 업자의 영업을 인정하여도 노동시장에 악영향을 미치지 않는다고 생각되었던 것이다.

이 법률은 1992년 1월에 발효하였고 파견근로자의 사용에 대하여 파견사업주와 사용사업주를 모두 구속하는 매우 엄격한 태도를 취하였다. 즉, 파견사업주에 대하여는 ① 4개월 이상 계속하여 파견하지 못하며, ② 근로계약의 체결은 임금 기타 근로조건을 정한 서면으로 해야 하고, ③ 대체 고용, 견습생, 휴일 고용 및 병역의무 이행전의 기간 외에는 기간을 정한 근로계약을 체결하지 못하고, ④ 파견근로자가 사용사업주에게 직접 고용되는 것을 방해하지 못하며, ⑤ 파견근로자를 종전의 사용자에게 고용종료 후 6개월 이내에 파견하지 못하도록 하였다. 그리고 사용사업주에 대하여는 ① 일시적으로 노동력이 필요한 경우로 제한하고, ② 사용기간은 4개월을 넘지 못하고, ③ 자신이 사용하고 있거나 사용하였던 파견근로자를 직접 고용하는 것을 방해하는 계약을 체결하지 못하며, ④ 자신과 고용관계가 종료된 후 6개월 이내에는 그 근로자를 파견근로자로서 사용하지 못하도록 하였다(근로자파견법 제9조, 제10조).

(3) 1993년 민영 직업소개 및 근로자파견에 관한 법률

그런데 1993년의 법 개정으로 근로자파견에 대한 규제는 대폭 완화되었다. 행정적인 허가나 신고의무 등의 규제가 거의 사라지고 파견사업주의 경우에만 약간의 규제가 남아 있을 뿐 사용사업주의 경우에는 종전의 규제조항이 모두 폐지되었다. 이와 같은 근본적인 법 개정을 위하여 스웨덴은 ILO 제96호 협약의 비준을 파기하지 않으면 안 되었다. 그리하여 1993년 6월 4일 이 협약의 구속을 벗어나서 7월 1일 이 법이 발효하였다. 그때까지만 해도 스웨덴은 ILO 기준을 충실히 준수해 왔기 때문에 이 파기는 주목을 받았다. 그러나 스웨덴만이 이처럼 급격하게 방침을 전환한 것은 아니었고 덴마크, 핀란드, 독일도 마찬가지 행동을 취하였다. 스웨덴 정부는 직업소개 분야에서 공공기관의 독점체제가 변경되는 경향이 일반적인 현상이라고 주장하였다. 하지만 여기서 오해해서는 안 되는 점이 몇 가지 있다. 1993년 법은 무료의 질 높은 공공직업소개가 직업소개의 기본이며 이를 지속시켜 나간다는 확신 위에서 제정된 것이다. 직업소개 분야에서 민영 직업소개소가 지배적이 된다는 것은 생각할 수도 없고 그 활동은 제한적인 것으로서 매우 뛰어난 능력을 필요로 하거나 전문적인 근로자의 채용에 한정된다는 점에 의견을 같이하였다. 마찬가지로 근로자파견이 급증하여 노동시장의 상당 부분을 차지한다는 것도 생각할 수 없었다. 노동시장청도 직업소개의 핵심적인 기능을 유지하고 있으며 공공직업소개는 무료로서 전국적으로 조직되어 있고 그 지위는 크게 변하지 않았다.

파견근로에 대한 스웨덴의 1993년 법의 규율방식은 등록형의 프랑스보다는 상용형의 독일의 방식에 가깝게 되었다. 이러한 태도변화는 파견근로의 이용을 보다 자유롭게 한 측면도 있지만 여전히 근로자파견과 직업소개를 엄격하게 구분하고 파견근로자와 파견사업주 간의 근로관계를 고용보호법에 의하여 규율함으로써 파견근로자가 지속적으로 고용불안상태에 빠지는 것을 방지하고 있다.

4. 단체협약과 파견근로

(1) HAO와 HTF 간의 단체협약

근로자파견사업이 합법화되기 전인 1988년에 서비스부문의 사용자단체인 '상업서비스업경영자연맹'(HAO)과 같은 서비스부문의 화이트칼라 근로자로 조직된 HTF 간에 근로자파견사업에 관한 단체협약이 체결되었다.[3] HAO에 가입한 파견사업주는 이 단체협약에 구속되기 때문에 HTF의 조합원이 아닌 파견근로자도 이 협약의 적용을 받는다. 이 단체협약의 내용을 개괄하면 다음과 같다.

첫째, 파견사업주는 파견근로자에게 4주간의 단위기간을 평균하여 1주일에 20시간 이상 취업을 제공하여야 한다. 이 부분은 단체협약에서 가장 중요한 의미를 가지는 내용으로서 만약 파견사업주가 평균 주당 20시간 이상을 파견근로를 시키지 않으면 주당 20시간분의 임금을 지급해야 한다. 다만 사용자와 근로자는 별도의 협의에 의하여 이를 변경할 수 있도록 하고 있다. 이러한 최저임금보장 조항은 우리나라처럼 파견과 실업이 반복되는 등록형 파견과 같이 고용이 불안정한 파견근로자에게 파견 대기기간 동안 어느 정도

3) 이하 伍賀一道, 雇用の彈力化と勞働者派遣・職業紹介事業(大月書店, 1999), 280-282쪽 참조.

임금을 보장해 주는 기능을 할 수 있는 것이다.

둘째, 파견근로자는 제시받은 일을 거부할 권리를 가진다. 이 경우에는 무급의 휴가로 처리한다.

셋째, 파견근로자가 질병으로 취로할 수 없는 경우에는 질병수당이 지급된다. 질병수당은 질병초일은 지급하지 않고 2일과 3일째는 합의한 노동시간을 시간당 임금으로 곱한 금액의 75%, 4일 이후부터는 90%가 지급된다. 그리고 15일부터는 10%만 지급된다.

넷째, 유급휴가, 휴가보상은 법률에 따라 부여된다.

다섯째, 파견근로자는 연금보험의 적용을 받는다.

이와 같은 단체협약의 내용은 1993년 법의 규정이 매우 완화된 점을 보완하여 파견근로자를 보호하는 데 중요한 의미를 가지고 있었다. 다만 단체협약의 효력이 미치지 않는 HAO 미가입 파견기업의 파견근로자는 법률상으로는 기간을 정하지 않은 고용이라고 할지라도 파견과 파견사이의 중간기간에 대하여는 임금이 보장되지 않는 경우도 많다고 한다.

(2) 단체협약의 확산

파견업체와 전국단위의 산별 노동조합 간의 단체협약은 근로자파견의 합법화 이후에 점차 증가하기 시작하였다. 블루칼라 중앙노조인 LO는 근로자파견 합법화의 위험성을 일찍부터 비판하고 파견업체와의 단체협약의 체결을 거부하였지만 2000년에 이르러서는 태도를 바꾸었다. LO를 제외한 다른 노조들이 대부분 파견업체와 단체협약을 체결하였고 이로 인하여 전반적으로 LO의 단결력에 대한 위험이 증가했기 때문이다.[4)]

스웨덴의 단체협약의 주요 특징 가운데 하나는 파견업체 소속 근로자가 사용사업주에 파견되지 못하여 업무대기 중일 경우에도 임금을 보장한다는 것이다. 앞의 HAO와 HTF 간의 단체협약에서 정해진 정규임금 대비 50%수준

---

4) 이하 손혜경, "스웨덴 인력파견업체의 성장과 스웨덴 모델", 국제노동브리프 2010년 4월호(한국노동연구원, 2010), 68-71쪽 참조.

의 임금보장은 1997년에는 75%로 상향 조정되었다. 2007년에 체결된 LO산하 모든 노동조합과 파견업체 간의 단체협약에서는 이러한 최저임금의 보장과 함께 파견업체 정규직 근로자와 파견근로자의 차별대우를 금지하고 3개월 이상 사용하지 못하도록 하였다. 화이트칼라 근로자 중심의 스웨덴임금근로자중앙기구(TCO) 및 전문직종사자 중심의 스웨덴직업단체연맹(SACO)과 파견업체 간에 체결된 화이트칼라 근로자의 단체협약(2007년)도 최초 18개월간은 매월 133시간의 노동시간에 대하여, 18개월 이후에는 150시간의 노동시간에 대하여 임금을 보장하도록 하였다.

II. 근로자파견에 대한 일반적 규율

1. 파견기간과 파견대상업무

사용사업주는 파견근로의 사용사유에 의한 제한과 사용기간의 제한을 받지 않는다. 따라서 사용사업주는 파견근로자를 이용할 때 그 사유를 제시할 필요가 없으며 파견기간의 상한선의 제한도 받지 않는다. 1991년 법에는 파견기간의 상한선을 4개월로 제한하는 규정이 있었으나 현행법에는 상한성의 제한이 없다. 적어도 이론적으로는 동일한 파견근로자를 몇 년에 걸쳐서 무제한으로 사용해도 적법한 것으로 된다. 하지만 이러한 경우에는 파견근로자가 사실상 사용사업주에게 편입되어 사용사업주의 근로자로 보아야 하지 않는가 하는 문제가 발생할 수 있다. 입법과정에서 유럽연합(EU)의 지침안(EC COM 90/228)에 따라 12개월의 상한선이 대부분의 경우에 적용된다는 점에 비추어 기간의 상한선을 존치해야 한다는 주장이 제기되었다. 하지만 입법자는 이 지침안이 아직 확정되지 않았다는 점과 파견근로자를 이용하는 비용이 직접 고용하는 경우보다 높기 때문에 현실적으로 장기적인 이용이 적을 것으로 예상된다는 이유를 들어 이 의견을 받아들이지 않았다.

2. 모집형(또는 등록형) 근로자파견의 제한

현행법은 계약기간과 관련하여 사용사업주에 대한 규제를 거의 폐지한 대신 파견사업주에 대하여는 여전히 여러 가지 법적 제한을 가하고 있다. 스웨덴의 고용보호법(La gen om anställingsskydd; 1982)은 사용자가 해고규제에 관한 법의 적용을 회피하기 위하여 기간을 정한 근로계약을 체결하는 것은 원칙적으로 금지하고 있다. 기간을 정한 근로계약은 특별히 법률의 규정이 있는 경우와 근로자의 중앙단체가 체결하거나 승인한 경우에 한하여만 체결할 수 있다. 1991년 법은 기간을 정한 근로계약에 대한 고용보호법의 일반적인 규제를 파견사업주에게 한층 강화하였지만 1993년 법은 이를 폐지하였다. 따라서 현재는 파견사업주도 일반사업자와 마찬가지로 고용보호법의 적용을 받는다.

고용보호법의 해석에 의하면 파견사업주는 사용사업주가 누구인가에 관계없이 동일한 근로자와 기간제 근로계약을 반복 갱신하여 동일한 업무를 위하여 파견하지 못한다. 고용보호법은 일반적으로 장기의 노동력수요는 기간을 정하지 않은 고용으로 해야 한다는 원칙에 입각하고 있다. 즉, 기간을 정한 근로계약은 '특정한 성질'의 업무를 위해서만 인정된다(제5조 제1항).[5] 따라서 파견사업주가 동일한 업무를 위하여 근로자를 반복하여 고용하는 경우에

5) 고용보호법에 의하면 기간을 정한 근로계약을 체결할 수 있는 경우는 (1) 근로의 특성상 불가피한 경우, 특정한 시기, 특정한 계절 또는 특정한 작업을 위한 계약, (2) 대체고용, 훈련생 또는 휴일고용으로서 특정한 기간을 위한 고용, (3) 일시적인 일의 증가로 불가피한 경우, 2년 중 최고 6월까지의 특정한 기간을 위한 고용, (4) 병역의무 기타 이와 유사한 3월 이상의 복무기간이 개시되기 전의 기간을 위한 계약, (5) 근로자의 연령이 정년에 달하거나 또는 정년이 없는 경우에는 65세에 달한 때 퇴직 후 고용에 관한 특정한 기간을 위한 계약(이상 제5조), (6) 수습근로계약을 체결한 때(제6조)이다. 만약 이러한 사유에 해당하지 않는 기간을 정한 근로계약을 체결하면 그 근로계약은 기간을 정하지 않는 근로계약으로 된다. 이 고용보호법의 번역문은 노동법연구 제5호(서울대학교 노동법연구회, 1996), 187-201쪽에 전문이 게재되어 있다.

그러한 업무는 '특정한 성질'의 업무로 보지 않기 때문에 고용보호법 위반이 된다. 이러한 근로계약에 대하여 파견근로자는 파견사업주를 상대로 그 근로계약이 기간의 정함이 없는 것이라는 확인을 구할 수 있다.

기간을 정하지 않은 근로계약은 여러 가지 면에서 근로자에게 유리하게 작용한다. 고용보호법도 근속기간에 따른 근로조건의 차별 등 기간을 정하지 않은 근로계약을 유리하게 취급하고 있다. 그런데 파견사업주는 근로자를 항상 파견하여 임금을 지불해야 할 의무가 있는 것은 아니다. 파견사업주가 일시적 혹은 단속적으로 업무를 부여하는 경우에도 실제로 근로제공이 있었던 만큼만 임금을 제공한다는 근로계약도 역시 적법한 것으로 인정된다. 다만 앞에서 보았듯이 노사 간의 단체협약에 따라 협약당사자인 사용자단체에 가입한 파견사업주에게는 파견 중단기간 동안에 일정한 시간분 이상의 최저임금보장을 비롯한 여러 가지 의무가 주어진다.

3. 연쇄적인 근로자파견의 제한

파견근로자를 다시 재파견하는 연쇄적인 근로자파견에 대하여는 법률에 의하여 명시적으로 금지하고 있지는 않지만 판례에 의하여 제한을 받는다. 연쇄적인 파견에 대하여 근로자는 법률상 사용자의 특정을 위하여 그 확인을 구하는 소송을 제기할 수 있다. 근로자를 연쇄적으로 파견하는 것은 형사처벌의 대상은 아니지만 손해배상책임을 부담하게 된다.

III. 근로자파견의 법률관계

1. 파견사업주와 사용사업주의 법률관계

파견사업주와 사용사업주의 관계는 일반 계약법과 상법의 법리에 따른다.

현행 근로자파견법 제2조는 근로자파견을 "사용자가 보수를 받고 제3자(이용자)의 업무의 일부인 노무를 수행할 것을 목적으로 그가 고용한 근로자를 제3자의 지휘명령 하에 두는 것을 내용으로 하는 제3자와 사용자 간의 법률관계를 말한다"고 정의하고 있다. 이 정의에는 두 가지 핵심적인 요건을 포함하고 있다. 즉, 첫 번째는 유상 계약이란 점이고, 두 번째는 그 근로자가 수행하는 업무가 제3자의 활동에 포섭된다는 점이다. 이 두 요건 중 어느 하나라도 결여되면 근로자파견에 해당하지 않는다. 이 밖에는 상법의 일반원칙의 적용을 받는다.

2. 파견사업주와 파견근로자의 법률관계

파견사업주와 파견근로자 간의 관계는 양자 간에 근로계약관계가 성립한다는 원칙에 입각하고 있다. 따라서 통상의 근로계약관계와 마찬가지로 노동법과 사회보장법이 모두 적용된다. 현행법상 이 관계에 적용될 법규를 별도로 열거하고 있지 않는데 이는 그럴 필요가 전혀 없기 때문이라고 한다. 다만 통상의 근로계약관계와는 달리 파견사업주와 파견근로자 간에 특별히 적용되는 두 규정이 있고 고의 또는 과실로 이 규정을 위반할 경우에는 벌칙이 적용된다(제7조).

(1) 직접고용 방해금지

근로자파견법 제4조 제1호는 "근로자가 현재 또는 이전의 사용사업주인 제3자에게 고용되는 것을 계약 등에 의하여 방해해서는 안 된다"고 규정하고 있다. 이 규정의 목적은 일하고 싶은 사용자에게서 일하는 것(고용선택의 자유)을 부당하게 제한하는 것을 금지함으로써 근로자의 고용안정을 도모하기 위한 것이다. 따라서 파견사업주와 사용사업주 간의 계약으로 사용사업주가 파견근로자를 직접 고용하지 못하도록 하는 합의는 근로자를 구속하지 않는다. 즉, 파견근로자와 사용사업주 간에 체결된 근로계약은 파견사업주와 사용사업주 간의 계약에 반한다고 해도 구속력을 가진다.

(2) 정규직근로자의 파견근로자로의 전환사용 제한

근로자파견법 제4조 제2호는 "근로자의 종전의 고용관계가 종료되고 파견사업주에게 고용된 경우 이 근로자를 종전 고용관계의 종료 후 6월 이내에 종전의 사용자에게 파견해서는 안 된다"고 규정하고 있다. 정규직 근로자를 파견직으로 바꾸어 계속 고용하는 것을 금지한 규정이라고 볼 수 있다. 이 규정은 파견사업주에게만 적용되고 사용사업주에게는 적용되지 않는다. 이에 비하여 1991년 근로자파견법에서는 사용사업주(이전의 사용자)에게도 적용되었다. 이 법은 주로 사용자의 탈법행위를 막고자 그런 규정을 두었다. 사용사업주가 근로자와의 관계를 실질적으로는 그대로 유지하면서 사용자로서의 책임만을 파견사업주에게 이전할 위험성이 있기 때문이었다. 현행법은 비록 파견사업주에게 벌칙을 적용함으로써 간접적으로 그러한 위험을 억제하고 있지만 이 점에 대하여는 판례법리에 의한 해결의 가능성을 가지고 있다. 즉, 파견사업주와 파견근로자 간의 근로계약관계가 의제에 지나지 않는다거나 비정상적으로 약한 경우에 법원은 그 법적 형식에 관계없이 고용관계의 요소를 실질적으로 검토하여 사용자가 누구인지를 판단할 수 있는 근로계약관계의 재분류 권한을 가지고 있다.[6] 따라서 스웨덴 법에 있어서는 누가 근로자이고 누가 그 근로자의 사용자인가 하는 점에 관하여는 당사자의 의사가 아니라 판례법리와 일반원칙에 따라 근로관계의 요소를 검토하여 결정된다. 이 때문에 1993년 근로자파견법에서 이 제한규정이 사용사업주에게 적용되지 않는다는 것은 법적으로 거의 중요한 의미를 갖지 못하였다.

6) Reinhold Fahlbeck, 黑川道代 옮김, "スウェデンの民間職業紹介と勞働者派遣", 日本勞働研究雜誌 418호(1994), 25쪽.

3. 사용사업주와 파견근로자 간의 법률관계

1991년 근로자파견법과는 달리 현행법은 사용사업주와 파견근로자 간의 관계에 대하여는 어떠한 규정도 두고 있지 않다. 우선 양자 간에는 어떠한 계약관계도 존재하지 않는다. 파견근로자는 당연히 파견사업주의 근로자이고 근로계약상의 권리의무는 파견사업주와의 관계에서만 존재한다. 근로자는 사용사업주의 지휘명령에 따라 근로를 제공하지만 그것은 법률관계가 아니라 파견근로자와 파견사업주 간의 근로계약 및 파견사업주와 사용사업주 간의 계약에 기초한 것이다. 그러나 사용사업주와 근로자 간에 계약관계가 존재하지 않는다고 해서 양자 간에 법적인 관계가 전혀 없는 것은 아니다. 양자 간에도 일정한 법적 규율이 존재한다.

(1) 노동법의 일반적인 적용

사용사업주는 근로자의 대우에 관하여 노동법상 사용자로서의 모든 규정을 준수해야 할 의무가 있다. 예를 들면 인사에 관한 법규제로서 지휘명령의 태양에 관한 것이나 성희롱 등으로부터 근로자보호의무가 있다. 또한 일반적으로 사용사업주의 인사는 '노동시장의 공서'에 반해서는 안 된다. 이러한 개념은 애매하지만 여러 분야에서 판례에 의하여 어느 정도 구체적인 기준이 제시되고 있다.

(2) 노동법의 부분적인 적용

사용사업주에게 부분적으로 적용되는 노동법규도 있다. 이 가운데 가장 중요한 것은 노동환경법(Work Environment Act, 1978)이다. 이 법은 사업장에서 질병이나 부상을 예방하고 보다 나은 노동환경을 조성하기 위하여 1978년에 제정되었다. 그 후 근로자파견의 합법화를 포함한 간접고용의 증가로 인한 고용형태의 변화에 대응하기 위하여 1994년 일부 개정이 있었다. 노동환경법 제3장 제12조 제2항은 "자신의 사업활동 범위 내에서 타인의 근로자를 사용하는 자는 그 근로에 요구되는 안전조치를 취할 의무를 진다"고 규정하고 있다. 본래 근로자에 대한 안전배려의무는 그 근로자의 사용자가 부담하지만 자신의 근로자라고 하더라도 타인의 지휘명령 하에 있는 경우에는 그 노동환경에 영향을 미치기가 곤란하다. 이 때문에 근로자를 직접 사용하는 자에게 그 책임을 부담하도록 한 것이다. 다만 그 책임의 내용은 재활복귀와 같은 장기 조치를 포함하지 않으며 그러한 책임은 근로계약의 당사자인 사용자가 부담한다. 또한 제6장 제10조는 파견사업주의 종업원의 안전대표자에게 그 임무수행을 위하여 사용사업주의 시설 내에 출입할 권한을 부여하고 있다. 안전대표자를 방해하는 경우에는 손해배상책임이 따르게 된다.

Ⅳ. 간접고용에 대한 노동조합의 권리 및 대응

1. 사전협의의무

1993년 법에는 아무런 규정이 없지만 파견근로와 같은 간접고용 방식에 의한 근로자의 사용을 절차적으로 제한하는 규정이 공동결정법(La gen om medbestämmande i arbetslivet, 1976)[7]에 있다. 스웨덴의 공동결정법에 의하면 사용자가 직접 고용하지 않은 제3자에게 자신을 위하여 또는 자신의 사업에 속하는 작업을 하도록 허용하는 결정을 하기 위해서는 사전에 그 작업에 관하여 단체협약의 적용을 받는 노동조합에게 단체교섭을 신청하여 협의해야 한다고 규정하고 있다(제38조 제1항). 이러한 사전협의의무는 사용자

7) 스웨덴의 공동결정법은 기존의 노동쟁의조정법(The Act on Mediation in Industrial Disputes, 1920), 노동쟁의특별중재법(The Act on Special Arbitrators in Industrial Disputes, 1920), 단체협약법(The Act on Collective Agreements, 1928) 그리고 단결권 및 단체교섭권에 관한 법률(The Act on the Right of Association and Negotiation, 1936)을 손질하여 통합하고 여기에 노동조합의 공동결정권을 새로 도입한 것이다.

가 기업 밖의 비종업원에게 작업을 위임할 때 생길 수 있는 여러 가지 부작용을 예방하고자 하는 데 그 목적이 있다(예를 들면 하청 또는 파견근로자의 사용에 따른 고용감소 위험 등). 이에 따라 노동조합은 사용자의 그러한 활동을 초기에 감독할 권한과 단체교섭이 종료된 후에 사용자의 행동을 금지시킬 수 있는 권한을 부여받았던 것이다. 반면에 사용자가 외부에 맡기고자 하는 작업이 단기적이거나 또는 특수한 전문적인 지식을 필요로 하는 것인 경우에는 사전협의의무가 면제된다(제38조 제2항). 또한 긴급한 사정이 있는 경우에는 먼저 결정을 하거나 이행한 후에 단체교섭을 신청할 수 있도록 하였다(제38조 제3항).

사전협의의무의 내용과 관련하여 사용자는 사전협의 시에 협의사항의 해결을 위하여 합리적인 제안을 내놓고 성실히 교섭에 임해야 한다는 성실교섭의무를 부담한다. 또한 '협의'의 법적 성격에 관하여 이 법 제정 시부터 논란이 많았지만 사용자측에 대한 압력을 의미하는 연기의무에 의하여 사실상 공동결정을 의미한다.[8)]

2. 거부권

1994년 공동결정법의 개정으로 비록 삭제되었지만 그때까지 노동조합은 사용자가 제안한 사항이 법률이나 단체협약에 위배될 수 있거나 또는 업계에 일반적으로 받아들여지고 있는 관행에 저촉되는 경우에는 이를 거부할 수 있는 거부권을 가지고 있었다. 노동조합의 거부권은 직업생활에 있어서 근로자측의 힘을 강화하는 조치의 일환으로서 1976년에 도입되었다. 이 거부권은 그 후 중도 · 우파 연립정권의 제안으로 반드시 근로자파견을 염두에 둔 것은 아니지만 1994년 폐지되었다.

근로자파견 등 간접고용의 이용에 있어서 거부권은 특별한 의미를 가질 수

---

8) Axel Adlercreutz, "Sweden", *International Encyclopaedia for Labour Law and Industrial Relations*, Vol. 10(Blanpain, P. ed., 1990), 217쪽.

있다. 간접고용을 이용하는 결정은 사전협의의무에 비하여 공동결정권을 보다 내실 있게 만들 수 있는 것이다. 한편 사용자가 노동조합의 거부권 행사에 따르지 않고 실행에 옮긴 경우에는 사용자의 결정 그 자체는 효력을 상실하지 않지만 노동조합에게 손해배상책임을 부담하였다.[9] 이 거부권이 실제로 행사된 경우는 그리 많지 않지만 사용자로서는 그 위협을 경시할 수 없기 때문에 간접적으로도 중요한 무기가 될 수 있었다.

3. 근로자파견사업의 규율(허가기준, 신고제 또는 허가제)

현재 1993년 법은 근로자파견을 규율하는 유일한 법이다. 이 법은 행정기관이 부가적인 규제를 하는 것을 인정하지 않는다. 따라서 금지명령이나 시정명령 등을 포함한 광범위한 행정감독이나 행정벌의 행정적 권한이 폐지되었다. 그 대신 근로자파견에 대한 법적 규제는 오로지 사법부의 손에 맡겨져 있다. 이러한 규제는 이 법 제3조 및 제4조 위반에 기한 형사소송의 하나로서만 가능하고 이와 같은 소송의 제기여부는 검찰의 결정에만 맡겨져 있다. 노동시장청은 업자의 위법실태를 검찰에 통보할 수 있지만 스스로 소제기를 할 수 없다. 따라서 법원은 금지명령이나 시정명령을 발할 권한을 가지고 있지 않고 그 역할은 다른 형사소송사건과 마찬가지로 기소된 행위가 범죄를 구성하는지 여부를 판정할 수 있을 뿐이다.

1993년 법의 개정으로 민영 직업소개소를 포함한 파견사업의 사전허가제나 각종 신고의무가 모두 폐지되었다. 다만 다른 모든 사업과 마찬가지로 관련기관에 등록해야 할 회사법상의 일반적인 의무를 부담한다. 그러나 이러한 등록은 형식적인 것이고 파견사업의 적법성과는 관련이 없다. 따라서 일반적인 요건을 갖추고 있는 한 등록을 거부할 수 없다. 또한 등록은 등록신청자의 개인적인 자격이나 적성과도 아무런 관련이 없다.

---

9) Reinhold Fahlbeck, *Labour Law in Sweden: A Brief Outline*(1981), 25쪽.

Ⅴ. 결 론

스웨덴의 근로자파견사업 및 민영 직업소개사업에 대한 규제완화는 서구 다른 나라에 비하면 상당히 큰 폭으로 이루어진 것으로 볼 수 있다. 하지만 법령상의 변화에도 불구하고 완화된 부분은 상당부분 노사 간의 단체협약에 의하여 파견근로자에 대한 보호조치가 이루어졌다. 이는 입법보다 노사당사자의 자율적 교섭에 의하여 임금과 근로조건을 결정하는 스웨덴 노동시장 모델의 특징 때문이다. 이러한 스웨덴 모델은 노동시장 당사자의 높은 조직률에 그 바탕을 두고 있다.

그리고 스웨덴은 독일과 마찬가지로 상용형 파견을 원칙으로 한다. 이는 파견사업주와 근로자 간의 근로계약관계의 성립을 전제로 하되 이를 기간을 정한 근로계약을 체결하지 못하게 하는 방식으로 고용안정을 도모한다. 즉, 직접고용 원칙을 유보함으로써 생긴 고용의 불안정성을 상시고용의 원칙을 통하여 보완하는 형태이다. 이러한 스웨덴의 입법태도는 파견사업주의 책임능력과 밀접한 관련이 있다. 즉, 실제로 파견사업주가 사용자로서 부담해야 할 법적 책임에 대한 충분한 능력과 자격을 갖추고 있어 이렇게 하더라도 근로자보호에 아무런 문제가 생기지 않는다고 보았기 때문이다.

1993년 「민영 직업소개 및 근로자파견에 관한 법률」의 제정 후 3년간의 시행과정을 거쳐 이 법의 평가를 위한 보고서가 1997년 3월에 의회에 제출되었다.[10] 이 보고서에서 스웨덴의 규제완화평가위원회는 파견근로자의 확대가 정규근로자의 지위를 위협할 정도는 아니라고 평가하고 있다. 그 이유로서는 파견근로자를 이용할 경우 시간당 파견대금이 정규직 고용보다도 높다는 점과 공동결정법에 의하여 파견근로자를 이용할 때에는 노동조합과 반드시 단체교섭을 해야 한다는 점을 들고 있다. 반면에 공동결정법에 따른 사용사업주에 대한 노동조합의 통제는 중소 영세기업에 대하여는 사실상 제대로

10) 이 보고서의 내용에 관하여 상세한 것은 伍賀一道, 앞의 책, 306쪽 이하 참조.

기능하지 못하고 있다고 한다. 또한 대체고용으로서 임시 근로자를 반복해서 사용하면 일정 기간 후에는 정규고용으로 전환해야 한다는 고용보호법의 규정을 회피하기 위하여 파견근로자를 활용하는 사례도 발생하고 있다고 한다. 단체협약에 의하여 최저임금을 받고 있는 파견근로자는 일부에 지나지 않고 파견근로자의 다수가 파견대기 기간 중에 임금을 받지 못하는 경우도 많다는 점들이 지적되고 있다.

2004년의 연구조사에 의하면 파견업체에 고용된 근로자는 주로 여성근로자, 청년층 근로자, 이주근로자라고 한다. 특히 여성근로자가 58%를 차지하고 있는데 사용업체의 파견업무가 주로 여성들이 일하는 서비스업종이고 가사 일을 주로 담당하는 여성들이 파트타임으로 일하기를 원하기 때문이라고 한다.[11] 이런 점에서는 풀타임의 정규직 대체가 주된 경향인 우리나라의 실태와는 확연히 다른 모습이라고 할 수 있다.

VI. 자료

1. 민영 직업소개 및 근로자파견에 관한 법률(1993. 제440호)

제1조 이 법률은 공공직업소개 외의 직업소개를 행하고자 하는 자에게 적용한다. 다만 출판의 자유에 관한 명령(1949) 또는 표현의 자유에 관한 법률(1949)의 적용을 받는 출판물, 통신 및 녹음영화에 의한 직업소개를 제외한다. 이 법률에 있어서 직업소개란 구직자에게 일자리를, 사용자에게 노동력을 알선하는 활동을 말한다. 다만, 제2조에서 정의하는 근로자파견을 제외한다.

제2조 이 법률은 근로자파견에 관한 규정을 포함한다. 근로자파견이란 사용

11) 송혜경, 앞의 글, 66쪽.

자가 보수를 받고 제3자(이용자)의 업무의 일부인 노무를 수행할 것을 목적으로 그가 고용한 근로자를 제3자의 지휘명령 하에 두는 것을 내용으로 하는 제3자와 사용자 간의 법률관계를 말한다.

[선원의 직업소개]

제3조 유료로 선원의 직업소개를 하지 못한다.

[근로자파견]

제4조 근로자파견을 업으로 행하는 사용자는 다음과 같은 의무를 부담한다.

1. 근로자가 현재 또는 이전의 사용사업주인 제3자에게 고용되는 것을 계약 등에 의하여 방해해서는 안 된다.
2. 근로자가 이전의 고용관계를 종료시키고 파견사업주에게 고용된 경우 이 근로자를 고용관계의 종료 후 6월 이내에 이전의 사용자에게 파견해서는 안 된다.

제5조(1993년 법령 제1499호에 의하여 삭제. 개정 전의 제4조 제1항은 근로자와 파견사업주 간에 서면에 의한 고용계약을 체결하지 않으면 안 된다고 규정하였었다. 현재는 고용보호법 제6조의1에 동일한 규정이 있고 이 조항이 노동관계전반에 적용된다)

[구직자 및 근로자로부터 요금징수의 금지]

제6조 직업소개 또는 근로자파견을 업으로 행하는 자는 구직자 또는 근로자로부터 일자리의 제공 또는 알선에 대한 요금을 청구 또는 약정하거나 수령해서는 안 된다.

[형사책임]

제7조 고의나 과실에 의해 제4조의 규정을 위반한 사용자는 벌금에 처한다.

고의나 과실에 의해 제3조 또는 제6조의 규정을 위반한 자는 벌금 또는 6

월 이하의 금고에 처한다.

이 법률은 1993년 6월 1일에 발효한다.
민영 직업소개 및 근로자파견에 관한 법률(1991년 제746호)은 폐지한다.

2. 민영 직업소개 및 근로자파견에 관한 법률(1991. 제746호)

제1조 이 법률은 공공직업소개외의 직업소개를 행하고자 하는 자에게 적용한다. 다만 출판의 자유에 관한 명령(1949) 또는 표현의 자유에 관한 법률(1949)의 적용을 받는 출판물, 통신 및 녹음영화에 의한 직업소개를 제외한다. 이 법률에 있어서 직업소개란 구직자에게 일자리를, 사용자에게 노동력을 알선하는 활동을 말한다(다만, 제2조에서 정의하는 근로자파견을 제외한다).

제2조 이 법률은 근로자파견에 관한 규정을 포함한다. 근로자파견이란 사용자가 보수를 받고 제3자(이용자)의 업무의 일부인 노무를 수행할 것을 목적으로 그가 고용한 근로자를 제3자의 지휘명령 하에 두는 것을 내용으로 하는 제3자와 사용자 간의 법률관계를 말한다.

제3조 ① 직업소개는 영리를 목적으로 행해서는 안 된다. 다만 노동시장청은 다음 각 호의 1에 해당하는 자를 대상으로 하는 영리목적의 직업소개를 허가할 수 있다.

1. 음악가 또는 배우로서 스웨덴 국내에 거주하면서 외국에서 고용된 자 또는 외국에 거주하면서 스웨덴 국내에서 고용된 자
2. 기업이나 사업의 경영자 또는 이에 동등한 지위에 있는 근로자

② 제1항의 허가의 기간은 1년 이내로 한다.

제4조 영리를 목적으로 하지 않는 유료 직업소개는 노동시장청의 허가를 얻은 경우에만 할 수 있다. 다만 이 허가는 개인에게 부여해서는 안 된다. 또한 선원에 대해서는 직업소개를 허가해서는 안 된다.

제5조 ① 제3조 및 제4조의 허가는 노동시장정책에 비추어 활동의 필요성이 인정되는 경우에 한한다.

② 노동시장청은 제3조 또는 제4조의 허가를 받은 직업소개의 요금의 상한을 정하지 않으면 안 된다. 요금은 제3조에 해당하는 경우에만 직업소개의 실비를 초과할 수 있다.

③ 제3조 및 제4조의 허가는 조건을 붙일 수 있다.

제6조 무료의 직업소개를 행하는 자는 개업 시 노동시장청에 이를 통지해야 한다.

제7조 다음 각 호의 1에 해당하는 경우 노동시장청은 전부 또는 일부 허가를 철회하거나 허가의 조건을 변경할 수 있다.

1. 허가부여 요건을 충족하지 못하였을 때
2. 이 법의 규정 또는 허가에 부수된 조건에 반하여 영업할 경우

제8조 (생략)

[근로자파견]

제9조 근로자파견을 업으로 행하는 사용자는 다음 각 호에 게기한 사항을 준수해야 한다.

1. 사용자는 각 파견업무에 관하여 근로자를 연속하여 4개월 이상 제3자의 지휘명령에 따르도록 해서는 안 된다.
2. 사용자와 근로자 간에는 임금 기타 근로조건의 일반을 정한 서면에 의한 근로계약이 존재하지 않으면 안 된다. 다만 기간을 정한 근로계약은 고용보호법 제5조 제1호(근로의 성질상 불가피한 경우 특정 시기, 특정 계절 또는 특정 작업을 위한 계약), 제3호(일시적인 일의 증가로 불가피한 경우 2년 중 최고 6월까지의 특정 기간을 위한 고용) 및 제6조(수습고용계약)에 해당하는 경우에는 체결해서는 안 된다.
3. 근로자가 현재 또는 이전의 사용사업주인 제3자에게 고용되는 것을 계약 등에 의하여 방해해서는 안 된다.

4. 근로자가 이전의 고용관계를 종료시키고 파견사업주에게 고용된 경우 이 근로자를 고용관계의 종료 후 6월 이내에 이전의 사용자에게 파견해서는 안 된다.

제10조 근로자파견은 일시적인 노동력의 필요가 있는 경우 외에는 이용해서는 안 된다. 이 경우에는 제9조 제1호의 요건을 충족하지 않으면 안 된다. 또한 파견근로자를 이용하는 자는 제9조 제3호에 반하여 고용을 방해하거나 같은 조 제4호에 반하여 파견근로자를 이용해서는 안 된다.

[감 독]

제11조 노동시장청은 이 법의 준수에 관하여 감독을 행하지 않으면 안 된다.

제12조 제9조 제1호, 제2호 및 제10조에 관하여는 전국노동조합이 체결 또는 승인한 단체협약에 의하여 별도의 규정을 둘 수 있다.

제13조 노동시장청은 이 법의 규정에 따라 감독범위 내에 속하는 자에 대하여 감독에 필요한 정보 및 문서를 청구할 권리를 가진다.

제14조 ① 노동시장청은 다음 각 호에 게기한 자에 대하여 시정명령 또는 금지명령을 발할 수 있다.

1. 허가 없이 영리를 목적으로 직업소개를 하는 자
2. 위법한 직업소개에 의하여 공급받은 근로자를 이용하는 자
3. 제11조의 단체협약을 체결하지 않고 제9조 또는 제10조의 규정에 반하여 근로자를 파견하는 자 또는 이용하는 자
4. 제13조의 규정에 정한 의무를 이행하지 않는 자

② 노동시장청은 시정명령 또는 금지명령에 부가하여 벌금을 병과할 수 있다.

[형사책임]

제15조 및 제16조(생략)

[불복신청]

제17조 및 제18조(생략)

제4부 판례연구

제1장 파견근로자 교체 사용과 직접고용간주 조항의 적용관계

제2장 현대자동차 사내협력업체 불법파견(위장도급) 사건

제1장

파견근로자교체 사용과 직접고용간주 조항의 적용관계

- 서울지방법원 남부지원 2001.9.14 선고, 2000가합9001 판결 -

Ⅰ. 서론

이 판결은 노동계로부터 지탄의 대상이 되고 있는 근로자파견법의 문제점을 드러낸 최초의 판결이다. 그 동안 노동위원회 차원에서 몇몇 사건이 다투어졌지만 법원의 판결로서는 이 사건이 처음이다. 그렇기 때문에 이 판결은 파견근로자의 법적 지위에 관한 중요한 선례가 될 수도 있다는 점에서 시사하는 바가 크다.

이 판결의 쟁점이 된 사안은 근로자파견법이 제정될 당시부터 이미 예정되어 있었던 것이다. 1998년 정부는 파견근로의 합법화를 반대하는 노동계에게 오히려 입법을 해야 파견근로자들을 보호할 수 있다고 설득했다. 그리고 제6조 제3항에 "사용사업주가 2년을 초과하여 계속적으로 파견근로자를 사용하는 경우에는 2년의 기간이 만료된 날의 다음날부터 파견근로자를 고용한 것으로 본다"고 규정하여 정규근로자를 파견근로자로 대체하거나 파견근로자를 상시적으로 사용하는 것을 금지하는 내용의 조항을 포함시켰다.[1] 그런데 근로자파견법의 시행이후 파견기간 2년이 다가오자 이러한 직접고용간주 규정을 회피하기 위해 사용사업주는 파견사업주에게 파견근로자를 교체해 줄 것을 요구하는 사례가 빈번하였다.

1) 2006년 근로자파견법의 개정으로 이 조항은 직접고용의무 규정으로 변경되고 그 적용범위도 확대되었다. 하지만 법정 상한기간 도래 전에 파견근로자를 교체 사용하는 경우에 대하여는 아무런 규정이 없으며 여전히 해석에 맡겨져 있다.

그런데 파견사업의 관리감독자인 노동부는 직접고용간주 규정의 적용대상을 '동일한' 파견근로자를 2년 이상 사용하는 경우로 한정하여 중간에 파견근로자를 교체한다면 파견기간의 제한을 받지 않는다고 유권해석을 하였다.[2] 이는 2년마다 근로자를 교체한다면 기업의 통상적이고 영속적인 업무라도 영구적으로 파견근로자를 사용할 수 있다는 메시지를 던져줌으로써 정규직의 파견직화를 조장하는 결과를 가져왔다. 결국 파견근로자의 고용안정을 보호하기 위한 것이라는 조항이 도리어 2년마다의 주기적인 해고를 가져오게 된 것이다.[3]

이 사건을 포함하여 한국방송공사 등 우리나라 대표적인 방송사들은 허가를 받지 않은 불법파견 사업주인 렌트카 업체를 통해 운전직 근로자들을, 그것도 이중파견 형태로 사용해 왔는데, 2000년 6월 30일로 근로자파견법 시행 2년이 되자 이 법의 직접고용 간주조항의 적용을 회피하기 위해 2년 이상 근무한 파견근로자들만을 교체하여 파견사업주를 통해 해고토록 하였다. 그리고 그 빈자리에는 새로운 파견근로자들을 공급받아 사용하였다. 일부 방송사들의 경우에는 공통된 파견사업주 소속의 파견근로자들을 서로 맞교환하는 방법으로 이 규정을 회피하는 탈법수단을 이용하기도 하였다.[4] 이에 대해

2) 노동부, 고관 68460-407, 1998.6.9.

3) 2000년 7월 노동부가 발표한 보도 자료에 의하면 파견기간 2년 제한 규정을 처음 적용 받게 된 파견근로자 5,025명 중 정규직으로의 전환은 395명에 불과하고 나머지 다수는 계약직(2,039명), 임시 · 일용직(547명)의 형태로 전환되었다. 여기에서 말하는 계약직이나 임시 · 일용직의 대다수는 안정적인 일자리와는 거리가 먼 초단기 계약직이었다. 어떤 경우에는 파견법 시행 2년을 앞두고 모두 해고한 이후 해고한 노동자들을 다시 1개월짜리 초단기 아르바이트 형태로 그대로 채용한 예도 있다. 또한 원래 사용업체로부터 계약 해지되어 파견업체에 계속 고용된 채 다른 사용업체에 파견되거나 유급휴가훈련을 간 인원이 771명, 도급 계약으로 전환된 인원 등 기타가 1,970명에 이른다. 정부 발표의 한계를 감안하더라도(실제로 노동현장에 만연한 불법파견 실태를 고려한다면, 정부가 파악하고 있는 파견근로실태는 대단히 제한적이다), 안정적인 일자리를 확보한 노동자는 극소수이고 대다수의 파견근로자들은 언제 다시 쫓겨날지 모르는 고용불안에 처하게 되었음을 알 수 있다. 비정규직철폐연대 법률위원회, 「제1차 워크숍 자료집(2001) 참조.

해고된 파견근로자들은 사용사업주인 한국방송공사를 상대로 근로자지위존재확인소송을 제기하였고 1심과 법원과 2심 법원은 모두 원고 패소 판결을 내렸다.

Ⅱ. 사건의 개요

1. 사실관계

1) 원고 X^1~X^{20}은 방송차량의 운전업무에 종사하는 근로자로서 처음에는 X들 전부가 소외 주식회사 대한카도크센타에 고용되는 형식을 빌려 소외 주식회사 대한렌트카에 파견된 후, 다시 위 대한렌트카와 피고 한국방송공사 사이의 계약에 따라 피고에게 파견되고, 나중에는 X들 중 X^1~X^6을 제외한 나머지 X들은 소외 주식회사 백산주택종합관리에 고용되는 형식을 빌려 소외 주식회사 대한통운렌트카에 파견된 후, 다시 위 대한통운렌트카와 피고 사이의 계약에 따라 피고에게 파견되는, 이른바 이중파견의 형식에 따라 근무하였다.

2) 한국방송공사는 1995.1.12.경 대한렌트카와 '렌트카 및 운전용역 계약'을 체결하고, 대한렌트카로부터 방송차량들을 임차하면서 그 차량들의 운전자로 X들을 일괄적으로 공급받아 왔으며, 1998.3.경 계약기간을 1998.3.16.부터 2001.3.15.까지 3년간으로 갱신하였다.

3) 그 후 한국방송공사는 2000.4.11.경 대한렌트카의 위 계약의 해지 요구를 받아들여 위 대한렌트카와의 위 계약을 합의해지하고, 같은 해 5.22.경 대한통운렌트카와 계약기간을 2000.5.22.부터 2003.5.21.까지 3년간으로 하는 '렌트카 및 운전용역 계약'을 체결하여, 위 대한통운렌트카로부터 방송

---

4) 파견 · 용역노동자 노동권쟁취와 간접고용 철폐를 위한 공동대책위원회, 「2001년 비정규노동자 투쟁실태보고서」(2001), 27쪽.

차량들을 임차하면서 위 차량들의 운전자들로 X1~X6을 제외한 나머지 X들을 일괄적으로 공급받았다.

4) 한국방송공사는 대한렌트카나 대한통운렌트카로부터 임차한 방송차량들을 운행하기 위하여 X1을 제외한 나머지 X들을 2년 이상 사용하여 왔는데, 근로자파견법이 1998.7.1. 시행되자 같은 법 시행일부터 2년을 초과하여 계속 파견근로자들인 X들을 사용하는 경우 2년의 기간이 만료되는 다음날부터 파견근로자를 직접 고용하는 것으로 보는 (구)근로자파견법 제6조 제3항의 적용을 회피하기 위해, 같은 법 시행 후 X들의 계속 근무기간이 2년이 되기 전인 2000.5.20과 5.31. 각각 X들의 사용을 종료하였다.

5) X들은 사용사업주인 한국방송공사와 사용사업주 겸 파견사업주인 대한렌트카 및 대한통운렌트카 간의 위 각 계약에 따라 최소 1년 11월에서 최대 10년까지 방송차량들과 함께 한국방송공사에 일괄적으로 공급되어 방송차량들의 운전자로 근무해 왔는데 한국방송공사의 배차지시 및 근무편성에 따라 운전업무를 담당하였고, 시간외 근무, 휴일근무, 일직 및 숙직 등도 한국방송공사의 관리 하에 이루어졌다.

6) 한국방송공사는 대한렌트카 및 대한통운렌트카에게 X들에 대한 인건비 등을 포함하여 위 차량들에 대한 임대료를 각 지급하였고, 대한렌트카 및 대한통운렌트카가 각각 X들에게 임금을 직접 지급하였다.

7) 대한렌트카 및 대한통운렌트카는 위 차량들 및 운전자들을 교체할 때에는 한국방송공사와 협의하여 피고의 업무에 지장이 없도록 하기로 하였다.

2. 법률판단

(1) 법적 쟁점

이 사건의 첫 번째 쟁점은 근로자파견관계의 성립 여부이다. X들은 한국방송공사가 근로자파견법에서 정한 실질적인 사용사업주라고 주장한 반면, 한국방송공사는 이 사건 사용관계가 근로자파견이 아니라 '렌트카 및 운전용역 계약' 이라는 도급계약이라고 주장했기 때문에 이 점이 재판과정에서 선결과제가 되었다.

두 번째 쟁점은 (구)근로자파견법 제6조 제3항의 직접고용간주 조항의 적용을 회피하기 위하여 사용자가 2년의 파견기간이 경과되기 전에 파견근로자들을 교체함으로써 그 사용을 종료한 경우에도 위 조항을 근거로 사용사업주가 파견근로자를 직접 고용한 것으로 간주할 수 있는지 여부이다. X들은 한국방송공사가 운전직 업무에 수 년 간 파견근로자를 사용해왔으면서도 직접고용간주 조항을 회피할 목적으로 파견기간이 2년이 된 파견근로자들만을 교체함으로써 사용을 종료한 것은 고용안정에 그 취지가 있는 위 조항의 입법취지에 반하는 것이고, 또한 근로기준법 제30조 제1항에 반하는 정당한 이유 없는 해고여서 무효이므로 2년 이상 사용한 경우와 동일하게 X들을 한국방송공사의 정식 근로자로 간주해야 한다고 주장하였다.

(2) 판결요지

첫 번째 쟁점과 관련하여 판결은 "형식적으로는 X들에 대한 사용사업주가 소외 대한렌트카나 대한통운렌트카라 할 것이나, 실질적으로는 위 대한렌트카 및 대한통운렌트카가 X들을 고용한 후 그 고용관계를 유지하면서 피고와 각 '렌트카 및 운전용역 계약' 을 체결하고, 위 각 계약의 내용에 따라 X들을 피고의 지휘, 명령을 받도록 하며 피고를 위한 근로에 종사하게 한 것으로, 위 각 계약은 근로자파견법에서 정한 근로자파견계약에 해당한다"고 판단하여 한국방송공사를 근로자파견법상의 사용사업주로서의 지위를 인정하였다.

두 번째 쟁점과 관련하여 판결은 근로기준법 제30조 제1항의 부당해고 규정의 적용 여부와 근로자견파견법 제6조 제3항의 직접고용간주 규정의 적용 여부를 나누어 판단하였다.

첫째, 전자에 대하여 한국방송공사는 근로자파견법상 파견근로자에 대한 해고의 주체인 사용자가 아니라는 이유로 근로기준법 제30조 제1항이 적용될 여지가 없다고 보고 X들의 주장을 배척하였다. 즉, "대한렌트카나 대한통운렌트카가 피고에게 임대한 차량들과 파견한 운전자들을 교체할 때에는 피고와 협의하여 피고의 업무에 지장이 없도록 하기로 약정하였고, 그러한 계약 내용에 비추어 볼 때, 피고가 별지 근무내역표 근무기간란의 X들의 각 근무기간 최종 만료일에 X들의 사용을 종료한 것은 위 대한렌트카나 대한통운렌트카가 X들을 교체한 것에 불과하고, 피고가 X들을 해고하였다고 볼 수 없을 뿐만 아니라, (구)근로자파견법 제34조 제1항에 의하면 근로기준법 제30조 제1항을 적용할 경우에는 해고의 주체인 사용자가 사용사업주인 피고가 아니라 파견사업주인 위 대한렌트카나 대한통운렌트카라 할 것이므로, 이와 같은 X들의 이 사건 사용 종료에 관하여는 피고에게 근로기준법 제30조 제1항이 적용될 여지가 없다"고 판단하였다.

둘째, 직접고용간주 규정의 적용여부에 대하여는 "(구)근로자파견법 제6조 제1항이 원칙적으로 근로자파견의 기간은 1년을 초과하지 못하고, 다만 파견사업주 · 사용사업주 · 파견근로자 간의 합의가 있는 경우에만 1회에 한하여 1년의 범위 안에서 그 기간을 연장할 수 있다고 규정하고 있는 점에 비추어 볼 때, 같은 법 제6조 제3항의 규정 취지는 위 제1항에 의해 원칙적으로 제한된 파견기간을 초과하면서까지 동일한 파견근로자를 계속 사용해야만 하는 특별한 사정이 있는 경우에 한해서 사용사업주가 파견근로자를 고용한 것으로 간주하여 파견근로자를 보호하려는 데 있는 것으로 보아야 할 것"라고 하여 '계속사용의 특별한 사정'이 있는 경우에는 직접간주규정의 적용가능성이 있음을 시사하고 있으면서도 "근로자파견법 시행일 이전부터 피고의 방송차량 운전에 2년 이상 근무해 온 사실"만으로는 이러한 사정에 해당하지 않는다고 보았다. 또한 한국방송공사가 "같은 법 시행 후 X들의 계속 근무기간이 2년이 되기 전에 X들에 대한 사용을 종료한 것이 근로자파견법의 입법취지에 반한다고 할 수 없을 뿐만 아니라, 같은 법 제6조 제3항을 회피한 법률효과에 대하여 어떠한 입법도 없는 상태에서 2년 이상 사용한 경우와 동일하게 X들을 피고의 근로자로 간주할 수는 없다"고 판결하였다.

Ⅲ. 평석

1. 위장노무도급, 근로자파견 그리고 근로계약

이 판결의 대상사건은 근로자공급의 형태로서는 매우 특이한 이중파견이다. 공급사업주인 원파견업체가 렌트카업체에 운전인력을 파견하고 사용사업주는 이 렌트카업체와 '렌트카 및 운전용역 계약'을 체결하여 차량을 임차함과 동시에 운전인력을 제공받는 형식을 취하고 있다. 따라서 명목상으로는 공급근로자와 원파견업체(대한카도크센타 및 백산주택종합관리) 사이에는 고용관계가, 원파견업체와 재파견업체(대한렌트카 및 대한통운렌트카) 사이에는 근로자파견계약이, 다시 재파견업체와 한국방송사간에는 노무도급계약이 각각 체결되어 있다. 하지만 판결은 '실질적'으로는 재파견업체가 근로자들을 '고용한 후 그 고용관계를 유지'하면서 한국방송공사와 '렌트카 및 운전용역 계약'을 체결하고 위 각 계약의 내용에 따라 근로자들을 한국방송공사의 '지휘, 명령을 받도록 하며' 한국방송공사를 위한 '근로에 종사하게 한 것으로' 보고 재파견업체와 공급근로자 간에는 고용관계로, 한국방송공사와 재파견업체 간에는 근로자파견으로 규정하였다.

이 사건의 사실관계가 노무도급인지 아니면 근로자파견인지 여부는 근로자파견법상 직접고용간주 규정의 적용을 위한 선결과제였다. 그런데 근로자파견법에서 말하는 근로자파견이란 "파견사업주가 근로자를 고용한 후 그 고용관계를 유지하면서 근로자파견계약의 내용에 따라 사용사업주의 지휘, 명령을 받아 사용사업주를 위한 근로에 종사하게 하는 것을 말한다"(제2조 제1호). 따라서 파견사업주와 파견근로자 간에는 고용관계가, 사용사업주와 파견근로자 간에는 사용관계가 존재해야 한다. 그런데 이 사건에서 한국방송공사는 근로자파견이 아니라 노무도급이라고 주장하고 있다. 하지만 앞의 사실관계 5)를 보면 근로자들에 대한 배차지시 및 근무편성, 시간외 근무, 휴일근무, 일직 및 숙직 등 근로제공이 한국방송공사의 전적인 지휘명령과 관리 하에 이루어졌음을 알 수 있다. 근로자파견에서는 근로자가 사용사업주의 지휘명령을 받아 사용사업주를 위하여 취업하는 것임에 반하여 도급에 있어서는 근로자가 수급인의 이행보조자의 지위에 있고 도급인의 지휘명령을 받지 않는다는 점에서 기본적인 차이가 있다.[5] 따라서 이 사건의 사실관계는 도급이 아니라 도급을 가장한 근로자파견이거나 위장 근로계약일 가능성이 높다.

다음으로 근로자파견에 해당하려면 근로자는 사용사업주와의 사용관계뿐만이 아니라 파견사업주와의 고용관계가 병행하여 존재해야 한다. 만약 이러한 고용관계가 단지 형식에 지나지 않고 실질적인 내용이 없다면 오히려 근로자파견이라기보다는 사용사업주와 근로자 간에 직접적으로 근로계약관계가 성립하는 것으로 보아야 하는 경우도 충분히 있을 수 있다. 파견사업주와 파견근로자 간에 '고용관계'의 실질이 존재한다고 볼 수 있으려면 근로계약의 본질적인 요소인 '종속노동의 대가로 임금을 지불하는' 사용종속관계의 징표들이 있어야 한다. 즉, 근로계약의 당사자인 사용자로서의 법적 책임을 부담할 수 있는 능력과 자격을 갖추어야 한다. 그러한 능력과 자격을 갖춘 경우라야 근로자를 '고용'한 후 '고용관계를 유지'한다고 인정할 수 있고 또한 근로자파견이 숙명적으로 안고 있는 사용자책임의 회피 및 중간착취의 위험 그리고 근로자의 고용불안정의 폐해를 막을 수 있는 것이다.

그런데 이 사건의 판결은 원파견업체와 근로자 간의 형식적인 고용관계는 인정하지 않으면서도 재파견업체와 근로자 간의 고용관계는 성립한다고 보았다. 그 결과 재파견업체가 고용사업주이며 사용사업주은 해고의 주체가 될 수 없고, 따라서 근로기준법의 부당해고 규정이 적용될 수 없다는 논리를 전개하였다. 이러한 판단의 근거가 된 기초사실은 임금의 직접적인 지급자가 재파견사업주라는 점과 파견근로자의 교체에 관하여 규정한 운전용역계약서이다. 하지만 이 두 가지 사실만으로 재파견사업주와 근로자 간에 고용관계가 존재한다고 판단한 것은 상당한 무리가 있는 것으로 보인다. 왜냐하면 이

5) 이철수, "아웃소싱의 법리", 기업의 구조조정과 노동법적 과제(한국노동연구원, 1998), 256쪽.

사건과 같이 불법파견의 법적 책임을 피하기 위하여 도급계약으로 가장한 경우에는 적어도 외형적으로나마 임금의 지급이나 파견근로자의 교체를 파견사업주가 하는 것으로 해 두는 것은 너무나 당연한 일이기 때문이다. 임금의 형식적인 지급자나 서면상의 교체권자는 고용관계의 존재를 추정할 수 있는 중요한 단서이기는 하나 그러한 외관보다는 파견근로자의 채용, 배치, 해고 등의 인사노무관리나 임금의 내용 및 금액 등에 대하여 실질적인 결정권을 파견사업주가 가지고 있는지를 따져 보아야 하는 것이다.

반면에 이 판결에서는 명시되지 않았지만 관련 자료들에 의하면, 파견근로자의 면접과 채용여부를 사용사업주인 한국방송공사 총무부가 결정하여 파견사업주에게 통보하였고, 파견업체가 바뀔 때에도 기존의 파견근로자들의 소속을 어떻게 변경할 것인가는 방송사에서 일방적으로 할당하는 방식으로 결정되었다고 한다.[6] 이러한 사실들은 근로자의 고용과 그 유지에 관련된 중요한 결정들을 실질적으로 사용사업주가 행하였다는 것을 보여주는 증거들이다. 이것은 파견사업주가 파견업무와 관련하여 독립한 기업으로서의 실체를 가지고 있다면 상식적으로 일어날 수 없는 일들이다. 더욱이 파견사업주가 스스로 고용관계를 부정하고 무허가의 위법한 근로자파견이라는 중대한 형사책임을 면탈하기 위하여 노무도급으로 위장한 정황까지 감안하면 그에게 근로계약을 체결할 의사가 있었다고 보기도 어렵다. 도리어 파견사업주는 단지 렌트카 임대업자에 불과하고 운전용역 근로자와 관련해서는 수수료만 챙긴 중간소개업자에 지나지 않아 보인다.

이상과 같이 이 판결은 사실인정 및 그 법적 평가와 법리구성에 있어서 여러 가지 문제점을 노정하고 있다. 그러나 이러한 문제점에도 불구하고 판결의 논리대로 재파견업체와 근로자 간의 고용관계의 성립을 인정하더라도, 즉 이 사건의 법적 관계가 근로자파견법에서 말하는 근로자파견에 해당한다고 보더라도 여전히 해결해야 할 복잡한 법적 문제들이 남아 있다. 이는 두 가지

6) 비정규철폐연대준비위원회, 발족식 및 토론회 자료집(2001), 40쪽.

로 나누어 생각할 수 있는데 우선 첫 번째는 보다 근본적인 의문으로서 당사자들 간의 법률관계가 모두 강행법규 위반의 무효라고 보아야 하는 데도 근로자파견법상의 직접고용간주 규정을 적용할 수 있는지 여부이다. 두 번째는 파견근로자를 법정기간 만료 전에 대체한 경우도 직접고용간주 규정을 적용할 수 있는지 여부이다. 차례로 살펴보기로 한다.

2. 불법파견과 직접고용간주 규정의 적용

이 사건에서 사용사업주인 한국방송공사는 판결이 인정한 것처럼 '근로자파견계약'에 의거하여 근로자의 교체를 요구하였다. 그런데 판결은 당사자들 간의 법적 관계를 근로자파견으로 파악하면서도 무허가의 '위법한' 파견에 대하여 근로자파견법상의 직접고용간주 규정을 적용할 수 있는지 여부에 대하여는 아무런 판단을 하지 않았다. 이 사건의 운전용역계약은 그 업무 자체는 근로자파견법상의 허용대상 업무지만 한국방송공사는 노무도급계약 형식으로 위장하여 파견근로자를 공급받아 사용하였다. 또한 파견사업주인 렌트카업체도 파견업 허가를 받지 않은 무허가 파견업체이기 때문에 결국 위법한 근로자공급에 해당한다.

근로자파견은 근로기준법 제8조 및 직업안정법 제33조에 의하여 위법한 근로자공급으로서 원칙적으로 금지되어 있고 다만 허용업무, 사용기간, 행정관청의 허가 등 근로자파견법에 의한 엄격한 제한 하에서만 예외적으로 인정된다. 따라서 고용관계와 사용관계의 분리 및 병행적 존재를 인정받을 수 있는 근로자파견은 어디까지나 근로자파견법상의 요건을 모두 갖춘 합법적인 파견의 경우에 한정된다. 법체계상으로도 직업안정법이 일반법, 근로자파견법은 특별법이라는 관계에 있고 근로자파견법은 직업안정법 제33조에서 금지하는 근로자공급 중 일정한 요건을 갖춘 경우에만 '근로자파견'이란 개념으로 합법화한 것이고 '파견'이란 형식을 갖추었다고 해서 모두 직업안정법의 적용이 면제되는 것은 아니다.[7)]

이와 같이 강행법규에 위반하여 사법상 효력을 인정할 수 없는 불법파견에 대하여는 근로자파견법이 적용될 수 없다. 여기서 근로자파견법이 적용되지 않는다는 의미는 그 법 규정 전체가 적용되지 않는다는 뜻이 아니라 합법적인 파견을 전제로 한 규정이 적용되지 않는다는 것을 뜻한다. 예를 들어 무허가나 허용업무외의 불법파견은 파견기간의 상한선을 초과하여 사용하지 못하는 것이 아니라 처음부터 사용이 금지된다. 따라서 파견기간의 제한규정과 직접고용간주 규정은 허가, 허용대상 업무 등의 법적 요건을 충족한 합법적인 파견의 경우에만 적용되고 이러한 요건을 결여하면 적용되지 않는다고 본다.[8] 그러나 근로자파견법의 사용제한 규정이 적용되지 않는다고 하여 불법파견이 법적으로 정당화되는 것은 아니다. 불법파견의 경우에는 처음부터 파견 자체가 위법한 것이므로 근로자파견법을 적용할 여지가 없고 최초의 불법사용 당시부터 사용사업주와 파견근로자 간에 직접 근로계약관계가 성립한 것으로 보아야 한다. 이 점에 관하여는 뒤에서 다시 살펴보기로 한다.

결국 이 판결은 결론에 결정적인 영향을 미칠 수 있는 매우 중요한 논점에 대한 판단을 결여하고 있다고 할 수 있다.

7) 萬井隆令, 労働契約締結の法理(有斐閣, 1997), 231쪽.

8) (구)근로자파견법 제6조 제3항(직접고용간주 규정)의 적용범위와 관련하여 그동안 법원에서 논란이 심했지만 2008년 대법원은 근로자파견이 있고 그 근로자파견이 2년을 초과하여 계속되는 사실로부터 곧바로 직접근로관계가 성립한다는 이유로 불법파견의 경우에도 적용된다고 보았다(예스코사건, 대법원 전원합의체 2008.9.18. 선고, 2007두22320 판결). 학설의 경우에도 불법파견에 대하여 근로자파견법을 적용하지 않을 경우 합법적인 파견과 심각한 불균형이 발생할 수 있다며 실질적으로 근로자파견을 업으로 하는 한 근로자파견사업의 허가여부에 관계없이 근로파견법의 적용을 받아야 한다는 견해가 있다[최홍엽, "파견기간 초과 시 고용간주규정의 해석", 노동법연구 제10호(서울대노동법연구회, 2001), 209-211쪽]. 하지만 이러한 판단은 전체적인 법체계상의 관점에서 볼 때 지지하기 어렵다. 또한 불법파견은 근로자파견법상의 부분적인 규제는 벗어날지는 몰라도 사용사업주를 직접적인 근로계약관계의 당사자로 인정함으로써 오히려 노동법상의 모든 규제를 받게 되기 때문에 그러한 우려를 불식할 수 있다고 본다.

3. 파견근로자의 교체 사용과 직접고용간주 규정의 적용

앞에서 직접고용간주 규정은 근로자파견법의 요건을 모두 갖춘 합법적인 파견에만 적용된다고 보았다. 그러나 그렇다고 하더라도 직접고용간주에 필요한 기간이 도래하기 전에 파견근로자를 교체하는 경우에도 이 규정의 효력이 미치는지 여부에 대하여는 여전히 미해결의 과제로 남아 있다. 이 사건에서도 문제가 된 것은 비록 노무도급계약을 가장한 불법파견이긴 하지만 동일한 근로자를 계속해서 2년 이상 사용하는 경우가 아니라 2년이 되기 전에 다른 파견근로자로 대체한 경우이다. 이 점에 관한 법해석은 서로 상반된 채 두 갈래로 완전히 갈리고 있다. 노동부는 파견기간 제한의 취지를 '동일한' 파견근로자를 2년 이상 사용하는 것을 금지하는 것으로 해석하고 파견근로자를 교체 사용하는 것은 법위반이 아니라고 보고 있고,[9] 또한 법문의 문리적인 해석을 근거로 특정 파견근로자의 파견기간의 상한을 정한 것으로 보는 견해도 있다(이하 '적용부정설'이라 한다).[10] 이에 반하여 우리나라의 근로자파견법은 독일의 그것과는 달리 특정 근로자에 한정하는 표현이 없고 또한 파견기간 제한 및 간주규정의 입법취지가 정규직 근로자가 파견근로자로 대체되는 것을 억제하고 직접고용을 촉진하려는 데 있다는 점을 강조하여 특정 파견근로자와 관계없이 파견기간의 상한을 정한 것으로 보는 견해가 있다(이하 '적용긍정설'이라 한다).[11]

한편 이 사건의 판결은 전자인 적용부정설의 입장에 서 있으면서도 '동일한' 파견근로자 요건 외에 별다른 설명 없이 '제한된 파견기간을 초과하면서까지 계속 사용해야만 하는 특별한 사정'이 있는 경우에 한해서 사용사업주가 파견근로자를 고용한 것으로 간주해야 한다는 더욱 엄격한 해석론을 펴고

9) 노동부, 고관 68460-407, 1998.6.9.

10) 강성태, "파견근로자 보호 등에 관한 법률의 제정과 과제", 노동법학 제8호(한국노동법학회, 1998), 173쪽.

11) 최홍엽, "파견기간 초과 시 고용간주규정의 해석", 노동법연구 제10호(서울대노동법연구회, 2001), 198-200쪽.

있다. 그 이유로서 파견기간이 2년이 되기 전에 다른 파견근로자로 교체하는 경우를 2년 이상 동일한 근로자를 계속 사용한 경우와 동일하게 볼 수 없다는 점과 법조항을 회피한 탈법적 행위의 법률 효과에 대하여 어떠한 입법도 없다는 점을 그 이유로 들고 있다.

그런데 이상의 견해들을 살펴보면 어느 입장을 취하더라도 해결할 수 없는 문제들이 발생한다. 우선 적용긍정설의 경우, 제6조 제3항의 입법취지가 파견근로의 부정적인 측면, 즉 중간착취의 위험성과 사용자책임의 회피수단으로 이용될 가능성 때문에 그 이용을 가능한 한 억제하고 직접고용을 촉진하려는 데 있다는 주장은 충분히 수긍이 간다. 하지만 이 견해에 대하여는 다음 몇 가지 의문을 제기할 수 있다. 첫 번째는 법문의 구성에 관련된 것인데 제6조 제3항의 규정은 제1항과 제2항을 전제로 그 연장선상에 있는 것으로 보아야 한다는 점이다. 이는 파견기간의 초과를 1년(3당사자 간의 합의가 되지 못한 경우) 또는 2년(3당사자 간의 합의가 있는 경우)으로 하지 않고 2년으로만 한 것은 아무래도 동일한 파견근로자를 전제로 한 것으로 해석할 수밖에 없다는 점이다. 두 번째는 적용긍정설의 입장을 취할 경우 직접고용을 주장할 수 있는 자가 누가 되느냐 하는 점이다. 법정 파견기간을 특정 근로자가 아니라 파견업무를 기준으로 산정하더라도 직접 근로관계의 성립을 주장할 수 있는 자는 파견기간이 만료되기 전에 사용이 종료된 근로자(이 사건의 원고는 여기에 해당한다)가 아니라 2년이 만료된 날의 다음날에 사용되고 있는 새로 파견된 근로자일 것이다. 만약 그렇지 않다면 법정 파견기간 내에 사용된 파견근로자가 셋 이상의 여러 명이 있는 경우처럼 더욱더 복잡한 문제가 발생할 수도 있다. 세 번째는 만약 파견사업주가 사용 종료된 근로자와 고용관계를 계속 유지하면서 다른 사업주에게 파견하거나 또는 자신이 직접 사용하는 경우와 같이 사용종속관계가 다른 사용사업주나 파견사업주 간에 존재하는 엄연히 경우에도 사용사업주에게 직접 고용을 주장할 수 있을지도 여전히 의문이 남는다. 적용긍정설은 이러한 점들에서 한계가 있다.

그리고 적용부정설을 취하더라도 역시 다음과 같은 이유로 타당하지 않다.

첫 번째는 만약 판결대로라면 제6조 제3항은 악의의 사용자에게만 유리한 결과를 가져오게 된다. 이 사건의 경우에서 보듯이 이 조항이 있다는 사실을 알고 있는 합리적인 사용자라면 법정기간 만료 전에 파견근로자의 교체를 요구하여 얼마든지 이 조항을 피해 갈 수 있다. 따라서 이 조항은 파견근로자의 보호에는 아무런 기능도 하지 못하는 유명무실한 것인 셈이다.[12] 두 번째 이유는 보다 중요한 문제라고 생각되는데 이 사건처럼 불법파견과 서로 결부될 때 위법무효의 또 다른 대체 파견고용을 합법적으로 승인해 주는 결과를 낳게 된다는 것이다. 즉, 위장도급의 무허가 파견사업주가 파견한 새로운 근로자의 교체 사용이라는 탈법행위 자체가 여전히 강행법규를 정면으로 위반한 반사회적 행위임에도 불구하고 적어도 사법상으로는 효력에 아무런 지장이 없게 된다는 점이다. 이 점도 역시 받아들이기 어렵다.

이처럼 파견근로자의 교체를 통한 파견근로자의 상시 사용은 현행법의 직접고용간주 규정만으로 해결하기에는 법의 흠결이 심각하다. 새로운 입법으로의 보완이 절실하다고 하겠다. 참고로 파견근로의 규제에 관한 다른 나라의 입법을 간략하게 살펴보면, 우선 독일의 경우에는 상용직종에서 서로 다른 파견근로자를 계속적으로 고용하는 것은 금지하지 않는다는 것이 다수설인데 이는 상용형 파견을 전제로 법규정 자체가 동일한 사용사업주에게 특정 근로자를 연속하여 1년 이상 파견하지 못하도록 명시하고 있기 때문이다.[13] 하지만 파견사업자는 파견근로자와 원칙적으로 기간의 정함이 없는 근로계약을 체결해야 한다(모집형의 금지). 따라서 사용 종료된 파견근로자는 파견

12) 실제로 현실에서 위 조항은 무용지물에 불과했다. 노동현장에서는 "당신은 파견근로자이기 때문에 2년 이상 이 사업장에서 일할 수 없다"는 사용업체의 일방적인 통보만으로 계약기간 2년을 채운 파견근로자들의 해고가 진행된 것이다. 이 판결의 피고인 한국방송공사의 경우 2000년 6월말로 2년이 경과한 파견근로자 일부를 계약직으로 채용한 것 말고는 전원 해고하고 다른 파견근로자로 교체하였다. 이같이 일방 해고된 KBS의 파견근로자는 2000년 현재 운전직 77명, 촬영보조 81명을 비롯하여 총 227명이다(비정규직철폐연대 법률위원회, 앞의 자료).

13) 독일 (구)노동자파견법 제3조 제1항 제6호. 이 조항을 포함하여 파견기간에 대한 제한은 2002년 하르츠 개혁에 의하여 폐지되었다.

사업주에게로 복귀하여 다른 사용사업주에게 다시 파견되거나 기간의 정함이 없는 근로계약을 통하여 안정적인 고용을 유지할 수 있으며 노동법 및 사회보장법상 모든 책임은 파견사업주가 진다. 다른 한편 프랑스의 경우에는 독일과 같은 '상용형' 파견은 존재하지 않는다.[14] 따라서 직접고용의 책임은 사용사업주가 진다. 노동법전은 기업의 통상적이고 영속적인 업무(l' activité normal et permanent)를 위한 고용을 지속적으로 공급하기 위하여 또는 그러한 효과를 달성하기 위한 목적으로 파견근로를 이용하는 것을 금지하고 있다.[15] 이 규정을 위반하거나 근로자파견계약의 갱신에 관한 규정을 위반하여 파견근로자를 사용하는 경우에 파견근로자는 사용사업주에게 기간을 정하지 않은 계약에 속하는 제 권리를 주장할 수 있다.[16] 여기서 파견근로자가 주장할 수 있는 권리에는 근로자파견계약을 기간을 정하지 않은 근로계약으로 전환할 것을 요구할 수 있는 권리가 포함된다. 이 기간을 정하지 않은 근로계약의 요구는 사용사업주에게만 할 수 있고 파견사업주에게는 하지 못한다.[17] 이와 같이 독일과 프랑스는 파견근로의 허용 유형과 고용책임의 배분에 있어 상이한 태도를 취하고 있지만 이는 각국의 파견사업의 실태와 고용보호방식에 따른 것이다. 궁극적으로는 사용종속관계가 이중으로 존재하는 근로자파견의 본질적인 성격상 누구를 고용관계의 당사자로 하는 것이 노동법상 사용자책임을 부담할 수 있는 능력과 자격이 있으며 또한 간접고용의 폐해를 줄이는 데 보다 바람직한지에 따라 그 규제방향을 설정하고 있다고 볼 수 있다.

---

14) 조임영, "프랑스 노동법상 간접고용의 규제와 노동자보호", 간접고용 제한법제의 국제비교(민주주의법학연구회 노동법분과, 2001), 104쪽.

15) Art. L. 1251-5 C. trav.

16) Art. L. 1251-39 C. trav

17) Soc. 17 juin 1998 : *RJS 1998. 856, n°1442.*

4. 불법파견의 경우 사용사업주와 파견근로자 간의 근로계약 성립 여부

마지막으로 남은 과제는 실질적으로는 근로자파견에 해당하는 관계가 당사자 간에 형성되어 있지만 위법한 근로자공급에 해당하여 불법파견인 경우 사용사업주와 파견근로자 간에 직접 근로계약관계가 성립할 수 있는지 하는 점이다. 이 사건에서 판결은 별다른 설명 없이 '실질적으로' 근로자파견이기 때문에 재파견업체와 공급근로자들 간에 고용관계가 성립하고 사용사업주는 근로계약의 당사자인 해고의 주체가 아니라고 판단하였다. 근로자파견이 불법일 경우 당사자 간의 각 계약의 사법상의 효력이 어떻게 되는지 또한 사용사업주와 파견근로자 간에 사용종속관계가 객관적으로 존재할 때 이 점에 대하여 어떠한 법적 평가를 해야 할지 아무런 언급이 없었다. 하지만 판결이 인정한 고용관계는 재파견업체와 한국방송공사간의 위법 · 무효인 근로자공급계약을 재파견업체가 이행하기 위하여 불가결한, 즉 근로자공급계약과의 불가분한 일체로서 이루어진 것이기 때문에 이와 분리하여 독립적으로 그 효력을 인정할 수는 없는 것이다. 이는 이 사건에서 근로자파견계약의 해지와 동시에 해고가 있었다는 사실만 보더라도 알 수 있다. 그렇다면 이 사건에서는 원파견업체와 공급근로자 그리고 재파견업체와 공급근로자 간의 근로계약도, 이중파견의 근로자공급계약도 모두 강행법규 위반으로서 당연히 무효가 된다.

결국 불법파견에서는 당사자들의 법적 관계가 형식적으로는 공백상태가 되고 파견근로자는 실업상태가 되는 결과가 발생한다. 하지만 이러한 법적 추론은 아무래도 인간의 존엄과 생존권 이념에 바탕을 둔 노동법적 정의관에 부합하는 논리라고 생각할 수가 없다. 이는 공급근로자의 입장에서 보면 근로자파견의 경우에도 자신의 근로를 사용자의 지휘명령에 따라 제공하고 그 대가로 임금을 받는 관계라는 점에서 일반적인 근로계약과 하등 다를 바 없다는 점에서 더욱 그러하다. 따라서 공급근로자가 파견사업주 및 사용사업주 양자의 위법행위에 의해 실업자로 희생되는 사태가 발생하지 않도록 법리구

성을 하지 않을 수 없다.[18)]

사용사업주와 공급근로자 간에 근로계약의 성립을 인정하려면 근로계약의 일반적인 성립요건이 충족되어야 한다. 즉, 근로계약의 본질적인 요소라고 할 수 있는 사용종속관계가 존재해야 하고, 양당사자 간에 근로계약을 체결하려는 의사의 합치가 인정되어야 한다. 그런데 불법파견에서 실제로 문제되는 것은 후자인 의사의 합치이다. 왜냐하면 적어도 근로계약을 체결하고, 임금을 지불하는 등 근로계약의 당사자로서의 외형을 갖추고 있는 파견사업주가 별도로 존재하기 때문이다. 따라서 이러한 외형을 당사자의 의사표시로 볼 것인가 아니면 '상대방의 지휘명령에 따라 근로에 종사' 한다는 객관적인 사실로부터 추단되는 의사를 근로계약 체결의 의사로 볼 것인가 하는 점이 관건이 된다.

생각건대 근로자의 공급 및 사용 모두를 형벌로서 금지하고 제한된 범위 내에서만 허용하는 직업안정법과 근로자파견법 그리고 중간착취를 금지한 근로기준법 등은 근로자공급에 관한 노동법의 객관적 가치질서를 규정한 것이라고 볼 수 있다. 달리 말하면 사용사업주가 스스로 지휘명령하여 근로자를 근로시키면서도 사용자로서의 법적 책임은 면하고자 하는 것은 허용될 수 없으며 법이 허용한 범위를 넘어선 위법한 근로자공급의 경우에는 사용자로서의 모든 책임을 부담해야 한다는 것이다. 이렇듯 간접고용의 금지와 제한의 법 규정들은 사용자에게 단지 공법상의 의무를 부과한 데 그치는 것이 아

18) 일본의 판례 중에는 파견사업주와 사용사업주 간의 업무위임계약이 근로자공급계약으로 판정되어 무효가 될 경우, "그것이 동조(한국의 직업안정법 제33조와 같은 조항)가 지향하는 노동자보호 및 노동의 민주화를 도모함에 완전히 역행하는 결과를 초래하는 것은 용인할 수 없는 것이고 그 역행하는 결과를 회피해야 할 책임은 노동자인 신청인 아니라 사용자인 피신청인 회사에서 부담하는 것이 상당하고 …… 위 계약(업무위임계약)을 구실로 신청인들이 제공한 노동을 신청인들과의 노동계약의 의사표시의 합치와 무관계한 것으로 주장하는 것은 법이 허용할 수 없는 것으로 풀이된다"(佐賀地判 1980.9.5)고 판결하여 사용사업주가 근로계약체결의사의 부존재를 가지고 항변할 수 없다고 본 예가 있는데 이 판결이 시사하는 바를 주목할 필요가 있다고 본다.

니라 직접고용의무를 직업안정법제의 내재적인 원리로서 명시한 것으로 보아야 하지 않나 생각한다.[19] 따라서 근로자공급에 관한 법질서를 위반하여 파견근로자를 사용한 사용사업주는 이러한 직접고용의무의 결과로서 노동력 이용 선택의 자유가 일정정도 제한되며 불법파견의 경우에는 당사자의 주관적인 의사보다 객관적인 사용종속관계를 기준으로 근로계약관계의 성립여부를 판단해야 한다고 본다.[20]

IV. 맺음말

우리나라의 근로자파견법은 '노동유연화' 라는 미명하에 파견근로의 합법화를 줄기차게 요구한 경영계의 구미에 맞게 졸속으로 만들어진 것이다. 그만큼 수많은 탈법 · 편법의 여지를 만들어 놓았고 이 사건도 그 한 예에 지나지 않는다. 파견근로자를 보호한다는 명분으로 만들어진 법이 도리어 파견근로자를 착취하는 기형적인 행태를 보이고 있는 것도 바로 그러한 이유 탓이다.

근로자파견은 본래 중간착취의 위험 및 고용불안정의 폐해 때문에 법으로 엄격히 금지하였지만 기업의 일시적인 인력 수요를 해소하기 위해 '금지에 대한 예외' 로서 제한적으로 허용한 것이다. 근로자파견법의 파견기간 제한규정이나 직접고용간주 규정의 입법취지도 파견근로자를 장기간 계속 쓰지 못하도록 한 것이라 할 수 있다. 하지만 입법의 결함으로 인하여 오히려 2년마다 주기적인 해고가 반복되고 파견근로 상용화를 조장하는 정반대의 결과를 낳고 있다.

그런데도 이 사건의 판결은 불법파견을 단죄하는 대신 입법의 미비를 빌미로 극히 소극적인 태도를 보여 주었다. 또한 관련 사실에 대한 법적 평가나

19) 직접고용의무의 규범적 근거와 내용에 관하여는 제3부 제2장 Ⅳ.「직접고용 원칙의 법적 효과」 참조.

20) 淸正寬, 雇用保障法の硏究(法律文化社, 1987), 175-176쪽.

논리구성에 있어서도 여러 가지 문제점을 드러내었다. 그 결과 사용자들의 탈법적 행위들을 묵인해 주고 그 책임을 고스란히 근로자에게 전가하는 사태를 빚게 된 것이다. 하지만 앞에서 보았듯이 입법의 미비에도 불구하고 현행법의 테두리 내에서 사용사업주의 책임을 얼마든지 물을 수 있다. 비록 불법파견의 경우에는 (구)근로자파견법 제6조 제3항을 근거로 직접고용책임을 물을 수는 없다고 보지만 근로자파견 그 자체가 위법한 것이므로 근로자파견법을 적용할 여지가 없고 처음부터 사용사업주와 파견근로자 간에 직접 근로계약관계가 성립한 것으로 보아야 하는 것이다. 즉, 근로자공급에 관한 전체 법질서의 견지에서 타당성 있는 법해석을 이끌어 내서야 했던 것이다. 따라서 이 사건의 경우에는 직접 근로관계의 존재를 인정할 수 있는 것으로 보이므로 사용사업주는 해고의 주체가 될 수 있고 법원은 파견계약의 해지가 아니라 해고의 정당성여부를 따져 보았어야 했다.

결국 이 판결은 근로자파견이라는 고용형태가 본래 근로자의 근로조건이나 해고 등과 관련하여 사용자가 부담해야 하는 법적 책임을 회피하기 위하여 개발된 노무관리 기법의 하나라는 현실에 대한 문제의식을 결여함으로써 파견근로자들이 처한 비인간적인 상황들을 외면하고 사용자들의 불법 · 탈법적 행동에 대하여는 눈을 감아 주었다는 점에서 많은 아쉬움은 남겼다.

제2장

현대자동차 사내협력업체 불법파견(위장도급) 사건

- 대법원 2010. 7. 22. 선고, 2008두4367 판결 -

Ⅰ. 사안의 개요와 쟁점

1. 사건의 내용

원고인 근로자 X^1과 X^2는 각각 2002. 3. 13.과 2005. 1. 1.에 참가인인 원청업체 Y의 사내협력업체인 A^1, A^2와 근로계약을 체결하고 Y와 A들 사이의 업무도급계약에 따라 Y의 사업장에서 사용되다가 2005. 2.초에 A들로부터 장기간 무단결근, 작업장소 무단이탈 등의 사유로 해고되었다. X^1과 X^2는 지방노동위원회에 A들은 경영상의 독립성이 없는 회사로서 Y가 실질적인 사용자이고 Y가 X의 노조활동을 혐오하여 A들로 하여금 자신들을 해고하도록 하였다는 이유로 Y와 A들을 상대로 부당해고 및 부당노동행위 구제신청을 하였다. 부산지방노동위원회는 Y는 X들의 사용자가 아니라는 이유로 신청을 각하하였고 A^1과 폐업된 A^2에 대한 구제신청도 각하하였다.[1] X들은 중앙노동위원회에 Y에 대해서만 부당해고 및 부당노동행위구제 재심신청을 하였으나 같은 이유로 재심신청도 기각하였다.[2]

X들은 서울행정법원에 재심판정의 취소를 구하는 소송을 제기하였고 Y는 피고보조참가인으로 소송에 참가하여 실질적인 피고로서 소송에 응소하였

1) 부산지방노동위원회 2005.7.17. 2005부해57, 2005부노14, 2005부노15, 2005부해84 판정.

2) 중앙노동위원회 2006.7.12. 2005부해704, 2005부노197 재심판정.

다. X들은 ① 자신과 Y간의 묵시적 근로계약관계의 성립, ② Y와 A들 간의 업무도급계약은 위장도급으로서 실질적으로는 근로자파견계약이라는 점, ③ (구)근로자파견법 제6조 제3항에 따라 사용사업주인 Y가 2년을 초과하여 사용함으로써 Y와 X들 간에는 직접 근로계약관계가 존재한다는 점 등을 주장하였다. 서울행정법원은 ①의 묵시적 근로계약관계 성립과 ②의 근로자파견계약에 해당한다고 보기도 어렵고, ③과 관련해서는 가사 근로자파견에 해당하는 것으로 본다고 하더라도 위법한 근로자파견에는 직접고용간주 규정이 적용되지 않으므로 Y를 X들의 사용자로 볼 수 없다고 판단하였다.[3] 이에 X들은 항소하였고 2심인 서울고등법원은 별다른 설시 없이 1심 판결을 그대로 인용하였다.[4] X들은 대법원에 상고하였다.

2. 대법원의 판단

대법원은 X들의 상고를 일부 인용하여 부당해고 및 부당노동위구제신청의 당사자로서 Y의 사용자성을 인정하였다(이하 '대상판결'이라 한다).[5] 우선 쟁점 ①에 관하여, A들이 사업주로서의 독자성이 없거나 독립성을 상실하였다고 볼 수 있을 정도로 그 존재가 형식적 · 명목적인 것으로 볼 수 없다고 보고 X들과 Y 사이에 묵시적 근로계약관계의 성립을 부정한 원심의 판단은 정당하다고 판단하였다. 하지만 쟁점 ②와 관련해서는, 원심과는 달리 업무도급계약임을 부정하고 X들이 A들에 고용된 후 Y의 사업장에 파견되어 Y로부터 직접 노무지휘를 받는 근로자파견관계에 있다고 판단하였다. 또한 쟁점 ③에 관하여는, X^1의 상고를 일부 인용하여 직접고용간주 규정은 적법한 근로자파견 뿐만 아니라 위법한 근로자파견에도 적용된다고 보고 이를 부정한 2심의 판결을 파기 환송하였다. 한편 X^2는 Y와의 사이에 근로자파견관계는

3) 서울행정법원 2007.7.10. 선고, 2006구합28055 판결.
4) 서울고등법원 2008.2.12. 선고, 2007누20418 판결.
5) 대법원 2010.7.22. 선고, 2008두4367 판결.

인정되지만 사용기간이 2년이 되지 않아 직접고용간주 규정이 적용될 여지가 없다고 이 부분에 대하여는 상고를 기각하였다.

이하에서는 쟁점의 순서대로 묵시적 근로계약관계의 성립여부, 근로자파견관계의 해당여부, 직접고용간주 규정의 적용범위를 먼저 상세히 살펴보고 이를 보완하기 위한 논의로서 불법파견의 사법상의 효력과 불법파견의 근절을 위하여 필요한 해석론 및 입법론적 과제 등을 차례로 살펴보기로 한다.

Ⅱ. 묵시적 근로계약관계의 성립 여부

1. 대상판결과 현대미포조선사건 간의 차이

대상판결은 X들과 Y간의 묵시적 근로계약관계의 성립을 인정하지 않았다. 원청업체의 공장 내 사내협력업체들이 사업주로서의 독자성이 없거나 독립성을 상실하였다고 볼 수 있을 정도로 그 존재가 형식적 · 명목적인 것인 것으로 볼 수 없다는 하급심의 판단을 정당하다고 본 것이다. 그런데 이러한 판단은 종전의 대법원 선례와 비교해 볼 때 어떠한 차이가 있는지 약간의 의문의 여지가 있다. 사내하도급 관계에서 대법원이 묵시적 근로계약관계의 성립을 인정한 대표적인 사례는 인사이트코리아사건[6]과 현대미포조선사건[7]이다. 특히 현대미포조선사건에서 대법원은 묵시적 근로계약관계의 성립여부를 판단하는 기준을 보다 상세하게 제시한 바 있다. 이 사건에서 대법원은 사내협력업체가 형식적으로는 원청업체와 도급계약을 체결하고 소속 근로자들로부터 노무를 제공받아 자신의 사업을 수행한 것과 같은 외관을 갖추었다고 하더라도 ① 실질적으로는 업무수행의 독자성이나 사업경영의 독립성을 갖추지 못한 채 피고 회사의 일개 사업부서로 기능하거나 노무대행기관의 역할

6) 대법원 2003.9.23. 선고, 2003두3420 판결.
7) 대법원 2008.7.10. 선고, 2005다75088 판결.

을 수행하였을 뿐이고, 오히려 ② 원청업체가 근로자들로부터 종속적인 관계에서 근로를 제공받고, ③ 임금을 포함한 제반 근로조건을 정하였다고 보고 직접 원청업체가 근로자들을 채용한 것과 같은 묵시적인 근로계약관계가 성립되어 있었다고 판단하였다. 이러한 판단의 근거가 된 구체적인 기준으로서, ①과 관련하여 채용 · 승진 · 징계 등 인사노무관리에 대한 원청업체의 실질적인 권한 행사와 하청업체가 사업자등록 명의를 가지고 근로소득세 원천징수, 소득신고, 회계장부 기장 등의 사무를 처리하였으나 원청업체가 제공하는 사무실에서 이루어지고 독자적인 장비를 보유하지 않았으며 소속 근로자의 교육 및 훈련에 필요한 시설을 구비하지 못한 점, ②와 관련해서는 출근 · 조퇴 · 휴가 · 연장근무 등 근태상황의 점검과 작업량 · 작업방법 · 작업순서, 수급 업무 외의 업무지시, 작업물량이 없을 경우 교육, 사업장 정리, 타부서 업무지원 등 노무제공에 관한 직접 또는 파견업체 책임자를 통하여 지휘명령을 행한 점, ③과 관련해서는 시간단위의 작업량 단가로 기성대금 산정, 다른 부서 업무지원, 안전교육 및 직무교육에 대한 보수지급, 상여금 · 퇴직금의 직접 지급, 직영근로자 노조와의 단체협약에 따른 임금액 결정, 퇴직금 · 사회보험료를 기성대금과 함께 지급한 점 등 임금의 결정 · 지급 및 제반 근로조건에 실질적인 영향력을 행사하였다고 설시하였다.

이러한 현대미포조선사건에서의 판단기준과 비교해 볼 때 대상판결과 사실관계에서 차이가 나는 것은 ①의 채용 · 승진 · 징계 등 인사노무관리의 직접적인 개입이 있었다는 것뿐이다. 이를 제외하고 나면 그 밖에 독자적인 사업운영이나 사업경영에 필요한 자기 소유의 사무실 · 작업도구 · 보유 기술 등이 전혀 없고, ②의 지휘명령권의 실질적인 행사, ③의 임금 및 근로조건의 사실상의 결정 등에 있어서는 아무런 차이가 없다. 결국 대상판결에서는 사내협력업체가 인사노무관리의 자율성을 어느 정도 가지고 있다는 사실을 중시하여 업무수행의 독자성과 사업경영의 독립성을 인정한 것으로 보인다. 하지만 대상판결의 사안에서도 사내협력업체의 종업원 규모의 결정이나(업체당 40명에서 80명으로 지정, 20명 미만은 통폐합 지시) 종업원 교육을 원청업체가 실질적으로 관리 · 통제하였다는 사정을 고려해 본다면 사내협력업체가 가진 인사권의 자율성도 극히 제한적일 수밖에 없다. 따라서 이러한 정도의 차이가 현대미포조선사건과는 다르게 판단되어야 할 정도로 의미가 있는 것인지에 대하여는 충분한 설시가 부족하다는 느낌이 든다.

2. 간접고용에서 근로계약 당사자로서 사용자의 의미

대법원은 전통적으로 원고용주가 형식적 · 명목적 존재에 지나지 않을 경우에 한하여 실질적인 노무수령자인 원청업체의 사용자성을 인정하는 매우 엄격한 묵시적 근로계약관계 법리를 견지하고 있다.[8] 대상판결도 이 법리에 따른 것이다. 묵시적 근로계약관계 법리는 근로자파견 · 노무도급과 같은 간접고용 형태가 널리 확산되기 전부터 형성된 것이다.[9] 그런데 최근에는 근로자파견에 대한 법적 규제가 강화되면서 업무도급의 외양을 띠고 있으나 실제로는 근로자파견 또는 원청업체의 중간관리자에 지나지 않는 위장도급이 성행하고 있다. 만약 위장도급으로 판명되었으나 원청업체와의 묵시적 근로관계가 인정되지 않을 경우에는 하청업체가 근로계약의 당사자인 사용자책임을 지게 된다. 하지만 노무도급 하청업체는 원청업체에 종속된 영세기업인 경우가 대부분이어서 사업주로서의 독자성이나 독립성이 거의 없다. 이 사건의 경우와 같이 사업경영상 필요한 물적 설비를 전혀 갖추지 못하고 오로지 하나의 원청업체만을 위하여 그 사업장 내에서 사업하는 전속적인 사내 하청업체의 지위는 일반적인 도급관계에서 도급인이 수급인에 대하여 갖는 통상

---

8) 대법원 1979.7.10. 선고, 78다1530 판결; 대법원 1999.7.12. 자, 99마628 결정; 대법원 1999.11.12. 선고, 97누19946 판결; 대법원 2003.9.23. 선고, 2003두3420 판결; 대법원 2008.7.10. 선고, 2005다75088 판결 등.

9) 묵시적 근로계약관계 법리는 일본의 판례에서 유래하였고 파견법이 제정되기 전에 하도급근로자를 보호하기 위하여 당사자의 '의사'에 구속되는 시민법적 계약관계론을 극복하고 노동법적 근로계약론에 기초하여 정착된 것이다. 노상헌, "파견 및 사내도급근로에 관한 일본의 노동법리와 쟁점", 노동법연구 제19호(서울대노동법연구회, 2005), 335쪽.

적인 '경제적 우월성' 과는 성격이 질적으로 전혀 다르다.[10] 하청업체의 경영의 존립과 근로조건의 유지 · 개선에 있어서 원청업체는 거의 절대적인 권한을 행사한다. 하청업체는 독자적으로 기업적인 창의력을 발휘할 여지가 없을 정도로 원청업체에게 경제적으로 종속되어 있다. 그 결과 원청업체의 도급계약해지가 곧바로 사업폐지 · 해산과 근로자의 집단적 해고로 이어지게 되고 원청업체는 근기법의 해고제한 규정을 전혀 적용받지 않고 쉽게 근로자를 정리해버릴 수 있게 된다. 이로서 노동보호법규들은 악의적으로 회피되고 근로권이 박탈되는 결과가 발생한다. 그나마 근로자파견으로 인정되어 사용사업주가 일정 정도 법적 책임을 부담하는 경우에도 사용사업주의 노동법적인 책임은 약한 반면 파견사업주의 책임은 무겁게 되어 있다. 결과적으로 근로자를 직접 사용하여 이익을 얻는 자가 노동력의 사용에 따른 법적 책임은 타인에게 전가하는 불합리한 사태가 발생할 수 있는 것이다. 원고용주인 파견사업주나 하청업체가 형식적 · 명목적인 존재인지 여부를 판단할 때 근로계약의 당사자로서 노동법상 책임이나 부담을 질 수 있는 능력이나 자격이 있는지 여부를 따져보아야 하는 이유가 바로 여기에 있다.

간접고용에서 타인에게 근로자를 공급하는 사업주와 그 근로자 간에 근로계약관계가 존재한다고 볼 수 있으려면 적어도 근로계약의 형식적인 당사자인 고용사업주(원고용주)가 '독립적인 사업자' 로서 실체를 갖추어야 한다. 만약 고용사업주가 독립적인 사업자로서의 실체를 갖추고 있지 못하고 있다면 이는 근로계약의 형식만을 빌린 위장 근로계약관계로 보아야 한다. 이 점에서 위장 근로계약관계는 고용사업주가 적어도 독립적인 사업자로서 실체를 갖춘 근로자파견과는 구분된다. 그리고 독립적인 사업자로 인정되기 위해서는 근로계약이 형식적으로 체결되어 있다는 사정만으로는 부족하고 근로계약의 본질에 부합하는 실질적인 내용이 담보되어야 한다. 즉, 종업원 규모의 결정 및 채용, 파견대상자 및 근로장소(사용사업주)의 선정, 임금 기타 근

10) 상세한 것은 제4부 제2장 3. 「전속 하청기업과 도급인의 부당노동행위 책임」 참조.

로조건의 결정 및 지급, 사업경영상 필요한 독립적인 물적 시설의 구비여부 등에 관하여 고용사업주가 실질적으로 자신의 판단과 결정아래 행하고 있다고 볼 수 있어야 근로자 파견사업자로서의 독립성을 인정받을 수 있다. 만약 반대로 사용사업주가 실질적으로 그러한 결정과 판단을 행하고 있다는 사정이 존재한다면 이러한 경우에는 고용사업주는 근로자공급에 의하여 얻을 수 있는 중간수입에만 관심을 가진 명목상의 기업으로서 사용사업주의 근로자 모집 · 채용 · 급여지급을 담당하는 중간 노무관리자에 지나지 않거나 유료직업소개업자로 보아야 한다.[11] 이와 같이 고용사업주가 사용사업주의 지배하에 있는 형식상의 사용자일 뿐이고 사용자로서의 통상적인 의무와 책임을 부담할 능력이나 의사가 없는 위장도급의 경우에는 파견사업주로서의 실체도 존재하지 않기 때문에 처음부터 사용사업주와 근로자 간에 직접 근로계약관계가 성립한다고 보아야 할 것이다.

이런 점에서 본다면 대상판결은 전속적인 사내 하청의 구조적인 특성을 충분히 고려하지 못한 게 아닌가 하는 아쉬움이 남는다. 대법원은 사내협력업체가 사실상 물적 · 인적 자원의 구비 및 경영상의 독자성 등 독립적인 사업자로서의 실체를 갖추고 있지 못하다는 사실을 인정한 것처럼 보이는 데도 고용사업주로 인정하였다. 이미 기술한 대로 일반적인 파견관계와는 달리 전속적인 사내하청의 경우에는 사업자로서의 독립성 유무에 대한 판단기준을 좀 더 엄격하게 적용할 필요가 있다. 이러한 취지에서 2006년 개정된 근로자파견법에서도 특정한 소수의 사용사업주를 대상으로 하여 근로자파견을 행하는 것을 허가 제외요건으로서 정하고 있고 이를 위반한 경우에는 허가취소나 영업정지를 명할 수 있도록 하고 있다(제9조 제2호). 적어도 사내협력업체가 근로자파견의 정의조항에서 말하는 고용사업주로 인정되기 위해서는 근로계약의 당사자인 사용자로서의 법적 책임을 감당할만한 자격이나 능력을 갖추어야 하고, 그러한 자격과 능력을 갖춘 경우라야 근로자를 '고용'한

11) 萬井隆令, 勞働契約締結の法理(有斐閣, 1997), 241쪽.

후 '고용관계를 유지' 한다고 보아야 하지 않나 생각한다.

III. 근로자파견관계의 해당 여부

대상판결의 가장 두드러진 특징은 전속적인 사내 하청업체와 원청업체 간의 법률관계가 도급관계가 아니라 근로자파견관계(위장도급)임을 인정한 최초의 대법원 판결이라는 점이다.[12] 물론 대상판결에서도 근로자파견과 도급을 구별하는 일반적인 판단기준을 명시적으로 제시하지는 않았다. 하지만 근로자파견법 제2조 제1호의 '근로자파견' 의 정의와 관련지어 파견과 도급을 구별할 수 있는 주요 요소들을 언급함으로써 선례로서 중요한 의의를 가지고 있다고 보고 싶다. 그동안 사내하청과 관련하여 고용노동부가 불법파견임을 인정하였음에도 검찰에서는 합법적인 도급으로 판단하여 무혐의 처분이 되기도 하였고 법원에서조차 불법파견과 합법도급으로 판결이 엇갈리는 등 혼선을 빚어왔다. 대상판결은 이러한 혼란상황을 어느 정도 정리하였다는 데서 그 의미가 적지 않다고 본다.

기존의 하급심 판결을 되돌아보면 근로자파견과 도급을 구별하기 위한 기준으로서 주로 인사권 및 노무지시권의 행사 여부에 주안점을 둔 사례와 도급업무의 내용이나 특성 및 업무수행에 필요한 고용주의 고유기술, 원료, 장비, 작업도구와 같은 업무수행능력이나 물적 설비의 구비여부에 주안점을 둔 사례로 대별할 수 있다. 전자의 예로서 대성용역사건에서 서울고법은 고용계약의 형식적인 체결자, 인사권 및 징계권의 행사여부, 임금의 형식적인 지급자 등의 징표들을 판단의 근거로 삼았다.[13] 대상판결의 1심 법원에서도 완성

12) 사내하청과 관련하여 현대미포조선사건과 인사이트코리아사건에서는 근로자파견관계에 대하여는 판단하지 않고 묵시적 근로계약관계의 성립을 인정하였으며 예스코사건의 대법원 판결(대법원 2008.9.18. 선고, 2007두22320 전원합의체 판결)에서도 파견과 도급의 구분에 대한 판단 없이 위법한 파견에도 직접고용간주 규정이 적용된다는 판단만을 하였다.

한 작업량에 따른 도급액의 지급, 사내협력업체 대표 또는 그 현장관리인의 작업현장 상주 및 소속 근로자들에 대한 작업지시와 같이 지배적인 지위에 있는 원청업체가 얼마든지 임의로 정할 수 있는 도급액의 산정방법이나 작업방식을 근로자파견의 기준으로 삼았다.[14]

한편 이와 대비되는 후자의 예로서 대상판결의 사건과는 또 다른 현대자동차 사건에서 서울중앙지법은 보다 더 폭넓은 기준을 채용하여 근로자파견으로 인정하였다. 이 판결은 업무도급계약이 진정한 도급계약에 해당하는지, 근로자파견계약에 해당하는지 여부는 그 계약의 외관이나 형식이 아니라, ① 도급계약의 대상이 된 업무의 내용, 범위, 특성 및 도급금액 지급의 기준, ② 수급인이 독자적인 자본, 기획, 기술을 가지고 도급받은 업무를 수행하며, 작업현장에서 근로자에 대한 구체적인 지휘명령과 이에 수반하는 노무관리를 직접 행하는지 여부, ③ 수급인이 도급인에 대하여 노동의 결과에 대한 책임을 실제로 부담해 왔는지 여부, ④ 수급인의 업무수행과정이 도급인의 업무수행과정에 연동되고 종속되는지 여부 등 전체적인 근로제공관계를 종합적으로 판단하여 결정해야 한다는 기준을 제시한 바가 있다.[15]

대상판결은 후자의 입장을 지지한 것으로 볼 수 있다. 근로자파견에 해당한다고 판단한 근거로서 다음과 같은 사실관계가 인정되었다. ① Y의 자동차 조립, 생산 작업은 대부분 컨베이어벨트를 이용한 자동흐름방식으로 진행되고 Y와 도급계약을 체결한 A들의 소속 근로자들은 컨베이어벨트를 이용한 의장 공정에 종사하였다. ② A들의 소속 근로자들은 컨베이어벨트 좌우에 Y의 정규직 근로자들과 혼재하여 배치되어 Y소유의 생산 관련 시설 및 부품, 소모품 등을 사용하여 Y가 미리 작성하여 교부한 것으로 근로자들에게 부품의 식별방법과 작업방식 등을 지시하는 각종 작업지시서 등에 의하여 단순,

13) 서울고등법원 2004.12.16. 선고, 2003누20564 판결. 이 사건은 원고인 근로자가 패소하여 대법원에 상고하였으나 심리불속행으로 기각되었다.

14) 서울행정법원 2007.7.10. 선고, 2006구합28055 판결.

15) 서울중앙지방법원 2007.6.1. 선고, 2005가합114124 판결. 이 사건은 현재 서울고등법원에 항소되어 소송이 진행 중이다.

반복적인 업무를 수행하였다. ③ A들의 고유 기술이나 자본 등이 업무에 투입된 바가 없었다. ④ Y는 A들의 근로자들에 대한 일반적인 작업 배치권과 변경 결정권을 가지고 있었고 그 직영근로자와 마찬가지로 협력업체 근로자들이 수행할 작업량과 작업 방법, 작업 순서 등을 결정하였다. Y는 X들을 직접 지휘하거나 또는 A들 소속 현장관리인 등을 통하여 X들에게 구체적인 작업지시를 하였고 이는 X들의 잘못된 업무수행이 발견되어 그 수정을 요하는 경우에도 동일한 방식의 작업지시가 이루어졌다. X들이 수행하는 업무의 특성 등을 고려하면, A들의 현장관리인 등이 X들에게 구체적인 지휘, 명령권을 행사하였다 하더라도 이는 Y가 결정한 사항을 전달한 것에 불과하거나, 그러한 지휘명령이 Y에 의해 통제되어 있는 것에 불과하였다. ⑤ Y는 X들 및 그 직영근로자들에 대하여 시업과 종업 시간의 결정, 휴게시간의 부여, 연장 및 야간근로의 결정, 교대제 운영 여부, 작업속도 등을 결정하였다. 또 Y는 정규직 근로자에게 산재, 휴직 등의 사유로 결원이 발생하는 경우 A들의 근로자로 하여금 그 결원을 대체하게 하였다. ⑥ Y는 A들을 통하여 X들을 포함한 A들의 근로자들에 대한 근태상황, 인원현황 등을 파악, 관리하였다. 대상판결에서는 노무지시권의 행사여부 뿐만 아니라 그 행사방식과 도급계약의 대상이 된 업무의 내용과 특성, 원청 업체의 경영조직과의 관련성, 원료 · 보유 기술 · 자본의 투입유무, 작업시간 · 휴게 · 시간외근로 등의 원청 조직과의 연관성 등을 종합적으로 고려하였다.

일반적인 도급관계와는 달리 노무도급의 경우에는 노무지시권의 행사여부만을 가지고 파견과 도급을 구별하는 유일한(또는 핵심적인) 판단기준으로 삼는 것은 확실히 문제가 있다. 왜냐하면 이러한 판단기준은 지시권이 가지는 이중적인 기능을 간과하고 있기 때문이다. 하나의 동일한 지시는 일의 완성과 관련된 지시를 의미할 수도 있고 노동제공과 관련된 지시일 수도 있다.[16] 노무도급의 경우에는 이러한 구별이 거의 불가능해진다. 노무도급의

16) 김기선, “독일에서의 근로자파견과 도급의 구별”, 노동법연구 제17호(서울대노동법연구회, 2004), 117쪽.

경우에는 제공하는 급부의 내용이 노무이고 계속적인 채무관계라는 점에서 근로관계의 존속기간 중에 수급인뿐만 아니라 도급인으로부터도 수많은 지시가 행해진다.[17] 따라서 근로자가 고용사업주로부터 지시를 받고 또한 근로를 제공받는 제3자로부터도 지시를 받는 경우에는 제3자의 지시가 도급계약상의 도급인으로서의 지시인지 아니면 근로자파견법상의 사용사업주로서의 지시인지 객관적으로 판단하기 어렵다. 마찬가지로 고용사업주의 지시가 사용자로서의 지시인지 아니면 제3자의 중간관리자로서 노무관리의 일환으로서 행해진 것인지 구별하기 어렵다. 따라서 다면적인 근로관계가 형성되는 노무도급 또는 근로자파견에서는 지시권의 행사여부에 따른 판단기준은 한계를 가질 수밖에 없다. 그럼에도 불구하고 그동안 행정실무에서는 이 점을 깊이 고려하지 않았다. 노동부와 법무부, 대검찰청이 공동으로 마련한 '근로자파견의 판단기준에 관한 지침' (2007.4.19)은 파견업체가 사업주로서의 실체가 인정되면 사용업체의 지휘명령 여부만을 가지고 판단하도록 하고 있다. 반면에 노무수령업체 경영조직으로의 실제적인 편입여부, 기계 · 설비 · 기자재의 자기 책임과 부담, 전문적 기술 · 경험과 관련된 기획 책임 및 권한과 같은 독립적인 도급업체로서의 실체를 나타내는 중요한 판단기준은 아예 제외되거나 노무도급에서는 적용해서는 안 된다고 명시적으로 배제하고 있다.[18] 하지만 진정한 도급으로 인정되기 위해서는 수급인이 도급인으로부터 물적, 인적인 경영상의 독립성을 갖추고 계약의 목적을 수행하기 위한 전문적인 업무수행능력을 갖추고 있어야 할 것이다. 이런 점에서 대상판결은 구체적이고 실효성 있는 판단기준을 제시한 것으로 볼 수 있다.

17) 김기선, 위의 글, 같은 곳.

18) 이 지침의 문제점에 대하여는 조임영, "근로자파견관계의 판단방식과 기준", 노동법연구 제22호(서울대노동법연구회, 2007), 173쪽 이하 참조.

Ⅳ. 직접고용간주 규정의 적용범위

다음으로 대상판결의 특징은 (구)근로자파견법 제6조 제3항 직접고용간주 규정의 적용범위의 해석과 관련하여 위법, 적법을 불문하고 2년이 초과된 근로자파견에는 직접고용간주 규정이 적용된다는 점을 재확인한 점이다. 1심 및 2심 법원은 제조업의 직접생산공정업무는 허용대상 업무가 아니고 A들이 근로자파견사업의 허가를 받은 바가 없기 때문에 위법한 파견에 해당하고 위법한 파견에는 직접고용간주 규정이 적용되지 않는다고 판단하였다. 이러한 판단에 대하여 대상판결에서는 이 규정이 적법한 근로자파견의 경우에만 적용된다고 축소하여 해석할 근거가 없으며, 근로자파견이 있고 그 근로자파견이 2년을 초과하여 계속되는 사실로부터 곧바로 직접근로관계가 성립한다는 이유로 종전의 예스코사건 판결[19]을 유지하였다. 하지만 이러한 판단은 전체적인 법체계상의 관점에서 볼 때 의문의 여지가 있다.

불법파견에도 직접고용간주 규정이 적용된다는 중요한 논거로서 대법원은 예스코사건에서 법령 조문의 문언과 배열 외에 "파견근로자보호법이 규정한 제한을 위반하여 근로자파견의 역무를 제공받은 사용사업주는 오히려 직접고용성립 의제의 부담을 지지 않는 결과가 되어 법적 형평에 어긋나고, …… 사용사업주로서는 당연히 근로자파견사업의 허가를 받지 아니한 파견사업주로부터 근로자파견을 받는 쪽을 더 선호하게 될 것이므로, 파견근로자보호법에 위반하는 행위를 조장하고 근로자파견사업 허가제도의 근간을 무너뜨릴 염려가 있으므로 타당하지 않다"고 설시한 바가 있다. 근로자파견법의 입법취지를 강조한 이러한 판단은 전체 고용법질서 내에서 근로자파견법이 위치한 지점을 고려하지 않고 이 부분만 떼어놓고 본다면 틀린 말은 아니라고 본다. 하지만 대상판결이 지적하는 합법파견과 불법파견 간의 법적 형평이나 위법행위의 조장의 문제는 기간초과의 불법파견에서만 발생하는 것은 아니

19) 대법원 전원합의체 2008.9.18. 선고, 2007두22320 판결.

다. 오히려 합법파견이나 불법파견이나 똑같이 모두 2년이 경과한 후에야 직접고용간주 규정이 적용된다면 여전히 사용자는 위장도급 형태로 근로자를 사용하려 할 것이고 또 2년이 경과하기 전에 파견근로자를 교체하여 사용하는 방법으로 파견근로자의 사용을 상용화, 장기화 할 수도 있다. 이는 근로자파견법의 입법취지를 탈법적인 형태로 무력하게 만든다는 점에서는 동일하고 단지 방법상의 차이에 지나지 않을 뿐이다. 더구나 이 사건이 진행 중이던 2006년 근로자파견법의 개정으로 직접고용간주 규정이 직접고용의무 규정으로 변경된 지금에 와서는 더욱 그러할 것이다. 어쨌든 대상판결에서도 X들 중 파견기간이 2년이 되지못한 X^2는 불법파견이 인정되었음에도 직접고용간주 규정의 적용이 배제됨으로써 법적 보호를 받지 못하고 원청업체의 불법적인 횡포의 희생양이 되고 말았다. 나아가 근로자파견법 위반의 행위 태양에 관계없이 모두 2년이 경과하여야 직접고용간주 규정의 보호를 받을 수 있다는 것은 논리적으로도 의문의 소지가 있다. 처음부터 불법인 파견과 처음에는 합법이었으나 2년이란 기간초과로 불법이 된 파견이 법적으로 동일하게 취급된다는 것은 납득하기 어렵기 때문이다. 물론 이러한 모순에도 불구하고 대상판결이 그러한 판단을 하게 된 배경에는 불법파견에 대한 법령상의 보호조치가 지나치게 단순하고 부족하다는 사정이 크게 작용하지 않았나 추측해 볼 수 있다. 불법파견의 피해자인 파견근로자를 보호해야 할 필요성은 인정되지만 수많은 불법파견의 유형 가운데 직접고용간주 규정으로 보호받을 수 있는 경우가 법령상 유독 2년의 기간초과의 불법파견에만 존재하기 때문이다. 하지만 이는 법 해석론으로도 충분히 해결이 가능하다고 본다. 이 점에 대하여는 다음 항에서 살펴보기로 한다.

보다 근본적인 문제로서 대상판결의 해석방법은 고용법질서에 관한 전체적인 법체계의 관점에서 볼 때 커다란 의문이 있다. 근로자파견은 근로기준법 제9조의 중간착취의 배제 및 직업안정법 제33조에 의한 위법한 근로자공급으로서 원칙적으로 금지되어 있고 다만 허용업무, 허용사유, 사용기간, 행정관청의 허가 등 근로자파견법으로 정한 엄격한 요건 하에서만 예외적으로 인정된다. 따라서 고용관계와 사용관계의 분리 및 병행적 존재를 합법적으로 인정받을 수 있는 근로자파견은 어디까지나 근로자파견법상의 요건을 모두 갖춘 합법적인 파견의 경우에 한정된다고 보아야 한다. 법체계상으로 직업안정법제와 관련하여 근로기준법 및 직업안정법이 일반법이고 근로자파견법은 특별법이라는 관계에 있으며 근로자파견법은 직업안정법 제33조에서 금지하는 근로자공급 가운데 일정한 요건을 갖춘 경우에만 '근로자파견'이란 개념으로 합법화한 것으로서 '파견'이란 형식을 갖추었다고 해서 직업안정법제의 치외법권이 주어지는 것은 아니다. 위법하게 파견근로자를 사용하게 되면 그것은 근로자파견법상의 파견근로자의 사용이 아니라 직업안정법상 금지되고 있는 근로자공급사업에 의한 근로자공급을 받은 것이 된다.[20] 따라서 강행법규에 위반한 불법파견은 원칙적으로 근로자파견법이 적용될 수 없고 그 사법상 효력은 직업안정법제를 이루는 전체 법질서의 차원에서 파악되어야 한다. 물론 여기서 근로자파견법이 적용되지 않는다는 의미는 근로자파견법의 규정 전체가 적용되지 않는다는 뜻이 아니라 합법적인 파견을 전제로 한 규정이 적용되지 않는다는 것을 뜻한다. 예를 들어 무허가 파견이나 절대적 금지업무 파견, 허용업무외의 파견 등은 파견기간의 상한선을 초과하여 사용하지 못하는 것이 아니라 처음부터 사용이 금지된다. 따라서 파견기간의 제한규정과 직접고용간주 규정은 행정관청의 허가, 허용대상업무 등의 법적 요건을 충족한 합법적인 파견의 경우에만 적용되고 이러한 요건을 결여하면 적용되지 않는다고 보아야 한다. 이러한 점에서 볼 때 위법한 파견에는 직접고용간주 규정이 적용되지 않는다고 판단한 하급심 판결이 적어도 논리구성의 측면에서는 옳다고 할 수 있다. 하지만 하급심 판결처럼 여기에 그친다면 그러한 판단은 결과적으로 심각한 법의 공백과 불균형 상태를 방치하는 불법을 초래할 수밖에 없다. 이 점에 대하여는 대상판결이나 일부 학설에서 정당하게 지적하는 대로이다.[21] 따라서 이러한 법의 공백상태를 메울 수 있는 법

20) 강성태, "위법한 파견근로와 사용사업주의 책임", 노동법연구 제13호(서울대노동법연구회, 2002), 190-191쪽.

리가 근로자공급에 관한 전체 법질서의 관점에서 보완되어야 한다. 하급심의 판단 역시 잘못되었다고 보는 것은 바로 이러한 점을 고려하지 않았기 때문이다.

V. 불법파견의 사법상의 효력

1. 대상판결의 한계와 직접고용 원칙

대상판결은 위법 · 적법여부에 관계없이 2년이라는 사용기간을 직접고용간주 규정의 핵심적인 요건으로 보았다. 이러한 판단이 직업안정법제의 전체 법질서체계에 부합하지 않는다는 것은 이미 지적한 대로이다. 그러면 직접고용간주 규정이 근로자파견법이 정한 적법한 틀 내에서 행해지는 경우에만 적용된다고 한다면 이러한 틀을 벗어난 다양한 불법파견의 경우에는 당사자들간의 사법상의 법률관계를 어떻게 보아야 하는가. 이 점을 논하기 전에 먼저 대상판결의 논지에 따르게 될 때 무슨 문제점이 발생하는지를 점검해 볼 필요가 있다.

대상판결은 그 판단의 당연한 논리적인 결과로서 2년의 기간이 도래하기 전에 사내협력업체로부터 해고된 원고 X2는 직접고용간주 규정이 적용될 여지가 없다고 보았다. 이러한 해석은 심각한 문제점을 초래하게 되는데 바로 파견근로자의 반복적인 교체 사용과 주기적인 고용상실이라는 탈법적인 남용을 방지하지 못한다는 것이다. 사용사업주가 2년이 되기 전에 다른 파견근로자로 교체하여 사용하는 것을 허용하는 셈이 되어 파견근로의 장기화 · 상용화를 방지한다는 법의 취지와는 전혀 상반되는 결과를 초래할 수 있다. 파견근로자의 입장에서 보면 고용안정에 기여하기보다는 오히려 고용불안을

21) 최홍엽, “파견기간 초과 시 고용간주규정의 해석”, 노동법연구 제10호(서울대노동법연구회, 2001), 211쪽.

심화하는 것이 된다. 대상판결은 이 점에 대하여는 아무런 설시를 하지 않았다. 종전의 하급심에서도 파견기간이 2년이 되기 전에 다른 파견근로자로 교체하는 경우에 2년 이상 동일한 근로자를 계속 사용한 경우와 동일하게 볼 수 없다는 점과 법조항을 회피한 탈법적 행위의 법률 효과에 대하여는 어떠한 입법도 없다는 점을 이유로 보호를 부정한 예가 있다(앞 장의 한국방송공사사건). 대상판결의 논지대로라면 2년 이상 같은 근로자를 계속하여 사용하는 경우에만 직접고용간주 규정이 의미를 갖게 되어 장기화 · 상용화의 방지라는 본래의 입법목적은 전혀 달성할 수 없게 되는 것이다. 합리적인(?) 사용자라면 법정기간 만료 전에 파견근로자의 교체를 요구하여 얼마든지 이 조항을 피해 갈 수 있는 것이다. 이처럼 파견근로자의 교체를 통한 상시 사용이란 파견노동의 남용은 대상판결처럼 위법 · 적법을 불문하고 적용하든, 하급심의 판단처럼 적법한 경우에만 적용하든 직접고용간주 규정의 해석만으로 해결하기에는 어렵다는 것을 알 수 있다. 궁극적인 해결을 위해서는 새로운 입법적인 보완이 필요하다고 생각하지만 현행 법령의 해석으로도 얼마든지 가능하다.

고용에 관한 전체 법질서의 견지에 볼 때 대상판결의 전속적인 사내하청의 경우는 위장도급으로서 근로기준법, 직업안정법, 근로자파견법 등 강행법규를 위반한 반사회적 행위로서 당사자들 간에 체결된 각각의 계약은 모두 무효가 된다고 보아야 한다. 이 사건의 제조업 직접생산공정업무는 근로자파견법상의 허용대상업무가 아닌 데도 Y는 업무도급계약 형식으로 위장하여 파견근로자를 공급받아 사용하였다. 또 사내협력업체 A들은 파견업 허가를 받지 않은 무허가 파견업체이다. 따라서 Y와 A들 간의 계약은 위법한 근로자파견에 해당하고 형사처벌의 대상이 된다(3년 이하의 징역 또는 2천만원 이하의 벌금, 근로자파견법 제43조). 또한 X들과 A들 간의 근로계약도 불법파견이라는 오로지 위법한 목적을 위하여 체결된 것이므로 강행법규에 위배된다. 이와 같이 X들과 A들, Y와 A들 사이의 법률관계가 모두 강행법규 위반상태에 있어 처음부터 사법상 무효라고 보아야 하는데 직접고용간주 규정이 적용되는 2년이 경과되기까지 당사자들 간의 법률관계는 공백상태가 된다는 문제가 발생한다. 이 점과 관련하여 불법파견에 대한 벌칙의 적용은 단지 단속법규의 위반에 대한 제재로 보고 당사자들 간의 사법상의 효력에는 영향을 미치지 않는다는 견해도 있지만[22] 직업안정법제에 관한 전체 법질서의 입장에서 볼 때 무리한 해석이라고 하지 않을 수 없다. 이러한 불법파견에서는 당사자들의 법적 관계가 적어도 형식적으로는 공백상태가 되고 사실상의 근로관계만 남게 된다. 설사 파견사업주와의 근로계약관계가 유효하다고 보더라도 파견계약의 해지와 함께 하청업체가 폐업하고 동시에 해고되는 일이 비일비재한 근로자의 입장에서는 아무런 의미가 없는 것이다. 따라서 이러한 법적 추론은 지나친 형식논리로서 인간노동의 존엄과 생존권 이념에 바탕을 둔 노동법적 정의관에 부합하는 것이라고 볼 수 없다. 실제적인 측면에서 보더라도 위법한 근로자파견의 경우에도 자신의 근로를 사용자의 지휘명령에 따라 제공하고 그 대가로 임금을 받는 관계라는 점에서 일반적인 근로계약관계와 하등 다를 바 없다. 따라서 파견근로자가 자신의 잘못이 아닌 파견사업주 및 사용사업주 양자의 위법행위로 인하여 불이익을 받게 되는 사태가 초래되지 않도록 법리를 구성해야 하는 것이다.

불법파견에 있어서 사용사업주와 파견근로자 간에 근로계약관계의 성립을 인정하기 위해서는 근로계약의 일반적인 성립요건이 충족되어야 한다. 즉, 근로계약의 본질적인 요소라고 할 수 있는 사용종속관계가 존재해야 하고, 양 당사자들 간에 근로계약을 체결하려는 의사의 합치가 인정되어야 한다. 그런데 실제로 문제되는 것은 후자인 의사의 합치이다. 왜냐하면 노무를 직접 수령하지는 않지만 형식상 근로계약을 체결하고, 임금을 지불하는 등 근로계약의 당사자로서의 외형을 갖추고 있는 파견사업주가 별도로 존재하기 때문이다. 따라서 이러한 외형을 근로계약의 체결을 위한 의사표시로 볼 것인가 아니면 상대방의 지휘명령에 따라 근로에 종사한다는 객관적인 사실로

22) 菅野和夫, 勞働法(弘文堂, 2008), 198쪽.

부터 추단되는 의사를 근로계약 체결의 의사로 볼 것인가 하는 점이 논란이 되었다. 이 문제와 관련하여 일본에서는 당사자의 주관적 의사를 중시하는 '묵시적 근로계약관계설'을 비롯하여 근로계약의 성립에 당사자가 주장하는 주관적 의사보다 객관적인 사실로부터 추정되는 의사에 더 비중을 두는 '사실적 노동계약관계설', 사용종속관계의 존재라는 사실 그 자체가 묵시의 의사표시에 해당한다는 '객관적 묵시적 근로계약관계설', 사실적 노동계약관계설에 바탕을 두고 있지만 근로계약의 존재를 근로자가 선택적으로 주장할 수 있다는 '편면적 사실적 노동계약관계설', 파견사업주와 근로자 간의 명시적인 의사가 있는 경우에도 이를 무시하고 객관적 사실로부터 의사를 추론하는 것은 이론적으로 불가능하다고 보고 근로권에 기초한 직접고용의무로부터 근로계약관계가 성립한다는 '직접고용의 법리' 등 여러 학설이 대립하고 있다.[23]

근로자의 공급과 그 사용 모두를 형벌로서 금지하고 제한된 범위 내에서만 허용하는 직업안정법과 근로자파견법 그리고 중간착취를 금지한 근로기준법 등은 고용에 관한 노동법의 객관적인 가치질서를 규정한 것이라고 볼 수 있다. 간접고용을 금지하고 제한하는 법 규정들은 사용자에게 단지 공법상의 의무를 부과한 데 그치는 것이 아니라 직접고용 원칙이 직업안정법제의 내재적인 원리임을 명확히 밝힌 것으로 이해해야 한다고 본다.[24] 따라서 사용사업주가 스스로 지휘명령하여 근로자를 근로시키면서도 사용자로서의 법적 책임은 면하고자 하는 것은 원칙적으로 허용될 수 없으며 법이 허용한 범위

---

23) 각 학설의 내용과 평가에 대하여는 제3부 제3장 Ⅲ.「근로계약 성립 여부에 관한 일본의 판례 및 학설」 참조. 일본 판례의 경우 법원은 전통적으로 묵시적 근로계약관계설의 입장을 취해왔으나 파견노동이 심각한 사회적 문제로 부각한 최근에 와서는 오사카 고등법원에서 위장도급의 강도(强度)의 위법성을 이유로 '사실적 노동계약관계설'에 따른 판결을 하여 주목을 받은 바 있다(大阪高判 2008.4.25. 勞判 906号, 5쪽). 이 판결은 최고재판소에 의하여 비록 파기되었지만 불법파견의 사법적 효과를 새로운 관점에서 보았다는 점에서 주목할 만한 가치가 있다,

24) 직접고용 원칙의 규범적 근거와 내용에 관하여는 제3부 제2장 Ⅲ.「직접고용 원칙의 의의 및 규범적 근거」 참조.

를 넘어선 불법파견의 경우에는 사용자로서의 일차적인 책임주체로 보아야 한다. 사용사업주와 근로자 간에 사용종속관계가 존재한다는 사실로부터 직접고용 원칙이라는 규범적 근거를 매개로 하여 근로관계가 성립하는 것이다. 따라서 고용에 관한 법질서를 위반하여 파견근로자를 사용한 사용사업주는 이러한 직접고용 원칙의 효과로서 직접고용의무를 부담하고 노동력이용 선택의 자유가 일정정도 제한되며 불법파견의 경우에는 당사자의 주관적인 의사보다 객관적인 사용종속관계를 기준으로 근로계약관계의 성립여부를 판단해야 한다.[25] 이러한 직접고용의무는 민법상의 계약자유의 원칙에 대한 수정원리로서 직접고용 원칙이라는 노동법적 원리에서 도출된 것이다. 강행법규를 위반한 사용사업주가 파견근로자가 제공한 노무를 수령하고도 업무도급계약을 구실로 근로계약체결의사의 부존재를 가지고 항변하는 것은 고용법질서를 정면으로 부정하는 것으로서 법이 허용할 수 없는 것이다.

이러한 관점에서 볼 때 강행법규에 위반하여 사법상 효력을 인정받을 수 없는 불법파견에 대하여는 근로자파견법을 적용할 여지가 없고 직접고용간주 규정에 관계없이 파견이 위법이 된 순간부터 사용사업주와 파견근로자 간에 직접 근로계약관계가 성립한 것으로 보아야 한다. 이 사건처럼 무허가파견 및 금지업무 파견의 경우에는 파견 자체가 위법한 것이므로 2년이 지난 시점이 아니라 처음 사용된 날부터 직접 고용된 것으로 보는 것이 전체 법체계상으로 보나 불법파견과 합법파견 간의 균형상으로 보나 타당하다고 생각한다.

2. 직접고용의무 규정으로의 개정에 따른 대상판결의 한계

2006년 개정된 근로자파견법은 허용업무외의 파견, 결원 등 일시적 사용의 허용기간 초과, 절대적 금지업무의 파견 및 무허가파견에 대하여도 직접

25) 淸正寬, 雇用保障法の硏究(法律文化社, 1987), 175-176쪽.

고용의무를 부과하는 규정을 추가로 신설하였다. 그런데 개정 전의 직접고용간주 규정은 고용의무 규정으로 변경되었고 고용의무 위반에 대하여는 과태료를 부과할 수 있도록 하였다. 이에 따라 앞으로는 개정법의 시행일인 2007년 7월 1일을 기준으로 사용기간이 2년이 되지 못한 파견근로자에게는 직접고용간주 규정 대신 직접고용의무 규정이 적용된다(부칙 제3항). 이는 대상판결이 파견근로자의 고용보호를 위하여 미칠 수 있는 효과가 상당히 제한적일 밖에 없다는 것을 의미하기도 한다. 이러한 한계 외에 직접고용의무 규정으로 바뀜으로써 이제 사용사업주가 직접 채용하지 않을 경우에 과태료처분이라는 행정법상의 제재를 받는 외에 당사자들 간에 어떠한 사법상의 효력이 발생하는지는 더욱 불분명해졌다는 점을 지적할 수 있다. 직접고용의무 규정이 근로자에 대한 사법상의 의무로서 근로자가 직접고용청구권을 갖는다는 견해[26]도 있지만 권리의 내용과 법적효과가 무엇인지 분명하지 않을 뿐더러 법 개정을 주도한 고용노동부의 개정취지에 비추어 보아도 그러한 설명은 무리가 있다. 어쨌든 직접고용간주 규정의 경우에는 고용단절시 사용사업주를 상대로 직접 소송을 제기하여 근로자로서의 지위확인과 함께 고용되었더라면 받을 수 있었던 임금의 소급지급을 청구할 수 있는 것과는 확연히 다르다. 이러한 점에서 대상판결은 때 늦은 감이 있다.

한편 노무수령자인 노동력의 실질적인 사용자에게 직접고용의무가 있다는 고용법상의 내재적인 원리에 비추어 본다면 개정된 근로자파견법의 내용은 이러한 원리를 제대로 반영하지 못했다고 평가하지 않을 수 없다. 고용의무 위반에 대한 과태료 제재와는 별개로 불법파견의 경우에는 직접고용 법리에 따라 원청업체와 파견근로자 간에는 직접적인 근로관계가 성립한다고 보아야 할 것이다. 이러한 사법상 효력으로서의 직접고용의무가 발생하는 시기는 적법한 파견의 경우에는 기간초과 등으로 불법으로 된 때부터, 무허가 파견이나 금지업무 파견과 같이 처음부터 위법인 파견은 최초로 사용한 날이 될

26) 김형배, 노동법(박영사, 2010), 1189쪽.

것이다.[27)]

VI. 향후의 과제

대상판결의 핵심적인 쟁점은 전속적인 사내하도급 관계에서 원청업체와 근로자 간에 근로계약관계가 성립하는지 여부이다. 이는 근로계약관계에서 발생하는 노동법상의 책임을 원청업체가 부담하느냐 하는 문제이다. 근로계약관계의 본질은 노무를 제공하고 그 대가로 임금을 지급하는 것인데 일반적인 근로관계에서는 노무수령자와 임금지급인이 동일인이지만 간접고용에서는 각각 다르게 나타나는 이면적인 근로관계가 형성된다. 그런데 도급형식을 취하고 있는 사내하도급 관계에서는 노무수령 및 임금지급의 주체가 원청업체인지, 아니면 노무수령자는 원청업체이지만 임금지급인은 하청업체인지, 그것도 아니면 원청업체는 노무수령자도 임금지급인도 아닌 단지 노동의 결과물을 수령한 것에 지나지 않는지 뚜렷하게 드러나지 않는다. 이를 어떻게 판단하느냐에 따라 법적 책임이 전혀 다르게 나타나는 상황에서 대상판결은 대법원의 차원에서는 처음으로 근로자파견과 도급을 구분하는 기준을 제시하였다는 점에서 선례로서 중요한 의미를 지니고 있다.

위장도급 형태의 불법파견은 원청업체가 노동법 및 사회보장법상의 사용자로서의 책임을 회피하기 위한 수단으로서 또는 직업안정법이나 근로자파견법의 적용을 면탈하기 위한 수단으로서 주로 이용되어 왔다. 따라서 진정한 의미의 도급과 도급으로 위장한 근로자파견을 구별하는 판단기준의 정립이 중요한 과제였다. 이런 점에서 대상판결은 원청업체의 불법적인 관행에

27) 법적 의미는 다르지만 현행법상 직접고용의무의 발생시기와 관련하여 건설공사 현장 등 절대적 금지업무의 경우에만 사용한 날부터 발생하고 다른 불법파견의 경우에는 모두 2년이 지나야 발생한다고 규정하고 있는데 왜 그렇게 구분해서 규제해야 하는지에 대해서는 논리적인 근거가 없다.

제동을 걸고 건전한 고용질서를 구축하기 위한 새로운 기준을 제시한 것으로 평가할 수 있다. 또 기간제법이나 근로자파견법 등 비정규직 법률들이 사실상 유명무실하다는 비판을 받는 중요한 이유 중의 하나도 도급과 파견의 구분기준이 불명확하다는 점이었다. 그동안 사내하청 근로자들은 노동위원회와 법원의 부당해고 또는 차별시정절차에서 파견근로자임을 인정받지 못하여 당사자 적격이 없다는 이유로 아예 보호대상에서 제외되었다. 하지만 대상판결은 전속적인 사내하도급 관계가 위장도급이고 실질적으로는 근로자파견에 해당한다고 판결함으로써 사내하청 근로자들에게 해고구제 및 차별적 근로조건 시정신청의 길을 열어주었다는 점에서도 그 의의가 결코 적지 않다고 말할 수 있다.

이러한 상당히 긍정적인 측면과는 별도로 대상판결은 직접고용간주 규정의 적용과 관련하여 이론적인 측면에서 볼 때 몇 가지 논란의 여지를 남겼다. 그러한 문제점은 근본적으로는 근로자파견에 관한 법령 자체가 내용적으로 매우 허술하고 미비한 데서 비롯된 것이라고 볼 수 있다. 이 때문에 대법원이 파견근로자의 법적 보호를 위하여 부득이하게 어느 정도의 이론적인 무리수를 두지 않았나 생각한다. 이것은 돌이켜 생각하면 현행 근로자파견법의 구조적인 결함을 치유하기 위한 입법적인 개선조치가 반드시 필요하다는 것을 의미하는 것이라고도 볼 수 있다. 근로자파견의 남용을 방지하고 차별을 시정한다는 근로자파견법의 입법취지 및 목적은 현재의 법령의 내용으로서는 도저히 달성하기 어려우며 심지어 모순되는 경우도 적지 않다. 근로자파견법 자체가 불법 · 탈법이 남용될 수 있는 구조로 되어 있는 반면, 교정수단으로서의 차별시정제도는 입법 후 3년이 경과되었으나 거의 실효성이 없음이 입증되었다. 근로자파견의 상용화 · 장기화를 방지하기 위한 입법취지를 충실히 달성할 수 있도록 법령상의 허점과 미비점을 보완해야 한다. 또한 대상판결의 취지를 살릴 수 있도록 고용노동부와 법무부는 불법파견과 도급의 구별에 관한 지침을 합리적으로 바꾸고 노사당사자가 쉽게 이해할 수 있도록 개선해야 할 것이다.

비정규 노동과 법

펴낸날 : 2011년 4월 20일 초판 1쇄 발행

저　자 · 조경배
펴낸이 · 손풍삼
펴낸곳 · 순천향대학교 출판부
주　소 · 충남 아산시 신창면 읍내리 646
Tel (041) 530-1115 | Fax (041) 530-1719
www.sch.ac.kr

출판등록 : 2010년 6월 14일 제 251-2010-5호

ISBN 978-89-964627-5-0 93360
정가 15,000원